QUINTE-CURCE

HISTOIRES

LIVRES VII - X

COLLECTION DES UNIVERSITÉS DE FRANCE
publiée sous le patronage de l'ASSOCIATION GUILLAUME BUDÉ

QUINTE-CURCE

HISTOIRES

TOME II

LIVRES VII - X

TEXTE ÉTABLI ET TRADUIT
PAR
HENRI BARDON
Professeur à la Faculté des Lettres de l'Université de Poitiers

Cinquième tirage

PARIS
LES BELLES LETTRES
2012

Conformément aux statuts de l'Association Guillaume Budé, ce volume a été soumis à l'approbation de la commission technique, qui a chargé M. H. Frère d'en faire la révision et d'en surveiller la correction en collaboration avec M. H. Bardon.

95 boulevard Raspail, 75006 Paris
www.lesbelleslettres.com

Première édition 1948

ISBN : 978-2-251-01200-1
ISSN : 0184-7155

SIGLA

P = Parisinus 5716, saec. IX.
E = Einsidlensis 365, saec. XI ; fragmentum.
H = Herbipolitanus saec. X ; fragmenta.
R = Rhenaugiensis, 95, saec. X ; fragmenta.
D = Darmstadiensis 3152, saec. X ; fragmentum.
S = schedae Vindobonenses 492, saec. X.
B = Bernensis 451, saec. X.
F = Florentinus, plut. 64, cod. 35, saec. XI.
L = Leidensis 137, saec. X.
M = Parisinus 5717, saec. XII.
V = Vossianus Q 20, saec. X.
P^c,B^c... = corrector (uel correctores) codicum *P*,*B*...
codd. = consensus omnium codicum, qui recensentur.
Σ = consensus codicum *BFLMV*, siue omnium, siue quot quoque loco seruati sunt.
I = codices interpolati.
[ ] = quadratis uncis inclusi ea, quae secludenda uidentur.
** = asteriscis litteras erasas indicaui.

Scriptura obliqua, quam dicunt italicam, indicaui ea, quae addenda uidentur, uel ea quae tantum interpolatis codicibus tradita sunt; eadem litteras indicaui, quae circum litteram sublatam stant.

edd. = editores plerique, uel omnes.

LIVRE VII

LIVRE VII

I. Si les soldats avaient estimé, quand les traces de son crime étaient récentes, que le supplice de Philotas était mérité, en revanche, une fois supprimé l'homme, qu'ils haïssaient, leur animosité se changea en pitié. Ils étaient sensibles à la gloire de cet homme jeune, au grand âge de son père désormais sans enfant. Parménion avait, le premier, ouvert l'Asie au roi ; associé à tous ses périls il avait toujours eu, sur le champ de bataille, la responsabilité de l'aile gauche ; le meilleur ami de Philippe, il avait inspiré tant de confiance à Alexandre que celui-ci l'avait préféré à tout autre pour l'exécution d'Attale. L'armée se livrait à ces réflexions, et l'on rapportait au roi des propos séditieux : Alexandre ne s'en émut pas autrement ; sachant bien que l'activité dissipe les vices de l'inaction, il décide une convocation générale, dans le vestibule de sa tente ; quand il estima que le nombre y était, il s'avança dans l'assemblée. Atharrias agissait sûrement en accord avec lui quand il se mit à demander la comparution d'Alexandre Lynceste[1] qui, bien avant Philotas, avait voulu tuer le roi. Deux témoins, comme nous l'avons dit ci-dessus, l'avaient dénoncé et c'était la troisième année qu'on le gardait en prison :

1. Issu de la famille princière de la Lyncestis, région du S.-O. de la Macédoine.

LIBER VII

I. [1]Philotan sicut recentibus eius uestigiis, iure adfectum supplicio censuerant milites, ita, postquam desierat esse quem odissent, inuidia in misericordiam uertit. [2]Mouerat et claritas iuuenis et patris eius senectus atque orbitas. [3]Primus Asiam aperuerat regi, omnium periculorum eius particeps, semper alterum in acie cornu defenderat, Philippo quoque ante omnes amicus, et ipsi Alexandro tam fidus ut occidendi Attalum non alio ministro uti mallet. [4]Horum cogitatio subibat exercitum, seditiosaeque uoces referebantur ad regem : quis ille haud sane motus satisque prudens otii uitia negotio discuti edicit ut omnes in uestibulo regiae praesto sint. [5]Quos ubi frequentes adesse cognouit, in contionem processit. Haud dubie ex conposito A*t*harrias postulare coepit ut L*y*ncestes Alexander, qui multo ante quam

I : Cf. Diod. 17, 80.

P, BFLMV.

I, 1 Philotan *FMV* : phylotan *P,BLM*[c] || censuerant *P,B*[c]*M* : cessuerant *BFLV* || odissent Σ : odiessent *P* || 2 atque *P,BFMV* : adque *L* || 3 acie Σ : atiem *P* || Philippo *P,F* : phylippo *BLMV* || Attalum *P,BFMV* : adtalum *L* || 4 cogitatio *P,BFLM* : cogitacio *V* || seditiosaeque *P,BFLM* : sediciosaeque *V* || 5 adesse Σ : abesse *P* || Atharrias *edd.* : apharrias *P* affarias Σ, Atarrhias *Hedicke* || Lyncestes *Froben* : lincestes *P,BLMV* incestes *F*.

on eut la preuve qu'il avait conspiré aussi avec Pausanias[1] pour tuer Philippe ; mais, comme il avait le premier salué Alexandre roi, il avait échappé au supplice plutôt qu'à l'accusation. De plus, les prières de son beau-père Antipater suspendaient alors la colère légitime du roi. Mais, tout suppurant encore, le ressentiment de celui-ci se réveilla : l'inquiétude du danger immédiat renouvelait le souvenir du danger ancien. On sort donc Alexandre de la prison ; il reçut l'ordre de présenter sa défense ; quoiqu'il l'eût méditée pendant trois années entières, s'embrouillant et tremblant il ne prononça qu'une faible partie de ce qu'il avait organisé ; finalement, outre la mémoire, sa raison l'abandonna. Tout le monde était persuadé que ce tremblement était une preuve de culpabilité, et non une défaillance de mémoire. Aussi certains de ceux qui avaient pris place à ses côtés le percèrent-ils de leurs lances alors qu'il tâchait encore de se souvenir. On emporta le cadavre, et le roi fit introduire Amyntas et Simias[2] : car Polémon[3], le plus jeune des frères, s'était enfui quand il eut la certitude qu'on mettait Philotas à la question. De tous les amis de Philotas ils avaient été les plus chers ; c'était surtout son appui qui les avait élevés à des fonctions importantes et honorifiques ; et le roi se rappelait le zèle extrême de Philotas à les lui recommander : il ne doutait point qu'ils eussent participé à son dernier projet. Or donc : « il y avait longtemps qu'il les tenait pour suspects, sa mère[4] lui ayant écrit

1. Noble d'Orestis, un des ἑταῖροι de Philippe, qu'il assassina pour des raisons mal déterminées.

2. Fils d'Androménès de Tymphara et frère d'Amyntas, de Polémon et d'Attale. Il avait joué un rôle important à Gaugamèle.

3. Après la mort d'Alexandre, on le retrouvera auprès de Perdiccas.

4. L'on sait l'emprise d'Olympias sur Alexandre. En plus de son intelligence réelle et de son mysticisme, Olympias eut les qualités d'une mère, et son fils, qui lui fut toujours très attaché, eut le désir de la diviniser. Quinte-Curce a bien saisi cet aspect de la psychologie de son héros.

Philotas regem uoluisset occidere, exhiberetur. [6]A duobus indicibus, sicut supra diximus, delatus tertium iam annum custodiebatur in uinculis : eundem in Philippi quoque caedem coniurasse cum Pausania pro conperto fuit ; sed, quia primus Alexandrum regem salutauerat, supplicio magis quam crimini fuerat exemptus. [7]Tum quoque Antipatri soceri eius preces iustam regis iram morabantur. Ceterum recruduit suppuratus dolor : quippe ueteris periculi memoriam praesentis cura renouabat. [8]Igitur Alexander ex custodia educitur, iussusque dicere, quamquam toto triennio meditatus erat defensionem, tamen haesitans et trepidus pauca ex iis, quae conposuerat, protulit, ad ultimum non memoria solum, sed etiam mens eum destituit. [9]Nulli erat dubium, quin trepidatio conscientiae indicium esset, non memoriae uitium. Itaque ex his, qui proximi adstiterant, obluctantem adhuc obliuioni lanceis confoderunt. [10]Cuius corpore ablato rex introduci iussit Amyntam et Sim*i*an ; nam Polemon, minimus ex fratribus, cum Philotan torqueri conperisset, profugerat. [11]Omnium Philotae amicorum hi carissimi fuerant, ad magna et honorata ministeria illius maxime suffragatione producti ; memineratque rex

I, 10-14 : Cf. Arr. 3, 27.

Philotas *P,F* : phylotas *BLMV* || exhiberetur *BFMV* : exiberetur *P,L* || 6 Philippi *P,FLV* : phylippi *BM* || supplicio, *P,BMV* : supplitio *F* suplicio *L* || 7 Tum *P* : tunc Σ || suppuratus *P* : soporatus Σ || 8 custodia educitur Σ : custodie ducitur *P* || quamquam *P,B*ᶜ*FLMV* : quaquam *B* || triennio Σ : triennii *P* || protulit Σ : pertulit *P* || destituit Σ : destuit *P* || 9 quin Σ : qui in *P* || indicium *P,BLMV* : inditium *F* || uitium *P,BFLM* : uicium *V* || proximi Σ : proxime *P* || adstiterant Σ [ast — *M*] : abstiterant *P* || 10 ablato *P,BFLM* : oblato *V* || introduci *P,BFLM* : intruduci *V* || Amyntam *P,BFM* : amintam *LV* || Simian ; nam *Hedicke* : simannam *codd.*, simmiam *Vogel* || Philotan *P,FV* : phylotan *BM* filotan *L* || 11 Philotae *P,F* : phylotae *BLMV* || ministeria Σ : misteria *P*.

de protéger sa vie contre eux. Mais il avait peine à croire au pire, et ce n'était que maintenant, convaincu par des indices patents, qu'il les avait fait emprisonner. Car, la veille du jour où l'on découvrait le crime de Philotas, ils avaient eu un conciliabule avec lui : le fait était hors de doute ; leur frère, en fuyant pendant qu'on torturait Philotas, avait découvert le mobile de sa fuite. Récemment, rompant avec leurs habitudes et sous prétexte de faire leur service, ils avaient écarté les autres et l'avaient eux-mêmes encadré, sans raison valable ; il s'était étonné de ce qu'ils s'acquittassent de cette fonction sans que ce fût leur tour ; leur agitation même l'avait effrayé, et il s'était vivement retiré auprès des écuyers de sa suite immédiate. Autre grief : la veille du jour où l'on avait découvert le crime de Philotas, Antiphane[1], secrétaire à la cavalerie, avait requis Amyntas de distribuer, selon l'usage, certains de ses chevaux à ceux qui avaient perdu les leurs ; Amyntas leur avait répondu insolemment que, s'il ne renonçait pas à son dessein, il ne tarderait pas à savoir son nom. En outre, son intempérance de langage, la témérité des paroles qu'il lançait contre Alexandre en personne étaient une preuve péremptoire de projets criminels. Si ces griefs étaient exacts, ils avaient mérité la même peine que Philotas ; s'ils étaient faux, personnellement il en exigeait d'eux la preuve ».

Puis, on fait avancer Antiphane qui dépose sur le refus de donner les chevaux et sur les orgueilleuses menaces qu'Amyntas y avait jointes. Quand on eut autorisé celui-ci à parler : « Si le roi, dit-il, y consent, je demande, pendant que je parlerai, à être libéré de mes liens. » Le roi les fait délier l'un et l'autre ; et comme Amyntas priait qu'on lui rendît aussi ses insignes d'écuyer,

1. Inconnu autrement. L'expression *scriba* (gr. γραγγατεύς) *equitum* est vague ; il semble qu'il s'occupait plus spécialement de la cavalerie des hétaires.

summo studio ab eo conciliatos sibi, nec dubitabat huius quoque ultimi consilii fuisse participes : [12]igitur olim sibi esse suspectos matris suae litteris, quibus esset admonitus ut ab his salutem suam tueretur. Ceterum se inuitum deteriora credentem, nunc manifestis indiciis uictum, iussisse uinciri. [13]Nam pridie quam detegeretur Philotae scelus, quin in secreto cum eo fuissent, non posse dubitar*i* ; fratrem uero, qui profugerit cum de Philot*a* quaereretur, aperuisse fugae causam. [14]Nuper praeter consuetudinem, officii specie amotis longius ceteris admouisse semetipsos lateri suo, nulla probabili causa ; seque mirantem quod non uice sua tali fungerentur officio et ipsa trepidatione eorum perterritum strenue ad armigeros, qui proxime sequebantur, recessisse. [15]Ad haec accedere, quod cum Antiph*an*es scriba equitum Am*y*nt*ae* denuntiasset, pridie quam Philotae scelus dep*re*hensu*m* esset, ut ex suis equis more solito dar*et* his, qui amisissent suos, superbe respondisse*t*, nisi incepto desisteret breui sciturum quis ipse esset. [16] Iam linguae uiolentiam temeritatemque uerborum, quae in semetipsum iacularentur, nihil aliud esse quam scelesti animi indicem ac testem. Quae si uera essent, idem meruisse eos quod Philotan ; si falsa, exigere ipsum ut refellant.

conciliatos Σ : consiliatos *P* || nec *I* : ne *codd.* || **12** igitur *codd.*, *Vogel* : igitur queritur *Hedicke*, igitur orditur *Menge-Fried* || his *P,BFMV* : is *L* || **13** Philotae *P,FV* : phylotae *BLM* || in secreto *P* : secreto Σ || dubitari *I* : dubitare *codd.* || profugerit *P*c,*BFL*c*MV* : profugerat *P,L* || Philota *I* : philotae *P,F* phylotae *BLMV* || **14** officii specie Σ : officiis spetiae *P* || fungerentur *P*c,*FM* : fugerentur *P,BLV* || et ipsa *P* : ex ipsa Σ || trepidatione *P,BFLM* : trepidacione *V* || perterritum Σ : pertirritis *P* || **15** Antiphanes *Alde* : antiphatanes *P* antiphatenes Σ || Amyntae *I* : aminte *codd.* || denuntiasset *BFL* : denuptiasset *P* denunciasset *MV* || Philotae *P,FV* : phylotae *BLM* || deprehensum *I* : depraehensus *codd.* || daret *Alde* : darent *codd.* || amisissent *P*c,Σ : amisisset *P* || respondisset *Letellier* : respondisse *codd.* || incepto *P,BLMV* : incoepto *F* || **16** Philotan *P,FLV* : phylotan *BM*-

il lui fit donner une lance[1]. Dès qu'il l'eut saisie de sa main gauche, Amyntas, évitant le lieu qu'avait recouvert peu auparavant le corps d'Alexandre Lynceste, dit : « Quel que soit le destin qui nous attend, ô roi, nous reconnaissons que, s'il nous est favorable, nous t'en serons redevables ; en cas de malheur, nos reproches iront à la Fortune. Nous ne sommes pas condamnés avant d'avoir plaidé, l'esprit et le corps libres ; les insignes que nous avons habituellement pour t'escorter, tu nous les as même rendus. Notre cause n'autorise pas la crainte ; quant à la Fortune nous cesserons de la craindre. Allons, je t'en prie, laisse-moi réfuter d'abord le dernier de tes griefs. En notre âme et conscience, roi, jamais nous n'avons tenu de propos offensant ta majesté. Je dirais que tu as triomphé depuis longtemps de l'envie, si tu ne risquais de penser que des paroles flatteuses cherchent à en racheter d'autres plus malveillantes. D'ailleurs, au cas même où un soldat à toi, affaibli, harassé en cours de route, ou menacé au cours d'un combat, ou malade sous sa tente et pansant ses blessures, aurait laissé entendre quelque parole un peu amère, nos valeureux états de service mériteraient bien que tu rendisses responsables de la faute les circonstances plutôt que notre pensée profonde. S'il nous arrive quelque malheur[2], nous accusons tout le monde ; contre notre propre personne, que — à coup sûr — nous ne haïssons pas, nous portons une

1. De ce passage l'on peut conclure que *l'armiger* d'Alexandre avait une lance de taille, de forme ou (et ?) d'ornementation différentes de celles des autres officiers ; c'était à la fois une arme et une distinction.

2. Voici un développement qui, malgré l'utilisation de procédés rhétoriques chers aux Latins, rappelle l'histoire hellénistique. Ce désir de faire, dans l'absolu, la psychologie du soldat apporte un reflet de l'action des philosophes grecs, et surtout d'Aristote, sur les historiens. Ici, ces considérations d'ordre général se rattachent bien au sujet, et constituent un argument de la défense ; néanmoins, elles valent surtout par elles-mêmes. Les autres historiens latins, qui sont moins sensibles que Quinte-Curce au prestige des modèles grecs, raccourcissent ces vues générales, et cherchent, d'abord, à caractériser des individus.

[17]Productus deinde Antiph*an*es de equis non traditis et adiectis etiam superbe minis ind*i*ca*t*. Tum Amynta*s*, facta dicendi potestate : [18]« Si nihil », inquit, « interest regis, peto ut, dum dico, uinculis liberer. » Rex solui utrumque iubet ; desiderantique Amyntae, ut habitus quoque redderetur armigeri, lanceam dari iussit. [19]Quam ut laeua conprehendit, euitato eo loco in quo Alexandri corpus paulo ante iacuerat : « Qualiscumque », inquit, « exitus nos manet, rex, confitemur prosperum tibi debituros, tristiorem Fortunae inputaturos. [20]Sine praeiudicio dicimus causam liberis corporibus animisque ; habitum etiam, in quo te comitari solemus, reddidisti. Causam non possumus, Fortunam timere desi*n*emus. [21]Et, quaeso, permittas mihi id primum defendere, quod a te ultimum obiectum est. Nos, rex, sermonis aduersus maiestatem tuam habiti nullius conscii sumus nobis. Dicerem iam pridem uicisse te inuidiam, nisi periculum esset ne alia malignius dicta crederes blanda oratione purgari. [22]Ceterum etiam si militis tui, uel in agmine deficientis et fatigati, uel in acie periclitantis, uel in tabernaculo aegri et uulnera curantis, aliqua uox asperior esset accepta, merueramus fortibus factis ut malles ea tempori nostro inputare quam animo. [23]Cum quid accidit tristius, omnes rei sunt : corporibus nostris, quae utique non

17 Antiphanes *Alde* : antiphatanis *P* antiphatenis *BF* antiphataenis *LV* antiphatenes *M* || etiam *P,BFLM* : eciam V || indicat. Tum *Freinsheim* : inde captum *codd.* || Amyntas *I* : amintam *codd.* [amyn — *M*] || **18** peto *P* : petito Σ || Amyntae *M* : amintae *P,BFLV* || *uerba* defensio Amintae, *quae BLV addunt in marg., leguntur in F ante* desiderantique || armigeri *P,BFMV* : armigeris *L* || **19** inquit *P,BFMV* : inquid *L* || **20** praeiudicio *BLMV* : praeiuditio *P,F* || etiam *P,BFLM* : eciam *V* || desinemus *M*ᶜ, *Vindelin* : desiemus *codd.* || **21** oratione Σ : orationi *P* || **22** etiam *P,BFLM* : eciam *V* || militis *P* : milites *BFLM* miles *V* || curantis *P*ᶜ,Σ : curatis *P* || **23** tristius *P,BFLM* : tritius *V* || sunt *codd.* : sumus *Bentley, edd.*

main hostile ; même pour les parents, les enfants, s'ils les rencontrent alors, n'ont qu'ingratitude et qu'animosité. En revanche, quand nous recevons les présents honorifiques, quand nous revenons ployant sous les récompenses, qui peut nous supporter ? contenir notre exaltation morale ? Un soldat n'a de mesure ni dans l'amertume ni dans l'allégresse. Un élan nous emporte vers toutes sortes de passions, — sarcasme, louange, pitié, colère, — au gré de notre humeur du moment. Un jour, il nous plaît d'affronter l'Inde et l'Océan ; un autre, se présente à nous le souvenir de nos femmes, de nos enfants, de notre patrie. Mais ces pensées, ces paroles prononcées entre soi, au signal de la trompette, disparaissent : nous courons chacun à notre rang ; et toutes les colères que nous avons conçues sous la tente se déversent sur la tête de l'ennemi. Plût aux dieux que Philotas aussi n'eût failli qu'en paroles ! Je vais maintenant m'occuper d'abord de ce qui motive notre mise en accusation. L'amitié que nous eûmes avec Philotas[1], je suis si loin d'aller la nier que je reconnais l'ardeur que nous avons mise à la rechercher et les bénéfices importants que nous en avons recueillis. Il était fils de Parménion, que tu as voulu le premier après toi ; par son rang il dépassait presque tous tes amis : et tu t'étonnes de notre déférence

1. Ici commence une argumentation très habile, où l'analyse de faits ne se disjoint pas d'une très fine psychologie. Certains passages rappellent — ou plutôt : annoncent — le discours que Tacite prête au chevalier romain M. Térentius, accusé — après la chute de Séjan — d'avoir été l'ami du ministre disgracié : *Fortunae quidem meae fortasse minus expediat adgnoscere crimen quam abnuere ; sed, utcumque casura res est, fatebor et fuisse me Seiano amicum et ut essem expetisse et postquam adeptus eram laetatum. Videram collegam patris regendis praetoriis cohortibus, mox urbis et militiae munia simul obeuntem. Illius propinqui et adfines honoribus augebantur ; ut quisque Seiano intimus, ita ad Caesaris amicitiam ualidus ; contra quibus infensus esset, metu ac sordibus conflictabantur. Nec quemquam exemplo adsumo : cunctos qui nouissimi consilii expertes fuimus meo unius discrimine defendam... Non est nostrum aestimare quem supra ceteros et quibus de causis extollas : tibi summum rerum iudicium di dedere, nobis obsequii gloria relicta est. Spectamus porro quae coram habentur, cui ex te opes, honores, quis plurima iuuandi nocendiue potentia, quae Seiano fuisse nemo negauerit...* (*Ann.* 6, 14 (6,8), 2 sq.)

odimus, infe*s*tas admouemus manus ; parentes, liberis si occurrant, et ingrati et inuisi sunt. Contra cum donis honoramur, cum praemiis onusti reuertimur, quis ferre nos potest ? quis illam animorum alacritatem continere ? [24]Militantium nec indignatio nec laetitia mo*de*rata est. Ad omnes adfectus impetu rapimur ; uituperamus laudamus, miseremur irascimur, utcumque praesens mouit adfectio. Modo Indiam adire et Oceanum libet, modo coniugum et liberorum patriaeque memoria occurrit. [25]Sed has cogitationes, has inter se conloquentium uoces, signum tuba datum finit : in suos quisque ordines currimus, et quidquid irarum in tabernaculo conceptum est, in hostium effunditur capita. Vtinam Philotas quoque intra uerba peccasset ! [26]Proinde ad id praeuertar, propter quod rei sumus. Amicitiam, quae nobis cum Philota fuit, adeo non eo infitias, ut expetisse quoque nos magnosque ex ea fructus percepisse confitear. [27]An uero Parmenionis, quem tibi proximum esse uoluisti, filium omnes paene amicos tuos dignatione uincentem cultum a nobis esse miraris ? [28]Tu, hercules, si uerum audire uis, rex, huius nobis periculi es causa. Quis enim alius effecit ut ad Philotan decurrerent qui placere uellent tibi ? Ab illo traditi ad hunc gradum amicitiae tuae

infestas admouemus *Alde* : infectas admouemus *BFLM* infectus admouemus *V om. P* || 24 indignatio *P,BFLM* : indignacio *V* || laetitia *BFL*ᶜ : laetia *P* leticia *LM* [laet —] *V* || moderata *I* : morata *codd.* || adfectio *P,BFLM* : adfeccio *V* || 25 cogitationes *P,BFLM* : cogitaciones *V* || Philotas *P,F* : phylotas *BLMV* || 26 praeuertar *P,B* [pre —] *F* (*in marg.*) *L*ᶜ : reuertar *FM* praereuertar *LV* || Amicitiam *P,BL*ᶜ : amititiam *F* amiciciam *LMV* || Philota *P,FV* : phylota *BLM* || infitias *B*ᶜ*M* : inficias *P,BFLV* || 27 Parmenionis *P,FLV* : parmoenionis *BM* || paene *P,BLMV* : poene *F* || 28 hercules *P* : hercule Σ || periculi es *P*ᶜ,*B*ᶜ*M* : periculis *P* pericules *BFLV* || causa *P*ᶜ,Σ : causas *P* || effecit Σ : efficit *P* || Philotan *P,F* : phylotan *BLMV* || amicitiae *BL* : amititiae *P,F* amiciciae *MV*.

envers lui ! C'est toi, par Hercule, ô roi, si tu veux entendre la vérité, qui es cause du danger que je cours. De qui est-ce la faute, si l'on courait à Philotas quand on voulait te plaire ? Introduits par lui, nous nous sommes haussés à ce degré dans ton amitié. Sa situation auprès de toi nous faisait et convoiter son appui et appréhender sa colère. Du moment que, presque sous la menace de tes coups, nous avons juré, sous ta dictée, d'avoir les mêmes ennemis et les mêmes amis que toi, astreints par ce religieux engagement il nous fallait, sans doute, nous dresser contre celui que tu préférais à tous. En conséquence, si c'est là une faute, les innocents t'apparaîtront bien rares ; rares ? par Hercule ! inexistants ! Tous, en effet, ont voulu être les amis de Philotas ; mais il ne pouvait y avoir autant d'élus que de candidats. De la sorte, si tu ne distingues pas des complices les amis, tu ne sépareras pas non plus des amis ceux qui ont voulu l'être. Or, que présente-t-on comme preuve de notre complicité ? est-ce, comme je le crois, la conversation familière que, la veille, Philotas eut avec nous, sans témoins ? Pour moi je serais incapable de me justifier si, la veille, j'avais changé quelque chose à mon ancienne façon de vivre. En fait, si, au jour incriminé, nous nous sommes conduits comme à l'ordinaire, ce conformisme dissipera l'accusation. Mais nous n'avons pas donné les chevaux à Antiphane ! et cela la veille du jour où Philotas fut découvert ! en ferai-je une affaire entre Antiphane et moi ? S'il veut nous rendre suspects parce que, ce jour-là, nous n'avons pas donné les chevaux, il sera incapable de se justifier, lui, de nous les avoir demandés. Le grief hésite, entre qui refuse et qui exige ; toutefois la faute est moindre à refuser son bien qu'à réclamer celui d'autrui. D'ailleurs, ô roi, j'ai eu en ma possession dix chevaux ; sur ce nombre Antiphane[1] en avait déjà distribué huit

1. Mépris du soldat pour l'homme de bureau, qui peut être un esclave ou un affranchi. Le sentiment est au moins aussi romain que grec.

ascendimus. Is apud te fuit, cuius *et* gratiam expetere et iram timere possemus. [29]Si no*s*, propemodum tuo uerberat*u*, *o*mnes, te pra*ee*unte, iurauimus eosdem nos inimicos amicosque habituros esse quos tu haberes, hoc sacramento pietatis obstricti obuersaremur scilicet quem tu omnibus praeferebas ! [30]Igitur, si hoc crimen est, paucos innocentes habes, immo, hercules, neminem. Omnes enim Philotae amici esse uoluerunt ; sed totidem, quot uolebant esse, non poterant : ita, si a consciis amicos non diuidis, ne ab amicis quidem separabis illos, qui idem esse uoluerunt. [31]Quod igitur conscientiae adfertur indicium ? ut opinor, quia pridie familiariter et sine arbitris locutus est nobiscum ? At ego purgare non possem, si pridie quicquam ex uetere uita ac more mutassem. Nunc uero, s*i*, *u*t omnibus diebus, illo quoque, qui suspectus est, fecimus, consuetudo diluet crimen. [32]Sed equos Antiphani non dedimus ? et, pridie quam Philotas detectus est ! hic mihi cum Antiphane res erit ? qui si nos suspectos facere uult, quod illo die equos non dederimus, semetipsum, quod eos desiderauerit, purgare non poterit. [33]Anceps enim crimen est inter retinentem et exigentem, nisi quod melior est causa suum non tradentis, quam poscentis alienum. [34]Cete-

apud Σ : aput *P* ‖ et gratiam *Bentley* : .ē. gratiam *P* gratiam Σ ‖ 29 nos *ego* : non *codd.* ‖ tuo uerberatu *ego* : tuo uerberatu ei *codd.*, in tua uerba, at tui *Bentley*, *Hedicke* ‖ praeeunte *Lauer* : praetereunte *codd.* ‖ quos Σ : quosquos *P* ‖ obuersaremur *codd.* : auersaremur *Modius* ‖ praeferebas *codd.*, *in M in marg.* ‖ 30 crimen *P,BFMV* : crimem *L* ‖ immo Σ : himmo *P* ‖ hercules *P* : hercule *B*ᶜ*FLMV* herculi *B* ‖ Philotae *P,F* : phylotae *BLMV* ‖ quot *M* : quod *codd.* ‖ consciis Σ : conciis *P* ‖ ne *P* : nec Σ ‖ 31 indicium *P,BMV* : inditium *FL* ‖ arbitris *P,FL* : arbitriis *BM* arbitri *V* ‖ si, ut *I* : sicut *codd.* ‖ 32 Philotas *P,F* : phylotas *BLMV* ‖ hic *P* : haec Σ ‖ Antiphane Σ : anthipane *P* ‖ erit *P* : erat Σ ‖ desiderauerit *P*ᶜ,Σ : deserauerit *P* ‖ 33 crimen *P,BFMV* : crimem *L* ‖ tradentis *P*ᶜ,Σ : tradentes *P*.

à ceux qui avaient perdu les leurs : personnellement j'en avais deux en tout ; dans son orgueil, ou du moins son injustice, il voulut me les enlever aussi : à moins de combattre à pied, j'étais forcé de les conserver. Et je ne veux pas nier que j'aie parlé en homme libre à ce lâche, pour qui son métier de soldat ne comporte d'autre obligation que de distribuer à ceux qui vont se battre les chevaux d'autrui. Car je suis arrivé à ce degré de malheur, que je dois justifier mes propos à la fois devant Alexandre et devant Antiphane. Mais, par Hercule, ta mère t'a écrit que nous étions pour toi des ennemis. Que n'a-t-elle été mieux inspirée dans ses inquiétudes pour son fils au lieu de former, en son esprit anxieux, de vains fantômes ! Pourquoi donc n'ajoute-t-elle pas le motif de sa crainte, ne révèle-t-elle pas enfin son garant ? Par quel acte, par quelle parole l'avons-nous émue au point de t'écrire ces lettres si affolées ? Tristesse de mon sort ! car me taire est peut-être moins périlleux que parler ! j'ignore comment l'affaire tournera, mais j'aime mieux te déplaire par ma défense que par ma cause. Or, ce que je vais te dire ne te surprendra pas : tu te rappelles que, m'envoyant lever des soldats en Macédoine, tu me dis que la demeure de ta mère cachait nombre de jeunes hommes bien portants. Tu m'as donc recommandé de ne prendre en considération que toi-même et de t'amener les insoumis. C'est ce que j'ai fait, et je me suis conformé à tes ordres avec moins de retenue que mon intérêt ne le comportait. Gorgias[1], Hécatée[2],

et son expression, ici, serait tout à fait curieuse, si l'on était absolument certain que Quinte-Curce fût un contemporain de Claude, dont on a qualifié le principat de « règne des affranchis ». Noter l'opposition si caractéristique de *liberi* et de *ignauissimo* (§ 35).

1. Inconnu par ailleurs. Il n'est pas possible de l'assimiler au Gorgias, beaucoup plus âgé que lui, qui commandait en 328 une taxis de Pézhétaires, et qu'Arrien mentionne à plusieurs reprises (4, 16, 1 ; 4, 22, 7 ; 5, 12, 1).

2. Inconnu autrement. Aucun rapport avec l'hétaire Hécatée (Diod. 2, 5 ; 5, 2).

rum, rex, equos decem habu*i* ; e quibus Antiphanes octo iam distribuerat his qui amiserant suos, omnino duos ipse habebam : quos cum uellet abducere homo superbissimus, certe iniquissimus, nisi pedes militare uellem, retinere cogebar. [35]Nec infitias eo, liberi hominis animo locutum esse me cum ignauissimo et hoc unum militiae suae usurpant*e*, ut alienos equos pugnaturis distribuat. Huc enim malorum uentum est, ut uerba mea eodem tempore et Alexandro excusem, et Antiphani ! [36]At, hercule, mater de nobis inimicis tuis scripsit. Vtinam prudentius esset sollicita pro filio, et non inanes quoque species anxio animo figuraret ! Quare enim non ascribit metus sui causam ? denique non ostendit auctorem ? quo facto dictoue nostro mota tam trepidas tibi litteras scripsit ? [37]O miseram condicionem meam, quia forsitan non periculosius est tacere quam dicere ! sed utcumque cessura res est, malo tibi defensionem meam displicere quam causam. Agnosces autem quae dicturus sum : quippe meministi, cum me ad perducendos ex Macedonia milites mitteres, dixisse te multos integros iuuenes in domo tuae matris abscondi. [38]Praecepisti igitur mihi, ne quem

34 habui *V*ᶜ : habeo *P,BMV* habui habeo *F* abui abeo *L* ‖ Antiphanes Σ : anthipanes *P* ‖ octo Σ : ᴠɪɪɪɪ *P* ‖ his Σ : iis *P* ‖ duos *BLMV* : ·ɪɪ· *P*, *eras.in F* ‖ [cere homo *PE, BFLMV* certe iniquissimus *E,V*ᶜ : certe iniquissimi *P* certe iniquissime Σ (*in FL add.* uel iniquissimis *in marg.*), *secl. Damste* ‖ **35** infiṭias *P,BFL*ᶜ: inficiar *E* inficias *LM* ‖ locutum *PE, BLMV* : loquutum *F* ‖ militiae *PE, BFL*ᶜ*MV* : inicia *L* ‖ suae *codd.* : ius *Bentley* ‖ usurpante *Lauer* : usurpantem *codd.* ‖ Huc *P*,Σ : hinc *E* ‖ Antiphani Σ : anthipani *P* antipahani *E* ‖ **36** At *PE, BFL*ᶜ*MV* : ad *L* ‖ tuis *P*,Σ : tibi *E* ‖ prudentius *PE, BFLM* : prudencius *V* ‖ species *PE, BLMV* : speties *F* ‖ figuraret *P*ᶜ(*in ras.*), Σ : fugararet *P*(*ut uid.*) figuraretur *E* ‖ Quare *P*,Σ : quae *E* ‖ causam *PE, BLMV* : causam Trepidas litteras *F* ‖ **37** condicionem *BLV* : conditionem *PE,F* ‖ meam *om.E* ‖ Agnosces Σ : agnosceres *PE* ‖ **38** mihi *om.E*.

Gorgatas[1], qui te sont si utiles, c'est de là que je les ai amenés. N'est-ce pas le comble de l'injustice ? moi qui aurais mérité un châtiment si je ne t'avais pas obéi, vais-je périr pour t'avoir obéi ? La seule raison qu'ait ta mère de nous persécuter, c'est que j'ai mieux aimé t'être utile que me faire bien voir d'une femme. J'ai ramené six mille fantassins, six cents cavaliers de Macédoine ; tous ne m'auraient pas suivi, si j'avais voulu ménager les insoumis. En conséquence, puisque telle est la raison qui l'irrite contre nous, à toi d'apaiser ta mère : car tu nous as exposés à sa colère.[2] »

II. Amyntas se défendait en ces termes quand, tout à coup, survinrent les gens qui avaient atteint son frère Polémon, dont on a signalé la fuite ci-dessus, et le ramenaient enchaîné. Peu s'en fallut que l'assemblée, dans son acharnement, ne le lapidât aussitôt selon l'usage établi. Mais lui, sans s'effrayer, : « Je n'ai rien, dit-il, à implorer pour moi ; seulement, que ma fuite ne constitue pas un grief contre l'innocence de mes frères. Si elle est inexcusable, que je sois seul coupable; leur cause à eux s'améliore du fait même que je suis suspect, moi qui ai fui. » Or ces paroles obtinrent l'approbation unanime de l'assemblée. Puis les larmes vinrent aux yeux de tous ; ce subit changement fut si complet que le jeune homme avait pour lui cela seul qui lui avait nui le plus. Ce garçon était dans la toute première fleur de la jeunesse ; il se trouvait parmi les cavaliers qu'épouvantait le supplice de Philotas, et la terreur d'autrui l'avait entraîné. Ses compagnons l'avaient abandonné, et il hésitait entre le retour et la fuite, quand ceux qui le poursuivaient l'arrêtèrent. Il commença alors de pleurer et de se meurtrir

1. Inconnu autrement.

2. Terminant ce discours par la mention d'Olympias, Quinte-Curce maintient la dominante psychologique de tout le passage. Le discours a beaucoup d'allure ; tel n'aurait pu le prononcer qu'un soldat qui eût longtemps pratiqué *suasoires* et *controverses*.

praeter te intuerer, sed detrectantes militiam perducerem ad te. Quod equidem feci et liberius, quam expediebat mihi, executus sum tuum imperium. Gorgiam et Hecataeum et Gorgatan, quorum bona opera uteris, inde perduxi. [39]Quid igitur iniquius est, quam me, qui, si tibi non paruissem, iure daturus fui poenas, nunc perire quia parui ? Neque enim ulla alia matri tuae persequendi nos causa est, quam quod utilitatem tuam muliebri praeposuimus gratiae. [40]VI milia Macedonum peditum et DC equites adduxi, quorum pars secutura me non erat, si militiam detrectantibus indulgere uoluissem. Sequitur ergo ut, quia illa propter hanc causam irascitur nobis, tu mitiges matrem, qui irae eius nos obtulisti. »

II. [1]Dum haec Amyntas agit, forte superuenerunt qui fratrem eius Polemonem, de quo ante est dictum, fugientem consecuti uinctum reducebant. Infesta contio uix inhiberi potuit quin protinus suo more saxa in eum iaceret. Atque ille sane interritus : [2]« Nihil », inquit, « pro me deprecor ; modo ne fratrum innocentiae fuga inputetur mea. Haec si defendi non potest, meum crimen sit : horum ob id ipsum melior est causa, quod ego, qui profugi, suspectus

II, 1-10 : Cf. Arr. 3, 27.

detrectantes Σ : detractantes *P*(*in ras.*) *E* ‖ militiam *PE*, *BFL*ᶜ*MV* : miliciam *L* ‖ equidem *E*,Σ : equitem *P* ‖ expediebat *E* : expedibat *P*,Σ ‖ executus *P*,Σ : exequutus *F* ‖ Hecataeum *Froben* : hegateum *codd.* ‖ bona *om.E* ‖ 39 fui *P*ᶜ*E*,Σ : fuisse *P* ‖ 40 ᴅᴄ *E* : $\overline{\text{ᴅᴄ}}$ *P*,Σ ‖ si militiam *PE*,*BFMV* : si*militiam *L* ‖ detrectantibus Σ : detractantibus *PE* ‖ ergo *PE*, *B*ᶜ*FLM*ᶜ*V* : ego *BM* ‖ mitiges *P*,Σ : es *E* ‖ matrem *P*,Σ : matremque *E* ‖ qui irae *PE*, *BFLM* : quirae *V* ‖ nos *E*,Σ : non *P* ‖ obtulisti *E*,Σ : ob*tulisti *P*.

II, 1 Amyntas *PE*,*B*ᶜ : amintas Σ ‖ Polemonem *E*,*B* : pelomonem *P*,*FLMV* ‖ consecuti *PE*,*BLMV* : consequuti *F* ‖ contio *PE*,*BFLM* : concio *V* ‖ in eum *P*,Σ : meum in eum *E* ‖ 2 interritus Σ : territus *PE* ‖ inquit *PE*,*BFMV* : inquid *L* ‖ potest *P*,Σ : post *E* ‖ crimen *PE*,*BL*ᶜ*MV* : crimem *FL* ‖ est *om. E* ‖ qui *codd.* : quia *Bentley*, *Hedicke*.

le visage ; il s'inquiétait non pour lui, mais pour ses frères qu'il mettait, lui, en péril. Déjà le roi même, et non l'assemblée seule, était ému ; il ne restait que son frère qui, implacable, fixait sur lui un regard farouche en lui disant[1] : « Des pleurs, insensé, il en aurait fallu quand tu donnais de l'éperon à ton cheval, déserteur de tes frères et compagnon de déserteurs ! Malheureux, où fuyais-tu, et d'où ? Par ta faute, moi que menace une accusation capitale, je parle le langage d'un accusateur. » Et l'autre reconnaissait sa faute, plus lourde encore envers ses frères qu'envers lui-même. Alors il n'y eut plus de borne ni aux larmes ni aux acclamations, — reflets des sentiments populaires. Ce ne fut qu'une voix, émise d'un commun accord, pour qu'Alexandre graciât des innocents, des braves. Les Amis aussi, à qui s'offrait l'occasion d'être pitoyables, se lèvent tous, et, avec des larmes, ils supplient le roi. Lui, le silence revenu : « Moi aussi, dit-il, je vote l'acquittement pour Amyntas et ses frères[2]. Et vous, jeunes gens, j'aime mieux vous voir oublier mon bienfait que vous rappeler le danger couru. Rentrez en grâce auprès de moi aussi loyalement que, moi, je retourne à vous. Sans l'examen approfondi des dénonciations, j'aurais dissimulé une plaie bien susceptible de suppurer. Mieux vaut, pour vous, être justifiés que suspects. Réfléchissez que l'on ne peut jamais être acquitté qu'après plaidoyer. Toi, Amyntas, pardonne à ton frère ; ce sera le gage d'une franche réconciliation avec moi aussi ».

Une fois l'assemblée renvoyée, il fait convoquer

1. L'antithèse des attitudes est légèrement mélodramatique. Quinte-Curce aime ces oppositions brutales, où ne s'exprime pas le meilleur de son talent.

2. Gravité sententieuse, peut-être trait proprement romain : Alexandre porte le vote *A* (*absoluo*), les deux autres possibilités dans un jugement criminel étant *C* (*condemno*) et *NL* (*non liquet*)

sum. » [3]At haec elocuto uniuersa contio adsensa est. Lacrimae deinde omnibus manare coeperunt adeo in contrarium repente mutatis, ut solum pro eo esset, quod maxime laeserat. [4]Iuuenis erat primo aetatis flore pubescens, quem inter equites tormentis Philotae conturbatos alienus terror abstulerat. Desertum eum a comitibus, et haesitantem inter reuertendi fugiendique consilium, qui secuti erant, occupauerunt. [5]Is tum flere coepit, et os suum conuerberare, maestus non suam uicem, sed propter ipsum periclitantium fratrum. [6]Moueratque iam regem quoque non contionem modo, sed unus erat inplacabilis frater, qui terribili uultu intuens eum : « Tum », ait, « demens, lacrimare debueras, cum equo calcaria subderes, fratrum desertor et desertorum comes. Miser, quo et unde fugiebas ? Effecisti ut reus capitis accusatoris uterer uerbis. » [7]Ille peccasse se, sed grauius in fratres quam in semetipsum fatebatur. Tum uero neque lacrimis, neque adclamationibus, quibus studia sua multitudo profitetur, temperauerunt. Vna uox erat pari emissa consensu, ut insontibus et fortibus uiris parceret. Amici quoque data misericordiae occasione consurgunt, flentesque regem deprecantur. [8]Ille silentio facto : « Et ipse », inquit,

3 At Σ : ad *PE* ‖ elocuto *PE,BLMV* : eo loquuto *F* ‖ contio *PE,BFLM* : concio *V* ‖ solum *codd.* : hoc solum $F^cL^cV^c$ ‖ **4** aetatis *PE,BFMV* : aetatatis *L* ‖ quem *E,BFLM* : quam *P* que *V* ‖ Philotae *PE,F* : phylotae *BLMV* ‖ conturbatos *BFLM* : conturbatis *PE* conturbato *V* ‖ secuti *PE,BLMV* : sequuti *F* ‖ **5** flere P^c*E,BFLM* : flore *P,V* ‖ ipsum periclitantium fratrum *P*,Σ : ipsos periclitantes fratres *E* ‖ **6** quoque *om.E* ‖ contionem *PE,BFLM* : concionem *V* ‖ sed *P*,Σ : set *E* ‖ Tum *P*,Σ : tu *E*, *Strangl* ‖ ait *codd.* : exclamat *Hedicke*, inquit *Stangl* ‖ subderes *E*,Σ : subdederes *P* ‖ desertor *PE,BFLM* : deserto *V* ‖ **7** peccasse *P*,Σ : percasse *E* ‖ se, sed Σ : sese sed *P* sese et *E*, sese *Hedicke*, se sed haud *Vogel* ‖ fatebatur *P*,Σ : fatebitur *E* ‖ quibus Σ : qui *PE* ‖ pari *PE*,B^c*FLMV* : patri *B* ‖ flentesque *E*,Σ : flectensque *P* ‖ **8** inquit *PE,BFLM* : inquid *V*.

Polydamas[1] : c'était de loin l'ami le plus cher de Parménion ; au combat, sa place ordinaire était immédiatement à son côté. Il était venu au quartier royal sûr de sa conscience ; pourtant, lorsqu'il reçut l'ordre de faire comparaître ses frères, de tout jeunes gens qu'en raison de leur âge le roi ne connaissait pas, sa sérénité se mua en inquiétude, il se mit à trembler, réfléchissant plus souvent à ce qui pouvait lui nuire qu'aux moyens de l'esquiver. Déjà, obéissant à l'ordre reçu, les écuyers avaient amené les jeunes gens, quand le roi ordonne de s'approcher à Polydamas, livide de peur[2]. Congédiant les témoins il lui dit : « Par son crime Parménion nous a tous atteints également, surtout toi et moi, qu'il a trompés sous les dehors de l'amitié. Le poursuivre et le punir (vois combien je me fie à ton loyalisme), je t'en charge : c'est décidé ; pour otages, pendant la durée de ta mission, j'aurai tes frères. Pars pour la Médie, et apporte à mes préfets[3] des lettres écrites de ma main. Tu dois te presser, afin de vaincre en rapidité la voix publique. Je veux que tu arrives là-bas de nuit, et que, le lendemain, tu te conformes aux mandements écrits. A Parménion aussi tu remettras des lettres, l'une venant de moi, l'autre supposée de Philotas : le cachet de son anneau est en ma possession ; si le père le croit donc apposé par son fils, te voyant il ne soupçonnera rien[4]. » Affranchi d'une si grande peur, Polydamas promet son concours, avec plus de zèle même qu'on ne l'exigeait. Félicité et chargé

1. Polydamas avait à peu près le même âge que Parménion, ce qui rend peu vraisemblable la mention *fratres suos admodum iuuenes*. Il avait combattu à Gaugamèle (cf. 4, 15, 6-7).

2. *Exanguis :* un adjectif très aimé par notre écrivain, qui en tire des effets de brutalité.

3. Il s'agit de Cléandre (cf. § 19), de Ménidas (4, 12, 4) et de Sitalcès (10, 1, 1). Le mot *praefectus* est très vague, il désigne ici des officiers supérieurs placés sous les ordres de Parménion.

4. Quinte-Curce insiste sur la responsabilité d'Alexandre. La mort de Parménion marque la rupture définitive avec les traditions politiques héritées de Philippe.

« Amyntan mea sententia fratresque eius absoluo. Vos autem, iuuenes, malo beneficii mei obliuisci quam periculi uestri meminisse. Eadem fide redite in gratiam mecum, qua ipse uobiscum reuertor. 9Nisi, quae delata essent, excussissem, ualde dissimulatio mea sup*pu*rare potuisset. Sed satius est purgatos esse quam suspectos. Cogitate neminem absolui posse, nisi qui dixerit causam. 10Tu, Amynta, ignosce fratri tuo ; erit hoc simpliciter etiam mihi reconciliati animi tui pignus. »

11Contione deinde dimissa Polydamanta uocari iubet : longe acceptissimus Parmenioni erat, proximus lateri in acie stare solitus. 12Et quamquam conscientia fretus in regiam uenerat, tamen, ut iussus est fratres suos exhibere admodum iuuenes et regi ignotos ob aetatem, fiducia in sollicitudinem uersa trepidare coepit, saepius quae nocere possent quam quibus ea eluderet reputans. 13Iam armigeri, quibus imperatum erat, produxerant eos, cum exanguem metu Polydamanta propius accedere iubet, summotisque omnibus : « Scelere », inquit, « Parmenionis omnes pariter adpetiti sumus, maxime ego ac tu, quos amicitiae specie fefellit. 14Ad quem per-

II, 11-34 : Cf. Diod. 17, 80 ; Plut. Alex. 49 ; Arr. 3, 26.

Amyntan *PE,B*c : amintan *BLV* amintam *F* ‖
mea sen] *P,BFLMV*
beneficii *P,BLMV* : benefitii *F* ‖ redite Σ : reddit ei *P* ‖ gratiam *P,BFLM* : graciam *V* ‖ **9** delata *P*c,Σ : lata *P* ‖ suppurare *Vogel* : superare *codd.* ‖ satius *P,BFLM* : sacius *V* ‖ **10** Amynta *P,BMV* : aminta *FL* ‖ **11** dimissa *P,BLV* : missa *F* ‖ Polydamanta *P* : polidamanta Σ ‖ Parmenioni *P,LV* : parmoenioni *BFM* ‖ solitus *BM* : solutus *P* sulitus *FLV* ‖ **12** conscientia *P,BMV* : constientia *FL* ‖ exhibere *P,B*c*FM* : exibere *BLV* ‖ fiducia *P,BLM* : fidutia *F* fidutiam *V* ‖ sollicitudinem Σ : solitudinem *P* ‖ eluderet *P* : eluderetur Σ ‖ **13** metu Σ : metum *P* ‖ Polydamanta *P* : polidamanta Σ ‖ inquit *P,BLMV* : inquid *F* ‖ Parmenionis *FLV* : parmoenis *P* parmoenionis *BM* ‖ quos Σ : quo *P* ‖ amicitiae *P,BLV* : amititiae *FM* ‖ specie *P,BLMV* : spetie *F* ‖ **14** Ad Σ : at *P*.

de promesses, il dépose son vêtement pour revêtir un costume arabe. On lui donne pour compagnons deux Arabes[1] dont, entre temps, femmes et enfants — pour les lier à leur parole — restaient en otages auprès du roi. Ils traversent, sur des chameaux, un désert de sécheresse et, après dix jours, ils atteignent le but fixé. Avant que le bruit de son arrivée se répandît, Polydamas reprit le costume macédonien et, à la quatrième veille, il alla trouver dans sa tente Cléandre qui était préteur du roi. Une fois les lettres remises, tout le monde décida de se rendre ensemble chez Parménion, à l'aube ; car pour tous les autres aussi il avait apporté des messages royaux.

Ils allaient entrer chez Parménion quand on lui annonça la venue de Polydamas. Tout à la joie que son ami arrivât, impatient aussi d'avoir des nouvelles du roi (car il y avait longtemps qu'il était sans lettre de lui), il mande Polydamas. En cette région les maisons de plaisance comportent de vastes retraites qui doivent leur charme à des bois plantés ; c'était là surtout plaisir de rois et de satrapes[2]. Parménion faisait les cent pas dans son parc, au centre d'un groupe d'officiers, à qui les lettres du roi avaient donné ordre de l'assassiner. Ils avaient choisi pour agir le moment où Parménion se mettrait à lire les lettres remises par Polydamas. Dès que Parménion l'eut aperçu dans le lointain, Polydamas, rayonnant d'une joie feinte, courut dans ses bras et, achevées leurs congratulations réciproques, il lui remit la lettre écrite par le roi. Tout en défaisant l'attache

1. Le terme *Arabs* sert à désigner les Bédouins de la Mésopotamie et de la région du Liban. Ailleurs, il est appliqué à ceux que nous appelons, aujourd'hui, les Arabes.

2. Sur les caractères de ces jardins et leur persistance jusqu'à la fin de l'antiquité, cf. Grimal, *Les jardins romains*, p. 88. Dans les parcs royaux, se trouvaient parfois, en liberté, des animaux sauvages ; cf. un relief d'Ashurbanipal, au British Museum : Grousset, *Les civilisations de l'Orient*, t. I, p. 89-90.

sequendum puniendumque, — uide quantum fidei tuae credam, — te ministro uti statui; obsides, dum hoc peragis, erunt fratres tui. [15] Proficiscere in Mediam, et ad praefectos meos litteras scriptas manu mea perfer. Velocitate opus est, qua celeritatem *famae* antecedas. Noctu peruenire illuc te uolo; postero die, quae scripta erunt, exequi. [16] Ad Parmeniona quoque epistulas feres; unam a me, alteram Philotae nomine scriptam: signum anuli eius in mea potestate est; si pater credit a filio inpressum, cum te uiderit nihil metuet. » [17] Polydamas tanto liberatus metu inpensius etiam, quam exigebatur, promittit operam, conlaudatusque et promissis oneratus, deposita ueste quam habebat, Arabica induitur. [18] Du*o* Arabes, quorum interim coniuges ac liberi, uinculum fidei, obsides apud regem erant, dati comites. Per deserta etiam ob siccitatem loca camelis *undecimo* die, quo destinauerat, perueniunt. [19] Et, priusquam ipsi*us* nuntiaretur aduentus, rursus Polydamas uestem Macedonicam sumit, et in tabernaculum Cleandri, — p*ra*etor hic regius erat, — quarta uigilia peruenit. [20] Redditis deinde litteris, constituerunt prima luce ad Parmenionem coire; namque ceteris quoque litteras regis attulerat.

uide quantum *BFMV* : de quant*um *P* uide quan*tum *L* || uti statui Σ [ut ista tui *M*] : ut statui *P* || **15** Mediam *P,BFLM* : media *V* || famae *add. Vindelin* : sceleris *add. Cornelissen* || postero *P,BLMV* : postera *F* || scripta Σ : scripto *P* || erunt *P,B*^{c}*FLMV* : erant *B* || **16** Parmeniona *FLV* : parmoeniona *P,BM* || a me *P,BLMV* : ad me *F* || Philotae *P,F* : phylotae *BLMV* || si *P,F* : sic *BF*^{c}*LMV* || **17** Polydamas *P* : polidamas Σ || oneratus *BFLM* : honeratus *P* *oneratus *V* || habebat *P,BFMV* : abebat *L* || Arabica *B*^{c}*FLMV* : arabico *P* arabia *B* || **18** Duo *Lauer* : duc *P* dux Σ || apud *BLMV* : aput *P,F* || undecimo die *edd.* : XI· modio *P* x̊I de *B* x̊I die *B*^{c}*LMV* XI die *F* || quo destinauerat *BFL*^{c} *MV* : quod aestimauerat *P,L* || **19** ipsius *Vindelin* : ipsi *codd.* || Polydamas *P* : polidamas Σ || Macedonicam Σ : macedoniam *P* || praetor *B*^{c}*,I* : petor *codd.* || hic *P,BFLM* : id *V* || **20** ad Σ : a *P* || Parmenionem *FLV* : parmoenionem, *P,BM* || ceteris *P,V* : ceteri *BFLM* || litteras *M*^{c}*,I* : litteris *codd.*

de la lettre, Parménion lui demandait des nouvelles d'Alexandre. L'autre lui répondit que la lettre même le renseignerait. Après l'avoir lue, « le roi, dit Parménion, prépare une expédition contre l'Arachosie. Quelle activité! jamais il ne s'arrête ! Mais, maintenant qu'il a acquis tant de gloire, il est temps qu'il ménage sa vie ». Il lisait avec une joie que ses traits révélaient la seconde lettre signée de Philotas, — quand Cléandre lui traverse le flanc de son épée, puis l'atteint à la gorge : il avait rendu l'âme, que tous le frappent encore. Les hommes d'armes, qui avaient pris la garde à l'entrée du parc, apprenant un meurtre dont on ignorait la cause regagnent le camp, et, par cette affolante nouvelle, provoquent une sédition des soldats. Ils s'arment et, en masse, se rendent au parc où l'assassinat avait eu lieu ; si on ne leur livre pas Polydamas et tous ses complices dans le crime, ils avertissent qu'ils abattront le mur qui clôt le parc et feront à leur général l'offrande du sang de tous les coupables. Cléandre ordonne d'introduire leurs chefs, et leur lit la lettre écrite aux troupes par le roi : elle signalait le complot de Parménion contre le roi, qu'elle les priait de venger. Donc, une fois connue la volonté royale, à défaut de l'indignation la sédition s'apaisa. Les soldats se dispersèrent en majorité, mais quelques-uns demeurèrent, priant qu'on leur permît au moins d'ensevelir le corps. Longtemps on leur refusa, Cléandre craignant de blesser le roi. Puis, devant l'insistance accrue des prières, il estima nécessaire d'ôter à une révolte son aliment, et il permit d'enterrer le cadavre, moins la tête, qu'il fit trancher et envoya au roi. Ainsi finit Parménion[1], gloire

1. Voici les considérations d'U. Wilcken (*loc. cit.*, p. 171) sur la mort de Parménion : « Nous sommes ici devant le point le plus sombre de la vie d'Alexandre ! Plus que jamais nous regrettons l'abstention des sources, qui ne nous apportent pas de témoignage authentique, mais seulement des présomptions sur les motifs de cet acte, alors qu'il nous importerait hautement, pour juger le caractère d'Alexandre, de

Iam ad eum uenturi erant, cum Parmenioni Pol*y*damanta uenisse nuntiauerunt ; [21]qui, dum laetatur aduentu amici, simulque noscendi, quae rex ageret auidus, — quippe longo interuallo nullam ab eo epistulam acceperat, — *Poly*damanta requiri iubet. [22]D*e*uersoria regionis illius magnos recessus habent amoenosque nemoribus manu consitis ; ea praecipue regum satraparumque uoluptas erat. [23]Spatiabatur in nemore Parmenion medius inter duces, quibus erat imperatum litteris regis ut occiderent. Agendae autem rei constituerant tempus, cum Parmenion a Pol*y*damante litteras traditas legere coepisset. [24]Pol*y*damas procul ueniens ut a Parmenione conspectus est, uultu laetitiae speciem praeferente ad conplectendum eum cucurrit ; mutua*que* gratulatione functi, Pol*y*damas epistulam a rege scriptam ei tradidit. [25]Parmenion uinculum epistulae soluens quidnam rex ageret requirebat. Ille ex ipsis litteris cogniturum esse respondit. [26]Quibus Parmenion lectis : « Rex », inquit, « expeditionem parat in Arachosios. Strenuum hominem et nunquam cessantem ! Sed tempus saluti suae tanta iam parta gloria parcere. »

Iam *om.P* ‖ cum Σ : iam *P* ‖ Parmenioni *FLV* : parmoenioni *P,BM* ‖ Polydamanta *I* : polidamanta *codd.* ‖ nuntiauerunt *P,BFL* : nunciauerunt *MV* ‖ **21** amici *P,BLMV* : amiti *F* ‖ ab eo Σ : habeo *P* ‖ Polydamanta *I* : philodamanta *P,FV* phylodamanta *BLM* pholidamanta V^c ‖ **22** Deuersoria *Hedicke* : diuersoria *codd.* ‖ habent Σ : abent *P* ‖ praecipue *codd.* : praecipua *Stangl* ‖ regum Σ : rerum *P* ‖ **23** Spatiabatur *BFL* : spaciabatur *P,MV* ‖ nemore Σ : mere *P* nemere P^c ‖ Parmenion *P,FLV* : parmoenion *BM* ‖ Parmenion *BFLV* : parmoenion *P,M* ‖ Polydamante *I* : polidamante *P,BLMV* polidamanta *F* ‖ litteras Σ : litteris *P*, alteras litteras *Damste* ‖ coepisset *P,FM* : cepisset *BLV* ‖ **24** Polydamas *I* : polidamas *codd.* ‖ Parmenione *P,FLV* : parmoenione *BM* ‖ praeferente P^c,Σ : praeferentem *P* ‖ cucurrit *P,BFV* : cucurit *L* ‖ mutuaque *Lauer* : mutuatu *P* mutuata Σ ‖ Polydamas *I* : polidamas *codd.* ‖ **25** Parmenion *P,FLV* : parmoenion *BM* ‖ **26** Parmenion *P,FLV* : parmoenion *BM* ‖ inquit *P,BFM* : inquid *LV* ‖ saluti *P,BFLM* : salutis *V* ‖ tanta Σ : tantam *P* ‖ parta *P,BFLM* : parti *V*.

civile aussi bien que militaire. Il avait souvent réussi sans le roi ; sans lui le roi n'avait encore rien fait de grand. Il donna toute satisfaction au plus heureux des rois et qui voulait voir toutes choses à la mesure de sa fortune. A l'âge de soixante-dix ans, il s'acquitta des devoirs d'un officier jeune et souvent même d'un soldat ordinaire : incisif dans la décision, résolu dans l'action, cher aux officiers supérieurs, plus aimé encore de l'humble troupe. Tout cela le poussa-t-il à désirer le trône ? ou ne fit-il que le rendre suspect ? on a le droit d'hésiter : car, après l'événement même, quand on pouvait davantage y voir clair, on se demanda si Philotas, vaincu par l'atrocité du supplice, avait dit vrai sur des faits d'une exactitude invérifiable, ou s'il avait cherché dans le mensonge la fin de ses tortures.

Estimant qu'il devait mettre à part du reste de l'armée ceux dont il avait la preuve qu'ils avaient déploré ouvertement la mort de Parménion, Alexandre les forma en

voir clair précisément en cette affaire. Dans sa ferme conviction de la culpabilité de Philotas, a-t-il trouvé quelque motif de croire que le père de cet officier avait participé, lui aussi, au complot ? Vraiment, la chose n'est guère croyable, quand on songe à la fidélité avec laquelle Parménion a servi Alexandre, comme il avait déjà servi Philippe, au plus haut poste de l'armée, en dépit de différends purement occasionnels qui se sont produits parfois. Et si Alexandre avait cru cela, il l'aurait fait arrêter et comparaître devant la cour martiale, tout comme son fils. Plus probablement, Alexandre croyait que Parménion, apprenant l'exécution de son fils, que naturellement il aurait tenue pour injuste, ne profitât de la puissance, à lui confiée par Alexandre peu de mois auparavant, pour se venger, avec l'appui de ses troupes et des trésors d'Ecbatane, en se révoltant et en soulevant contre le roi toute l'Asie Occidentale. N'y avait-il pas là, en effet, une situation dangereuse ? Le père du condamné était maître des communications de retour d'Alexandre. N'est-ce pas l'explication de la hâte extrême avec laquelle Alexandre dépêcha, sur des dromadaires de course, ses messagers porteurs de l'ordre de mort, afin d'arriver à Ecbatane avant la nouvelle du verdict ? Il n'y avait finalement pas d'autre moyen que la mort pour empêcher que cette nouvelle lui parvînt. Comme Arrien le laisse entendre, c'est donc sans doute la raison d'Etat qui a obligé Alexandre, quelle que fût son opinion, justifiée ou non, à passer sur le cadavre de Parménion, dans l'intérêt de sa propre conservation et de la sûreté de son royaume. »

[27]Alteram deinde epistulam, Philotae nomine scriptam, laetus, quod ex uultu notari poterat, legebat. Tum eius latus gladio haurit Cleander, deinde iugulum ferit, ceteri exanimum quoque confodiunt. [28]Et armigeri, qui *a*d aditum nemoris adstiterant, cognita caede, cuius causa ignorabatur, in castra perueniunt et tumultuoso nuntio milites concitant. [29]Illi armati ad nemus, in quo perpetrata caedes erat, coeunt ; et, ni Pol*y*damas ceterique eiusdem noxae participes dedantur, murum circumdatum nemori euersuros denuntiant, omniumque sanguine duci parentaturos. [30]Cleander primores eorum int*ro*mitti iubet, litterasque regis scriptas ad milites recitat, quibus insidiae Parmenionis in regem precesque, ut ipsum uindicarent, continebantur. [31]Igitur cognita regis uoluntate, non quidem indignatio, sed tamen seditio conpressa est. Dilapsis pluribus, pauci remanserunt, qui, saltem ut corpus ipsius sepelire permitterent, precabantur. [32]Diu id negatum est Cleandri metu ne offenderet regem. Pertinacius deinde precantibus materiem consternationis subtrahendam ratus capite deciso truncum humare permisit ; ad regem caput missum est. [33]Hic exitus Parmenionis fuit, militiae domique clari uiri. Multa sine rege prospere, rex

27 Philotae *P,FV* : phylotae *BLM* || haurit *P,BFLM* : aurit *V* || Cleander $BFL^{c}MV$: cleandre *P* cleande *L* || ferit *BFLM* : fe**rit *P,V* || ceteri Σ : ceterum *P* || confodiunt Σ : confudiunt *P* || **28** qui ad *Vogel* : quid *P* qui Σ || **29** coeunt $P,BFLMV^{c}$: quoeunt *V* || Polydamas *I* : polidamas *codd.* || nemori euersuros Σ : memoriae uersuros *P* || denuntiant [— nci — *M*] *BLM* : denutriant *P,F* || duci P^{c},Σ : duce *P* || **30** primores $B^{c}F^{c}LV$: priores [**p — *M*] *P,BFM* || intromitti *I* : intermitti *codd.* || Parmenionis *P,FLV* : parmoenionis *BM* || **31** Dilapsis Σ : delapsis *P* || ipsius *codd.* : ipsis *Vogel, Hedicke* || **32** id *P,BLMV* : it *F* || Cleandri Σ : cleandro *P* || Pertinacius *BLMV* : pertinatius *P,F* || precantibus Σ : pergentibus *P* || subtrahendam Σ : subtraendam *P* || caput *BLMV* : capud *P,F* || **33** Parmenionis *P,FLV* : parmoenionis *BM*.

une cohorte distincte ; il la mit sous les ordres de Léonidas[1], lui aussi lié autrefois à Parménion par une amitié intime. Presque tous étaient déjà mal vus du roi pour une autre raison ; en effet, désireux d'éprouver le moral des troupes, Alexandre avait engagé quiconque avait écrit aux siens en Macédoine à remettre les lettres à ses courriers personnels, qui les transmettraient loyalement. Sans malice, chacun avait écrit à ses proches ce qu'il pensait : le service pesait à quelques-uns, mais la majorité ne s'en plaignait pas. Le roi mit donc la main tant sur les lettres des bons esprits que sur celles des mécontents ; et ceux qui, au cours de leurs lettres, s'étaient plaint d'un service qui leur répugnait constituèrent une cohorte à part, qu'il marqua d'ignominie en l'obligeant à camper à l'écart des autres : il comptait utiliser son courage dans la guerre en éloignant d'oreilles crédules la liberté de ses propos. Et le projet n'était peut-être pas sans risques : car l'outrage avait irrité cette courageuse jeunesse ; mais, ici comme toujours, la chance du roi en tira parti. Il n'y eut rien de plus ardent qu'eux à la bataille ; leur valeur était stimulée et par le désir d'effacer l'ignominie et parce que leur petit nombre mettait nécessairement leur bravoure en lumière[2].

1. Sur ce chef du bataillon des indisciplinés (ἀτάκτων τάγμα), nous ne savons rien d'autre — à moins qu'il ne faille l'identifier avec le général d'Antigone et navarque de Ptolémée (Diod., 19, 19, 4 ; Polyaen., 4, 6, 6).

2. Le procédé, dont se sert un Alexandre pour connaître les mécontents, fait plus d'honneur à son ingéniosité qu'à sa moralité ; les mesures disciplinaires contre ces soldats ne furent, d'ailleurs, pas maintenues longtemps. L'exécution d'Alexandre Lynceste rentre également parmi les énergiques mesures, qu'il prit pour écraser une opposition, que la mort de Parménion surexcitait. Ainsi l'énergie brutale d'Alexandre arrêta toute rébellion ; Quinte-Curce ajoute aux raisons, humaines, de cette réussite la protection de *Felicitas.* (L'on comparera au tour *consilium... felicitas regis excepit* l'expression de Cicéron, *Sest.*, 68 : *uitam excipit immortalitas.*)

sine illo nihil magnae rei gesserat. Felicissimo regi et [ad] omnia ad fortunae suae exigenti modum satisfecit. LXX natus annos, iuuenis ducis et saepe etiam gregarii militis m*un*ia expl*eu*it, acer consilio, manu strenuus, carus principibus, uulgo militum acceptior. [34]Haec inpulerint illum ad regni cupiditatem an tantum suspectum fecerint, ambigi potest, quia Philotas ultimis cruciatibus uictus uerane dixerit quae facta probari non poterant, an falsis tormentorum petierit finem, re quoque recenti, cum ma*gi*s posset liquere, dubitatum est.

[35]Alexander, quos libere mortem Parmenionis conquestos esse conpererat, separandos a cetero exercitu ratus, in unam cohortem secreuit, ducemque his Leonidam dedit, et ipsum Parmenioni quondam intima familiaritate coniunctum. [36]Fere idem erant quos alioqui rex habuerat inuisos ; nam cum experiri uellet militum animos, admo*n*uit, qui litteras in Macedoniam ad suos scripsisset, *iis*, quos ipse mittebat, perlatur*i*s cum fide, traderet. Simpliciter ad necessarios suos quisque scripserat quae sentiebat : aliis grauis erat, plerisque non ingrata militia. [37]Ita et agentium gratias, et querentium litterae exceptae sunt, et qui forte taedium laboris per litteras erant questi, hanc seorsus cohortem a ceteris tendere ignominiae causa iubet, fortitudine usurus in bello,

illo *M* : ullo *P,FV* *illo *BL* || omnia *B*ᶜ*M, Lauer* : ad omnia *codd.* || annos *P,BFMV* : amnos *L* || munia *I* : milia *P* militiam Σ || expleuit *Freinsheim, edd.* : explicuit *codd.* || manu Σ : manus *P* || strenuus *P*ᶜ,Σ : strenues *P* || 34 tantum Σ : tantium *P* || Philotas *P,F* : phylotas *BLMV* || uictus *P,BFLM* : uictis *V* || magis *Lauer, edd.* : magnis *codd.* || est Σ : ēst *P* || 35 Parmenionis *P,FLV* : parmoenionis *BM* || Parmenioni *P,FLV* : parmoenioni *BM* || 36 erant *B*ᶜ*,I, edd.* : ertant *codd.* || quos *P,BFMV* : quod *L* || alioqui *P* : alioquin Σ || admonuit *I* : admouit *codd.* || iis *Vindelin* : si *codd.* || perlaturis *Vindelin* : perlaturus *codd.* || cum fide *B*ᶜ*M* : confide *P,BFLV* || 37 exceptae *B*ᶜ*,I* : excepta *codd.* || cohortem Σ : quohortem *P*.

III. Une fois cela réglé, Alexandre nomme un satrape des Ariens et donne l'ordre de partir pour le pays des Arimaspes[1] ; dès ce temps-là on les appelait d'un nom différent : les Evergètes[2] — depuis le service qu'ils avaient rendu à l'armée de Cyrus, accablée par le froid et la disette, en lui offrant l'hospitalité et des vivres. Il avait pénétré dans ce pays depuis quatre jours, lorsqu'il apprit que Satibarzanès, qui était passé à Bessus, avait opéré, avec une troupe de cavaliers, une nouvelle razzia contre les Ariens. Aussi envoya-t-il là-bas Caranus[3] et Erigyius[4], avec Artabaze et Andronicus[5]; six mille fantassins grecs, six cents cavaliers les suivaient.

Lui-même, en soixante jours, il mit de l'ordre chez les Evergètes, auxquels il fit don de beaucoup d'argent pour leur admirable loyalisme envers Cyrus. Puis il laissa à leur tête un ancien scribe de Darius, Amédinès[6], et soumit les Arachosiens[7], dont le pays est contigu au Pont-Euxin. Là il rencontra l'armée qu'avait commandée Parménion, soit six mille Macédoniens, deux cents nobles, cinq mille Grecs et cinq cents cavaliers ; c'était, indiscutablement,

1. Peuple habitant entre la Drangiane et les Arachosiens. Diodore écrit : Ἀριμασπούς. Ce peuple était situé au sud de la Drangiane, et n'a rien de commun avec les Arimaspes dont parle Hérodote (3, 116), qui habitaient, semble-t-il, au Nord de la mer Noire.

2. Nom perse : uvarsaka. Cf. Hérod. 8,85 : οἱ εὐεργέται βασιλέως ὀροσάγγαι καλέονταί Περσιστί. Ils secoururent Cyrus pendant son expédition de 530-529 contre les Massagètes.

3. Macédonien de noble famille ; hipparque.

4. Fils de Larichos de Mytilène. Un des ἑταῖροι d'Alexandre. Nommé en 334/333 hipparque des ἱππεῖς σύμμαχοι, il combattit à Issos et à Gaugamèle. Alexandre le mit ensuite à la tête d'une partie des ἱππεῖς μισθοφόροι.

5. Fils d'Agerros et employé volontiers par Alexandre pour les missions de confiance (cf. Arr., 3, 23, 9 sq.).

6. Peut-être, le chef de la chancellerie de Darius.

7. Ils occupaient l'actuel Afghanistan. La mention *ad Ponticum mare pertinet* est inexacte.

libertatem linguae ab auribus credulis remoturus. Et consilium, temerarium forsitan, — quippe fortissimi iuuenes contumeliis inritati erant, — sicut omnia alia, felicitas regis excepit. [38]Nihil illis ad bella promptius fuit ; incitabat uirtutem et ignominiae demendae cupido et quia fortia facta in paucis latere non poterant.

III. [1]His ita conpositis, Alexander, Ar*io*rum satrape constituto, iter pronuntiari iubet in Ar*i*ma*sp*os, quos iam tunc mutato nomine Euergetas appellabant, ex quo frigore uictusque penuria Cyri exercitum adfectum tectis et commeatibus iuuerant. [2]Quintus dies erat, ut in eam regionem peruenerat ; cognoscit Satiba*r*zanem, qui ad Bessum defecerat, cum equitum manu inrupisse rursus in A*r*ios. Itaque Caranum e*t* *E*rigy*i*um cum Artabazo et Andronico *mis*it ; VI milia Graecorum peditum, *DC* equites sequebantur.

[3]Ipse LX diebus gentem Euergetarum ordinauit magna pecunia ob egregiam in Cyrum fidem donata. [4]Relicto deinde, qui iis praeesset, Amedine, — scriba

III, 1-3 : Cf. Diod. 17, 81 ; Arr. 3, 26.
III, 4-5 : Cf. Dio . 17, 81 ; Arr. 3 , 28.

credulis *P,BFL^cMV* : credulus *L* ‖ remoturus *BF^cLMV* : remoturos *P,F* ‖ Et *codd.* : id *Hedicke* ‖ contumeliis *BFL^cM* : contumelias *P,LV*, contumelia sui *Walter* ‖ 38 incitabat *P^c,Σ* : incibat *P* ‖ ignominiae *P,BLMV* : ignomiae *F* ‖ demendae *P,BFLM* : clemendae *V* ‖ latere *P,BLMV* : littere *F* ‖.

III, 1 Ariorum *Vogel* : arianiorum *P,BLM* arianorum *F* arrianiorum *V*, Arsame Drangorum *Hedicke* ‖ Arimaspos *Wesseling* : armatos *codd.* ‖ Cyri *P,BLMV* : ciri *F* ‖ 2 eam regionem *P,BFLM* : ea regione *V* ‖ Satibarzanem *Alde* : satibazanem *codd.* ‖ Arios *Acidalius* : alios *codd.* ‖ Caranum et Erigyium *Alde* : cara nume riguum *P* caronum eriguum *Σ* ‖ Andronico *P,BFLM* : ambronico *V* ‖ misit *ego* : et *codd.* ‖ milia *om.F* ‖ DC *I* : D̄C̄ *codd.* ‖ 3 Cyrum *P,BLMV* : cirum *F* ‖ 4 qui iis *P,BL* : qui is *F* qui his *M* quis *V* ‖ Amedine *P* : amedinem *Σ* ‖ scriba is *BLM* : scribeis *P* scribas *FV* ‖ Arachosios *Alde* : aracosios *codd.*

l'élite des forces royales. Ménon[1] fut choisi pour préteur des Arachosiens, avec une garnison, qui lui fut laissée, de quatre mille fantassins et six cents cavaliers. Quant au roi, il pénétra avec ses troupes chez une nation que ses voisins même connaissaient mal : car l'absence de commerce interdisait tout rapport de réciprocité. On appelle Parapamisades[2] ces sortes de sauvages, les moins policés des Barbares ; l'âpreté du milieu physique avait encore endurci le caractère des hommes. Le pays s'oriente en grande partie vers le pôle[3] glacial du Septentrion : sur l'Occident il rejoint la Bactriane, et la partie méridionale est en direction de la mer indienne. Les cabanes, fondations comprises, sont de briques ; et comme le terrain ne donne pas de bois, même sur la croupe dénudée des montagnes, cette même brique sert à édifier les maisons jusqu'à leur faîte. Mais la bâtisse, évasée du bas, diminue insensiblement de largeur à mesure qu'elle s'élève et, à la fin, elle se resserre à peu près en façon de carène[4]. On laisse là une ouverture, et on reçoit la lumière par le haut. Les vignes et les arbres, qui ont pu résister en un pays si glacé, sont enfouis profondément[5]. L'hiver, ils restent cachés dans leur trou et, quand l'hiver, dissipé, découvre le sol, ils sont rendus au ciel et au soleil. Mais la terre supporte une telle épaisseur de neiges, durcies par le gel et un froid à peu près ininterrompu, qu'on ne

1. Inconnu autrement. Il garda cette satrapie jusqu'à sa mort, en 325 (cf. 9, 10, 20).

2. Ils habitaient la région de l'Hindoukouch.

3. Emploi de *axis*, au sens de *polus*. Cet emploi est de langue recherchée et conditionné, en partie, par l'usage des poètes. Dès le début, le terme *axis* donne le caractère stylistique de cette description, à la fois précise et poétique. C'est là une des nombreuses traces de l'historiographie alexandrine, que nous relevons chez notre auteur. Mais il aura des héritiers latins, et l'on ne peut que songer à la *Germanie* de Tacite.

4. Cf. Sall., *Iug.*, 18, 8 (à propos des *mapalia* d'Afrique).

5. Cf. Diod. 17, 82 : τὰς δ'ἀμπέλους καὶ τὰ καρποφόρα τῶν δένδρων περιχώσαντες καὶ τὴν τοῦ χειμῶνος ὥραν ἐάσαντες πάλιν ἀναστέλλουσι τὴν γῆν κατὰ τὸν τοῦ βλαστοῦ καιρόν.

is Darei fuerat, — Ara*ch*osios, quorum regio ad Ponticum mare pertinet, subegit. Ibi exercitus, qui sub Parmenione fuerat, occurrit : sex milia Macedonum erant et CC nobiles et V milia Graecorum cum equitibus DC, haud dubie robur omnium uirium regis. [5]Arachosiis datus Menon praetor, IIII milibus peditum, et *DC* equitibus in praesidium relictis.

Ipse rex nationem, ne finitimis quidem satis notam quippe nullo commercio *c*olentem mutuos usus, cum exercitu intrauit. [6]Para*pamisadae* appellantur, agreste hominum genus et inter Barbaros maxime inconditum ; locorum asperitas hominum quoque ingenia durauerat. [7]Gelidissimum septentrionis axem ex magna parte spectant, Bactrianis ab occidente coniuncti sunt, meridiana regio ad mare Indicu*m* uergit. [8]Tuguria latere *ab* imo struunt, et, quia sterilis est terra materia, in nudo etiam mont*is* dorso, usque ad summum aedificiorum fastigium eodem laterculo utuntur. [9]Ceterum structura latior ab imo paulatim incremento operis in artius cogitur, ad ultimum in carinae maxime modum coit. [10]Ibi foramine relicto, superne lumen admi*tt*unt. Vites et arbores, si quae

III, 6-23 : Cf. Diod. 17, 82 ; Arr. 3, 28.

ad *P,BFLM* : a *V* || subegit *P, BFLM* : subegi *V* || Parmenione *P,FLV* : parmoenione *BM* || occurrit *L* : occupauit *P,BFL*c (*in marg.*) *MV* || cum equitibus *om. V* || DC Σ : $\overline{\text{DC}}$ *P* || haud *P,BFLMV*c : haut *V* || robur Σ : robor *P* || **5** IIII milibus peditum *M* : IIII b peditum *P* IIII B peditum *BFL* quattuor peditum B *V* || DC *I* : $\overline{\text{DC}}$ *codd.* || finitimis Σ : fitimis *P* || commercio *BLM* : commertio *P,FV* || colentem *Acidalius* : uolantem *P* uolentem Σ || mutuos Σ : ut uos *P* || **6** Parapamisadae *Vogel* : paramedesidem *P,BFLV* paramesidae *M* paramedesidae *M*c, Parapanisadae *Hedicke* || hominum *om. V* || barbaros Σ : barboros *P* || locorum *P,BF LM* : iocorum *V* || **7** spectant *M* : expectant *P* (*ut uid.*), *BFLV* ex**tant *P*c || ab occidente *P* : ad occidentem Σ || Indicum *I* : indicio *P* indici* *B* inditio *F* indic*u *L* indici *M* indicu *V* || **8** ab imo *edd.* : primo *codd.*, crudo *Hedicke* || in *codd.* : *secl. Froben, Vogel, Hedicke* || montis *Lauer* : monte *codd.* || **9** artius *BFM* : arcius *P,LV* || cogitur *P,BFL*c*M* : cogitus *LV* || **10** foramine Σ : faromine *P* || superne Σ : supene *P* || admittunt *Zumpt* : ad medium *P,BFLV* accipiunt *B*c(*in marg.*) *M* || Vites Σ : uitas *P*.

trouve même pas trace d'oiseaux ou de bêtes fauves. La lumière du ciel a plutôt l'obscurité d'une ombre : on dirait la nuit, si bien qu'on a peine à distinguer les objets qui sont à proximité. L'armée, isolée parmi cette absence si complète de civilisation, souffrit alors de tous les maux qu'il est possible d'endurer : famine, froid, épuisement, désespoir[1]. Beaucoup périrent de la rigueur excessive de la glace ; beaucoup eurent ainsi les pieds brûlés ; davantage encore, les yeux. Ce fut surtout préjudiciable aux moins résistants : ils couchaient à même la glace leurs membres épuisés ; comme ils avaient cessé de bouger, la violence du froid les saisissait au point qu'ils étaient incapables de faire l'effort de se lever de nouveau. Leurs camarades cherchaient à les réveiller de cette torpeur, et l'unique remède était de les obliger à marcher. Ce n'est qu'une fois la chaleur vitale mise en mouvement que les membres recouvraient un peu de vigueur. Ceux qui purent arriver aux cabanes des Barbares ne tardèrent pas à se rétablir. Mais l'obscurité était si grande qu'il n'y avait pour signaler les demeures que leur fumée ; les habitants, qui n'avaient encore jamais

1. Cette description est sans doute inspirée par Virgile, *Georg.* 3, 349 sq. (L'hiver scythe) :

At non, qua Scythiae gentes Maeotiaque unda
turbidus et torquens flauentis Hister harenas
quaque redit medium Rhodope porrecta sub axem.
Illic clausa tenent stabulis armenta, neque ullae
aut herbae campo apparent aut arbore frondes ;
sed iacet aggeribus niueis informis et alto
terra gelu late, septemque assurgit in ulnas...
Interea toto non setius aere ningit :
intereunt pecudes ; stant circumfusa pruinis
corpora magna boum, confertoque agmine cerui
torpent mole noua et summis uix cornibus extant...
Ipsi in defossis specubus secura sub alta
otia agunt terra congestaque robora totasque
aduoluere focis ulmos ignique dedere.
Hic noctem ludo ducunt et pocula laeti
fermento atque acidis imitantur uitea sorbis.
Talis Hyperboreo Septem subiecta trioni
gens effrena uirum Riphaeo tunditur Euro
et pecudum fuluis uelatur corpora saetis.

in tanto terrae rigore durare potuerunt, obruunt penitus. Hieme defossa*e* latent ; cum discussa aperire humum coepit, caelo solique redduntur. [11]Ceterum adeo altae niues premunt terram gelu et perpetuo paene rigore constrictae, ut ne auium quidem feraeue ullius uestigium extet. Obscura caeli uerius umbra quam lux, nocti similis, premit terram, uix ut quae prope sunt conspici poss*i*nt. [12]In hac ta*nta* omnis humani cultus solitudine destitutus exercitus, quidquid malorum tolerari potest, pertulit, inopiam, frigus, lassitudinem, desperationem. [13]Multos exanimauit rigor insolit*us* niuis, multorum adussit pedes, plurimorum oculos. Praecipue perniciabilis fuit fatigatis : quippe in ipso gelu deficientia corpora sternebant, quae, cum moueri desissent, uis frigoris ita adstringebat ut rursus ad surgendum con*iti* non possent. [14]A commilitonibus torpentes excitabantur, neque aliud remedium erat quam ut ingredi cogerentur. Tum demum uitali calore moto membris aliquis redibat uigor. [15]Si qui tuguria Barbarorum adire potuerunt, celeriter refecti sunt. Sed tanta caligo erat, ut aedificia nulla alia res quam fumus ostenderet ; [16]illi, nunquam ante in terris suis aduena uiso, cum armatos repente conspicerent, exanimati metu, quidquid in tuguriis erat adferebant, ut corporibus ipsorum parceretur orantes. [17]Rex agmen

defossae *Vindelin* : defossa *codd.* ‖ discussa *codd.*, *Hedicke* : nix discussa *edd.* ‖ 11 altae Σ : alte *P* (l *in ras.*) ‖ rigore Σ : rigere *P* ‖ constrictae *P*,*BF*[c]*LMV* : constricto *F* ‖ feraeue Σ : fere *P* ‖ ullius uestigium *P* [ulius *P*, illius *P*[c]], *BLMV* : uestigium ullius *F* ‖ extet Σ : excitat *P* ‖ possint *I* : possunt *codd.* ‖ 12 hac Σ : hanc *P* ‖ tanta *ego* : tamen *codd.*, tum *Freinsheim*, *edd.* ‖ 13 Multos : *in P* tos *in ras.* ‖ insolitus *I* : insolitos *codd.* ‖ adussit Σ : adusit *P* ‖ corpora Σ : corporas *P* ‖ quae *om.* *P* ‖ coniti *Lauer* : contineri *codd.* ‖ 14 moto *P*,*BLMV* : neto *F* ‖ membris *P*,*BLMV* : menbri *F* ‖ 16 quidquid *P*,*BLMV* : quicquit *F* ‖ tuguriis *P*,*BLMV* : tuguris *F* ‖ ipsorum Σ : eorum *P*.

vu un étranger dans leur pays, mis tout à coup en présence de ces gens armés furent affolés de peur, et ils apportaient tout ce qui était dans leurs cabanes, en priant qu'on épargnât leurs personnes. Le roi faisait à pied le tour de la colonne, relevant des soldats effondrés et offrant à d'autres, qui suivaient avec difficulté, l'appui de son propre corps ; ou en tête de marche ou au centre ou à la fin de la colonne, multipliant pour lui la fatigue du chemin, il était présent. On finit par atteindre une contrée plus civilisée, et l'abondance des vivres refit l'armée ; en même temps, les retardataires arrivèrent au camp établi là.

Puis l'armée s'avança jusqu'au mont du Caucase[1], dont la crête divise l'Asie de sa ligne continue. Il donne à la fois d'un côté sur la mer qui touche la Cilicie au sud, de l'autre, sur les eaux de la Caspienne et sur le fleuve Araxe[2], et, par ailleurs, sur les déserts du pays scythe. Le Taurus, massif qui le suit pour l'importance, se termine au Caucase ; il prend de la hauteur à partir de la Cappadoce, longe la Cilicie et rejoint les monts d'Arménie. De la sorte, l'enchevêtrement de ces chaînes, qu'on dirait reliées sans interruption, constitue un système montagneux, d'où descendent presque tous les fleuves d'Asie, les uns en direction de la mer Rouge, les autres de la Caspienne, et d'autres de la mer d'Hyrcanie et du Pont-Euxin. En dix-sept jours, l'armée traversa le Caucase[3]. Il y a là un bloc rocheux de dix stades de

1. Le mot *Caucasus* n'est appliqué par Quinte-Curce à la chaîne que nous appelons ainsi qu'en 6, 5, 25 et, ci-dessous, en 7, 3, 22. Autrement il sert à désigner l'Hindoukouch.

2. Ce fleuve d'Arménie, appelé aussi l'Aras, se jetait autrefois dans la Caspienne ; aujourd'hui, il se jette dans le Cyrus (Kur). Ne pas confondre avec le fleuve voisin de Persépolis (le Bendémir), dont il est question en 4, 5, 4, etc.

3. Accumulation de détails géographiques, parfois imprécis, mais qui visent à donner une idée de l'état de fatigue où se trouvait l'armée d'Alexandre.

circumibat pedes, iacentes quosdam erigens, et alios, cum aegre sequerentur, adminiculo corporis sui excipiens ; nunc ad prima signa, nunc in medi*o*, nunc in ultimo agmine itineris multiplicato labore aderat. [18]Tandem ad loca cultiora peruentum est, commeatuque largo recreatus exercitus ; simul et qui consequi non pot*u*erant, in illa castra uenerunt.

[19]Inde agmen processit ad Caucasum montem, cuius dorsum Asiam perpetuo iugo diuidit. Hinc simul mare quod Ciliciam subit, illinc Caspium fretum et amnem Araxen aliaque regionis Scythiae deserta spectat. [20]Taurus, secundae magnitudinis mons, committitur Caucaso ; a Cappadocia se attollens Ciliciam praeterit, Armeniaeque montibus iungitur. [21]Sic inter se iuga uelut serie cohaerentia perpetuum habent dorsum, ex quo Asiae omnia fere flumina, alia in Rubrum, alia in Caspium mare, alia in Hyrcanium et Ponticum decidunt. XVII dierum spatio Caucasum superauit exercitus. [22]Rupes in eo X in circuitu stadia conplectitur, IIII in altitudinem excedit, in qu*a* uinctum Promethea fuisse antiquitas tradidit. [23]Condendae in radicibus montis urbi sedes electa est. VII milibus seniorum Macedonum et praeterea militibus, quorum opera uti desisset, per-

17 circumibat *P,BLMV* : circuibat *F* ‖ medio *İ* : medium *codd.* ‖ **18** com- meatuque *BFLM* : cummeatuque *P,V* ‖ potuerant *Acidalius* : poterant *codd.* ‖ **19** Caucasum *P,BFL*^{c}*MV*^{c} : causum *L* causam *V* ‖ Hinc *P,BLMV* : hunc *F* ‖ Ciliciam *P,BFLM* : cilitiam *V* ‖ et amnem Σ : etiam nem *P* ‖ aliaque Σ : et alia quae *P* ‖ Scythiae *P* : scithiae Σ ‖ **20** Caucaso *B*^{c}*LMV* (*alterum* c *in LV in ras.*) : causaso *P,B* ‖ Cappadocia *BFMV* : cappadotia *P,L* ‖ Ciliciam *P,BFLM* : cilitiam *V* ‖ **21** uelut *P,BLMV* : uelud *F* ‖ perpetuum *P,BFLM* : pertuum *V* ‖ dorsum *P,BFLM* : dorsu *V* ‖ fere Σ : fera *P* ‖ Hyrcanium *P,BLMV* : hyrcanum *F* ‖ Ponticum *P,BLMV* : potenticum *F* ‖ xvii *P,BFLM* : quindecim *V* ‖ **22** x *P*^{c}*,BFLM* : ex *P* decem *V* ‖ qua *Vindelin* : quo *codd.* ‖ tradidit *P* : tradit Σ ‖ **23** seniorum Macedonum et *codd.* : Caucasiorum et Macedonum [et] *Vogel,* subactarum nationum et *Hedicke* ‖ desisset Σ : dississet *P*.

circonférence et de plus de quatre de hauteur ; c'est là que, d'après une ancienne légende, Prométhée fut enchaîné. On choisit un emplacement pour bâtir une ville au pied de la montagne. Sept mille Macédoniens âgés et en outre les soldats dont le roi n'avait plus besoin furent autorisés à s'établir dans la ville nouvelle. Elle aussi, ses habitants l'appelèrent Alexandrie[1].

IV. Bessus, épouvanté par la célérité d'Alexandre, avait fait un sacrifice rituel aux dieux de sa patrie, et, au cours d'un repas, selon la coutume du pays[2], il délibérait sur la guerre avec ses amis et ses officiers. Appesantis par le vin, ils commencent à vanter leurs forces et à mépriser l'ennemi ou pour sa témérité ou pour sa faiblesse numérique. Bessus surtout, foudre de guerre en paroles, et enorgueilli par un trône qu'il devait à un crime, se met à dire, dans une espèce de délire, que l'incapacité de Darius avait accru la gloire des ennemis : « car il les avait attaqués dans les gorges encaissées de Cilicie, tandis qu'en reculant il pouvait les attirer, à leur grande surprise, dans une région naturellement protégée, où ils se seraient heurtés à tant de fleuves et, dans les montagnes, à tant d'embuscades que dans leur désarroi ils n'auraient pas eu les moyens de fuir ni, à plus forte raison, de se défendre. Lui, il opte pour un repli en Sogdiane ; le fleuve Oxus constituera en face de l'ennemi une sorte de mur, en attendant l'arrivée massive des renforts venus des nations voisines. Or, viendront

1. Sans doute l'actuelle Tscharikar.

2. Cf. Hérodote, 1, 133 : μεθυσκόμενοι δὲ ἐώθασι βουλεύεσθαι τὰ σπουδαιέστατα τῶν πρηγμάτων ; Tac, *Germ.*, 22 : *Sed et de reconciliandis inuicem inimicis et iungendis adfinitatibus et adsciscendis principibus, de pace denique ac bello plerumque in conuiuiis consultant, tamquam nullo magis tempore aut ad simplicis cogitationes pateat animus aut ad magnas incalescat.*

missum in nouam urbem considere. Hanc quoque Alexandream incolae appellauerunt.

IV. [1]At Bessus, Alexandri celeritate perterritus dis patriis sacrificio rite facto, sicut illis gentibus mos est, cum amicis ducibusque copiarum inter epulas de bello consultabat. [2]Graues mero suas uires extollere, hostium nunc temeritatem, nunc paucitatem spernere incipiunt. [3]Praecipue Bessus ferox uerbis et parto per scelus regno superbus ac uix potens mentis dicere orditur socordia Darei creuisse hostium famam : [4]occurrisse enim in Ciliciae angustissimis faucibus, cum retrocedendo posset perducere incautos in loca naturae sit*u tuta*, tot fluminibus obiectis, tot montium latebris, inter quas deprehensus hostis ne fugae quidem, nedum resistendi occasionem fuerit habiturus. [5]Sibi placere in Sogdianos recedere, *O*xu*m* amnem, uelut murum, obiecturum hosti, dum ex finitimis gentibus ualida auxilia concurrerent. [6]Venturos autem Chorasmios et D*ah*as Sa*c*asque et Indos et ultra Tanain amnem colentes Scythas ; quorum neminem adeo humilem esse, ut humeri eius non possent Macedonis militis uerticem

IV, 1-21 : Cf. Diod. 17, 83 ; Arr. 3, 28.

nouam urbem *codd.* : noua urbe *I, edd.* || Alexandream *P,BLMV*c : alexandriam *FV* ||.

IV, 1 At *P,BFMV* : ad *L* || 3 ac uix *P,BFLM* : hac uis *V* || orditur *BFLMV*c : oritur *P*, oditur *V* || socordia *P,B*c*M* : secordia *BFLV* || 4 occurrisse *BFLM* : occurisse *P* ocurrisse *V* || Ciliciae *P,BFLM* : cilitiae *V* || angustissimis *BFLM* : angustissimi *P* angustissi** *V* || situ tuta *Bentley* : sit au *P* sit aut *P*c*,BFLV* sita aut *B*c*M* || deprehensus *P,BFL* : deprehensius *V* || 5 Sibi *P,B*c*FLMV* : si *B* || Oxum *Lauer* : exun *codd.* || murum *om. V* || obiecturum *P,BFLM* : abiecturum *V* || hosti *P,BFL* : osti *V* || 6 Chorasmios *P,BLMV* : chorasmos *F* || Dahas *Alde* : deas *codd.* || Sacasque *Froben* : sagasque *codd.* || Scythas [scith — *M*] *P,B*c*M* : scytas [sci — *V*] *BFLV* || neminem Σ : nominem *P* || adeo *P* (*in ras.*), *BFLM* : ideo *V* || humeri *P,BFMV* : umeri *L* || non *om.P* || militis Σ : milites *P*

les Chorasmiens[1], les Dahes[2], les Saces[3], les Indiens et les Scythes qui habitent au delà du Tanaïs[4] ; la tête d'un soldat macédonien n'arrive qu'aux épaules du moins grand de ces hommes ». Ils s'écrient tous dans leur ivresse que ce plan est le seul capable de les sauver ; et le vin coule encore plus généreusement, sur l'ordre de Bessus, ce futur vainqueur d'Alexandre pour banquets.

Dans l'assistance il y avait un Mède, Cobarès[5], qu'avait rendu célèbre sa science prétendue, sinon réelle, dans l'art de magie, — si art il y a, et non pas fantaisie d'imposteur ; au demeurant, homme pondéré et honnête. Comme il commençait en disant qu'à sa connaissance un esclave[6] avait plus d'avantage à obéir qu'à conseiller, car en obéissant on subit le sort commun, alors que, pour qui conseille, il y a un danger personnel, Bessus lui fit même passer la coupe qu'il tenait à la main[7] ; l'ayant prise, Cobarès dit : « A ce titre aussi la nature humaine peut se dire défectueuse et mauvaise : chacun a, dans ses affaires, moins de lucidité que dans celles d'autrui. Ils manquent de netteté, les plans de ceux qui sont leurs propres conseillers. C'est la crainte qui fait obstacle ou, parfois, le désir, quelquefois une tendresse naturelle pour nos idées personnelles (car, à propos de toi, l'on

1. Peuple de la Sogdiane, habitant au sud de la mer d'Aral.

2. Peuple scythe, voisin des Chorasmiens.

3. Ils habitaient à l'est de la Bactriane, près des Massagètes.

4. Iaxarte (Sir-Daria).

5. Appelé par Diodore Βαγώδαρας (17, 83,7).

6. L'emploi du mot *seruus* caractérise la mentalité d'un Romain qui obéit, lui, à un *princeps*, et non à un *dominus*.

7. Le texte donné par les Mss. a été très remanié par les éditeurs à cause de l'anacoluthe *qui uero — periculum*, de l'ellipse du verbe et du changement de sujet (*tradidit* : sujet *Bessus*). L'ellipse du verbe auquel se rattache *proprium sibi periculum* est, en effet, assez rude ; mais elle nous semble possible. En revanche, il n'y a pas de difficulté au changement de sujet.

aequare. [7]Conclamant temulenti unam hanc sententiam salubrem esse ; et Bessus circumferri merum largius iubet debellaturus super mensam Alexandrum.

[8]Erat in eo conuiuio Cobares, natione *Me*dus, sed magicae artis, — si modo ars est, non uanissimi cuiusque ludibrium, — magis professione quam scientia celeber, alioqui mod*e*ratus et probus. [9]Is cum praefatus esset scire seruo utilius parere dicto quam adferre consilium, cum illos qui pareant idem quod ceteros maneat, qui uero suadeant, proprium sibi periculum, poculum etiam, quod habebat in manu, tradidit ; [10]quo accepto, Cobares : « Natura », inquit, « mortalium hoc quoque nomine praua et sinistra dici potest, quod in suo quisque negotio hebetior est, quam in alieno. [11]Turbida sunt consilia eorum qui sibi suadent. Obstat metus ; ali*a*s cupiditas ; nonnunquam naturalis eorum, quae excogitaueris, amor (nam in te superbia non cadit) ; expertus es ut*i*que, quod ipse reppereris, aut solum aut optimum ducere. [12]Magnum onus sustines capite, reg*i*um insigne ; hoc aut moderate perferendum est, aut, quod abominor, in te ruet. Consilio, non impetu opus est. » [13]Adicit deinde, quod apud Bactrianos uulgo usurpabant,

7 temulenti *P,BFLM* : temuli *V* || debellaturus *P,BL^cM* : debellaturis *FL* || mensam Σ : mensa *P* || Alexandrum *P,BFLM* : alexandrum uersiculum *V* || **8** Cobares *codd.* : Gobares *Stangl* || natione Medus *I* : nationem sedus *P* natione sedus Σ || non Σ : ño *P* || moderatus *I* : modoratus *codd.* || **9** Is Σ : his *P* || parere *P,BFLM* : parare *V* || quam *P,BFLM* : cum *V* || sibi periculum *codd.* : sibi periculum contrahant *Vogel*, subeant p. *Hedicke* || poculum *om.* *P,V* [*rest.* *V^c*] || *ante poculum*, Bessus eum dicere iussit intrepidum *adi.* *Halm*, *Hedicke* || habebat Σ : abebat *P* || **10** Cobares Σ : gobares *P* || inquit *P,BMFL* : inquid *V* || hebetior Σ : habetior *P* || **11** alias *Bentley* : aliis *codd.*, aliis, aliis *Cornelissen* || utique *Hedicke* : utramque *P,BFLV* utrumque *M*, id quemque *Vogel* || reppereris *codd.* : reppererit *Vogel* || **12** sustines *P,BFLM* : sustinens *V* || regium *I* : regnum *P* regum Σ || est aut Σ : est haud *P*.

ne saurait parler de présomption) ; tu en as fait en tout cas l'expérience : la résolution ou unique ou idéale est celle que tu as prise de toi-même. Ta tête soutient une lourde charge : l'insigne de la royauté ; il faut la supporter dans un esprit de mesure ou bien — présage que j'écarte ! — elle t'écrasera. Besoin est ici de réflexion, non d'emportement. » Il ajoute ensuite ces proverbes courants en Bactriane : « un chien peureux aboie avec plus de hardiesse qu'il ne mord » et « les fleuves les plus profonds glissent avec le moins de bruit ». Je les ai cités pour faire connaître la sagesse des Barbares, sans préjuger de sa qualité. Par ces paroles Cobarès tenait l'attention des auditeurs en suspens. Alors, il fait connaître un avis plus profitable à Bessus que bien accueilli par lui : « Voici que dans le vestibule de ton palais se dresse, dit-il, le plus rapide des rois. Il fera marcher son armée plus vite que toi le service de ce repas. Alors tu appelleras des soldats du Tanaïs, et aux armes tu opposeras des fleuves. Apparemment, la route que tu prendras pour fuir, l'ennemi est incapable de la suivre ! Pour tous deux le chemin est le même, mais le vainqueur risque moins. Tu estimes peut-être que la peur est active : l'espoir est cependant plus rapide. Pourquoi ne pas devancer la bienveillance du plus fort, et ne pas te livrer à lui ? Dans tous les cas, il vaut mieux pour toi capituler que te battre. La royauté que tu détiens est à autrui : tu peux d'autant plus facilement t'en passer, devenant peut-être un roi légitime quand tu devras la royauté à celui qui peut te l'octroyer comme te l'ôter. Tu as là un avis loyal ; inutile d'insister plus longtemps. Un cheval, s'il a de la race, l'ombre seule de la baguette le gouverne ; s'il manque d'allant, il reste passif, même à l'éperon. » Bessus, violent et par nature et par l'effet de l'ivresse, s'enflamma si bien que ses amis l'empêchèrent avec peine de tuer Cobarès ; il avait même tiré son cimeterre. Toujours est-il qu'il bondit hors du banquet, impuissant à se contenir.

canem timidum uehementius latrare, quam mordere, altissima quaeque flumina minimo sono labi. Quae inserui, ut, qualiscumque inter barbaros potuit esse prudentia, traderetur. [14][In] His audientium expectationem *s*u*s*pe*nd*erat. Tum consilium aperit utilius Besso quam gratius : « In uestibulo », inquit, « regiae tuae uelocissimus consist*i*t rex. Ante ille agmen, quam tu mensam istam mouebis. [15]Nunc ab Tanai exercitum accerses et armis flumina oppones. Scilicet, qua tu fugiturus es, hostis sequi non potest ! iter utrique commune est, uictori tutius. Licet strenuum metum putes esse, uelocior tamen spes est. [16]Quin ualidioris occupas gratiam dedisque te, utcumque cesserit, meliorem fortunam deditus quam hostis habitur*us* ? [17]Alienum habes regnum, quo facilius eo careas, incipiens forsitan iustus esse rex, cum ipse fecerit, qui tibi et dare potest regnum et eripere. [18]Consilium habes fidele, quod diutius exequi superuacuum est. Nobilis equus umbra quoque uirgae regitur ; ignauus ne calcari quidem concitari potest. » [19]Bessus et ingenio et multo mero ferox adeo exarsit, ut ui*x* ab amicis quo minus occ*i*deret eum, — nam strinxerat quoque acinacem, — contineretur. Certe conuiuio prosiluit haudquaquam potens mentis. Cobares inter tumultum elapsus ad Alexandrum transfugit.

13 prudentia Σ : prudentiae *P* ‖ [in] *secl. Palmer* : in his *codd.* ‖ **14** suspenderat *Palmer* : sui spem dederat *codd.* ‖ inquit *P, BFLM* : inquid *V* ‖ consistit *B*c,*I* : consistat *codd.* ‖ quam tu *M* : quantum *P,B*c quantu *FLV* ‖ **15** ab *BFLM* : ap *P,V* ‖ qua tu *P, B*c*FLMV* : quantu *B* ‖ tutius *P,BLM* : totius *FV* ‖ uelocior *BFLM* : uelotior *P,V* ‖ **16** gratiam *P,BFLM* : gratia *V* ‖ habiturus *Lauer* : habituros *codd.* ‖ **17** incipiens *codd.* : incipies *Vogel, edd.*, incipias *Hedicke* ‖ **18** ignauus *P,BFL*c*MV* : ignaus *L* ‖ **19** uix *I* : uis *codd.* ‖ occideret *I* : accederet *P* occederet Σ ‖ strinxerat *P,BLMV* : strixerat *F* ‖ acinacem Σ : achinacem *P*.

Dans l'agitation générale, Cobarès se glissa et passa à Alexandre.

Bessus avait une armée de huit mille Bactriens[1] ; tant qu'ils crurent que leur climat pénible amènerait les Macédoniens à gagner l'Inde de préférence, ils obéirent aux ordres donnés ; mais, une fois que l'arrivée d'Alexandre fut certaine, ils s'éparpillèrent dans leurs différents villages, laissant là Bessus[2]. Lui, avec une bande de clients dont la fidélité restait intacte, il traversa le fleuve Oxus[3], et, après avoir incendié les embarcations avec lesquelles il avait traversé pour empêcher l'ennemi de les utiliser, il essaya de réunir en Sogdiane de nouvelles troupes. Alexandre donc, comme on l'a dit ci-dessus, avait passé le Caucase, mais le manque de blé aussi avait presque amené la famine. Les soldats se frottaient avec le suc extrait de la sésame et s'en enduisaient le corps en guise d'huile. Mais le cours de ce suc était à deux cent quarante deniers l'amphore, celui du miel à trois cent quatre-vingt-dix, celui du vin à trois cents ; quant au froment, impossible d'en trouver, sauf en quantités infimes. Les « silos » — en langage barbare — sont si astucieusement cachés qu'il faut les avoir creusés pour pouvoir les découvrir ; les indigènes y avaient dissimulé leurs grains. Pour remédier à cette absence, les soldats se soutenaient avec du poisson de rivière et des herbes. Déjà ces aliments leur manquaient aussi, quand ils reçurent l'ordre d'abattre les bêtes qu'ils utilisaient pour transporter des fardeaux : cette viande leur permit de tenir jusqu'à leur arrivée en Bactriane.

La Bactriane[4] a un terrain de nature complexe et

1. D'après Arrien, ils étaient 7.000.

2. Cf. Hérod., 4, 13, 46 : οἱ μὲν ἕκαστος εἰς τὰς στέγας ἐπαυήεσαν.

3. L'Amu-Daria. Il prend sa source dans l'Hindoukouch, et se jetait autrefois dans la Caspienne (actuellement dans la mer d'Aral).

4. Ici commence une description qui mêle avec art la plus réelle minutie et la poésie. La Bactriane est située entre l'Hindou-Kousch et l'Oxus.

[20]VIII milia Bactrianorum habebat armata Bessus ; quae, quamdiu propter caeli intemperiem Indiam potius Macedonas petituros crediderant, oboedienter imperata fecerunt : postquam aduentare Alexandrum conpertum est, in suos quisque uicos dilapsi Bessum reliquerunt. [21]Ille cum clientium manu, qui non mutauerant fidem, *Oxo* amne superato exustisque nauigiis, quibus transierat, ne isdem hostis uteretur, nouas copias in Sogdianis contrahebat. [22]Alexander Caucasum quidem, ut supra dictum est, transierat ; sed inopia frumenti quoque prope ad famem uentum erat. [23]Suco ex ses*i*ma expresso, haud secus quam oleo artus perungueba*nt*. Sed huius suci ducenis quadragenis denariis amphorae singulae, mellis denariis *trecenis nonagenis*, *trecenis* uini aestimabantur ; tritici nihil aut admodum exiguum repperiebatur. [24]Siros uocabant Barbari, quos ita sollerter abscondunt, ut, nisi qui defoderunt, inuenire non possint ; in his conditae fruges erant. In quarum penuria, milites fluuiatili pisce et herbis sustinebantur. [25]Iamque haec ipsa alimenta defecerant, cum iumenta, quibus *o*nera portabant, caedere iussi sunt : horum carne, dum in Bactrianos peruentum, traxere uitam.

[26]Bactrianae terrae multiplex et uaria natura est.

IV, 22-40 : Cf. Diod. 17, 83 ; Arr. 3, 28.

21 Oxo *Lauer* : mox *codd.* || isdem *P,F* : iisdem *BLV* hisdem *M* || Sogdianis *P,BFLM* : sagdianis *V* || 22 famem *BFMV* : famen *P* f*a*m̅ *L* || 23 sesima *Hedicke* : sesema *P,BFLV* sesama *B*c sisama *M* || haud Σ : ut *P* || perunguebant *Lauer* : perurgebat *P* perunguebat *BFMV* perug*uebat *L* || trecenis nonagenis, trecenis *Froben* : ccc ∞ *P*, ccc x cccc Σ || aestimabantur Σ : aestimabat *P* aestimabatur *P*c || aut Σ : haud *P* || reperiebatur Σ : repperiebatur *P* || 24 Siros *P,L* : syros *BFMV* || inuenire *P,BFM* : inueniri *LV* || possint *P,BLMV* : possunt *F* || fluuiatili Σ : fluuiatibi *P* || herbis *P,BFLM* : erbis *V* || 25 onera *I* : honera *codd.* || peruentum *codd.* : peruentum est *Hedicke.*

diverse. En certains points, des arbres et des vignes nombreux produisent en abondance des fruits succulents ; de multiples sources arrosent le sol riche. Les endroits les plus fertiles sont ensemencés en blé, le reste est réservé au pâturage du gros bétail. Puis une grande partie du pays est occupée par un désert de sables ; une désolante sécheresse n'y permet ni vie humaine ni récolte ; quand les vents soufflent du Pont-Euxin, ils balayent tout le sable qui couvre les plaines. Quand il s'est accumulé on dirait, de loin, de hautes collines et toute trace d'ancienne piste disparaît. Aussi, quand on traverse ces plaines, fait-on comme les marins : la nuit, on observe les étoiles qui permettent de s'orienter[1] ; d'ailleurs l'ombre de la nuit est presque plus limpide que la lumière du jour. En conséquence on ne peut traverser la région pendant la journée : car on ne trouve pas d'empreinte qui puisse guider, et une brume voile le rayonnement des astres[2]. D'autre part, tous ceux que surprend le vent qui monte de la mer sont ensevelis sous le sable. Mais, là où le terrain est plus fertile, il fournit hommes et chevaux en quantités énormes ; aussi les cavaliers de Bactriane étaient-ils trente mille au moins. L'emplacement de la capitale, Bactres[3], est au pied du mont Parapamise. Le fleuve du Bactrus[4] en longe les murs ; à lui la ville et la région doivent leur nom. Le roi

1. Ce passage a probablement inspiré Lucain, 9, 493 et suiv. :
Iamque iter omne latet, nec sunt discrimina terrae
ulla, nisi aetheriae medio uelut aequore flammae :
sideribus nouere uiam.

2. Il n'y a pas de raison suffisante pour considérer, avec Vogel et quelques autres, la phrase *Ergo — absconditur* comme une interpolation. L'emploi de l'adj. *inuius*, si aimé de Quinte-Curce, l'expression de ton très relevé *nitor siderum*, où *siderum* désigne le soleil et la lune (sur *sidus* désignant la lune : cf. 8, 9, 36) nous font croire à l'authenticité du passage. — Remarquer le pittoresque de toute la description.

3. Balkh ; en ancien persan Bachdhî.

4. Le Balkhâb.

Alibi multa arbor et uitis largos mitesque fructus alit ; solum pingue crebri fontes rigant ; quae mitiora sunt, frumento conseruntur ; cetera armentorum pabulo cedunt. [27]Magnam deinde partem eiusdem terrae steril*e*s arenae tenent ; squalida siccitate regio non hominem, non frugem alit ; cum uero uenti a Pontico mari spirant, quidquid *s*abuli in campis iacet, conuerrunt. Quod ubi cumulatum est, magnorum collium procul species est, omniaque pristini itineris uestigia intereunt. [28]Itaque, qui transeunt campos, nauigantium modo noctu sidera obseruant, ad quorum cursum iter dirigunt, et propemodum clarior est noctis umbra quam lux. [29]Ergo interdi*u* inuia est regio, quia nec uestigium, quod sequantur, inueniunt et nitor siderum caligine absconditur. Ceterum si quos ille uentus, qui a mari exoritur, deprehendit, arena obruit. [30]Sed qua mitior terra est, ingens hominum equorumque multitudo gignitur ; itaque Bactriani equites XXX milia expleuerant. [31]Ipsa Bactra, regionis eius caput, sita sunt sub monte Parapaniso. B*a*ctrus amnis praeterit moenia ; is urbi et regioni dedit nomen. [32]Hic regi statiua habenti nuntiatur ex Graecia Pelopon*nes*iorum Laconumque defectio ; nondum enim uicti erant, cum proficiscerentur tumultus eius principia nuntiaturi.

26 mitesque Σ : mittesque *P* ‖ pingue *P*c,*MV* : pinguae *P* pinge *BFL* ‖ mitiora *BFM* : miciora *P,LV* ‖ cedunt *P*c, *BFLV* : cedent *P* caedunt *M* ‖ **27** steriles *I* : sterilis *codd.* ‖ arenae *P,LMV* : harenae *BF* ‖ regio Σ : regi *P* ‖ sabuli *Lauer* : paulo *P* pabuli Σ ‖ conuerrunt Σ : comuerrunt *P* ‖ ubi Σ : ulli *P* ‖ species *P,BLMV* : speties *F* ‖ **29** interdiu inuia *Lauer* : interdium uia *P* indie inuia Σ (*in B* inuia *super uersum hic erasum*) ‖ quia *FM* : quia quia *P* quia qui *BLV* ‖ deprehendit *P,BLMV* : deprahendit *F* ‖ arena V : harene *P* harena *BFLM* ‖ **30** equorumque Σ : equorum *P* ‖ milia *om.P* ‖ **31** Bactrus *I* : boctrus *codd.* ‖ is Σ : his *P* ‖ **32** Peloponnesiorum *I* : peloponensiorum *codd.* ‖ uicti *P*c,Σ : uincti *P*.

tenait là-bas un camp fixe, lorsqu'on lui annonce de Grèce la trahison des Péloponésiens et des Lacédémoniens[1] ; leur défaite n'était pas acquise quand on partait pour l'avertir du début du soulèvement. Et c'est un autre sujet d'effroi, celui-ci immédiat : les Scythes, établis au delà du Tanaïs, approchent pour assister Bessus.

En même temps, parvient le rapport sur les campagnes de Caranus et d'Erigyius chez les Ariens. Au cours d'un engagement entre Macédoniens et Ariens, le transfuge Satibarzanès, qui commandait les Barbares, voyant que l'égalité des forces opposées empêchait la décision, partit à cheval en première ligne ; enlevant son casque et retenant ceux qui jetaient des projectiles, il lança un défi à quiconque voudrait se battre contre lui, homme à homme ; lui, il garderait pendant le duel la tête nue. Erigyius trouva insupportable cette insolence du chef barbare ; malgré son grand âge, il valait n'importe quel homme jeune pour la résistance tant morale que physique. Il enleva son casque et, désignant ses cheveux blancs : « Le voici, dit-il, le moment de montrer ou par une victoire ou bien par une mort d'homme de cœur ce que sont les amis et les soldats d'Alexandre. » Il n'en dit pas plus, et poussa son cheval vers l'ennemi. On eût cru que, sur un ordre donné, les deux armées cessaient le combat ; en tout cas, les soldats reculèrent immédiatement en laissant un espace libre, tendus vers le tour que prendrait le destin non seulement de deux hommes, mais encore d'eux-mêmes, puisqu'ils allaient suivre le sort d'autrui. Le Barbare fut le premier à lancer son javelot ; Erigyius l'évita d'une légère inclinaison de tête, puis, donnant de l'éperon, il dirigea sa sarisse contre le Barbare, dont il transperça la gorge, si bien que l'arme ressortit par la nuque. Quoique tombé de cheval, le

1. Cf. 6, 1, 1-21.

Et alius praesens terror adfertur : Scythas, qui ultra Tanaim amnem colunt, aduentare Besso ferentis opem.

Eodem tempore, quae in gente Ario*r*um C*ar*anus et Erig*yi*us gesserant, perferuntur. Commissum erat proelium inter Macedonas Ariosque. [33]Transfuga S*at*iba*rz*a*n*es Barbaris praeerat ; qui, cum pugnam segnem utrimque aequis uiribus stare uidisset, in primos ordines adequitauit, demptaque galea inhibitis, qui tela iaciebant, si quis uiritim dimicare uellet, prouocauit ad pugnam : nudum se caput in certamine habiturum. [34]Non tulit ferociam barbari du*cis* E*rigyi*us, grauis quidem aetate, sed et animi et corporis robore nulli iuuenum postferendus. Is, galea dempta, canitiem ostentans : « Venit », inquit, « dies, quo aut uictoria, aut morte honestissima, quales amicos et milites Alexander habeat, ostendam. » [35]Nec plura elocutus equum in hostem egit. Crederes imperatum ut acies utraeque tela cohiberent ; protinus certe recesserunt dato libero spatio, intenti in euentum, non duorum modo, sed etiam suae sortis, quippe alienum discrimen secuturi. [36]Prior Barbarus emisit hastam, quam Erig*yi*us modica capitis declinatione uitauit, atque ipse infestam sarissam, equo calcaribus conci*tat*o, in medio Barbari gutture ita

Scythas *P* : scithas *BFLM* scitas *V* ‖ amnem Σ : omnem *P* ‖ Ariorum *Lauer* : arionum *P,BFLM* alionum *V* ‖ Caranus *Froben* : cauranus *P* caurarus Σ ‖ Erigyius *Froben* : eriguus *codd.* ‖ erat Σ : erant *P* ‖ Macedonas *P* : macedones Σ ‖ **33** Satibarzanes *Vindelin* : sartibazes *codd.* ‖ inhibitis *P,BFMV*^{c} : inibitis *LV* ‖ certamine habiturum Σ : certam inhebiturum *P* ‖ **34** ducis Erigyius *Zumpt* : dux illius exercitus *codd.* ‖ canitiem *F* : caniciem *P,BLMV* ‖ morte *P,BFLM* : mortem *V* ‖ ostendam Σ : hostendam *P* ‖ **35** elocutus *P,BLMV* : eloquutus *F* ‖ euentum Σ : uentum *P* ‖ duorum *codd.* : ducum *Freinsheim, edd.* ‖ suae sortis *P, BFLM* : sues hostis *V* ‖ secuturi *P*^{c},Σ : secutu *P* ‖ **36** hastam *BFLMV*^{c}: astam *P,V* ‖ Erigyius *Froben* : eriguus *codd.* ‖ uitaiut *codd.* : euitauit *I, Hedicke* ‖ sarissam Σ : sarassam *P* ‖ concitato *I* : concito *codd.*

Barbare résistait encore ; mais l'autre arracha sa lance de la blessure et la dirigea de nouveau vers la figure de Satibarzanès. Celui-ci saisit la lance à pleine main, et, pour périr plus vite, il aida le coup de l'ennemi ; et les Barbares, privés d'un chef qu'ils avaient suivi de force plutôt que de gré, se rappellent alors ce qu'ils doivent à Alexandre[1] et remettent leurs armes à Erigyius[2].

Ces nouvelles firent plaisir au roi ; mais l'affaire spartiate n'était pas sans l'inquiéter ; néanmoins, il apprit cette défection sans faiblir, disant qu'ils n'avaient pas osé dévoiler leurs projets, avant d'avoir su qu'il était parvenu à la frontière de l'Inde. Quant à lui, il lança ses troupes à la poursuite de Bessus. Alors se présenta à lui Erigyius, qui lui tendit la tête du Barbare, trophée opime.

V. Ayant donc confié la Bactriane à Artabaze, Alexandre y laisse paquets et bagages avec un détachement. Lui-même, avec son armée ainsi allégée, il entre dans la partie désertique de la Sogdiane[3] ; c'est de nuit qu'il mène son armée : comme on l'a dit ci-dessus, le manque d'eau rend la soif ardente, moins par besoin que par impossibilité de boire. Pendant quatre cents stades, pas le moindre filet d'eau. L'ardeur du soleil d'été enflamme les sables, et, dès qu'ils commencent à s'embraser, on dirait que tout brûle en un incendie ininterrompu.

Ensuite une vapeur qui s'élève de la terre surchauffée voile la lumière, et les plaines ne présentent pas un aspect

1. *Meritorum* : cf. 6, 6, 34.

2. Exploitation historique d'un thème épique : la lutte de deux héros ennemis. A la suite d'Homère, Virgile et, plus que Virgile, Stace, dans la *Thébaïde*, ont décrit de semblables duels. Il était naturel que les Alexandrins, et Quinte-Curce à leur suite, reprissent à Homère ces descriptions, pittoresques et pathétiques.

3. Au sud de l'Oxus. On rattache d'ordinaire cette région à la Bactriane.

fixit, ut per ceruicem emineret. [37]Praecipitatus ex equo, Barbarus adhuc tamen repugnabat ; sed ille extractam e uulnere hastam rursus in os dirigit. Satibarzanes hastam manu conplexus, quo maturius interiret, ictum hostis adiuuit ; [38]et Barbari, duce amisso quem magis necessitate quam sponte secuti erant, tunc haud inmemores meritorum Alexandri arma Erig*yi*o tradunt.

[39]Rex his quidem laetus, de Spartanis haudqu*a*-*q*uam securus, magno tamen animo defectum eorum tulit, dicens non ante ausos consilia nudare quam ipsum ad fines Indiae peruenisse cognossent. [40]Ipse Bessum persequens copias mouit ; cui Erig*yi*us barbari ca*put*, o*pi*mum belli decus praeferens occurrit.

V. [1]Igitur, Bactrianorum regione Artabazo tradita, sarcinas et inpedimenta ibi cum praesidio relinquit. Ipse cum expedito agmine loca deserta *Sogdia*norum intrat, nocturno itinere exercitum ducens : [2]aquarum, ut ante dictum est, penuria prius desperatione quam desiderio bibendi sitim accendit. Per CCCC stadia ne modicus quidem humor existit.

V, 1-18 : Cf. Diod. 17, 83 ; Arr. 3, 29.

emineret*P, BFLM* : emigneret *V* || **37** extractam *P,BFMV* : tractam *L* || hastam *P,BFL^c^M* : astam *LV* || os *P,BF^c^LMV* : hos *F* || interiret *P,BFLM* : interisset *V* || ictum *P,BFLM* : hictum *V* || hostis *P,B^c^FL MV* : ostis *B* || adiuuit Σ : adiuuet *P* || **38** quem *BL^c^M* : quam *P,L* quae *F* que *V* || magis Σ : magnis *P* || sponte Σ : sponti *P* || haud *P,B^c^* : aut Σ || Erigyio *Froben* : eriguo *codd.* || **39** Spartanis *BFLMV^c^* : spertanis *P,V* || haud quaquam *Lauer* : haud quamquam *P,BFM* haut quamquam *L* aut quamquam *V* || securus *P,BFLM* : secuturus *V* || defectum Σ : defunctum *P* || ante *P,BFLM* : antea *V* || **40** Erigyius *Froben* : eriguus *codd.* || barbari caput opimum *Bentley, edd.* : barbaricae optimum *P* barbarici optimum Σ.

V, 1 relinquit *P,BFLM* : relinquid *P^c^,V* || agmine *P,BFLM* : aomine *V* || Sogdianorum *Glareanus* : susitanorum *codd.* || 2 humor *P,B^c^FM* : humore *B* umor *L* humor* *V*.

autre que l'onde vaste et profonde. De nuit, la marche paraissait supportable, car la rosée et la fraîcheur du matin reposaient le corps. Mais avec le jour naît la chaleur, et la sécheresse absorbe toute l'humidité naturelle ; bouches et muqueuses sont brûlées profondément. Aussi le moral d'abord, puis le physique fléchirent-ils ; on n'avait envie ni de stationner ni d'avancer. Une minorité, sur les conseils de ceux qui connaissaient la région, avait fait une réserve d'eau ; elle permit, pendant quelque temps, de satisfaire la soif ; ensuite, la chaleur augmentant, le besoin d'eau fut, de nouveau, ardent. Donc, l'on avalait ce que tous avaient de vin et d'huile, et l'on avait tant de plaisir à boire qu'on ne redoutait pas la soif pour le lendemain. Puis, alourdis par le liquide avidement absorbé, ils étaient incapables de tenir leurs armes, incapables de marcher, et l'on trouvait plus heureux ceux à qui l'eau avait manqué, puisque les autres étaient obligés de rendre celle qu'ils avaient engloutie immodérément. Le roi était angoissé par l'ampleur de ces maux ; ses amis l'entouraient, le priant de se rappeler que la grandeur de son courage était le seul remède pour la défaillance de l'armée ; c'est alors qu'on rencontre deux des éclaireurs chargés de repérer un emplacement pour le camp ; ils portaient, dans des outres, de l'eau destinée à leurs fils qu'ils savaient dans la même colonne que le roi, et fort malades de la soif. Ils tombèrent par hasard sur le roi ; l'un des deux, ouvrant son outre, remplit le récipient qu'il portait en même temps, et le tend au roi. Il l'accepte ; lui demandant à qui il destine l'eau, il apprend qu'il la porte à leurs fils. Alors il remet la coupe aussi pleine qu'on la lui avait offerte : « Etre seul à boire, dit-il, m'est intolérable ; diviser entre nous tous si peu d'eau est impossible. Allez, courez ! donnez à vos enfants ce que vous avez

[3]Harenas uapor aestiui solis accendit; quae ubi flagrare coeperunt, haud secus quam continenti incendio cuncta torrentur. [4]Caligo deinde inmodico terrae feruore excitata lucem tegit, camporumque non alia quam uasti et profundi aequoris species est. [5]Nocturnum iter tolerabile uidebatur, quia rore et matutino frigore corpora leuabantur. Ceterum cum ipsa luce aestus oritur, omnemque naturalem absorbet humorem siccitas; ora uisceraque penitus uruntur. [6]Itaque primum animi, deinde corpora deficere coeperunt; pigebat et consistere et progredi. [7]Pauci a peritis regionis admoniti praepararunt aquam; haec paulisper repressit sitim; deinde crescente aestu rursus desiderium humoris accensum est. Ergo, quidquid uini oleique erat *omn*ibus, ingerebatur; tantaque dulcedo bibendi fuit, ut in posterum sitis non timeretur. [8]Graues deinde auide hausto humore non sustinere arma, non ingredi poterant, et feliciores uidebantur, quos aqua defecerat, cum ipsi sine modo infusam uomitu cogerentur egerere. [9]Anxium regem tantis malis circumfusi amici ut meminisset orabant animi sui magnitudinem unicum remedium deficientis exercitus esse, [10]cum, ex his qui processerant ad capiendum locum castris, duo occurrunt utribus aquam gestantes, ut filiis suis, quos in eodem agmine esse et aegre pati sitim non ignorabant, occurrerent.

4 excitata Σ : excitate *P* ‖ **5** uidebatur Σ : uidebantur *P* ‖ corpora Σ : corpara *P* ‖ leuabantur *P,BLMV* : lauabantur *F* ‖ absorbet humorem Σ : arbor betum orem *P* arbor betum morem P^c ‖ **6** coeperunt Σ : coeperint *P* ‖ pigebat Σ : piebat *P* ‖ **7** praepararunt *codd.* : praepararant *Froben, Hedicke,* praeparauerant *Vogel* ‖ crescente Σ : crecente *P* ‖ rursus Σ : rulus *P* ‖ omnibus *Hedicke* : hominibus *codd.*, oribus *edd.* ‖ **8** uidebantur P^c,Σ : uidebatur *P* ‖ ipsi Σ : ipsis *P* ‖ cogerentur Σ : cogorentur *P* ‖ **9** meminisset *P* : meminisset sui Σ ‖ deficientis Σ : deficientes *P* ‖ **10** his *codd.* : iis *I* ‖ processerant *codd.* : praecesserant *I, edd.* ‖ ad *P,BFLM* : at *V*.

apporté à leur intention.[1] » Enfin il atteignit le fleuve Oxus, à peu près au crépuscule. Mais l'armée, en grande partie, n'avait pu le suivre. Il fait allumer des feux sur une hauteur, afin que les traînards comprissent qu'ils n'étaient pas loin du camp : quant à ceux du premier contingent, ils eurent vite à manger et à boire, ce qui les ragaillardit ; ensuite ils reçurent l'ordre de remplir soit des outres, soit tous récipients utilisables pour porter de l'eau, et de secourir leurs compagnons. Mais l'excès de liquide absorbé arrêta chez certains la respiration et provoqua la mort ; et le nombre des victimes dépassa de beaucoup les pertes d'Alexandre à n'importe quel combat. Lui, toujours revêtu de sa cuirasse, et sans se refaire en mangeant ou buvant, il se posta à l'endroit par où venaient les troupes, et il ne se retira pour refaire ses forces qu'après le passage de l'armée entière ; pendant toute la nuit, en proie à une grande agitation, il ne cessa de veiller.

Et, le lendemain, il n'était pas plus gai ; car il n'avait pas de bateaux, et il ne pouvait construire de pont, vu que les abords du fleuve étaient nus et particulièrement pauvres en bois de construction. Il adopte donc la seule résolution que lui imposait la nécessité : il distribue le plus possible d'outres bourrées de paille. Couchés sur elles, les soldats firent la traversée du fleuve, et ceux qui étaient passés les premiers montaient la garde pendant

1. La comparaison s'impose avec Lucain, *Phars.*, 9, 498 sq.

Vtque calor soluit quem torserat aera uentus,
incensusque dies, manant sudoribus artus,
arent ora siti : conspecta est parua maligna
unda procul uena, quam uix e puluere miles
corripiens patulum galeae confundit in orbem
porrexitque duci. Squalebant puluere fauces
cunctorum, minimumque tenens due ipse liquoris
inuidiomserat. « Mene, inquit, degener unum
miles in hac turba inacuum uirtute putasti ?
Vsque adeo mollis primisque caloribus impar
sum uisus ? quanto poena tu dignior ista es,
qui populo sitiente bibas ! » Sic concitus ira
excussit galeam, suffecitque omnibus unda.

[11]Qui cum in regem incidissent, alter ex his utre resoluto uas, quod simul ferebat, inplet, porrigens regi. Ille accipit ; percontatus, quibus aquam portaret, filiis ferre cognoscit. [12] Tunc poculo pleno, sicut oblatum est, reddito : « Nec solus », inquit, « bibere sustineo, nec tam exiguum diuidere omnibus possum. Vos currite et liberis uestris, quod propter illos attulistis, date. » [13]Tandem ad flumen Oxum ipse peruenit prima fere uespera ; sed exercitus magna pars non potuerat consequi. In edito monte ignes iubet fieri, ut hi, qui aegre sequebantur, haud procul castris ipsos abesse cognoscerent : [14]eos autem, qui primi agminis erant, mature cibo ac potione firmatos inplere alios utres, alios uasa, quibuscumque aqua posset portari iussit ac suis opem ferre. [15]Sed qui intemperantius hauserant, intercluso spiritu extincti sunt ; multoque maior horum numerus fuit, quam ullo amiserat proelio. [16]At ille thoracem adhuc indutus nec aut cibo refectus aut potu, qua ueniebat exercitus constitit, nec ante ad curandum corpus recessit, quam praeterier*at totum* agmen, totamque eam noctem cum magno animi motu perpetuis uigiliis egit.

[17]Nec postero die laetior erat, quia nec nauigia habebat nec pons erigi poterat, *terra* circum amnem nud*a* et materia maxime sterili. Consilium igitur,

V, 19-26 : Cf. Diod. 17, 83 ; Arr. 3, 29-30.

12 est *om.P* || tam Σ : tamen *P* || diuidere *P,BFLM* : deuidere *V* || **13** Tandem Σ : tamen *P* || potuerat *P,LV* : poterat *BFM* || edito Σ : sedito *P* || hi *MV* : hii *P,BFL* || haud *P,BFM* : haut *L* aut *V* || ipsos *P,BFLV* : eos *M* || **14** posset *P* : possit *P*c,Σ || iussit ac *BFLMV*c : ac *PV*, *Vogel, Stangl, Hedicke* || **15** hauserant *P,BFLM* : auserant *V* || **16** thoracem *P* : toracem Σ || praeterierat totum *ego* : praeterierant qui *codd.*, *Vogel*, praeterierat omne *Hedicke* || agmen *codd.* : agmen claudedant *Vogel* || **17** laetior *P,BLM* : laetitior *FV* || terra *adi. Hedicke* || nuda *Hedicke* : nudo *codd.* || materia Σ : materiam *P*.

le passage des autres. De la sorte, il ne lui fallut que six jours pour débarquer toute, son armée sur la rive opposée. Il avait décidé d'avancer pour poursuivre Bessus, quand il apprit les événements de Sogdiane. De tous les amis de Bessus, Spitaménès[1] avait bénéficié des honneurs les plus importants ; mais aucun bienfait n'est capable d'apaiser la perfidie : en ce cas pourtant, l'odieux pouvait en être atténué parce que tout semblait permis envers Bessus, l'assassin de son roi. Venger Darius était le brillant prétexte mis en avant ; mais Spitaménès haïssait la fortune de Bessus, non son crime. En fait, dès qu'il eut appris qu'Alexandre avait franchi l'Oxus, il associa à ses projets Dataphernès[2] et Catanès[3], en qui Bessus avait une confiance absolue. Leur concours est plus vite acquis que demandé ; ils engagent huit jeunes gens décidés, et voici la ruse qu'ils inventent. Spitaménès va trouver Bessus et, tête à tête, lui dit avoir la preuve que Dataphernès et Catanès conspirent contre lui, cherchant à le livrer vivant à Alexandre ; mais lui, il les a devancés, il les tient prisonniers. Bessus, se croyant son obligé pour un pareil bienfait, le remercie et, en même temps, avide de se venger, se fait amener les coupables. Voici que leurs complices les traînent devant lui, les mains liées, mais de leur propre volonté. Bessus leur jette des regards farouches, se dresse, incapable de se retenir de frapper. Alors les autres cessent leur comédie, l'entourent ; il a beau résister, ils l'enchaînent, lui arrachent de la tête l'insigne de la royauté et déchirent le vêtement, qu'il avait pris parmi les dépouilles du roi assassiné pour s'en revêtir. Bessus reconnut l'intervention des dieux qui le punissaient de son crime, mais il ajouta que,

1. Bactrien de haute naissance. Il commandait la cavalerie bactrienne pendant la retraite de Bessus au delà de l'Oxus.

2. Par la suite, il prit part au grand soulèvement de la Bactriane et de la Sogdiane, en 329-327, aux côtés de Spitaménès.

3. Catanès, lui aussi, devait être l'un des meilleurs lieutenants de Spitaménès.

quod unum necessitas subiecerat, init ; utres quam plurimos stramentis refertos diuidit. [18]His incubantes transnauere amnem, quique primi transierant, in statione erant, dum traicerent ceteri. Hoc modo sexto demum die in ulteriore ripa totum exercitum exposuit. [19]Iamque ad persequendum Bessum statuerat progredi, cum ea, quae in S*ogd*ianis erant, cognoscit. Spitamenes erat inter omnes amicos praecipuo honore cultus a Besso ; sed nullis meritis perfidia mitigari potest : [20]quae tamen iam minus in eo inuisa esse poterat, quia nihil ulli nefastum in Bessum interfectorem regis sui uidebatur. Titulus facinoris speciosus praeferebatur, uindicta Darei ; sed fortunam, non scelus oder*at* Bessi. [21]Namque, ut Alexandrum flumen Oxum superasse cognouit, Datapher*n*em et Cat*a*nen, quibus a Besso maxima fides habebatur, in societatem cogitatae rei adsciscit. Illi promptius ad*s*unt quam rogabantur ; adsumptisque VIII fortissimis iuuenibus talem dolum intendunt. [22]Spitamenes pergit ad Bessum, et remotis arbitris conperisse ait se insidiari ei Data*phe*rnen et Cat*a*nen, ut uiuum Alexandro traderent agitantes ; a semet occupatos esse, uinctos teneri. [23]Bessus tanto merito, ut credebat, obligatus partim gratias agit, partim auidus explendi supplicii, adduci eos iubet. [24]Illi manibus sua sponte religatis a participibus consilii

subiecerat *P,F* : subicerat *BMV* subi*cerat *L* || init *P,BF*^{c}*LMV* : iniit *F* || **18** amnem Σ : ammen *P* || **19** Sogdianis *Freinsheim* : susianis *codd.* || praecipuo *B*^{c}(*in marg.*) *L*^{c}*MV*^{c} : praecipue *P,BFLV* || **20** tamen *P,BFLM* : tamen mitigari potest *V* || quia *P*^{c},Σ : qui *P* || ulli *P*^{c},Σ : ulla *P* || regis sui Σ : regisui *P* || facinoris *codd., Snakenburg, Schmieder* : facinori *Acidalius, edd.* || oderat *Acidalius* : oderan *P* oderant Σ || **21** Dataphernem *Alde* : datapharnem *P,BFMV* datafarnem *L* || Catanen *Kinch* : catenen *P* catenem Σ || adsciscit *BFL*^{c}*M* : adscissit *P,L* abscissit *V* || adsunt *Vogel* : addunt *codd.*, adnuunt *Jeep* || **22** Dataphernen *P* : datafarnen *BLV* datafarnem *FM* || Catanen *Kinch* : catenen *codd.* || uinctos *codd.* : et uinctos *I, edd.* || **24** consilit Σ : consulii *P*.

si leur loyalisme envers Darius était indiscutable puisqu'ils le vengeaient ainsi, ils faisaient pourtant, en s'attaquant à lui, le jeu d'Alexandre, qui, pour vaincre, avait toujours eu l'aide même de ses ennemis[1]. Il n'est pas impossible que la foule eût délivré Bessus, si ceux qui l'avaient enchaîné n'avaient prétendu leur acte commandé par Alexandre, épouvantant ainsi des gens dont l'esprit était encore hésitant. Ils le placent sur un cheval et s'en vont le livrer à Alexandre.

Pendant ce temps le roi choisit environ neuf cents hommes, dont le service prenait fin, et leur distribua deux talents par cavalier et trois mille deniers par fantassin. Il leur conseilla d'avoir des enfants, puis il les renvoya chez eux. Il remercia les autres de ce qu'ils lui promettaient leur concours pour terminer la guerre.

On était parvenu à une petite cité qu'habitaient les Branchides[2]. Xerxès, autrefois, revenant de Grèce, les avait autorisés à passer de Milet en cette nouvelle résidence ; car, pour plaire à Xerxès, ils avaient profané un temple, le Didyméon. Des mœurs de leur patrie restait encore quelque chose ; mais, devenus bilingues, ils abandonnaient peu à peu leur langue natale pour adopter celle de l'étranger. Ils reçoivent donc le roi avec des transports de joie, lui remettant leur ville et leurs personnes. Il convoque les Milésiens qui servaient à ses côtés. Les Milésiens manifestaient contre cette famille des Branchides une haine ancienne. Il remet donc leur sort à la décision de ceux qu'ils avaient trahis : libre à

1. L'argument était parfaitement exact : Alexandre a profité des hostilités entre princes ou entre satrapes. Toute la scène, qui vient d'être décrite, est fort bien menée, avec un sens très juste du mouvement et du pittoresque. Selon son habitude, Quinte-Curce n'y use de l'exotisme qu'avec discrétion.

2. Les Branchides se rattachaient à Branchos, aïeul éponyme des prêtres d'Apollon à Didyme, près de Milet.

trahebantur. Quos Bessus truci uultu intuens consurgit manibus non temperaturus. Atque illi simulatione omissa circumsistunt eum et frustra repugnantem uinciunt direpto ex capite regni insign*i* laceratаque ueste, quam e spoliis occisi regis induerat. [25]Ille deos sui sceleris ultores adesse confessus adiecit non Dareo iniquos fuisse, quem sic ulciscerentur, sed Alexandro propitios *se* insecutos, *cuius* uictoriam semper etiam host*e*s adiuuissent. [26]Multitudo an uindicatura Bessum fuerit, incertum est, nisi illi, qui uinxerant, iussu Alexandri fecisse ipsos ementiti dubios adhuc animi terruissent. In equum inpositum Alexandro tradituri ducunt.

[27]Inter haec rex, quibus *m*atura erat missio, electis nongentis fere bina talenta equiti dedit, pediti ter*na* denarium milia, monitosque ut liberos generarent, remisit domum. Ceteris gratiae actae quod ad reliqua belli nauat*uro*s operam pollicebantur. [28][Tum Bessus perducitur.]

Peruentum erat in paruulum oppidum. Branc*h*idae eius incolae erant. Mileto quondam iussu Xerxis, cum e Graecia redir*et*, transierant, et in ea sede constiterant, quia templ*um*, quod Did*y*m*e*on appellatur,

V, 27-35 : Cf. Diod. 19, 90 ; Plut. Alex. 46.

direpto *codd.* : derepto *Wakefield, edd.* ‖ insigni *Lauer* : insigne *codd.* ‖ lacerataque Σ : lacerateque *P* ‖ e spoliis Σ : spoliis *P* ‖ **25** sui *P*ᶜ, *M* : suo *P* sul *BL* sub *FV* ‖ quem *P* : quam Σ ‖ propitios *BFLMV*ᶜ : propitio *P* propicius *V* ‖ se insecutos cuius *ego* : insecutos *codd.*, cuius *Giunta edd.* ‖ hostes *I* : hostis *codd.* ‖ **26** uinxerant *P,BFLM* : uincxerant *V* ‖ adhuc *P,L* : adhunc *P*ᶜ,*BFL*ᶜ*MV* ‖ animi *codd.* : animos *M*ᶜ ‖ **27** Inter Σ : interim *P* ‖ matura *I* : natura *codd* ‖ missio *codd.* : mitior *M*ᶜ ‖ nongentis *P* : DCCCC Σ ‖ terna *Froben* : ter *codd.* ‖ nauaturos *I* : nauatores *codd.* ‖ **28** Tum Bessus perducitur Σ, *secl. ego* : dum B. p. *P* ‖ in *codd.* : ad *Stangl*, inde ad *Büttner* ‖ Branchidae *Froben* : brancidae *codd.* ‖ e Graecia Σ : egregia *P* ‖ rediret *I* : redirent *codd.* ‖ templum *Lauer* : templa *codd.* ‖ Didymeon *Freinsheim* : didimaon *codd.*

ceux-ci de se rappeler ou le sort subi ou la communauté d'origine. Devant la divergence des avis, il fait savoir qu'il réfléchira personnellement à la décision la meilleure. Le lendemain, les Branchides vont au-devant de lui, et il les invite à l'accompagner ; on était arrivé à la ville : il passe la porte, avec des troupes légères. La phalange reçoit l'ordre de cerner les murs et, à un signal donné, de mettre à sac la ville, repaire de traîtres, et de massacrer les gens jusqu'au dernier. Sans armes, ils sont égorgés çà et là ; ni communauté de langue ni bandelettes[1] ou prières de suppliants ne peuvent arrêter la cruauté. Enfin, pour abattre les assises des murailles, ils les attaquent à la base, afin que nul vestige de la ville ne demeure debout. Les parcs aussi et les bois sacrés ne sont pas seulement abattus : on les déracine, afin que, une fois les racines extirpées, il ne subsiste qu'une solitude désertique et un sol stérile. Si on avait pris ces mesures contre les responsables mêmes de la trahison, on verrait là une vengeance légitime au lieu d'une cruauté ; en fait, les descendants expièrent pour leurs aïeux : n'ayant pas même vu Milet, ils n'avaient certes pas pu livrer la ville à Xerxès[2] !

De là il prit la direction du Tanaïs[3]. Là on lui amena

1. Les *infulae* du suppliant.

2. Son admiration pour Alexandre n'aveugle pas Quinte-Curce, et il ne se gêne pas pour exprimer sa réprobation devant des actes de pure sauvagerie. Non seulement il manifeste là ses réactions individuelles, mais il reprend une condition grecque d'hostilité à Alexandre : cette tradition reparaît chez Justin ; mais l'on ne la perçoit pas chez Diodore. Ce courant d'hostilité peut dériver de Timée et de Timagène. Mais il vient aussi, et surtout, des philosophes, en particulier des cyniques, qui trouvaient dans les excès d'Alexandre matière à de profitables paraboles. Les rhéteurs latins — nous en avons la preuve par Sénèque le Père — se sont plu à imaginer un Alexandre sommaire et déchaîné. Les influences diverses se retrouvent, plus ou moins marquées, chez Quinte-Curce.

3. Le Syr-Daria (Iaxarte), affluent du lac Oxien, où les Macédoniens croyaient reconnaître le Tanaïs (Don), affluent du Palus Méotide.

in gratiam Xerx*is* uiolauerant. [29]Mores patrii nondum e*xole*uerant ; sed iam bilingues erant paulatim a domestico externo sermone degeneres. Magno igitur gaudio regem excipiunt urbem seque dedentes. Ille Milesios, qui apud ipsum militarent, conuocari iubet. [30]Vetus odium Miles*ii* gerebant in Bra*n*ch*id*arum gentem. Proditis ergo, siue iniuriae, siue originis meminisse mallent, liberum de Branch*id*is permittit arbitrium. [31]Variantibus deinde sententiis se ipsum consideraturum quid optimum factu esset ostendit. Postero die occurrentibus Bra*n*ch*id*is secum procedere iubet ; cumque ad urbem uentum esset, ipse cum expedita manu portam intrat. [32]Phalanx moenia oppidi circumire iussa, et dato signo diripere urbem proditorum receptaculum, ipsosque ad unum caedere. [33]Illi inermes passim trucidantur, nec aut commercio linguae, aut suppli*cum* uelamentis precibusque inhiberi crudelitas potest. Tandem ut deicerent fundamenta murorum ab imo moliuntur, ne quod urbis uestigium extaret. [34]N*emo*ra quoque *et* lucos sacros non caedunt modo, sed etiam extirpant, ut uasta solitudo et sterilis humus excussis etiam radicibus linqueretur. [35]Quae si in ipsos proditionis auctores excogitata essent, iusta ultio esse, non crudelitas

gratiam *P* : greciam *BLMV* gracam *F* graciam *F*c || Xerxis *I* : xerxes *codd.* || uiolauerant *P* : uiolauerat Σ || **29** exoleuerant *I* : exsoluerant [exo — *M*] *codd.* || bilingues *I* : bilinguis *codd.* || excipiunt Σ : excipiuntur *P* || **30** Milesii gerebant *Freinsheim* : miles gerebant *P* miles gerebat Σ || Branchidarum *Froben* : brachiadarum *codd.* || originis Σ : origenis *P* || Branchidis *Froben* : brancidis *codd.* || **31** quid *P* : quod Σ || factu *P,B*c*LMV* : factum *BF* || Branchidis *Madvig* : brachiadas [bar — *L*] *codd.* || ipse *P* : ipsum Σ || **32** Phalanx *P,BFLM* : phallanx *V* || circumire *P,BLMV* : circuire *F* || **33** inermes Σ : inhermes *P* | nec aut *P*c,Σ : ne haud *P* || commercio Σ : commertio *P* || aut Σ : haud *P* || supplicum *Freinsheim* :supplicio cum *codd.* || **34** Nemora *Acidalius* : nec mora *codd.* || et lucos *I* : lucos *codd.* || sed *P,BFMV* : set *L* || sterilis *BFMV* : sterelis *P* sterrilis *L* || **35** proditionis *BFL*c*MV* : prodicionis *P,L.* || ultio Σ : ulci *P* ulcio *P*c.

Bessus ; non satisfait de l'enchaîner, on l'avait dépouillé de tout ce qui pouvait le couvrir. Spitaménès, qui le tenait, lui avait passé une chaîne autour du cou : Barbares et Macédoniens prenaient un plaisir égal à ce spectacle. Alors Spitaménès : « Vengeur de mes deux rois, toi et Darius, dit-il, je t'ai amené l'assassin de son maître, et je l'ai pris avec le procédé dont il m'avait donné l'exemple. A ce spectacle, puisse Darius ouvrir les yeux ! Qu'il se dresse des Enfers, lui qui n'a pas mérité le supplice passé, mais qui mérite la consolation présente ! » Alexandre félicite vivement Spitaménès ; puis, se tournant vers Bessus : « Quelle fureur bestiale, dit-il, s'est emparée de ton esprit quand tu as eu le courage d'enchaîner d'abord, d'assassiner ensuite un roi à qui tu devais tant ! Il est vrai que tu t'es déjà récompensé de ce parricide en usurpant le titre de roi. » L'autre n'osa pas se justifier de l'assassinat ; pour le titre de roi, il prétendit ne le porter que pour remettre son peuple à Alexandre ; s'il avait tardé, un autre aurait mis la main sur la royauté. Alors Alexandre fit s'approcher le frère de Darius, Oxathrès, qui était l'un de ses gardes du corps[1], et il lui fit livrer Bessus : on devait le crucifier et lui couper le nez et les oreilles, puis les Barbares le transperceraient avec des flèches, et garderaient le cadavre afin que même les oiseaux n'y touchassent pas[2]. Oxathrès s'engage à s'occuper de tout. Il ajoute que Catanès est plus qualifié que personne pour tenir les oiseaux à l'écart : il désirait faire voir le talent prodigieux du tireur, car Catanès atteignait son objectif avec tant de sûreté que même les oiseaux ne lui échappaient pas. Peut-être, maintenant,

1. Cette intrusion d'un Perse dans l'entourage immédiat d'Alexandre avait causé de très vives réactions parmi les hétaires.

2. Diodore raconte que le cadavre fut dépecé. Normalement les chairs des cadavres étaient dévorées par les oiseaux, et l'on ne recueillait que les ossements.

uideretur ; nunc culpam maiorum posteri luere, qui ne uiderant quidem Miletum, ideo et Xerxi non potuerant prodere.

[36]Inde processit ad Tanain amnem. Quo perductus est Bessus non uinctus modo, sed etiam omni uelamento corporis spoliatus. Spitamenes eum tenebat collo inserta catena, tam Barbaris quam Macedonibus gratum spectaculum. [37]Tum Spitamenes : « Et te », inquit, « et Dareum, reges meos, ultus interfectorem domini sui adduxi eo modo captum cuius ipse fecit exemplum. Aperiat ad hoc spectaculum oculos Dareus ! existat ab inferis, qui illo supplicio indignus fuit, et hoc solacio dignus est ! » [38]Alexander multum conlaudato Spitamene conuersus ad Bessum : « Cuius », inquit, « ferae rabies occupauit animum tuum, cum regem de te optime meritum prius uincire, deinde occidere sustinuisti ? Sed huius parricidii mercedem falso regis nomine persoluisti *t*ibi. » [39]Ille facinus purgare non ausus regis titulum se usurpare dixit, ut gentem suam tradere ipsi posset ; qui si cessasset, alium fuisse regnum occupaturum. [40]At Alexander Oxath*r*en, fratrem Darei, quem inter corporis custodes habebat, propius iussit accedere, tradique Bessum ei, ut cruci adfixum mutilatis auri-

V, 36-43 : Cf. Diod. 17, 83.

uideretur *P*,*B^cFLMV* : uideret *B* || ideo *codd.* : adeo *Froben*: *Hedicke* || Xerxi Σ : serxi *P* || **36** ad *P*, *BFLM* : at *V* || Tanain *P* : tanaim Σ || perductus *P* : productus Σ || Spitamenes *BFL^cMV* : spitamenis *P*,*L* || spectaculum *P* : expectaculum Σ [esp — *B^c*] || **37** Tum Σ : tunc *P* || inquit *P*,*BFLM* : inquid *V* || exemplum *P*,*BF^cLMV* : exemple *F* || ad hoc *P*,*BF^cLMV* : hoc *F* || spectaculum *P*,*BLMV* : expectaculum *F* || hoc *P*, *BFLM* : ob *V* || solacio *BFL* : solatio *P*,*MV* || **38** inquit *P*,*BFLM* : inquid *V* || regem Σ : rege *P* || uincire *BF^cLMV* : uincere *P*,*F* || tibi *Acidalius* : ibi *codd.* || **39** dixit Σ : idixit*P* || posset *P* : possit Σ || cessasset *P*,*BLMV* : cessaset *F* || occupaturum *P*,*M^c* : occuparum Σ || **40** Oxathren *Snakenburg* : oxathen *P* oxaten Σ || propius Σ : proprius *P*.

avec la diffusion du tir à l'arc s'étonnerait-on moins de ce talent. Mais, à l'époque, le spectacle parut une merveille prodigieuse, et Catanès en retira beaucoup de considération. Ensuite, tous ceux qui avaient amené Bessus reçurent des gratifications. Mais Alexandre remit son supplice, afin qu'il fût exécuté à l'endroit où, lui-même, il avait tué Darius[1].

VI. Entre temps[2], des Macédoniens, sortis sans former leurs rangs pour chercher du fourrage, sont surpris par des Barbares, qui dévalèrent les pentes des monts voisins ; il y eut plus de prisonniers que de morts. Mais les Barbares, poussant les prisonniers devant eux, se replièrent dans la montagne. Il y avait là vingt mille partisans : ils engagent la lutte à coups de frondes et de flèches. En les assiégeant le roi, qui combattait avec les plus hardis, reçut une flèche qui, se fichant en pleine cuisse, y laissa son fer. Les Macédoniens, attristés et stupéfaits, le ramenaient au camp : mais les Barbares se rendirent bien compte qu'on l'évacuait ; car, de la hauteur, leur regard portait partout. Aussi, le lendemain, envoyèrent-ils une députation au roi[3] ; il la fit introduire immédiatement ; il détacha le pansement et, cachant la gravité de la plaie, il montre sa cuisse aux Barbares. Invités à prendre un siège, ils affirment qu'à la nouvelle de sa blessure ils avaient eu autant de peine que les Macédoniens : s'ils

1. Il ressort de 7, 10, 10 que Bessus fut exécuté à Ecbatane, ce qui est aussi la version d'Arrien. Il semblerait donc que Quinte-Curce plaçât l'assassinat de Darius aux environs d'Ecbatane.

2. « Entre temps » *(Interea)* : une de ces indications trop vagues, comme Quinte-Curce en offre beaucoup d'exemples. D'après Arrien la scène se passe près du Iaxarte, avant le séjour à Maracande, et non après.

3. Un épisode tout à fait dans le goût hellénistique ; c'est avec des scènes de ce ton que se constitua « le roman d'Alexandre », qui enchanta tant d'esprits chevaleresques et naïfs. L'ambassade des Barbares, non confirmée par Arrien, n'est pas un fait historique indiscutable.

bus naribusque sagittis configerent Barbari, adseruarentque corpus, ut ne aues quidem contingerent. [41]Oxat*h*res cetera sibi curae fore pollicetur. Aues non ab alio, quam a Cat*a*ne posse prohiberi adicit eximiam eius artem cupiens ostendere ; namque adeo certo ictu destinata feriebat, ut aues quoque exciperet. [42]N*unc* forsitan, sagitt*arum* celebri usu minus admirabilis uideri ars haec possit ; tum ingens uisentibus miraculum magnoque honori Cat*a*ni fuit. [43]Dona deinde omnibus, qui Bessum adduxerant, data sunt. Ceterum supplicium eius distulit, ut eo loco, in quo Dareum ipse occiderat, necaretur.

VI. [1]Interea Macedones ad petendum pabulum incomposito agmine egressi a Barbaris, qui de proximis montibus decurrerunt, opprimuntur ; pluresque capti sunt quam occisi : [2]Barbari autem, captiuos prae se agentes, rursus in montem recesserunt. XX milia latronum erant ; fundis sagittisque pugnam inuadunt. [3]Quos dum obsidet rex, inter promptissimos dimicans sagitta ictus est, quae in medio crure fixa reliquerat spiculum. [4]Illum quidem maesti et attoniti Macedones in castra referebant : sed nec Barbaros fefellit subductus ex acie : quippe ex edito monte cuncta prospexerant. [5]Itaque postero die misere legatos ad regem, quos ille protinus iussit admitti ; solutisque fasciis magnitudinem uulneris dissimulans crus Barbaris ostendit. [6]Illi iussi considere

VI, 1-11 : Cf. Arr. 3, 30.

41 Oxathres *P* : oxatres Σ ‖ Catane *Kinch* : catene *codd.* ‖ prohiberi *P,BFLM* : proiberi *V* ‖ adeo *P,BFLM* : ideo *V* ‖ **42** Nunc *Bentley* : nam *P* namsi Σ ‖ sagittarum *Hedicke* : sagittis tam *codd.* ‖ Catani *Kinck* : cateni *codd.* ‖ **43** supplicium Σ : supplicum *P* ‖ necaretur Σ : netaretur *P*.

VI, **2** sagittisque *BFMV* : sagitisque *P,L* ‖ **3** promptissimos *P,BLMV*^{c} : proptissimos *FV* ‖ **5** fasciis *BFLMV*^{c} : faciis *P,V* ‖ **6** considere *codd.* : considerare *Damste*.

avaient connu le responsable, ils l'auraient livré, car seuls les sacrilèges combattent contre les dieux ; par ailleurs, ils lui présentaient la soumission de leur peuple, vaincus par sa blessure. Le roi donna sa parole, récupéra les prisonniers et accepta la capitulation. Puis on leva le camp ; on transportait Alexandre sur une civière de soldat ; cavaliers et fantassins se disputaient pour la porter. Les cavaliers, avec lesquels, d'habitude, le roi allait au combat, revendiquaient cet office comme leur dû. En revanche, les fantassins, qui d'ordinaire transportaient, eux seuls, leurs camarades blessés, se plaignaient qu'on les dépossédât de leur fonction, précisément lorsqu'il s'agissait de transporter le roi. Celui-ci, devant l'ardeur des deux parties en ce débat, estima qu'un choix serait difficile pour lui et pénible pour les éliminés ; il les chargea donc de le porter alternativement.

De là, on atteignit, trois jours après, la ville de Maracande[1] ; un mur de soixante-dix stades ceint la ville, tandis qu'un autre fait le mur de la citadelle. Après avoir laissé une garnison dans la ville, Alexandre met à feu et à sang les villages voisins. Se présente ensuite une députation des Scythes Abiens[2] ; libres depuis la mort de Cyrus, ils étaient prêts maintenant à se soumettre. On les savait les plus justes des Barbares : ils ne prenaient les armes que pour riposter. Usant de la liberté avec mesure et équité, ils avaient établi l'égalité entre l'aristocratie et la masse. Alexandre leur adressa des paroles aimables ; quant aux Scythes d'Europe, il leur

1. Capitale de la Sogdiane, aujourd'hui Samarcande, — fraîche oasis au sortir des longues marches à travers les steppes.

2. Ils habitaient au nord du Tanaïs. Arrien, comme Quinte-Curce, les place à proximité de l'Iaxarte. On les assimilait aux Abiens dont parle Homère : Ἀβίων τε δικαιοτάτων ἀνθρώπων (*Il.*, 13, 6).

adfirmant non Macedonas quam ipsos tristiores fuisse cognito uulnere ipsius ; cuius si auctorem repperissent, dedituros fuisse : cum dis enim pugnare sacrilegos tantum, 7ceterum se gentem in fidem dedere superatos uulnere illius. Rex fide data et captiuis receptis gentem in deditionem accepit. Castris inde motis lectica militari ferebatur ; 8quam pro se quisque eques pedesque subire certabant. Equites, cum quibus rex proelia inire solitus erat, sui muneris id esse censebant. Pedites contra, cum saucios commilitones ips*i* gestare adsueuisse*n*t, eripi sibi proprium officium tum potissimum, cum rex gestandus esset, querebantur. 9Rex in tanto utriusque partis certamine et sibi difficilem et praeteritis grauem electionem futuram ratus inuicem subire eos iussit.

10Hinc quarto die ad urbem Mar*acand*a peruentum est, — LXX stadia murus urbis amplectitur, arx *al*i*o* cingitur muro, — ac praesidio urbis relicto proximos uicos depopulatur atque urit. 11Legati deinde A*bi*orum Sc*y*tharum superueniunt, liberi, ex quo decesserat Cyrus, tum imperata facturi. Iustissimos Barbarorum constabat : armis abstinebant, nisi lacessiti. Libertatis modico et aequali usu principibus humiliores pares fecerant. 12Hos benigne adlocutus ad eos

VI, 11-13 : Cf. Arr. 4, 1.

Macedonas *P* : macedones Σ || ipsos Σ : ipso *P* || dis *P* : diis Σ || **7** uulnere *P,FLMV* : uelnere *B*, numine *Stangl, Büttner* || illius Σ : illi *P* || deditionem Σ : dedicatione *P* || militari P^c,Σ : militarii *P* || **8** censebant *P,BFL*^{c}*MV*^{c} : cessebant *LV* || contra, cum Σ : contractum *P* || ipsi *Froben* : ipse *codd.* || adsueuissent *Froben* : adsueuisset *codd.* || gestandus Σ : iestandus *P* || **10** Maracanda *Froben* : marupenta *codd.* || alio *Heinsius* : illinc *codd.* || ac *codd.* : mille *Bentley, Hedicke* || relicto *BLM* : relictis *P* relictos *FV* || **11** Abiorum *Freinsheim* : aulorum *codd.* || Scytharum *I* : schytharum *P* scitharum *BFM* scitarum *L* citharum *V* || principibus *P,BLMV* : princibus *F* || pares fecerant *P* : fecerunt Σ.

envoya un de ses amis, Derdas[1], pour leur interdire de passer le fleuve du pays, le Tanaïs, sans l'ordre du roi ; il le chargea en outre d'étudier la topographie du pays, et d'aller voir aussi les Scythes qui habitent à l'ouest du Bosphore. Il avait choisi un endroit, sur la rive du Tanaïs, pour y fonder une ville, barrage contre les peuples déjà domptés et contre ceux qu'il avait décidé d'affronter ensuite. Mais il différa son dessein, lorsqu'il apprit la défection de la Sogdiane, dont la Bactriane suivit l'exemple. Il y avait là sept mille cavaliers, dont l'ascendant entraînait les autres.

Alexandre convoqua Spitaménès et Catanès, qui lui avaient livré Bessus ; il était persuadé que leur concours ramènerait les révoltés sous son autorité. En fait, ils étaient la cause de la défection qu'on les invitait à réprimer[2] ; car ils avaient fait courir le bruit que le roi convoquait la totalité des cavaliers de Bactriane pour les mettre à mort : « c'est eux qui en avaient reçu l'ordre ; mais ils n'avaient pas eu le courage de s'y conformer, par crainte de commettre, à l'égard de leurs compatriotes, un crime inexpiable. La cruauté d'Alexandre leur avait été aussi insupportable que le parricide de Bessus ». Ainsi la crainte du châtiment leur permit sans peine d'appeler aux armes un peuple qui avait tendance à s'agiter.

Ayant appris la défection des transfuges, Alexandre ordonne à Cratère d'assiéger Cyropolis[3]. Pour lui, il s'empare, par le blocus, d'une autre ville de la même

1. Un des hétaires, peu connu autrement. Le terme *Scythae* est très vague, et la mention *qui Europam incolunt* ne précise guère. Les *Scythes*, ce sont les peuples du Nord ; pour plus de netteté, il arrive que les historiens donnent des noms de tribus : Abiens, Saces, Massagètes, etc.

2. Spitaménès fut véritablement le héros de l'indépendance iranienne.

3. Κυροπόλις ou Κυρέσχατα, au S.-O. de Chodchent.

Sc*y*thas, qui Europam incolunt, *De*rdam quendam misit ex amicis, qui denuntiaret his ne Tanain amnem regionis iniussu regis transirent : eidem mandatum ut contemplaretur locorum situm, et illos quoque Sc*y*thas, qui super Bosphor*um* incolunt, uiseret. [13]Condendae urbi sedem super ripam Tanais elegerat, claustrum et iam perdomitorum et quo*t* deinde adire decreuerat. Sed consilium distulit Sogdianorum nuntiata defectio, quae Bactrianos quoque traxit. [14]VII milia equitum erant, quorum auctoritatem ceteri sequebantur.

Alexander Spitamen*en* et Cat*a*nen, a quibus e*i* traditus erat Bessus, haud dubius quin eorum opera redigi possent in potestatem [coercendo] qui nouauerant res, iussit accersi. [15]At illi defectionis, ad quam c*o*ercendam euocabantur, auctores uulgauerant fama Bactrianos equites a rege omnes, ut occiderentur, accersi : idque imperatum ipsis ; non sustinuisse tamen exequi, ne inexpiabile in populares facinus admitterent. Non magis Alexandri saeuitiam, quam Bessi parricidium ferre potuisse. Itaque sua sponte iam motos metu poenae haud difficulter ad arma concitauerunt.

VI, 14-23 : Cf. Arr. 4, 2-3.

12 Scythas *I* : schytas *P* schythas *P*[c] schithas *BL* scithas *FMV* ‖ Derdam *Hedicke* : pendam *codd.*, Berdam *Vogel* ‖ quendam *om.B, rest. corr.* ‖ Tanain *P* : tanaim Σ ‖ regionis *codd.* : *secl. Vogel, Hedicke*, regionis finem *Damste* ‖ Scythas *P* : scithas Σ ‖ Bosphorum *Acidalius* : bosphoro *P* bosforo Σ ‖ **13** urbi *F* : urbis *P,BLMV* ‖ elegerat *P* : eligeret Σ ‖ quot *Hedicke* : quod *codd.* ‖ **14** VII milia *P,LMV* : $\overline{\text{VII}}$ milia *BF* ‖ Spitamenen *Snakenburg* : spitamen *codd.* ‖ Catanen *Kinch* : catenen *P,BLMV* catenem *F* ‖ ei traditus *Lauer* : et raditus *P* et traditus *BF*[c]*LMV* traditus *F* ‖ haud *P, BFLM* : aut *V* ‖ coercendo *secl. Freinsheim* ‖ res *BF*[c]*LMV* : rex *P,F* ‖ **15** ad *P,V* : at *BFLM* ‖ coercendam *I* : cohercendam *codd.* ‖ accersi Σ : adcersi *P* ‖ sustinuisse *P,BF*[c]*LMV* : sustinuisset *F* ‖ admitterent *P,BFMV* : admiterent *L* ‖ haud *P,BFLM* : aut *V* ‖ difficulter *P,BLMV* : dificulter *F* ‖ ad arma concitauerunt *P,L*[c] : c. ad a.Σ.

région[1] ; au signal donné, on massacra toute la jeunesse, et le reste passa au vainqueur à titre de butin de guerre. La ville fut détruite, afin que l'exemple de son malheur contînt les autres. Le puissant peuple des Mémacènes avait décidé que subir un siège était la solution la plus honorable et, en outre, la plus sûre. Pour réduire leur obstination, le roi se fit précéder de cinquante cavaliers, qui devaient leur faire connaître sa clémence s'ils se soumettaient, ainsi que sa décision d'être impitoyable quand il les aurait écrasés[2]. Ils répondent ne pas douter de la loyauté ni de la puissance du roi, et ils invitent les cavaliers à camper à l'extérieur des remparts. Puis ils les accueillent en hôtes et, quand les autres sont alourdis par la nourriture et le sommeil, ils les assaillent en pleine nuit et les massacrent. Alexandre, dans une légitime émotion, opère le blocus de la ville, trop bien fortifiée pour être prise dès le premier assaut. Il laisse donc Méléagre et Perdiccas continuer le siège ; ††† assiégeant[3] Cyropolis, comme on l'a dit ci-dessus. Il avait d'ailleurs pris la décision de faire grâce à une ville qu'avait fondée Cyrus : car nul autre roi de ces contrées ne lui inspirait plus d'admiration que Cyrus et Samiramis, qui, à son avis, dominaient largement par leur grande âme et par l'illustration de leurs actes. Mais l'opiniâtreté des habitants l'enflamma de colère ; aussi, la ville prise, donna-t-il ordre de la mettre à sac. L'ayant détruite,

1. Gaza, d'après Arrien. La férocité d'Alexandre à l'égard des vaincus s'explique parce qu'il les considère comme des rebelles à son autorité de souverain.

2. Peut-être inspiré de Virgile : *parcere subiectis et debellare superbos* (*Aen.*, 6, 853).

3. Les manuscrits écrivent *iungit Cyropolim*. Il y a pourtant une lacune entre les deux mots. Les restitutions de Hedicke ou de Vogel donnent évidemment une leçon vraisemblable, et conforme à l'histoire. Mais la lettre même du texte de Quinte-Curce, qui se flatterait de la retrouver ? Quand une lacune présente quelque extension, mieux valent les croix des *loci desperati* que de séduisantes fantaisies.

16 Alexander transfugarum defectione conperta Craterum obsidere Cyropolim iubet. Ipse aliam urbem regionis eiusdem corona capit ; signoque ut puberes interficerentur dato reliqui in praedam cessere uictoris. Vrbs diruta est, ut ceteri cladis eius exemplo continerentur. 17 Memaceni, ualida gens, obsidionem non ut honestiorem modo, sed etiam ut tutiorem ferre decreuerant. Ad quorum pertinaciam mitigandam rex L equites praemisit, qui clementiam ipsius in deditos simulque inexorabilem animum in deuictos ostenderent. 18 Illi nec de fide nec de potentia regis ipsos dubitare respondent ; equitesque tendere extra munimenta urbis iubent. Hospitaliter deinde exceptos grauesque epulis et somno intempesta nocte adorti interfecerunt. 19 Alexander haud secus quam par erat motus urbem corona circumdedit, munitiorem quam ut primo impetu capi posset. Itaque Meleagrum et Perdiccan in obsidionem iungit ; ††† Cyropolim, ut ante dictum est, obsidentes. 20 Statuerat autem parcere urbi conditae a Cyro : quippe non alium gentium illarum magis admiratus est quam hunc regem et Samiramin, quos et magnitudine animi et claritate rerum longe emicuisse credebat. 21 Ceterum perti-

16 Cyropolim *B^{c}M* : cyropolym *P* ciropolim Σ ‖ diruta *P,BFLM* : dirupta *V* ‖ **17** tutiorem *P,BFLM* : tuciorem *V* ‖ quorum Σ : corum *P* ‖ pertinaciam *B* : pertinatiam *P,FLMV* ‖ **18** potentia *P^{c},BLMV*: clementiam *P* (cl *in ras.*) potentiam *F*, clementia *Modius* ‖ Hospitaliter *P,BFLM* : ospitaliter *V* ‖ adorti *P,FLM* : adosti *B* adhosti *V* ‖ **19** haud *P,BFLMV^{c}* : au *V* ‖ corona *P,BFLM* : coronam *V* ‖ munitiorem *B^{c}FL^{c}M* : munitionem *P* minitiorem *B* municiorem *LV* ‖ Perdiccan *Kinch* : perdican *P* perdiccam Σ ‖ obsidionem *P,BFLM* : obsidione *V, Vogel* ‖ iungit ; ††† Cyropolim *ego* : iungit Cyropolim [cir — Σ] *codd.*, iungit, ipse ad Craterum pergit Cyropolim *Hedicke*, relinquit, ipse proficiscitur ad Craterum Cyropolim *Vogel* ‖ obsidentes *codd.* : obsidentem *Mützell* ‖ **20** a Cyro Σ : agro *P* ‖ hunc *P,F^{c}LM* : hinc *BFV* ‖ quos et *P,BFLM* : quos ad *V* ‖ magnitudine *P* : magnitudinem Σ ‖ animi *P^{c}*,Σ : anime *P* ‖ **21** pertinacia *BLM* : pertinatia *P,FV*.

et furieux non sans raison contre les Mémacènes, il retourne auprès de Méléagre et de Perdiccas. Mais nulle autre ville ne subit un siège avec plus d'énergie ; les soldats les plus intrépides tombèrent, et le roi même encourut le péril suprême. Un coup de pierre l'atteignit à la nuque, si bien qu'une buée se répandit sur ses yeux et qu'il s'effondra inanimé ; il est certain que l'armée se lamenta sur lui, croyant qu'il lui était enlevé. Mais ce qui épouvante les autres le trouvait invincible et, avant guérison complète, il poussa le siège avec une ardeur accrue, la colère excitant sa célérité naturelle. Une galerie provoqua l'effondrement des murs sur une énorme largeur : il s'y engouffra. Victorieux il fit raser la ville.

De là il envoya à Maracande Ménédème[1], avec trois mille fantassins et huit cents cavaliers. Le transfuge Spitaménès en avait expulsé la garnison macédonienne et s'était enfermé dans l'intérieur de la ville, bien que les habitants fussent hostiles au plan de défection ; mais, incapables de le faire échouer, ils faisaient semblant de l'adopter. Entre temps, Alexandre revint au Tanaïs, et il ceignit d'un mur l'espace de terrain qu'avait couvert son camp. Ce mur eut soixante stades, pour une ville qu'il appela, elle aussi, Alexandrie[2]. Le travail fut terminé avec une telle rapidité que la ville fut achevée, toits compris, dix-sept jours après l'apparition des remparts. Il y avait eu, entre soldats, une extraordinaire émulation : chacun voulait être le premier à montrer sa tâche ; car on avait réparti le travail. On

1. Officier courageux, qui prit part à toute la campagne d'Asie, et que nous retrouverons en 7, 7, 34.

2. L'actuelle Chodchent.

nacia oppidanorum iram eius accendit. Itaque captam urbem diripi iussit. Deleta e*a Me*mac*eni*s haud iniuria infest*u*s ad Meleagrum et Perdiccam redit. [22]Sed non alia urbs fortius obsidionem tulit ; quippe et militum promptissimi cecidere et ipse rex ad ultimum periculum uenit. Namque ceruix eius saxo ita icta est, ut oculis caligine offusa conlaberetur, ne mentis quidem compos : exercitus certe uelut erepto in eo ingemuit. [23]Sed inuictus aduersus ea, quae ceteros terrent, nondum percurato uulnere acrius obsidioni institit naturalem celeritatem ira concitante. Cuniculo ergo suffossa moenia ingens nudauere spatium, per quod inrupit ; uictorque urbem dirui iussit.

[24]Hi*n*c Menedemum cum tribus milibus peditum et DCCC equitibus ad urbem Maracand*a* misit. Spitamenes transfuga praesidio Macedonum inde deiecto muris urbis eius incluserat se, haud oppidanis consilium defectionis adprobantibus ; sequi tamen uidebantur, quia prohibere non poterant. [25]Interim Alexander ad Tanain amnem redit et, quantum soli occupauer*a*t castris, muro circumdedit. LX stadiorum urbis murus fuit ; hanc quoque urbem Alexandriam appellari iussit. [26]Opus tanta celeritate perfectum

VI, 24-27 : Cf. Arr. 4, 1-3-4.

iram [ira *P*] eius *P,BFLV* : eius iram *M* || accendit *P,BFLM* : ascendit *V* || Deleta ea *Hedicke* : delete *P,BFLV* deletae *M* || Memacenis *Acidalius* : macedones *codd.* || haud Σ : aut *P* || infestus *Acidalius* : infestos *codd.* || 22 fortius *P,BFLM* : forcius *V* || uenit *P,BFLM* : peruenit *V* || caligine *P,BLMV* : caliginem *F* || offusa *BFLMV* : confusa *P* fusa *V* || compos *P* [con —], *B*c*FLMV* : campos *B* || uelut *P,FLMV* : uelud *B* || in *codd.* : iam *Novák*, [in] *edd.* || 23 percurato Σ : procurato *P* || celeritatem *P*c,Σ : ceteritate *P* || spatium *P,BFL* : spacium *MV* || 24 Hinc *B*c*,I* : hic *codd.* || Maracanda *Froben* : maracandam *codd.* || deiecto *P,B*c*FLMV* : diiecto *B* || haud *P,BFLM* : aut *V* || consilium *P,BLMV* : consilio *F* || 25 ad *P,BFL*c*M* : at *L* a *V* || Tanain *P* : tanaim Σ || occupauerat *Vogel* : occupauerant *codd.* || Alexandriam *P,BFLM* : alexandria *V*.

peupla la ville nouvelle avec des prisonniers[1], qu'Alexandre libéra en les rachetant à leurs maîtres ; encore maintenant, après si longtemps, leur postérité, grâce au souvenir d'Alexandre, fleurit encore parmi ces peuples.

VII. Mais le roi des Scythes, dont l'empire partait alors de la rive ultérieure du Tanaïs, estima que la ville fondée par les Macédoniens au bord du fleuve était un joug sur sa nuque ; il envoya donc son frère, appelé Carthasis[2], à la tête de nombreux cavaliers avec mission de la détruire et de repousser loin du fleuve les forces macédoniennes. Le Tanaïs sépare la Bactriane des Scythes dits Européens ; son cours fait la frontière de l'Asie et de l'Europe. D'autre part, le peuple scythe, qui touche presque à la Thrace, regarde de l'Orient au Septentrion ; il n'est pas voisin de la Sarmatie[3], comme certains l'ont cru : il en fait partie. Ensuite, tirant en droite ligne, il occupe une autre région, qui se trouve au delà de l'Ister ; et, en direction de Bactres, il effleure l'extrémité de l'Asie. Il n'y a d'habitat qu'à proximité du Septentrion ; à partir de là, on trouve des forêts profondes et des déserts sans fin[4]. En revanche, le pays qui regarde le Tanaïs et la Bactriane n'est pas rebelle à toute civilisation. Au moment d'engager la guerre contre un peuple, qu'il était

1. Il s'agit sans doute (cf. Just., 12, 5) des prisonniers faits à Cyropolis et dans la région.

2. Inconnu autrement. Son nom a été mis en rapport avec le turc Kardâshy.

3. Comme Quinte-Curce, Strabon estime que les Sarmates font partie des Scythes. En réalité, bien après la mort d'Alexandre, aux environs du Ier s. avant J.-C., les Sarmates, sous la pression des Scythes — qui sont tout à fait distincts d'eux à l'origine — avaient reflué vers l'Ouest, et des mélanges de population s'étaient produits. Ajoutons à ces raisons d'incertitudes le vague, quasi traditionnel, des notions géographiques chez les historiens anciens.

4. La steppe.

est, ut XVII die, quam munimenta excitata erant, tecta quoque urbis absoluerentur. Ingens militum certamen inter ipsos fuerat, ut suum quisque munus — nam diuisum erat, — primus ostenderet. [27]Incolae nouae urbi dati captiui, quos reddito pretio dominis liberauit : quorum posteri nunc quoque non apud eos tam longa aetate propter memoriam Alexandri exoleuerunt.

VII. [1]At rex Scytharum, cuius tum ultra Tanaim imperium erat, ratus eam urbem, quam in ripa amnis Macedones condiderant, suis inpositam esse ceruicibus, fratrem, Carthasim nomine, cum magna equitum manu misit ad diruendam eam proculque amne submouendas Macedonum copias. [2]Bactrianos Tanais ab Sc*y*this, quos Europ*ae*os uocant, diuidit ; idem Asiam et Europam finis interfluit. [3]Ceterum Scytharum gens haud procul Thracia sita ab oriente ad septentrionem se uertit ; Sarmatarumque, ut quidam credidere, non finitima, sed pars est. [4]Recta deinde regionem ali*a*m ultra Istrum iacentem colit ; ultima Asiae, qu*a* Bactra sunt, stringit. Habitant quae septentrioni propi*or*a sunt ; profundae inde siluae

VII, 1-29 : Cf. Arr. 4, 1-3-4.

26 ut P^c,Σ : et *P* quam *P,M* : qua Σ ‖ fuerat Σ : fuera*t *P* diuisum *P,BLMV* : diūisū *F* ‖ **27** pretio *BFLV* : precio *P,M* ‖ memoriam Σ : miseriam *P*.

VII, **1** Scytharum *P* : scitharum *BFLM* scitarum *V* ‖ Carthasim *P,BFLM* : cartasim *V* ‖ diruendam *P,BLM* : diripendam *F* dirupendam *V* ‖ **2** Scythis *I* : scithis *codd.* ‖ quos *P,BF*L^c*MV* : quod *L* ‖ Europaeos *Alde* : eupeas *P* eurupeas P^c europeas Σ ‖ **3** Scytharum *P* : scitharum *BFMV* schitharum *L* ‖ haud *P,BFLM* : aut *V* ‖ Thracia *P* : tracia Σ ‖ ab Σ : ad *P* ‖‖ septentrionem Σ : septemtrionem *P* ‖ quidam *P,BFLM* : quidem *V* ‖ credidere *P,BFLM* ; credere *V* ‖ **4** regionem *P* : regione Σ, *Jeep, Hedicke* ‖ aliam *edd.* : alium *codd.*, saltum *Jeep, Hedicke* ‖ qua *Acidalius* : quae *codd.* ‖ Bactra Σ : bacthra *P* ‖ septentrioni P^c,Σ : septemtrione *P* ‖ propiora *I* : propria *P* propia *BFLM* propriae *V*.

le premier à attaquer sans préparation[1], ayant à portée de la vue l'ennemi qui passait à cheval, Alexandre, encore malade de sa blessure, et surtout peu capable de se faire entendre (car la diète et les maux de tête affaiblissaient sa voix), réunit ses amis en conseil. Il avait grand peur non de l'ennemi, mais de la difficulté de l'heure. A la défection de la Bactriane s'ajoutaient les provocations des Scythes ; lui-même, il était incapable de poser le pied, de monter à cheval, d'instruire ou d'exhorter ses hommes. Aux prises avec un double danger et se plaignant des dieux mêmes, il gémissait d'être affalé, inactif, alors qu'auparavant sa célérité n'avait laissé échapper personne ; c'était tout juste si les siens ne prenaient pas sa maladie pour une maladie simulée. Aussi, lui qui, depuis sa victoire sur Darius, avait cessé de consulter voyants et devins, il roula de nouveau dans la superstition, fantaisie de l'esprit humain[2], et il donna ordre à Aristandre, qui régnait en maître sur sa crédulité, d'explorer l'avenir en procédant à des sacrifices.

Les haruspices avaient l'habitude d'observer les entrailles sans que le roi y assistât, et de l'informer de ce qu'elles annonçaient. Entre temps, pendant qu'on analyse les fibres des animaux pour connaître l'avenir obscur, Alexandre ensuite fait approcher de lui ses amis pour ne pas risquer, en élevant la voix, de rouvrir une plaie à peine cicatrisée. Outre les gardes du corps, il avait convoqué sous sa tente Héphestion, Cratère et Erigyius. « Le danger m'a surpris, dit-il, à un moment meilleur pour l'ennemi que pour moi ; mais la nécessité

1. Le terme *primus* porte évidemment sur *non prouisum bellum*, puisque, avant Alexandre, les guerres scythes n'avaient pas manqué dans l'histoire des dynasties perses (Sémiramis, Cyrus).

2. Quinte-Curce est très hostile à la divination. Il vivait à une époque où elle était fort pratiquée, mais où le pouvoir impérial prenait parfois d'énergiques mesures contre elle ou plutôt contre les prêtres étrangers qui en faisaient profession.

uastaeque solitudines excipiunt. Rursus, quae Tanain et Bactra spectant, humano cultu haud disparia sunt. [5]Primus cum hac gente non prouisum bellum Alexander gesturus, cum in conspectu eius obequitaret hostis, adhuc aeger ex uulnere, praecipue uoce deficiens, quam et modicus cibus et ceruicis extenuabat dolor, amicos in consilium aduocari iubet. [6]Terrebat eum non hostis, sed iniquitas temporis. Bactriani defecerant; Scythae etiam lacessebant; ipse non insistere in terra, non equo uehi, non docere, non hortari suos poterat. [7]Ancipiti periculo inplicitus deos quoque incusans querebatur se iacere segnem, cuius uelocitatem nemo antea ualuisset effugere uix suos credere non simulari ualitudinem. [8]Ita, qu*i* post Dareum uictum *h*ariolos et uates consulere desierat, rursus ad superstitionem, humanarum *m*entium ludibri*um* reuolutus Aris*ta*nd*r*um, cui credulitatem suam add*i*xerat, explorare euentum rerum sacrificiis iubet.

Mos erat haruspicibus exta sine reg*e* spectare, et quae portenderentur referre. [9]Inter haec, rex, dum fibris pecudum explorantur euentus latentium rerum, pr*op*ius ipsum considere deinde amicos iubet, ne contentione uocis cicatricem infirmam adhuc rumperet. *H*eph*a*estio, Craterus et Erig*yi*us erant cum

excipiunt *P,BFLM* : excipunt *V* || Tanain *P* : et tanain [— im *V*] Σ || spectant *P* : expectant Σ || haud *P,BFLM* : aut *V* || 5 Primus *codd.* : primis *Bentley, Hedicke* || extenuabat *P,B*ᶜ : extenuebat Σ || 6 Scythae *P* : scithae *BFLM* scitae *V* || hortari *P, BFLM* : ortari *V* || 7 incusans *P,B*ᶜ*FLMV* : incusant *B* || 8 Ita qui *Vogel* : itaque *codd.*, itaque qui *Hedicke* || post Σ : past *P* || hariolos *I* : ariolos *codd.* || mentium *Iunius, edd.* : gentium *codd.* || ludibrium *Hedicke* : ludibrio *codd.*, ludibria *Vogel, edd.* || Aristandrum *I* : aristrandum *codd.* || credulitatem *P,BLMV* : crudelitatem *F* || addixerat *Lauer* : adduxerat *codd.* || erat *om.V, rest.*ʳ*corr.* || haruspicibus *BFLM* : aruspicibus *P,V* || rege *I,B*ᶜ : regere *codd.* || spectare *P,BLMV* : expectare *F* || 9 propius *Froben* : prius *codd.* || deinde *codd.* : *secl. Vogel* || Hephaestio *Zumpt* : ephestio *codd.* || Erigyius *Froben* : eriguus *codd.*

prime le calcul, surtout à la guerre où il est rare qu'on ait l'occasion de choisir son moment. Les Bactriens, dont la nuque plie sous notre poids, ont fait défection, attendant d'une lutte où ils ne sont pas mêlés la révélation de ce que nous valons. Notre sort est clair. Si nous ne réagissons pas à l'offensive des Scythes, les rebelles nous mépriseront quand nous nous retournerons contre eux. Mais si nous passons le Tanaïs et, par le massacre et le sang des Scythes, révélons que, partout, nous sommes invincibles, qui hésitera à nous obéir, une fois victorieux de l'Europe aussi[1] ? On se trompe, si on limite notre gloire à l'espace que nous allons traverser. Un seul fleuve fait obstacle : si nous le passons, c'est en Europe que nous portons nos armes. Et quel cas ne faut-il pas faire de ce que, tout en conquérant l'Asie, nous élevons nos trophées dans ce qu'on peut appeler un monde différent, et de ce que, subitement, une seule victoire réunit des régions que la nature a, semble-t-il, divisées par une telle immensité ? Mais, par Hercule, pour peu que nous hésitions, nous aurons les Scythes à nos trousses : car sommes-nous les seuls qui puissions traverser les fleuves ? Retomberont sur nous bien des choses qui nous ont fait vaincre. La fortune apprend l'art de la guerre, même aux vaincus. Naguère nous avons donné l'exemple de passer un fleuve avec des outres ; à supposer les Scythes incapables de nous imiter, les Bactriens le leur apprendront. Et puis, il n'est encore arrivé qu'une armée de ce peuple : on en attend d'autres. Eviter la guerre, c'est donc l'alimenter et, pouvant attaquer, nous serons forcés de nous défendre. Mon argumentation comporte l'évidence. Mais je doute que les Macédoniens me laissent agir comme je l'entends ;

1. Hantise de l'Europe. Alexandre n'a lutté encore que contre des Asiatiques, qui passaient, à tort, pour de médiocres soldats. Plus tard, il tuera Clitus parce que celui-ci lui rappellera les paroles d'Alexandre d'Epire, comparant ses mâles adversaires (expédition d'Italie, 334-332) aux ennemis efféminés que rencontrait son neveu en Orient.

custodibus in tabernaculum admissi : [10]« Discrimen », inquit, « me occupauit meliore hostium quam meo tempore ; sed necessitas ante rationem est, maxime in bello, qu*o* raro permittitur tempor*a* *eli*gere. [11]Defecere Bactriani, in quorum ceruicibus stamus et, quantum in nobis animi sit, alieno Marte experiuntur. Haud dubia fortuna. Si omiserimus Sc*y*thas ultro arma inferentes, contempti ad illos, qui defecerunt, reuertemur. [12]Si uero Tanaim transierimus et ubique inuictos esse nos Scytharum pernicie ac sanguine ostenderimus, quis dubitabit parere etiam Europ*ae* uictoribus ? [13]fallitur qui terminos gloriae nostrae metitur spatio, quod transituri sumus. Vnus amnis interfluit : quem si traicimus, in Europam arma proferimus. [14]Et quanti aestimandum est, dum Asiam subigimus, in alio quodammodo orbe tropaea statuere et, quae tam longo interuallo natura uidetur diremisse, una uictoria subito committere ? [15]At, hercule, si paulum cessauerimus, in tergis nostris Scythae haerebunt. An soli sumus, qui flumina transnare possumus ? Multa in nosmet ipsos recident, quibus adhuc uicimus. [16]Fortuna belli artem uictos quoque docet. Vtribus amnem traiciendi exemplum fecimus nuper ; hoc, ut Scythae imitari nesciant, Bactriani docebunt. [17]Praeterea unus gentis huius exercitus adhuc uenit, ceteri

10 quo *I* : quod *codd.* || tempora *edd.* : tempore *codd.* || eligere *Froben* : legere *codd.* || **11** stamus *FM* : et stamus *P,V* **stamus *B* *stamus *L* || Haud *P,BFLM* : aut *V* || dubia fortuna Σ : dubie fortunam *P* || omiserimus *P,BLMV* : omisserimus *F* || Scythas *P* : scithas *BFLM* scitas *V* || **12** Scytharum *P* : scitharum *BFLM* scitarum *V* || dubitabit *P* : dubitauit Σ || Europae *Letellier* : europen *codd.* || **13** fallitur Σ : fallitor *P* || **14** statuere Σ : struere *P* || diremisse Σ : dirimisse *P* || committere *P,BFMV* : commitere *L* || **15** At Σ : ad *P* || hercule *P,BFLM* : ercule *V* || Scythae *P* : scithae *BLM* scitae *FV* || recident Σ : reccident *P* || **16** Scythae *P* : scithae *BLM* scitae *FV*.

car, depuis que j'ai reçu cette blessure, je ne suis pas monté à cheval et n'ai pas fait de marche. Mais, si vous voulez me suivre, amis, c'est la guérison. Je suis assez fort pour résister à ces fatigues ; ou, si la fin de ma vie est déjà là, y a-t-il donc occasion préférable pour disparaître ? » Il avait parlé d'une voix de plus en plus brisée, et près de s'évanouir ; à peine ses voisins immédiats l'entendaient-ils ; tous alors entreprirent de le détourner d'un projet aussi hasardeux, Erigyius plus que tout autre ; incapable d'agir par son ascendant sur cet esprit obstiné, il essaya de le prendre par la superstition, à l'égard de laquelle le roi était sans force ; il lui dit que les dieux aussi s'opposaient à son dessein et qu'un grand danger, s'il passait le fleuve, se manifestait. Entrant dans la tente du roi, Erigyius avait croisé Aristandre, qui lui avait appris que les entrailles avaient été défavorables : Erigyius énonçait simplement ce qu'il tenait du devin. Alexandre lui coupa la parole ; et, rouge de colère, mais aussi de honte parce qu'était révélée une superstition qu'il tenait cachée, il convoque Aristandre. A peine fut-il arrivé qu'Alexandre, le regardant en face, lui dit : « Ce n'est pas le roi, mais l'homme[1] qui t'a demandé de faire le sacrifice. Ce qu'il présageait, pourquoi l'as-tu déclaré à un autre qu'à moi ? Erigyius est au courant de mes desseins secrets, c'est toi qui les lui a livrés ; et je suis persuadé, par Hercule, qu'il interprète les entrailles des victimes en fonction de sa peur. Je t'invite donc, toi qui en sais plus que tu ne peux, à me faire connaître à moi ce que t'ont appris les entrailles, afin que tu ne puisses nier avoir dit ce que tu auras dit. » Aristandre restait là, exsangue et comme foudroyé ; la crainte lui étouffait même la voix ; finalement cette même crainte

1. Opposition entre l'état royal et l'état de simple particulier. C'est à titre de *priuatus* qu'Alexandre consultait le devin ; ses décisions de roi ne doivent pas paraître dictées par les considérations qui inspirent sa conduite privée.

expectantur. Ita bellum uitando alemus et, quod inferre possumus, accipere cogemur. [18]Manifesta est consilii mei ratio. Sed, an permissuri sint mihi Macedones animo uti meo, dubito, quia, ex quo hoc uulnus accepi, non equo uectus sum, non pedibus ingressus. [19]Sed, si me sequi uultis, ualeo, amici. Satis uirium est ad toleranda ista : aut, si iam adest uitae meae finis, in quo tandem opere melius extinguar ? » [20]Haec quassa adhuc uoce subdeficiens uix proximis exaudientibus dixerat, cum omnes a tam praecipiti consilio regem deterrere coeperunt, [21]Erig*yi*us maxime, qui, haud sane auctoritate proficiens apud obstinatum animum, superstitionem, cuius potens non erat rex, incutere temptauit dicendo deos quoque obstare consilio magnumque periculum, si flumen transisset, ostendi. [22]Intranti Erig*yi*o tabernaculum regis Aristander occurrerat tristia exta fuisse significans : haec ex *ua*te conperta Erig*yi*us nuntiabat. [23]Quo inhibito, Alexander non ira solum, sed etiam pudore confusus, quod superstitio, quam celauerat, detegebatur, Aristandrum uocari iubet. [24]Qui ut uenit, intuens eum : « Non rex », inquit, « sed priuatus, *c*um sacrificium ut faceres mandaui ; qu*i*d eo portenderetur, cur apud alium quam apud me professus es ? Erig*yi*us arcana mea et secreta te prodente cognouit ; quem certum, mehercule, habeo

17 possumus Σ : posumus *P* ‖ **18** quo *om.B, rest. corr.* ‖ hoc *P,BFLM* : ob *V* ‖ accepi Σ : accipi *P* ‖ **19** uirium Σ : uirum *P* ‖ ad *P,BFLM* : at *V* ‖ toleranda *P,BF*[c] *LMV* : tolleranda *F* ‖ aut Σ: haut *P* ‖ **20** uix Σ: ut *P* ‖ a tam *P,BLF*[c]*MV* : aptam *F* ‖ **21** Erigyius *Froben* : eriguus *codd.* ‖ **22** Erigyio *Froben* : eriguo *codd.* ‖ fuisse *P,BLMV* : fuisset *F* ‖ uate *I* : sute *P* suae *B* sue *B*[c]*FLMV* ‖ Erigyius *Froben* : eriguus *codd.* ‖ **23** inhibito *BFMV*[c] : inhabito *P* inibito *LV* ‖ **24** cum *ego* : sum *codd.*, clam *Hedicke*, unus *edd.* ‖ quid *I* : quod *codd.* ‖ portenderetur Σ portenderentur *P* ‖ Erigyius *Froben* : eriguus *codd.* ‖ arcana *P,BLM* : archana *F* acarne *V*.

l'incita à ne pas prolonger l'attente du roi : « J'ai prédit dit-il, que tu allais à un danger grave, mais non à un échec. Et mon trouble s'explique moins par ma science que par mon affection. Je vois le mauvais état de ta santé, et je sais tout ce que ta seule personne représente. Je redoute que tu ne sois assez fort pour ton actuel destin. » Alexandre l'invita à avoir confiance dans le bonheur de son roi : c'est pour agir encore que les dieux lui octroyaient la gloire. Ensuite, pendant qu'avec le même conseil il délibérait sur la manière de traverser le fleuve, Aristandre se présenta, affirmant que jamais il n'avait vu d'entrailles plus favorables et que, en tout cas, elles n'avaient aucun rapport avec les premières : alors étaient apparues des raisons d'inquiétude ; maintenant l'augure était absolument remarquable.

Mais, tout aussitôt, parvinrent au roi des nouvelles, qui mirent une tache sur la série de ses prospérités. Comme nous l'avons dit ci-dessus, il avait envoyé Ménédème assiéger Spitaménès, qui avait provoqué la défection de la Bactriane. Quand Spitaménès apprit l'arrivée de l'ennemi, craignant d'être bloqué dans les murailles de la ville et persuadé en même temps qu'il pourrait le surprendre, il se posta et se cacha sur l'itinéraire qu'il devait suivre. C'était une route forestière, où une embuscade était facile à couvrir. Là, il dissimula des Dahes. Leurs chevaux transportent chacun deux hommes tout armés qui, à tour de rôle, sautent à terre inopinément et bouleversent tout l'agencement du combat de cavalerie[1]. La souplesse des hommes va de pair avec la rapidité des chevaux. Spitaménès leur avait ordonné de cerner le passage boisé, et il révéla leur présence à l'ennemi, tout à la fois sur les flancs, en face et de dos. Ménédème, enveloppé de tous côtés, n'ayant pas même l'égalité numérique, n'en

1. Cette manière de combattre était encore pratiquée à l'époque de Quinte-Curce. De là, les présents : *uehunt, desiliunt* et *turbant.*

extorum interprete uti metu suo. [25]Tibi autem, qui *scis* p*l*us quam pote*s*, denuntio ipsi mihi indices, quid extis cognoueris ne possis infitiari dixisse quae dixeris. » [26]Ille exanguis attonitoque similis stabat, per metum etiam uoce suppressa ; tandemque, eodem metu stimulante, ne regis expectationem moraretur : « Magni », inquit, « laboris, non inriti discrimen instare praedixi ; [27]nec m*e* ars mea, quam beniuolentia perturbat. Infirmitatem ualitudinis tuae uideo et, quantum in uno te sit, scio. Vereor ne praesenti fortunae tuae sufficere non possis. » [28]Rex iuss*it* *e*um confi*d*ere felicitat*i* suae : ad alia sibi [ad] gloriam concedere deos. [29]Consultanti *inde* cum isdem quonam modo flumen transirent, superuenit Aristander, non alias laetiora exta uidisse se adfirmans, utique prioribus longe diuersa : tum sollicitudinis causas adparuisse, nunc prorsus egregie litatum esse.

[30]Ceterum, quae subinde nuntiata sunt regi, continuae felicitati rerum eius inposuerant labem. [31]Menedemum, ut supra dictum est, miserat ad obsidendum Spitamenen, Bactrianae defectionis auctorem. Qui, conperto hostis aduentu, ne muris urbis includeretur, simul fretus excipi posse, qu*a* e*u*m uenturum sciebat,

VII, 30-39 : Cf. Arr. 5-6.

interprete Σ : interp̄tē *P* || **25** qui scis plus *ego* : qui saepius *P,F* saepius *BLMV*, qui sapis *Jeep*, quietius *Vogel* || potes *ego* : potest *codd.*, par est *Vogel* || denuntio Σ : denuntiat *P* || infitiari *BFL*ᶜ : inficiari *P,LMV* || **26** attonitoque *P,BLMV* : atonitoque *F* || tandemque *P,M* : tandenque *BFLV* || inquit *P,BFLM* : inquid *V* || **27** me *edd.* : mea *codd.*, me tam *Bentley, Hedicke* || mea *om.M*, *exp.* *B*ᶜ || ualitudinis *P,B*ᶜ*FM* : ualitudis *BLV* || **28** iussit eum *Jeep* : iussum *codd.* || confidere felicitati *I* : confitere felicitatis *codd.* || ad alia sibi [ad] *ego* : ad alia sib: ad *codd.*, talia sibi ad *Vogel*, ut alias sibi ait *Hedicke* || **29** inde *Alde* : mihi *codd.* || adparuisse *P* : apparuisse Σ [apper — *B*ᶜ] || prorsus Σ : propsus *P* || **30** felicitati Σ : felicitatis *P* || inposuerant *P,BFMV* : inposuerunt *L* || **31** ad *P,BFLM* : ab *V* || muris Σ : muneris *P* || qua eum *Stangl* : quem *codd.*

résiste pas moins longuement ; il criait aux siens que trompés par la perfidie du terrain, il ne leur restait d'autre consolation que de mourir bravement, en tuant leurs ennemis. Il avait pour monture un cheval très résistant, sur lequel, bien des fois, il avait foncé à toute bride sur les bataillons des Barbares, qu'il avait dispersés et massacrés. Mais tous le visaient ; perdant son sang par de nombreuses blessures il exhorta l'un de ses amis, nommé Hypsidès[1], à monter sur son cheval et à se sauver. Il rendit l'âme en parlant, et son corps glissa jusqu'à terre[2]. Hypsidès pouvait s'enfuir ; mais la perte de son ami le décida à mourir. Il n'avait qu'une pensée : ne pas périr sans vengeance ; aussi, donnant de l'éperon au cheval, il se rua au milieu des ennemis et, à la suite d'un combat mémorable, il s'écroula sous les projectiles[3]. Voyant cela, les survivants du massacre occupent une hauteur, qui dominait légèrement tout le reste ; Spitaménès les investit, désireux de les faire capituler par la famine. Tombèrent en cette bataille deux mille fantassins, trois cents cavaliers. Alexandre eut l'adresse de cacher ce désastre et, sous peine de mort, il défendit aux rescapés de divulguer la réalité[4].

1. Inconnu autrement.

2. Cf. Tite-Live, 2, 20, 3 : *moribundus ad terram defluxit.*

3. Thème du soldat qui aime mieux mourir que survivre à son ami. La fortune de ce thème a été considérable dans la littérature latine.

4. Cette défaite n'était pas sans conséquences : elle renforçait la position des officiers de l'état-major qui se refusaient à la stratégie récemment mise en œuvre par Alexandre ; celle-ci consistait à diviser les troupes en colonnes mobiles, peu nombreuses et rapides. Mais Quinte-Curce n'a prêté attention qu'au pittoresque de la bataille. Montrant deux amis qui périssent ensemble au combat, il pense certainement à l'épopée de Virgile et à l'histoire de Tite-Live : deux de ses maîtres conjuguent ici leur action sur lui. Son récit est bien venu, vibrant d'une émotion contenue : le pathétique est dans l'acte ; Quinte-Curce, parfois bavard, s'est dispensé de commentaires laudatifs. Il est à regretter qu'il observe le même silence à l'égard des modifications, que l'échec subi amena dans les plans d'Alexandre ; Spitaménès, à la suite de sa victoire, mit le siège devant Maracanda ; en trois jours, Alexandre, qui venait de Chodchent, atteignit la ville, la dégagea ; et il poursuivit son adversaire au delà du Polytimétos ; il châtia durement les insurgés de la région.

consedit occultus. [32]Siluestre iter aptum insidiis tegendis erat. Ibi Dahas condidit. Equi binos armatos uehunt, quorum inuicem singuli repente desiliunt, equestris pugnae ordinem turbant. [33]Equorum uelocitati par est hominum pernicitas. Hos Spitamenes saltum circumire iussos pariter et a lateribus et a fronte et a tergo hosti ostendit. [34]Menedemus undique inclusus, ne numero quidem par, diu tamen resistit, clamitans nihil aliud superesse locorum fraude deceptis quam honestae mortis solacium ex hostium caede. [35]Ipsum praeualens equus uehebat, quo saepius in cuneos Barbarorum effusis habenis euectus magna strage eos fuderat. [36]Sed, cum unum omnes peterent, multis uulneribus exanguis *Hypsidem* quendam ex amicis hortatus est, ut in equum suum escenderet et se fuga eriperet. Haec agentem anima defecit, corpusque ex equo defluxit in terram. [37]Hypsides poterat quidem effugere ; sed amisso amico mori statuit. Vna erat cura, ne inultus occideret. Itaque, subditis calcaribus equo in medios hostis se inmisit, et memorabili edita pugna obrutus telis est. [38]Quod ubi uidere qui caedi supererant, tumulum paulo quam cetera editiorem capiunt : quos Spitamenes fame in deditionem subacturus obsedit. [39]Cecidere eo proelio peditum II milia, CCC equites. Quam cladem Alexan-

33 par est *P*: par Σ || Spitamenes *BFLM* : pitamenes *P,V* || circumire *P,BLMV* : circuire *F* || a lateribus *P,BFLM* : alteribus *V* || **34** ne Σ : ine *P* || solacium *P,BL* : solatium *FMV* || hostium *P,BLMV* : ostium *F* || **36** unum omnes *P,BLMV* : omnes unum *F* || Hypsidem *edd.* : suspiciens *codd.* || hortatus *P,BFLM* : ortatus *V* || escenderet *P* : ascenderet Σ || se *om.B, rest. corr.* || ex equo *P,BFLM* : ex quo *V* || **37** Hypsides Σ : ypsides *P* || poterat *P,BFLMV*c : poterant *V* || amisso *P,BFML*c*V* : amissos*L* || **38** tumulum Σ : tumultum *P* || Spitamenes Σ : sphytamenes *P* || deditionem *BL*c*FMV* : dedicionem *P,L* || **39** peditum *P*c,Σ : pedetum *P*.

VIII. Incapable de conserver plus longtemps un air que démentaient ses sentiments, il se retira sous sa tente, placée à dessein sur la rive du fleuve. Là, sans témoins, soupesant une par une les décisions pour lesquelles il optait, il ne cessa de veiller toute la nuit ; souvent il relevait les peaux de sa tente afin d'observer les feux des ennemis, grâce auxquels il pouvait conjecturer leur nombre. Le jour venait quand, revêtu de sa cuirasse, il s'avança vers les soldats, pour la première fois depuis sa blessure. Si grande était leur vénération pour le roi que sa présence n'eut pas de peine à chasser la pensée du danger qui les terrorisait. Avec allégresse donc, et, versant des larmes de joie, ils l'acclament ; et la guerre, dont ils ne voulaient pas tout à l'heure, ils la demandent farouchement. Il annonce qu'il va transporter cavalerie et phalange sur des radeaux, et il ordonne aux troupes légères de nager en se couchant sur des outres. Les circonstances ne demandaient pas et la santé du roi ne permettait pas plus long discours.

Mais les soldats assemblèrent les radeaux avec un tel entrain qu'en moins de trois jours ils en construisirent environ douze mille. Déjà, ils avaient tout préparé pour passer, quand vingt députés scythes, traversant le camp à cheval selon la coutume nationale, font annoncer au roi qu'ils ont une commission à lui faire directement[1]. Admis sous la tente et invités à s'asseoir, ils tinrent leur regard fixé sur le visage du roi : à mon avis, jugeant l'âme d'après la taille ils trouvaient que son physique médiocre ne répondait pas à sa réputation. D'ailleurs les Scythes, à la différence des autres Barbares, ne manquent pas de finesse ni de culture ; certains d'entre eux passent même pour aptes à acquérir la sagesse, autant du moins qu'en est susceptible un peuple toujours

1. L'épisode de l'ambassade scythe est d'allure très hellénistique. A défaut de réalité historique, il a une fort belle vigueur oratoire, — en opposition, d'ailleurs, avec la simplicité prêtée aux Scythes.

der sollerti consilio texit, morte denuntiata his qui ex proelio aduenerant, si acta uulgassent.

VIII. [1]Ceterum, cum animo disparem uultum diutius ferre non posset, in tabernaculum super ripam fluminis de industria locatum secessit. [2]Ibi sine arbitris singula animi consulta pensando noctem uigiliis extraxit saepe pellibus tabernaculi adleuatis, ut conspiceret hostium ignes, e quibus coniectare poterat quanta hominum multitudo esset. [3]Iamque lux adpetebat, cum thoracem indutus procedit ad milites, tum primum post uulnus proxime acceptum. [4]Tanta erat apud eos ueneratio regis, ut facile periculi, quod horrebant, cogitationem praesentia eius excuteret. [5]Laeti ergo et manantibus gaudio lacrimis consalutant eum et, quod ante recusauerant bellum, feroces deposcunt. [6]Ille se ratibus equitem phalangemque transportaturum esse pronuntiat ; super utres iubet nare leuius armatos. [7]Plura nec dici res desiderauit, nec rex dicere per ualitudinem potuit.

Ceterum tanta alacritate militum rates iunctae sunt, ut in*tra* triduum ad XII milia effecta sint. [8]Iamque ad transeundum omnia aptauerant, cum legati Scytharum XX more gentis per castra equis uecti, nuntiare iubent regi uelle ipsos ad eum mandata perferre. [9]Admissi in tabernaculum iussique considere

VIII : Cf. Arr. 4, 5-6.

sollerti *P,BFLM* : sollerci *V*.

VIII, **1** cum *om.V, rest. corr.* || posset *BFLMV*^c : possit *P* possem *V* || **2** hostium *P,BFLMV*^c : ostium *V* || **3** adpetebat *P,BLMV* : apetebat *F* || thoracem *P* : toracem Σ || **4** excuteret Σ : excuterent *P* || **6** phalangemque *P,BFLM* : falangemque *V* || pronuntiat *BFV* : proenuntiat *P* pronunciat *LM* || **7** nec rex Σ : rex *P* || intra *Hedicke* : in *codd.* || effecta *P* : effectae Σ || **8** ad transeundum *P,B*^c : a transeundum Σ || Scytharum *P* : scitharum Σ || nuntiare *P,BFL* : nunciare *MV* || **9** admissi *BFLM* : admisi *P* ammisi *V*.

en armes. Ainsi leur discours au roi, tel que l'histoire l'a transmis, choque peut-être notre esprit et nos mœurs et des gens à qui le hasard a valu un siècle et des intelligences plus raffinées. Mais le mépris qu'autorise leur éloquence, notre conscience d'historien doit en être exempte ; nous rapporterons donc la tradition, quelle qu'elle soit, sans l'altérer. Or, d'après nos sources, le député le plus âgé parla[1] :

« Si les dieux avaient voulu que ton physique fût à la taille de ta cupidité, le monde ne te suffirait pas : d'une main tu toucherais à l'Orient, de l'autre à l'Occident ; et, parvenu là, tu voudrais savoir où se cache l'éclat du dieu suprême. Tel quel, tu désires ce qui te dépasse. D'Europe, tu gagnes l'Asie ; d'Asie, tu passes en Europe. Finalement, si tu domptes l'humanité entière, tu iras te battre contre les forêts, les neiges, les fleuves, les bêtes sauvages. Ignores-tu donc que les grands arbres, si longs à croître, sont arrachés en une heure seulement ? Quelle stupidité de contempler leurs fruits sans mesurer leur hauteur ! Attention ! en visant à parvenir au sommet, tu risques de choir avec les branches mêmes que tu auras saisies. Un jour le lion lui-même servit de pâture aux plus petits oiseaux[2] ; et la rouille vient à bout du fer. Il n'est chose assez stable pour ne rien avoir à redouter, même de la faiblesse. Qu'avons-nous à faire avec toi ? Jamais nous n'avons touché à ton royaume. Habitants

1. Ici commence un discours fort bien venu, mais où sont mis en œuvre tous les procédés de la rhétorique latine. L'on y perçoit, très forte, l'action des exercices scolaires, *suasoires* et *controverses*. Cet abus de la technique est en contradiction absolue avec l'affirmation que les Scythes étaient à peu près incultes. Mais l'illogisme importait peu à notre historien, pour qui l'essentiel était de réussir un morceau à effet. Helmreich a étudié avec soin les discours de Quinte-Curce (*Die Reden bei Curtius*, Paderborn, 1927) ; il classe celui-ci dans la catégorie de ceux qui mêlent le γένος συμβουλευτικόν et le γένος δικανικόν.

2. Le terme *aliquando* donne à penser qu'il s'agit d'une allusion à quelque apologue.

in uultu regis defixerant oculos ; credo, quis magnitudine corporis animum aestimantibus modicus *habitus* haudquaquam famae par uidebatur. [10]Scythis autem non, ut ceteris Barbaris, rudis et inconditus sensus est ; quidam eorum sapientiam quoque capere dicuntur quantamcumque gens capit semper armata. [11]Sic, quae locutos esse apud regem memoriae proditum est, abhorrent forsitan *animis* moribusque nostris, et tempora et ingenia cultiora sortitis. Sed, ut possit oratio eorum sperni, tamen fides nostra non debet ; quae, utcumque sunt tradita, incorrupta perferemus. [12]Igitur unum ex his maximum natu locutum accepimus :

« Si di habitum corporis tui auiditat*i* animi parem esse uoluissent, orbis te non caperet : altera manu Orientem, altera Occidentem contingeres ; et hoc adsecutus scire uelles ubi tanti numinis fulgor conderetur. Sic quoque, concupiscis quae non capis. [13]Ab Europa petis Asiam ; ex Asia transis in Europam. Deinde, si humanum genus omne superaueris, cum siluis et niuibus et fluminibus ferisque bestiis gesturus es bellum. [14]Quid ? tu ignoras arbores magnas diu crescere, una hora extirpari ? Stultus est, qui fructus earum spectat, altitudinem non meti*tur*. Vide ne, dum ad cacumen peruenire contendis, cum ipsis ramis, quos conprehenderis, decidas. [15]Leo quoque

in uultu *P*c,Σ : inultu *P* || habitus *Acidalius* : animus *codd.* || haudquaquam *P* : haudquamquam Σ [haut — *V*] || **10** Scythis *P* : scithis Σ || sapientiam quoque *P* : sapientiam Σ || **11** Sic quae *Halm* : si qua *P* sicque Σ || locutos *P*c,*BLMV* : locutus *P,F* || animis moribusque *ego* : moribusque *codd.*, animis hominibusque *Vogel*, animis oratoribusque *Hedicke* || incorrupta *om.F*, *rest. corr.* || **12** [Igitur : *PR,BFLMV* di *PR* : dii Σ || auiditati *I* : auiditatis *codd.* || **13** Asiam *P*,Σ : assiam *R* || Asia *P*,Σ : assia *R* || **14** una *R*,Σ : huna *P* || hora *PR* : ora Σ || extirpari *P,BFLM* : exstirpari *R* extyrpari *V* || metitur *Lauer* : metit *codd.* || cacumen *R*,Σ : caucumen *P*.

de vastes forêts, n'avons-nous pas le droit d'ignorer quel est ton nom et d'où tu viens ? De personne nous ne supportons d'être les esclaves, ni ne désirons être les maîtres. Connais donc le peuple scythe : nous avons reçu en présent un attelage de bœufs et une charrue, une flèche, une lance, une patère. Nous en usons et avec nos amis et contre nos ennemis. Nous donnons aux amis nos récoltes, obtenues par le travail des bœufs ; avec nos amis nous faisons aux dieux, dans la patère, l'offrande du vin. Nos ennemis nous les attaquons, de loin, par la flèche, de près, par la lance[1] : c'est ainsi que nous l'avons emporté sur le roi de Syrie[2] et, par la suite, sur ceux des Perses et des Mèdes[3] ; et la route s'ouvrit pour nous jusqu'en Égypte. Mais toi, qui te vantes d'aller à la poursuite de bandits, pour tous les peuples où tu es parvenu c'est toi le bandit. Tu as pris la Lydie, conquis la Syrie ; tu tiens la Perse, tu es maître de la Bactriane, tu as abordé les Indes ; maintenant, vers nos troupeaux aussi tu tends tes mains avides, insatiables. Quel besoin as-tu de richesses, qui t'obligent à n'être jamais rassasié ? Chez toi, le premier sur terre, la satiété n'a provoqué que la faim, en sorte que plus tu as, plus s'exaspère en toi le désir de ce que tu n'as pas[4]. Ne réfléchis-tu pas

1. Hérodote raconte (4, 5) que, sous le règne des trois fils de Targitaos, le premier habitant de la Scythie, tombèrent du ciel une charrue, un joug, une hache et une coupe, en or. Chez Hérodote, ces objets ne sont qu'un moyen utilisé par les dieux pour désigner, parmi les trois fils de Targitaos, celui qui doit régner seul. Nous voici en présence de la transformation moralisante du mythe. Cf. Hérod., 4,5 : ἐκ τοῦ οὐρανοῦ φερόμενα χρύσεα ποιήματα ἄρατρον τε καὶ ζυγὸν καὶ σάγαριν καὶ φιάλην πεσεῖν εἰς τὴν Σκυθικήν.

2. *Syriae*, pour *Assyriae* ; il s'agit peut-être d'Assurukin.

3. Les rois de Perse Cyrus et Darius Ier furent battus par les Scythes, l'un en 529, l'autre en 513. Le roi des Mèdes Cyaraxès, qui régna de 633 à 593, fut battu par les Scythes, qui poussèrent jusqu'en Égypte.

4. Thème du conquérant insatiable. Tacite s'en servira dans le discours qu'il prêtera à Galgacus, dans l'*Agricola*. Mais les Cyniques, souvent hostiles à Alexandre, l'avaient déjà utilisé, et, à leur suite, les rhéteurs latins.

aliquando minimarum auium pabulum fuit; et ferrum robigo consumit. Nihil tam firmum est cui periculum non sit etiam ab inualido. [16]Quid nobis tecum est ? numquam terram tuam attigimus. Qui*s* sis, unde uenias, licetne ignorare in uastis siluis uiuentibus ? nec seruire ulli possumus, nec imperare desideramus. [17]Dona nobis data sunt, ne Scytharum gentem ignores, iugum bo*um* et aratrum, sagitta, hasta, patera. His utimur et cum amicis, et aduersus inimicos. [18]Fruges amicis damus boum labore quaesitas; patera cum isdem uinum dis libamus. Inimicos sagitta eminus, hasta comminus petimus : sic *Syr*iae regem et postea Persarum Medorumque superauimus, patuitque nobis iter usque in Aegyptum. [19]At tu, qui te gloriaris ad latrones persequendos uenire, omnium gentium quas adisti latro es. Lydiam cepisti, Syriam occupasti, Persidem tenes, Bactrianos habes in potestate, Indos petisti ; iam etiam ad pecora nostra auaras et insa*ti*abiles manus porrigis. [20]Quid tibi diuitiis opus est, quae esurire te cogunt ? Primus omnium satietate parasti famem, ut, quo plura haberes, acrius quae non habes cuperes. [21]Non succurrit tibi, quam diu circum Bactra haereas ? Dum

15 minimarum *R*,Σ : minarum *P* ‖ pabulum *P*,Σ : papulum *R* ‖ fuit *codd.* : fit *Damste* ‖ robigo *P* : rubigo *R*,Σ ‖ **16** Quis *Kinch* : qui *codd.* ‖ licetne *PR*,*BFLM* : licet me *V* ‖ **17** ne *BFL*^{c}*MV* : nec *PR*,*L* ‖ Scytharum *P*,*BFMV* : scitharum *R*,*L* ‖ boum *Vindelin* : bouem *PR* boues Σ ‖ **18** isdem *PR* : hiis *B* iis *B*^{c}*FL* his *MV* ‖ dis *PR* : diis Σ ‖ sagitta *PR*,*BFMV* : sagita *L* ‖ hasta *PR*, *BFLM* : asta *V* ‖ Syriae *Modius* : scythiae *P*,*LV* greciae scithiae *R* scythae *BM* scythyae *F* ‖ Persarum *P*,Σ : pensarum *R* ‖ Aegyptum Σ : aegiptum *P* ‖ **19** adisti *PR*,*BFLM* : abisti *V* ‖ latro es *P*,Σ : latrones *R* ‖ Lydiam *BLM* : lidiam *PR*,*FV* ‖ cepisti *BLMV* : coepisti *PR*,*B* (*ut uid.*) *F* ‖ Syriam *PR*,*BFMV* : siriam *L* ‖ Indos *P*^{c}*R*,Σ : indo *P* ‖ etiam *P*,Σ : eciam *R* ‖ pecora *P*,Σ : peccora *R* ‖ insatiabiles *Acidalius* : instabiles *codd.* ‖ **20** esurire te *P* : esurire *R*,Σ ‖ satietate *PR*,*BLM* : sacietate *FV* ‖ famem *P*,Σ : famen *R*.

au temps depuis lequel tu piétines en Bactriane ? Pendant que tu cherches à la soumettre, la Sogdiane se met en guerre. Pour toi c'est la guerre qu'enfante la victoire. Car, en admettant que tu sois le plus grand et le plus courageux des hommes, nul cependant ne veut subir un maître étranger. Traverse seulement le Tanaïs : tu connaîtras l'immensité de notre pays sans jamais pouvoir atteindre les Scythes. Notre pauvreté sera plus rapide que ton armée, qui traîne le butin de tant de nations. En revanche, quand tu nous croiras bien loin, tu nous verras dans ton camp. Nous mettrons une égale rapidité à suivre et à fuir. Il paraît que même les proverbes grecs raillent les solitudes de la Scythie[1] ; mais nous, nous cherchons les déserts, l'absence de civilisation plutôt que les villes et les campagnes opulentes. En conséquence, tiens ta fortune à pleines mains : elle glisse ; impossible de la tenir malgré elle. Voici un conseil dont l'avenir, mieux que le présent, va te montrer qu'il est bon pour ton bien : impose un frein à ton bonheur, tu auras plus de facilité à le conduire. Chez nous, on dit que la Fortune n'a pas de pieds, mais seulement mains et ailes[2] ; quand elle te tend les bras, saisis-la aussi par les ailes. Enfin, si tu es un dieu, tu dois accorder aux mortels tes bienfaits au lieu de leur arracher leurs biens ; mais si tu es un homme, pense toujours à ton humaine condition : c'est une sottise de ne songer qu'à ce qui te fait oublier qui tu es. Ceux que tu n'auras pas attaqués pourront t'être des amis dévoués. Car la plus solide amitié est entre égaux, et l'on se croit égaux quand on n'a pas éprouvé réciproquement ses forces. Ceux que tu auras vaincus, évite de les croire tes amis : entre maître et esclave, point d'amitié ; même en temps de paix, on observe la

1. Les Grecs se moquaient volontiers de la Σκυθῶν ἐρημία.

2. Grecs et Romains ont représenté la Fortune avec des ailes ; mais ils ne l'ont jamais imaginée sans pieds, la décrivant volontiers comme une déesse rapide en sa fuite.

illos subigis, Sogdiani bellare coeperunt ; bellum tibi ex uictoria nascitur. Nam, ut maior fortiorque sis quam quisquam, tamen alienigenam dominum pati nemo uult. [22]Transi modo Tanain : scies quam late pate*ant* ; numquam tamen consequeris Scythas. Paupertas nostra uelocior erit quam exercitus tuus, qui praedam tot nationum uehit. Rursus, cum procul abesse nos credes, uidebis in tuis castris. Eadem enim uelocitate et sequimur et fugimus. [23]Scytharum solitudines graecis etiam prouerbiis audio eludi ; at nos deserta et humano cultu uacua magis quam urbes et opulentos agros sequimur. [24]Proinde fortunam tuam pressis manibus tene : lubrica est, nec inuita teneri potest. Salubre consilium sequens quam praesens tempus ostendit melius : inpone felicitati tuae frenos ; facilius illam reg*e*s. [25]Nostri sine pedibus dicunt esse Fortunam, quae manus et pinnas tantum habet ; cum manus porrigit, pinnas quoque conprehend*e*. [26]Denique, si deus es, tribuere mortalibus beneficia debes, non sua eripere ; sin autem homo es, id quod es, semper esse te cogita : stultum est eorum meminisse, propter quae tui obliuisc*a*ris. [27]Quibus bellum non intuleris, bonis amicis poteris uti. Nam et firmissima est inter pares

21 bellare *P*,Σ : rebellare *R* || coeperunt *P,BFLM* : caeperunt *R,V* || alienigenam *PR* : aligenigenam Σ || **22** Tanain *PR* : tanaim Σ || scies *R*,Σ : sciens *P* || pateant *Modius* : pateat *codd.*, pateat terra *Prohasel* || Scythas *P*,Σ : scithas *R* || uelocior *PR,BFLM* : uelotior *V* || nationum *P*,Σ : notionum *R* || credes Σ : credis *PR* || uelocitate *P*c*R*,Σ : uolocitate *P* || **23** Scytharum *R*,Σ : scytarum *P* || prouerbiis Σ : prouerbia *PR* || eludi at *R,V* : eludi ad *P* eludat *BFLM* || humano *R*,Σ : humana *P* || opulentos *P*,Σ : epulentos *R* || **24** manibus *P*c*R*,Σ : manu *P* || lubrica *PR,BFLM* : lubricata *V* || quam *codd.* : *additur* quod *in BL in marg.* || reges *I* : regis *codd.* || **25** pinnas *P*,Σ : pennas *R* || pinnas *P*,Σ : pennas *R* || conprehende *Jeep* : conprehendere *codd.* || **26** beneficia *R*,Σ : benefitia *P* || autem *om.R* || quod es *P*,Σ : quod *R* || esse te *PR,BLMV* : te esse *F* || stultum *P*,Σ : stultus *R* || obliuiscaris *I* : obliuisceris *codd.* || **27** non *om.R*.

loi de la guerre. Ne crois pas que les Scythes sanctionnent d'un serment leurs bons sentiments ; la fidélité à leur parole est leur serment[1]. Ce genre de garantie vaut pour des Grecs, qui scellent leurs accords et invoquent les dieux ; chez nous, c'est la loyauté elle-même qui est preuve de religion : qui ne respecte pas les hommes, trompe les dieux. Toi non plus, tu n'as pas besoin d'un ami, dont tu suspecterais la bonne volonté. Au reste, tu trouveras en nous les gardes de l'Asie et de l'Europe. A part l'obstacle du Tanaïs, nous joignons la Bactriane ; nous habitons au delà du Tanaïs et jusqu'à la Thrace ; et il paraît que la Thrace touche à la Macédoine. Voisins de tes deux empires nous veux-tu pour amis ou pour ennemis ? réfléchis. » Ainsi parla le Barbare.

IX. De son côté, le roi répond aux députés qu'il se fiera à la fortune ainsi qu'à leurs conseils : il suivra à la fois sa fortune, parce qu'il croit en elle, et le conseil donné de ne rien faire d'irréfléchi ou de téméraire. Une fois la députation renvoyée, il embarqua son armée sur les radeaux préparés. A la proue, il avait placé les soldats à boucliers, avec ordre de se mettre à genoux pour mieux se protéger contre les coups des flèches. Derrière eux, debout, se tenaient ceux qui avaient à tendre les balistes ; sur chaque côté et par devant, des soldats les couvraient. Les autres, installés derrière les balistes, formaient la tortue avec leurs boucliers pour couvrir les rameurs non protégés par une cuirasse. On conserva la même disposition pour les radeaux qui transportaient la cavalerie.

1. La loyauté du Barbare s'oppose à la perfidie du civilisé (ici, le Grec, en qui d'ailleurs les Romains n'avaient guère confiance). Ce thème va prendre de l'extension, à mesure que se développera la curiosité ethnographique et que l'Empire Romain présentera des signes de décrépitude. La *Germanie* de Tacite contient plusieurs allusions aux mirifiques vertus des peuples peu civilisés. Nos philosophes du XVIIIe siècle ont eu, eux aussi, de ces erreurs généreuses, et non dépourvues de nocivité.

amicitia, et uidentur pares qui non fecerunt inter se periculum uirium. [28]Quos uiceris, amicos tibi esse caue credas : inter dominum et seruum nulla amicitia est ; etiam in pace belli tamen iura seruantur. [29]Iurando gratiam Scythas sancire ne credideris ; colendo fidem iurant. Graecorum ista cautio est, qui *p*acta consignant et deos inuocant ; nos religionem in ipsa fide nouimus : qui non reuerentur homines, fallunt deos. Nec tibi amico opus est, de cuius beniuolentia dubites. [30]Ceterum nos et Asiae et Europae custodes habebis. Bactra, nisi diuidat Tanais, contingimus ; ultra Tanain et usque ad Thraciam co*lim*us ; T*h*raciae Macedoniam coniunctam esse fama fert. Vtrique imperio tuo finitimos, hostes an amicos uelis esse, considera. » Haec Barbarus.

IX. [1]Contra rex fortuna sua et consiliis eorum se usurum esse respondet ; nam et fortunam, cui confidat, et consilium suadentium ne quid temere et audacter faciat, secuturum. [2]Dimissisque legatis in praeparatas rates exercitum inposuit. In proris clipeatos locauerat iussos in genua subsidere, quo tutiores essent aduersus ictus sagittarum. [3]Post hos, qui tormenta intenderent, stabant, et ab utroque

IX, 1-19 : Plut. Alex. 45 ; Arr. 4, 3-4.

28 caue *P*,Σ : caue ne *R* ‖ credas *PR*,*BFLM* : credes *V* ‖ iura *B*[c]*MV*[c] : iure *PR*,*BFLV* ‖ **29** Scythas *P*,*BLMV* : scytas *R* scithas *F* ‖ pacta *Bongars* : facta *codd.* ‖ nouimus *codd.* : ponimus *Foss, edd.* ‖ reuerentur *R*,Σ : reue***rentur *P* ‖ **30** habebis *P* : habes *R*,Σ ‖ Thraciam *B*[c] : traciam *codd.* ‖ colimus *Froben* : collibus *codd.* ‖ Thraciae *I* : traiciae *P* traciae *R*,*BLMV* tratiae *F* ‖ Macedoniam *P*,Σ : mecedoniam *R* ‖ coniunctam *R*,Σ : coniungtam *P* (*ut uid.*) coniun*tam *P*[c].

IX, [Haec : *P*,*BFLMV*
1 respondet *P*,*BFLMV*[c] : respondit *V* ‖ nam — secuturum *codd.* : *secl. Heumann, Schmieder* ‖ **2** Dimissisque *BFL*[c]*M* : dimisisque *P*,*LV* ‖ in Σ : Im *P* ‖ in *P*,*BFLM* : im *V* ‖ clipeatos *M* : clypeatos *P*,*BFL* clyppeatos *V* ‖ genua *P*,*BFMV* : ienua *L* ‖ tutiores *P*,*BFMV* : tuciores *L* ‖ aduersus Σ : auersus *P* ‖ ictus *P*,*BFLM* : hictus *V*.

La plupart tiraient, de la poupe, par la bride, les chevaux qui nageaient. Ceux que portaient des outres pleines de paille étaient protégés par la ligne des radeaux. Le roi, avec des troupes d'élite, fut le premier à quitter la rive, et il donna ordre de se diriger vers l'autre. Les Scythes lui opposent leurs formations de cavalerie, qu'ils ont fait avancer sur l'extrême bord de la rive, pour que les radeaux ne pussent pas même aborder. Mais, outre l'apparition de cette armée qui tenait les berges, une autre raison avait inspiré une terreur folle aux Macédoniens pendant la traversée : les pilotes, entraînés de biais par le courant, ne pouvaient diriger les radeaux, et les soldats, trébuchant et craignant d'être précipités dans l'eau, gênaient les matelots dans leur manœuvre[1] ; ils étaient incapables, en dépit de leurs efforts, de lancer leurs projectiles[2], se souciant plus de garder leur équilibre, sans risques, que de s'en prendre à l'ennemi. Ils durent leur salut à l'artillerie : elle tira avec efficacité contre les formations compactes de l'adversaire, qui s'offrait aux coups sans précautions. Les Barbares aussi accablaient les radeaux de quantités énormes de flèches, et il n'y eut peut-être pas de bouclier qui ne fût traversé par plusieurs traits simultanément.

A peine les radeaux abordaient-ils que l'armée aux boucliers se dresse ; des radeaux elle lance ses javelots, et les coups portent ; car rien ne gêne le mouvement. Quand ils virent l'effroi de la cavalerie scythe, qui cherchait à se replier, les Macédoniens s'exhortèrent l'un l'autre avec allégresse, sautèrent sur le sol ; ils lancèrent contre l'ennemi en désordre une fougueuse attaque. Ensuite, ceux des escadrons, qui avaient gardé leurs chevaux bridés, disloquèrent le front des Barbares.

1. Cf. Tac., *Ann.*, 2, 23: *milesque pauidus et casuum maris ignarus, dum turbat nautas uel intempestiue iuuat, officia prudentium corrumpebat.*

2. Lucain, 4, 40 : *...Nulli telum uibrare uacauit.*

latere et a fronte circumdati armatis. Reliqui, *qui post* tormenta constiterant, remigem loric*a* in*t*utum scutorum testudine armati protegebant. Idem ordo in illis quoque ratibus, quae equitem uehebant, seruatus est. [4]Maior pars a puppe nantes equos loris trahebat. At illos, quos utres stramento repleti uehebant, obiectae rates tuebantur. [5]Ipse rex cum delectis primus ratem soluit, et in ripam dirigi iussit. Cui Scythae admotos ordines equitum in primo ripae margine opponunt, ut ne adplicari quidem terrae rates possent. [6]Ceterum, praeter hanc speciem ripis praesidentis exercitus, ingens nauigantes terror inuaserat : namque cursum gubernatores, cum obliquo flumine inpellerentur, regere non poterant, uacillantesque milites et ne excuterentur solliciti nautarum ministeria turbauerant. [7]Ne tela quidem conati nisu uibrare poterant, cum prior standi sine periculo quam hostem incessendi cura esset. Tormenta saluti fuerunt, quibus in confertos ac temere se offerentes haud frustra excussa sunt tela. [8]Barbari quoque ingentem uim sagittarum infudere ratibus, uixque ullum fuit scutum quod non pluribus simul spiculis perforaretur.

[9]Iamque terrae rates adplicabantur, cum acies clipeata consurgit, et hastas certo ictu, utpote libero nisu, mittit e ratibus. Et, ut territos recipientesque

3 armatis *BFLV* : armati *P,M* || qui post *Froben* : post qui *P* post eos qui Σ || lorica intutum *ego* : loricam indutum *codd.*, lorica non tutum *Hedicke* || **4** trahebat Σ : trahebant *P* || At *B*c*M* : ad *P,BFLV* || stramento Σ : sarmento *P* || obiectae rates *P,L*c : obiecta erat *BFLM* era* *M* || **5** iussit *P,BFLM* : iussi *V* || Cui Σ : qui *P* || Scythae *P,BM* : scithae *FLV* || **6** speciem *P,BLMV* : spetiem *F* || regere *P,B*c*FLMV* : rege *B* || uacillantesque Σ : uacellantesque *P* || excuterentur Σ : excutarentur *P* || **7** excussa *BFL*c*MV* : excusa *P,L* || **9** clipeata *B*c : clypeata *codd.* || consurgit *P,B*c*FLV* : non surgit *BM* || hastas *P,BFLM* : astas *V* || nisu Σ : nisi *P*.

Pendant ce temps, sous la protection des combattants, les autres se préparèrent à la bataille. Le roi, de son côté, remplaçait par son énergie les forces physiques, dont la maladie le privait encore. On ne pouvait entendre ses exhortations, sa blessure à la nuque étant toujours mal cicatrisée ; mais tous le voyaient se battre. C'est pourquoi, ils tenaient d'eux-mêmes le rôle de chefs et, s'exhortant réciproquement, ils se lancèrent à l'assaut de l'ennemi, insoucieux de leur vie. Dès lors les Barbares, incapables de supporter les regards, les armes, le cri des Macédoniens, lâchent les rênes, et ils se mettent à fuir ; le roi, quoique son corps mal portant fût incapable de résister à la trépidation, s'acharna cependant à les poursuivre pendant quatre-vingts stades. Ensuite, près de s'évanouir, il invita les siens à talonner les fuyards, tant que subsisterait un peu de lumière. Puis, à bout de forces, même morales, il se retira dans son camp et n'en bougea plus désormais. On était au delà des bornes de Bacchus le Vénérable[1], bornes dont les marques étaient des pierres, réparties à intervalles rapprochés[2], et des arbres de haute taille aux troncs tissés de lierre. Mais la colère entraîna les Macédoniens au delà ; ils ne revinrent donc au camp que vers minuit, ayant tué beaucoup d'ennemis et fait encore plus de prisonniers. Et ils ramenèrent dix huit cents chevaux. Du côté macédonien tombèrent soixante cavaliers et environ cent fantassins ; il y eut mille blessés.

L'Asie faisait, en grande partie, défection, quand la nouvelle de l'opportune victoire remportée par cette expédition la dompta. On s'était imaginé les Scythes

1. Quinte-Curce souligne la hantise du rêve dionysiaque, qui se joint au rêve héracléen. Les légendes grecques racontaient qu'Héraclès, poussant devant lui les bœufs de Géryon, avait pénétré profondément dans le pays scythe. Voir aussi 3, 10, 5.

2. D'après la tradition, Bacchus n'était pas seul à avoir élevé des autels en Scythie. La légende attribue le même geste à Hercule, Sémiramis et Cyrus (cf. Pline, *N.H.*, 6, 16, 49).

equos uidere, alacres mutua adhortatione in terram desiliere ; turbatis acriter pedem inferre coeperunt. [10]Equitum deinde turmae, quae frenatos habebant equos, perfregere Barbarorum aciem. Interim ceteri agmine dimicantium tecti aptauere se pugnae. [11]Ipse rex, quod uigori*s* aegro adhuc corpori deerat, animi firmitate supplebat. Vox adhortantis non poterat audiri nondum bene obducta cicatrice ceruicis, sed dimicantem cuncti uidebant. [12]Itaque ipsi qu*idem* ducum fungebantur officio ; aliusque alium adhortati in hostem, salutis inmemores, ruere coeperunt. [13]Tum uero non ora, non arma, non clamorem hostium Barbari tolerare potuerunt, omnesque effusis habenis [namque equestris acies erat] capessunt fugam ; quos rex, quamquam uexationem inualidi corporis pati non poterat, per LXXX tamen stadia insequi perseuerauit. [14]Iamque linquente animo suis praecepit ut, donec lucis aliquid superesset, fugientium tergis inhaererent. Ipse, exhaustis etiam animi uiribus, in castra se recepit *et in* reliquum substitit. [15]Transierant iam Liberi patris terminos, quorum monumenta lapides erant crebris interuallis dispositi arboresque procerae, quarum stipites hedera contexerat. [16]Sed Macedonas ira longius prouexit ; quippe media fere nocte in castra redierunt multis interfectis, pluribus captis, equosque M et DCCC abe-

adhortatione *P,BFLM* : adortatione *V* || desiliere *codd.* : desilire et *Hedicke, Damste,* desiluere *edd.* || coeperunt Σ : ceperunt *P* || **10** Interim *BM* : et interim *P,FLV* || **11** uigoris *Lauer* : uigori *codd.* || deerat P^c,Σ : detrat *P* || supplebat *P,BFLM* : suplebat *V* || adhortantis *P,BFLM* : adortantis *V* || **12** quidem *Vindelin* : quod *codd.* || ducum *P,*B^c*FLMV* : ducem *B* || adhortati *BFLM* : adhortanti *P* adortati *V* || **13** hostium Σ : hostem *P, secl. Stangl, Büttner* || potuerunt Σ : ceperunt *P* || namque — erat *secl. Damste* || perseuerauit *P,BLMV* : perseuerauerit *F* || **14** praecepit Σ : praecipit *P* || in castra se recepit Σ : castra recipit *P* || et in reliquum *ego* : reliquum *codd.*, ibique *Freinsheim, edd.* || **15** hedera *BFLM* : edera *P,V* || **16** in castra redierunt *P* : redierunt Σ.

invincibles ; après leur désastre[1] on reconnaissait qu'aucun peuple ne serait, militairement, à la hauteur des Macédoniens. Aussi les Saces envoyèrent-ils des ambassadeurs promettre l'obéissance de leur nation. Ils cédaient moins au courage du roi qu'à sa clémence envers les Scythes écrasés : car il avait renvoyé sans rançon tous les prisonniers, pour prouver qu'une émulation de courage, et non l'emportement, l'avait engagé contre les plus guerrières des nations. Il reçut donc aimablement les députés des Saces, puis leur donna pour compagnon Euxenippos[2], un tout jeune homme encore, qui lui plaisait par sa vie en fleur ; pour la beauté il égalait Héphestion, mais il lui était inférieur par sa grâce trop dépourvue de virilité. Quant à Alexandre, il ordonna à Cratère de le suivre sans forcer l'allure avec le gros de l'armée ; et lui, il va vers Maracande ; mais Spitaménès, averti de sa venue, en était parti pour se réfugier à Bactres[3]. De la sorte, ayant traversé en quatre jours de vastes régions, Alexandre parvint à l'emplacement, où son général Ménédème lui avait fait perdre deux mille fantassins et trois cents cavaliers. Il ordonna d'abriter leurs ossements sous un tertre, et leur rendit les devoirs funèbres selon le rite national. Cratère, qui avait reçu l'ordre de suivre de près avec la phalange, avait déjà rejoint le roi. Afin que ceux qui avaient trahi eussent à souffrir, tous, au même titre, des horreurs de la guerre, il divisa ses troupes et donna l'ordre de mettre le feu aux campagnes et de massacrer les jeunes gens.

1. *Quibus fractis* : l'expression est excessive. Alexandre avait accompli une marche militaire, plus démonstrative que décisive. D'ailleurs, si importante que fût, pour un roi de Macédoine, la région qui s'étend au delà de l'Ister, Alexandre, héritier des Achéménides, songeait d'abord à l'Inde.

2. Inconnu autrement.

3. Les indications géographiques, ici comme en d'autres passages, manquent de précision. Mal placé, le récit de l'ambassade scythe et des opérations qui suivirent coupe celui de la campagne contre Spitaménès. A la nouvelle de la défaite du Polytimétos, Alexandre partit de Chodchent, et arriva à Samarcande, après trois jours et quelques heures de marche : il avait parcouru 290 kilomètres.

gere. Ceciderunt autem Macedonum equites LX, pedites C fere ; M saucii fuerunt.

[17]Haec expeditio deficientem magna ex parte Asiam fama tam op*p*ortunae uictoriae domuit. Inuictos Scythas esse crediderant ; quibus fractis, nullam gentem Macedonum armis parem fore confitebantur. Itaque Sa*c*ae misere legatos, qui pollicerentur gentem imperata facturam. [18]Mouerat eos regis non uirtus magis quam clementia in deuictos Scythas : quippe captiuos omnes sine pretio remiserat, ut fidem faceret sibi cum ferocissimis gentium de fortitudine, non de ira fuisse certamen. [19]Benigne igitur exceptis Sa*c*arum legatis, comitem E*uxenipp*on dedit, adhuc admodum iuuenem, aetatis flore conciliatum sibi ; qui cum specie corporis aequaret *H*eph*ae*stionem, e*i* lepore haud sane uirili par non erat. [20]Ipse, Cratero cum maiore parte exercitus modicis itineribus sequi iusso, ad Maracan*d*a urbem ; in*de* Spitamenes conperto eius aduentu Bactra perfugerat. [21]Itaque, quadriduo rex longum itineris spatium emensus peruenerat in eum locum, in quo Menedemo duce duo milia peditum et CCC equites amiserat. Horum ossa tumulo contegi iussit et inferias more patrio dedit. [22]Iam Craterus cum phalange subsequi iussus ad regem peruenerat. Itaque, ut omnes, qui

IX, 20-22 : Cf. Arr. 4, 6.

Ceciderunt *P,B*c *FLMV* : cediderunt *B* || **17** magna ex Σ : magnex *P* || opportunae *I* : oportunae *codd.* || Scythas *P,B*c*LMV* : scithas *BF* || Sacae *Froben* : sagae *codd.* || imperata *P,B*c*FLMV* : inparata *B* || **18** Scythas *P,LM* : scithas *BFV* || pretio *P,BFL* : precio *MV* || **19** Sacarum *Froben* : sagarum *codd.* || Euxenippon *Hedicke* : escipinon *P* excipinon Σ || Hephaestionem *Cospus* : ephestionem *codd.* || ei *Heinsius* : et *codd.* || **20** Maracanda *Froben* : maracanta *P* marecantum *BM* maracantam *FLV* || inde *Hedicke* : in qua *codd.* || Spitamenes Σ : spitamines *P* || **21** quadriduo *P* : quatriduuo Σ || dedit Σ : *dedit *P* || **22** phalange *P,BFMV* : falange *L*.

X. La Sogdiane est un pays essentiellement désertique. D'immenses solitudes l'occupent sur une largeur de huit cents stades environ. En longueur, c'est une étendue énorme, traversée par un fleuve que les indigènes nomment Polytimétos[1]. Ses rives renferment en un lit étroit un cours torrentueux ; ensuite une caverne l'accueille, et il se perd sous le sol. Le bruit de l'eau courante trahit son cours invisible ; mais le sol même, sous lequel passe un si grand fleuve, ne laisse, si peu que ce soit, suinter l'eau.

On avait amené au roi les trente plus nobles des prisonniers sogdiens, étonnants de force physique. Quand l'interprète les eut informés qu'on les traînait au supplice sur ordre du roi, ils se mirent à chanter comme des gens heureux et à afficher par leurs bonds et leur gesticulation extravagante une sorte de joie intérieure. Le roi admira pareille force d'âme en face de la mort ; il les fit rappeler, leur demandant le motif de cette allégresse débordante devant la perspective du supplice. Ils répondent que, tués par un autre, la mort les aurait affligés ; en fait, rendus à leurs aïeux par un si grand roi victorieux de tous les peuples, ils célébraient par des chants, selon la coutume nationale, et par l'allégresse une mort honorable, que des hommes de cœur souhaiteraient même passionnément. Alors le roi, admirant leur force d'âme : « Je vous demande, dit-il, si vous voudrez vivre sans être mes ennemis, à moi qui vais vous accorder la vie ? » Ils répondent qu'ils n'avaient jamais été ennemis de sa personne, mais ennemis d'un adversaire qui les attaquait : si on avait choisi de les mettre à l'épreuve des bienfaits plutôt que des dommages, ils n'auraient lutté que pour ne pas être vaincus en bons offices. Alexandre leur demanda avec quel gage ils lui assureraient leur loyalisme : la vie qu'ils recevaient serait, dirent-ils,

1. Kohik, fleuve de Sogdiane.

defecerant, pariter belli clade premerentur, copias diuidit, urique agros et interfici pub*er*es iussit.

X. [1]Sogdiana regio maiore ex parte deserta est. *Octingenta* fere stadia in latitudinem uastae solitudines tenent. [2]Ingens spatium rectae regionis est, per quam amnis, — Polytimetum uocant incolae, — fertur. Torrentem eum ripae in tenuem alueum cogunt ; deinde cauerna accipit et sub terram rapit. [3]Cursus absconditi indicium est aquae meantis sonus, cum ipsum solum, sub quo tantus amnis fluit, ne modico quidem resudet humore.

[4]Ex captiuis Sogdianorum ad regem XXX nobilissimi corporum robore eximio perducti erant. Qui *ut* per interpretem cognouerunt iussu regis ipsos ad supplicium trahi, carmen laetantium modo canere, tripudiisque et lasciuiori corporis motu gaudium quoddam animi ostentare coeperunt. [5]Admiratus est rex tanta magnitudine animi oppetere mortem, reuocari eos iussit, causam tam effusae laetitiae, cum supplicium ante oculos haberent, requirens. [6]Illi, si ab alio occiderentur, tristes morituros fuisse respondent ; nunc a tanto rege, uictore omnium gentium, maioribus suis redditos honestam mortem, quam fortes uiri uoto quoque expeterent, carminibus sui moris laetitiaque celebrar*e*. [7]Tum rex admiratus magnitudinem animi : « Quaero », i*n*qu*it*, « an uiuere uelitis

urique Σ : utrique *P* || puberes *Lauer* : pubes *codd.*

X, 1 Octingenta *Glareanus* : LXXX *codd.* || 2 spatium P^cBF : spacium *LMV* || Polytimetum *P* : politimetum Σ || Torrentem P^c,*F* : totrentem *P* torrens *BM* torrenstem F^cV torrens***L* || 3 humore Σ : umore *P* || 4 ut B^c, *edd.* : ubi *Hedicke om codd.* || trahi Σ : tradi *P* || carmen *P,BFLM* : carnem *V* || lasciuiori B^cFLMV : lasciuioris *P* lasciuiore *B* (*ut uid.*) || 5 est *codd.* : *secl. Vindelin, Hedicke* || laetitiae *P,BF* : laetiae *L* laeticiae *MV* || 6 rege, uictore Σ : regi uictor *P* || redditos *P* : redditis Σ || moris Σ : mori *P* || celebrare *Giunta* : celebrarent *codd.* || 7 inquit *Grunauer* : itaque *codd.*

ce gage ; ils la lui restitueraient à sa demande. Ils tinrent avec fidélité leur engagement. Car, ceux qui furent renvoyés chez eux assurèrent, par leur loyalisme, l'obéissance de leurs compatriotes; les quatre qu'Alexandre retint parmi ses gardes du corps ne le cédèrent à aucun Macédonien dans leur affection pour le roi[1].

Ayant laissé Peucolaus[2] en Sogdiane avec trois mille fantassins, effectif qui lui suffisait, le roi atteignit Bactres. De là il fit conduire Bessus à Ecbatane pour qu'il payât de sa vie l'assassinat de Darius. Vers la même date, Ptolémée et Mènidas[3] amenèrent, à titre de mercenaires, quatre mille fantassins et mille cavaliers. Asander[4] aussi vint de Lycie avec le même nombre de fantassins, et cinq cents cavaliers. Il en arriva autant de Syrie, ramenés par Asclépiodore[5] ; Antipater avait envoyé huit mille Grecs, parmi lesquels six cents cavaliers. Avec une armée ainsi renforcée, le roi partit arranger les désordres provoqués par la défection. Les auteurs de la sédition furent exécutés, puis, en trois jours, on atteignit l'Oxus. Comme ce fleuve charrie du limon, il est toujours trouble, et il y a danger à boire. Aussi les soldats entreprirent-ils de creuser des puits. Malgré la profondeur de l'excavation, l'eau cependant ne jaillissait point ; enfin, sous la tente même du roi, on repéra une source ; parce qu'on avait tardé à la découvrir, on prétendit qu'elle avait jailli tout d'un coup ; le roi même tint à ce qu'on la prît pour un don des dieux. Il franchit ensuite

1. Voilà encore une des raisons qui soulevaient les animosités des hétaires macédoniens.

2. Inconnu autrement.

3. Cf. 4, 15, 12.

4. Frère de Parménion. Officier supérieur de grand mérite, il battit Orontopatès en 333 (Arr., 2, 5, 7).

5. Fils d'Eunikos. De haute naissance, il semble n'avoir pas participé aux premiers épisodes de l'expédition d'Alexandre. Puis, de 331 à 329, il fut ὕπαρχος ἀπό τῆς θαλάσσης. Après la mention que Quinte-Curce fait de lui ici (cf. Arr., 4, 7, 2), l'on perd sa trace.

non inimici mihi, cuius beneficio uicturi estis ? » [8]Illi nunquam se inimicos ei, sed bello lacessitos se inimicos hosti fuisse respondent : si quis ipsos beneficio quam iniuria experiri maluisset, certaturos fuisse, ne uincerentur officio. [9]Interrogantique, quo pignore fidem obligaturi essent, uitam quam acciperent pignori futuram esse dixerunt ; reddituros quandoque repetisset. Nec promissum fefellerunt. Nam, qui remissi domos erant, fide continuere populares ; quattuor inter custodes corporis retenti nulli Macedonum in regem caritate cesserunt.

[10]In Sogdianis Peucolao cum III milibus peditum, — neque enim maiore praesidio indigebat, — relicto Bactra peruenit. Inde Bessum Ecbatana duci iussit interfecto Dareo poenas capite persoluturum. [11]Isdem fere diebus Ptolom*ae*us et Maenidas peditum IIII milia et equites M adduxerunt mercede militaturos. [12]A*s*ander quoque ex Lycia cum pari numero peditum et D equitibus uenit. Totidem ex Syria Asclepiodorum sequebantur ; Antipater Graecorum VIII milia, in quis DC equites erant, miserat. [13]Itaque exercitu aucto ad ea, quae defectione turbata erant, conponenda processit, interfectisque consternationis auctoribus quarto die ad flumen Oxum peruen-

X, 10-12 : Cf. Arr. 4, 7.

uicturi *P,B*ᶜ : uictori Σ ‖ 8 ei — inimicos *om.FV, rest. corr.* ‖ Illi numquam se inimicos ei, sed bello lacessitos se inimicos hosti [Σ, —tes *P*] *codd., Hedicke* : illi numquam se inimicos hosti *Mützell, Zumpt*, illi numquam se inimicos ei, sed bello lacessitos hostes *Alde, edd.* ‖ 9 Interrogantique *P* : interrogatique Σ ‖ promissum *P,BFMV* : promisum *L* ‖ erant *P* : ierant Σ ‖ retenti Σ : retentis *P* ‖ caritate *P* : karitate Σ ‖ 10 cum III milibus *M* : cum IIĨ B *P* cum IIÎ b *BFLV* ‖ maiore *P* : maiori Σ ‖ persoluturum Σ : persoluiturum *P* ‖ 11 Ptolomaeus *Hedicke* : ptholomeus *P* ptolomeus Σ ‖ Maenidas [me — *M*] *codd.* : Melanidas *Hedicke* ‖ IIII *P* : III Σ ‖ 12 Asander *Schmieder* : alexander *P,B*ᶜ*FL* aelexander *BV* ‖ ex Σ : et *P* ‖ Lycia *B*ᶜ*LMV* : lytia *P* licia *BF* ‖ Syria *P,BLMV* : siria *F* ‖ VIII milia *P,M* : VIII Σ ‖ 13 aucto Σ : auctu *P* ‖ ad Σ : at *P* ‖ quarto *P,MV* : IIII *BFL*.

l'Ochus et l'Oxus et parvint à la ville de Margiana[1]. On choisit sur son pourtour l'emplacement de six forts : deux vers le Midi, quatre regardant l'Orient[2] ; une faible distance les séparait, afin qu'ils pussent s'entr'aider sans chercher au loin du secours. Ils furent tous établis sur des collines élevées : alors, elles freinaient en quelque sorte les nations domptées ; aujourd'hui, oublieuses de leur origine, elles sont esclaves de leurs anciens sujets.

XI. Partout, la paix régnait grâce au roi. Restait un bloc, montagneux que tenait le Sogdien[3] Arimaze avec trente mille soldats ; on y avait accumulé un ravitaillement capable de suffire à cette masse d'hommes, même durant deux ans. Ce rocher atteint une hauteur de trente stades, et son pourtour en embrasse cent cinquante ; de tous côtés, à arêtes vives et en à-pics, il n'est accessible que par un sentier fort étroit. A mi-hauteur il comporte une grotte étroite et sombre d'entrée, mais qui, tout de suite après, gagne insensiblement en largeur : la partie la plus reculée contient aussi de profondes retraites; dans presque toute la grotte, coulent des sources, dont les eaux rassemblées forment un fleuve qui dévale l'escarpement. Vu la difficulté du terrain, le roi avait décidé de s'en aller, quand le désir l'envahit de faire plier même la nature. Cependant, avant de tenter le hasard d'un siège, il envoya aux Barbares le fils d'Artabaze, Cophès[4], pour les inviter à rendre leur

1. Aucune identification sûre. Vogel remarque qu'Alexandre a dû traverser un affluent de l'Oxus plutôt que l'Oxus lui-même, et il propose d'assimiler le fleuve Ochus au Margus (Murghab).

2. Localisation difficile ; peut-être au N.-O. de Derbent. L'événement semble se placer en 327, plutôt qu'en 328 comme Quinte-Curce le laisse entendre.

3. Appelé par Strabon Ἀριαμάζης et par Polyen Ἀριομάζης. Un des roitelets de la Sogdiane.

4. Il accompagnait Darius à Issos. Il passa par la suite au service d'Alexandre qui l'incorpora avec d'autres Perses de grande famille à la cavalerie des hétaires.

tum est. Hic, quia limum uehit, turbidus semper, insalubris est potui. [14]Itaque puteos miles coeperat fodere. Nec tamen, humo alte egesta, existebat humor ; ta*ndem* in ipso tabernaculo regis conspectus est fons ; quem quia tarde notauerant, subito extitisse finxerunt ; rexque ipse credi uoluit *deum* donum id fuisse. [15]Superatis deinde amnibus Ocho et Oxo, ad urbem Margia*nam* peruenit. Circa eam VI oppidis condendis electa sedes est. Duo ad meridiem uersa, IIII spectantia orientem ; modicis inter se *spat*iis distabant, ne procul repetendum esset mutuum auxilium. Haec omnia sita sunt in editis collibus : [16]tum uelut freni domitarum gentium, nunc originis suae oblita seruiunt quibus imperauerunt.

XI. [1]Et cetera quidem pacauerat rex. Vna erat petra, quam Arimazes Sogdianus cum XXX milibus armatorum obtinebat alimentis ante congestis, quae tantae multitudini uel per biennium suppeterent. [2]Petra in altitudinem XXX eminet stadia ; circuitu C et L conplectitur ; undique abscisa et abrupta semita perangusta aditur. [3]In medio altitudinis spatio habet specum, cuius os artum et obscurum est ; paulatim deinde ulteriora panduntur : ultima etiam altos recessus habent ; fontes per totum fere specum

XI : Cf. Arr. 4, 18-19.

14 egesta *codd., at in P eras. corr. et scrips.* egens || existebat *P,B^{c}FLMV* : exhistebat *B* || tandem *Kinch* : tamen *codd.* || tabernaculo *P,B^c* : tabernaculum Σ || finxerunt Σ : fincxerunt *P* || deum donum *I* : donum *codd.* || id fuisse *P^c*,Σ : adfuisse *P* || **15** Margianam *Ortel* : marganiam *P, FLV* marginiam *BM* VI || Σ : $\overline{\text{vi}}$ *P* || oppidis *P,B^{c}FLMV* : oppodis *B* || condendis Σ : contendis *P* || spectantia *P,BFLM* : spetantia *V* || spatiis *Froben* : stadiis *codd.* || distabant *P^c*,Σ : adstabant *P* || **16** suae Σ : sua *P*.

XI, **1** Arimazes *codd.* : ariamazes *Hedicke* || cum *om.P* || obtinebat Σ : obtinebit *P* || **3** ulteriora *P,FLMV* : ad ulteriora *B* || altos *M* : altus *codd.* || specum *P* : spatium [— aci — *M*] Σ.

rocher. Arimaze, sûr de sa position, répondit par une quantité d'insolences et finit par demander si Alexandre avait aussi le pouvoir de voler[1]. Ces propos, rapportés au roi, l'enflammèrent au point que, en présence de ses conseillers habituels, il dénonça l'effronterie du Barbare, qui les raillait sous prétexte qu'ils n'avaient pas d'ailes ; lui, il s'arrangerait la nuit suivante pour qu'il crût les Macédoniens capables même de voler : « Prélevez, dit-il, sur vos divers contingents trois cents jeunes hommes très entraînés, habitués dans leur pays à mener leurs troupeaux par sentiers et rocs à peu près inaccessibles, et amenez-les moi. » Ils ne tardent pas à lui présenter des gens remarquables physiquement par leur souplesse, moralement par leur enthousiasme. Le roi les regarda et leur dit[2] : « C'est avec vous, jeunes gens, qui avez mon âge, que j'ai franchi les murailles de villes invincibles jusqu'à moi, que j'ai traversé des cordilières ensevelies sous les neiges éternelles[3], que je suis entré dans les gorges de Cilicie, que j'ai résisté, sans faiblir, à la violence du froid de l'Inde ; je vous ai montré qui je suis, et je sais qui vous êtes. La roche que vous voyez n'a qu'une entrée, et les Barbares la tiennent ; mais partout ailleurs, négligence : pas de gardes, sauf en direction de notre camp. Vous découvrirez un passage, si vous sondez avec habileté les accès qui mènent à la cime. La nature n'a rien établi si haut que le courage ne puisse s'y élever. En risquant là où les autres ont renoncé, nous avons l'Asie en notre pouvoir. Hissez-vous

1. Arr., 4, 18, 6 : σύυ γέλωτι βαβαρίζοντες πτηνοὺς ἐκέλευον ςητεῖν στρατιώτας Ἀλέξανδρον.

2. Les paroles d'Alexandre à ses soldats renouvellent ce qu'a de conventionnel ce genre d'allocutions. S'adressant à des jeunes gens, le prince Macédonien leur parle presque comme à des camarades. Malgré la monotonie de certaines figures de rhétorique, les discours ont, chez Quinte-Curce, le mérite de la variété.

3. Allusion à l'Hindoukouch, qui sépare la Bactriane de l'Inde.

manant, e quibus collatae aquae per prona montis flumen emittunt. [4]Rex loci difficultate spectata statuerat inde abire ; cupido deinde incessit animo naturam quoque fatigandi. [5]Prius tamen quam fortunam obsidionis experiretur, Cophen, — Artabazi hic filius erat, — misit ad Barbaros, qui suaderet ut dederent rupem. Arimazes loco fretus superbe multa respondit ; ad ultimum, an Alexander etiam uolare posset, interrogat. [6]Quae nuntiata regi sic accendere animum, ut, adhibitis cum quibus consultare erat solitus, indicaret insolentiam Barbari eludentis ipsos, quia pinnas non haberent : se autem proxima nocte effecturum ut crederet Macedones etiam uolare. [7]« CCC », inquit, « pernicissimos iuuenes ex suis quisque copiis perducite ad me, qui per calles et paene inuias rupes domi pecora agere consueuerant. » [8]Illi praestantes et leuitate corporum et ardore animorum strenue adducunt ; quos intuens rex : « Vobiscum », inquit, « o iuuenes, et mei aequales, urbium inuictarum ante me munimenta superaui, montium iuga perenni niue obruta emensus sum, angustias Ciliciae intraui, Indiae sine lassitudine uim frigoris sum perpessus : et mei documenta uobis dedi, et uestra habeo. [9]Petra, quam uidetis, unum aditum habet, quem Barbari obsident ; cetera neglegunt : nullae uigiliae sunt, nisi quae castra nostra spectant. [10]Inuenietis uiam, si sollerter rimati fueritis aditus ferentis ad

4 inde *P*c, Σ : deinde *P* || **5** Cophen *Froben* : cophan *codd.* || suaderet Σ : suaderat *P* || Arimazes *edd.* : auimazos *P* arimazas Σ || superbe *M*c,*I* : superba *P* superbiae Σ || an *om. B, rest. corr.* || etiam uolare *P* : uolare Σ || interrogat Σ : interrogaet *P* || **6** adhibitis Σ : adibitis *P* || haberent Σ : aberent *P* || crederet Σ : crederent *P* || **7** paene [pe — *BM*] Σ : poene *P* || consueuerant Σ : consuerant *P* || **8** inuictarum *P,BFLM* : inuietarum *V* || ante me *P* : ante Σ || habeo *P,BFLM* : abeo *V* || **9** quem Σ : quam *P* || **10** sollerter *P,BLMV* : solerter *F*.

jusqu'à la cime ; quand vous l'aurez prise, vous m'avertirez à l'aide de voiles blancs ; et moi, faisant approcher les troupes, je détournerai l'ennemi de vous sur nous. La récompense de celui qui aura eu, le premier, accès au sommet sera de dix talents, un de moins pour qui viendra tout de suite après ; la proportion sera la même jusqu'au dixième. Mais je suis persuadé que ma libéralité compte moins pour vous que mon désir. » Ils entendirent les paroles du roi avec des sentiments tels qu'ils semblaient déjà en possession du sommet ; après l'entrevue, ils s'occupèrent à trouver des coins de fer pour les fixer entre les rocs, ainsi que des cordes résistantes. Le roi, après avoir fait le tour du mont, leur donne, avec tous ses vœux, l'ordre d'entreprendre l'escalade à la seconde veille, et par où l'accès paraissait le moins chaotique et le moins escarpé. Ils prirent des vivres pour deux jours, et commencèrent l'ascension, armés seulement d'épées et de lances[1]. Ils n'eurent, au début, qu'à marcher ; ensuite, aussitôt parvenus aux escarpements, les uns se hissèrent en empoignant les saillies rocheuses, les autres s'élevèrent en y fixant aussi les nœuds coulants de leurs cordes ; d'autres fichaient des coins entre les rocs, et ils gravissaient ces marches à la file. Le jour se passa parmi les craintes et les peines. Malgré leurs efforts parmi les obstacles, restait le plus dur, et on avait l'impression que la roche augmentait de

1. Comparer avec la description que Tite-Live donne d'une ascension, en 28, 20, 1 sq : *Transfugae Afri, qui tum inter auxilia Romana erant et oppidanis in ea tuenda unde periculum uidebatur uersis, et Romanis subeuntibus qua adire poterant, conspexerunt editissimam urbis partem, quia rupe praealta tegebatur, neque opere ullo munitam et a defensoribus uacuam. Leuium corporum homines, et multa exercitatione pernicium, clauos secum ferreos portantes, qua per inaequaliter eminentia rupis poterant scandunt. Sicubi nimis arduum et leue saxum occurrebat, clauos per modica interualla figentes cum uelut gradus fecissent, primi insequentes extrahentes manu, postremi subleuantes eos qui prae se irent, in summum euadunt ; inde decurrunt cum clamore in urbem iam captam a Romanis.*

cacumen. Nihil tam alte natura constituit, quo uirtus non possit eniti. Experiendo quae ceteri desperauerint, Asiam habemus in potestate. [11]Euadite in cacumen ; quod cum ceperitis, candidis uelis signum mihi dabitis ; ego copiis admotis hostem in nos a uobis conuertam. [12]Praemium erit ei, qui primus occupauerit uerticem, talenta X ; uno minus accipiet qui proximus ei uenerit ; eademque ad decem homines seruabitur portio. Cer*t*um autem habeo uos non tam liberalitatem intueri meam quam uoluntatem. » [13]His animis regem audierunt ut iam cepisse uerticem uiderentur ; dimissique ferreos cuneos, quos inter saxa defigerent, ualidosque funes parabant. [14]Rex circumuectus petram, qua minime asper ac praeruptus aditus uidebatur, secunda uigilia, quod bene uerteret, ingredi iubet. Illi alimentis in biduum sumptis gladiis modo atque hastis armati subire coeperunt. [15]Ac primo pedibus ingressi sunt ; deinde, ut in praerupta peruentum est, alii manibus eminentia saxa conplexi leua*ue*re semet, alii adiectis funium laqueis euasere ; qui*dam*, cum cuneos inter saxa defigerent *ut* gradus, subinde quis insisterent. Diem inter metum laboremque consumpserunt. [16]Per aspera nisi*s* duriora restabant, et crescere altitudo petrae uidebatur. Illa uero miserabilis erat facies, cum ii, quos instabilis gradus fefellerat, ex praecipiti deuoluerentur ; mox eadem in se patienda alieni

11 cacumen Σ : caucumen *P* || ceperitis *FLMV* : coeperitis *P,B* || a uobis Σ : ad uobis *P* || **12** accipiet *P* : accipiat Σ || Certum *Froben* : ceterum *codd.* || **13** animis Σ : animus *P* || dimissique *BLMV* : dimisique *P,F* || **14** petram *P* : petra Σ || qua Σ : quam *P* || coeperunt *P* : ceperunt Σ || **15** leuauere *Wagener* : leuare *codd.* || quidam *Hedicke* : quibus *codd.* || ut *add. Vogel, edd.* || **16** aspera nisis *edd.* : asperenisi *P* aspera nisi *BFMV* aspera nisu *F*c*L* || ii *BFLV* : i *P* hi *M* || uero — in[stabilis *om.M, rest. corr. in marg.* || patienda *BLMV* : pacienda *P,F*.

hauteur. Mais il était pitoyable de voir ceux dont le pied, peu sûr, avait porté à faux rouler dans l'abîme, et l'exemple du malheur d'autrui montrait ce qu'on risquait de subir soi-même bientôt. Pourtant, au milieu de ces difficultés, ils se hissent au sommet de la montagne, tous accablés par la fatigue d'un effort incessant et certains blessés en quelque partie de leur corps ; nuit et sommeil les surprirent en même temps. Allongés sans ordre parmi les rocs inaccessibles et chaotiques, oublieux du péril menaçant, ils reposèrent jusqu'à l'aube. Enfin, comme au réveil d'un sommeil profond, ils examinaient les vallées secrètes qui s'étendaient à leurs pieds, ignorant quelle partie de la montagne recelait si grande quantité d'ennemis, quand ils remarquèrent les volutes, d'une fumée qui venait justement d'une caverne en contre-bas. Ils conclurent que l'ennemi se cachait là ; aussi attachèrent-ils à leurs lances le signal convenu. Et ils constatent que, sur l'ensemble de l'effectif, trente-deux avaient péri dans l'ascension. Le roi, moins tourmenté par le désir de s'emparer de la position que par le sort de ceux qu'il avait envoyés à un péril si évident, resta debout toute la journée à regarder les crêtes de la montagne ; c'est seulement à la nuit, comme l'obscurité l'empêchait de voir au loin, qu'il se retira pour se reposer. Le lendemain, il ne faisait même pas jour quand il remarqua, le premier, les voiles signalant l'occupation du sommet. Mais le ciel changeant l'obligeait à craindre une illusion d'optique : tantôt l'éclat du jour rayonnait par places, tantôt il se voilait[1]. L'apparition dans le ciel d'une lumière plus limpide supprima l'hésitation. Il appela Cophès, qu'il avait chargé de sonder les sentiments des Barbares, et il l'envoya vers eux pour

1. Cf. Quinte-Curce, 8, 4, 3 : *Tertio ab omni parte caeli emicare fulgura, et nunc internitente luce nunc condita non oculos modo meantis exercitus, sed etiam animos terrere coeperunt.*

casus ostendebat exemplum. [17]Per has tamen difficultates enituntur in uerticem montis, omnes fatigatione continuati laboris adfecti; quidam mulcati parte membrorum; pariterque eos et nox et somnus oppressit. [18]Stratis passim corporibus in inuiis et asperis saxorum periculi instantis obliti in lucem quieuerunt. Tandemque uelut ex alto sopore excitati occultas subiectasque ipsis ualles rimant*es*, ignari in qua parte petrae tanta uis hostium condita esset, fumum spec*u* infra se ipsos euolutum notauerunt. [19]Ex quo intellectum illam hostium latebram esse. Itaque hastis inposuere, quod conuenerat signum; totoque e numero II et XXX in ascensu interisse adgnoscunt. [20]Rex, non cupidine magis potiundi loci quam uice eorum, quos ad tam manifestum periculum miserat, sollicitus toto die cacumina montis intuens restitit: noctu demum, cum obscuritas conspectum oculorum ademisset, ad curandum corpus recessit. [21]Postero die nondum satis clara luce primus uela, signum capti uerticis, conspexit. Sed, ne falleretur acies, dubitare cogebat uarietas caeli, nunc internitente lucis fulgore *nunc* condit*o*. Verum, ut liquidior lux adparuit caelo, dubitatio exempta est; [22]uocatumque Cophen, per quem Barbarorum animos temptauerat, mittit ad eos qui moneret nunc saltem salubrius consilium inirent; sin autem fiducia loci perseuerarent, ostendi a tergo iussit qui ceperant uerticem.

18 in inuiis et *I* : inuiis et *P* in inuiis et in Σ || quieuerunt Σ : quieue**runt *P* || subiectasque Σ : subiectare *P* || rimantes *Lauer* : rimantium *P* rimantis Σ || specu *Mützell* : specui *P* specus Σ || **19** intellectum *P,B*[c]*M* : intellecta *BL*[c]*V* intellectam *F* intellect*m *L* || hastis Σ : astis *P* || IIΣ : $\overline{\text{II}}$ *P* || adgnoscunt *I* : adnoscunt *P,BFLV* agnoscunt *M* || **20** manifesum *P,BLMV* : manifectum *F* || **21** conspexit *P,BLMV* : conspecxit *F* || nunc *P* : tunc Σ || nunc condito *Freinsheim* : conditor *P* conditi Σ || Verum *om. P* || **22** fiducia *P,BFLM* : fidutia *V* || ceperant *BFLV* : coeperant *P,M*.

leur recommander d'adopter, au moins maintenant, une décision plus prudente ; si, trop confiants dans leur position, ils s'obstinaient, il l'invita à leur montrer, sur leurs arrières, ceux qui avaient pris le sommet.

Introduit, Cophès conseilla à Arimaze la reddition du rocher : il entrerait dans les bonnes grâces du roi, s'il ne l'obligeait pas à interrompre ses glorieux projets en piétinant au siège de ce seul piton. L'autre, parlant avec plus de violence et d'orgueil qu'auparavant, met Cophès à la porte. Mais celui-ci saisit le Barbare par la main et lui demande de sortir de la grotte en sa compagnie. Arimaze ayant accepté, il lui montre les jeunes gens sur la cime et, se moquant non sans raison de son orgueil, il lui dit qu'ils ont des ailes, les soldats d'Alexandre. Déjà, du camp des Macédoniens, parvenaient le concert des trompettes et la clameur de l'armée entière. Cet incident sans portée ni signification, comme si souvent à la guerre, provoqua la reddition des Barbares[1] ; c'est que, sous l'emprise de la peur, ils étaient incapables d'évaluer la poignée d'hommes, qu'ils avaient sur leurs arrières. Ils se hâtent donc de rappeler Cophès ; car il les avait abandonnés à leur émoi, et ils envoient avec lui trente chefs chargés de capituler et de conclure un accord qui leur permît de partir la vie sauve. Alexandre craignait certes de voir les Barbares, se rendant compte du faible nombre des jeunes gens, les chasser de là ; néanmoins, se fiant à sa fortune et irrité par l'orgueil d'Arimaze, il répondit qu'il n'admettait qu'une capitulation sans conditions. Arimaze désespéra, avant d'avoir perdu ; il descendit au camp avec ses proches et les plus nobles de ses compatriotes ; Alexandre les fit tous battre de verges et crucifier au pied même du rocher. La masse de ceux qui avaient capitulé, ainsi que l'argent saisi,

1. Cf. Quinte-Curce, 4, 13, 5 : *uanis et inanibus militem magis quam iustis formidinis causis moueri.*

[23]Cophes admissus suadere coepit Ar*i*mazi petram tradere, gratiam regis initur*o*, si tantas res molientem in unius rupis obsidione haerere non coegisset. Ille ferocius superbiusque quam antea locutus abire Cophen iubet. [24]At is prensum manu Barbarum rogat, ut secum extra specum prodeat. Quo inpetrato iuuenes in cacumine ostendit; eius superbiae haud inmerito inludens, pinnas habere ait milites Alexandri. [25]Iamque *e* Macedonum castris signorum concentus et totius exercitus clamor audiebatur. Ea res, sicut pleraque belli uana et inania, Barbaros ad deditionem traxit; quippe occupati metu paucitatem eorum qui a tergo erant aestimare non poterant. [26]Itaque Cophen, — nam trepidantes reliquerat, — strenue reuocant, et cum eo XXX principes mittunt, qui petram tradant et, ut incolumibus abire liceat, paciscantur. [27]Ille quanquam uerebatur, ne conspecta iuuenum paucitate deturbarent eos Barbari, tamen et fortunae suae confisus et Arimazi superbiae *infensus* nullam se condicionem deditionis accipere respondit. [28]Arimazes, desperatis magis quam perditis rebus, cum propinquis nobilissimisque gentis suae descendit in castra; quos omnis uerberibus adfectos sub ipsis radicibus petrae crucibus iussit

23 admissus *P* : ad eos missus *BFLM* ad eos amissus *V* || Arimazi *edd.* : aramazi *codd.* || inituro *M*^{c},*I* : inituri *BFLV* sinituri *M* || tantas *BF*^{c}*LMV*^{c} : tanta *P* tantais *F* tantis *V* || haerere Σ : erere *P* || coegisset Σ : cogisset *P* || **24** At Σ : ad *P* || inpetrato Σ : imperato *P* || haud Σ : aut *P* || **25** e Macedonum *I* : macedonum *codd.* || inania Σ : inaniania *P*, inanis *Hedicke* || deditionem *BFL*^{c}*MV* : dedicionem *P*,*L* || **26** incolumibus *P*,*BF*^{c}*LMV* : incoluminibus *F* || **27** confisus *P*^{c},Σ : confidus *P* (*ut uid.*) || Arimazi *P*,*BFMV* : iramazi *L* || superbiae infensus *I* : superbiae *codd.* || **28** desperatis *M*: disperatis *P*,*BFLV* || descendit Σ : discendit *P*.

constituèrent un présent d'Alexandre aux habitants des villes nouvelles. On laissa sous la surveillance d'Artabaze le rocher et la région attenante.

adfigi. [29]Multitudo deditorum incolis nouarum urbium cum pecunia capta dono data est. Artabaz*us* in petrae regionisque, quae adposita esset ei, tutela relictus.

29 deditorum *L* : dedideditorum *P* dedititiorum [— iciorum *B*[c]*M*] Σ || capta *P,FLV* : capto *BM* || Artabazus *I* : artabazes *codd.* || Q. CVRTI RVFI HISTORIARVM LIBER VII· EXPLICIT· INCIPIT LIBER OCTAVVS *P* || Q' CVRTI RVFI HISTORIAR· ALEXANDRI MAGNI MACEDONIS LIBER VII EXPLICITVS. INCIPIT VIII· FELICIT' *B* || Q. CVRTI RVFI HYSTORIARVM LIBER VII EXPLICIT· INCIPIT LIBER OCTAVVS *F* || Q· CVRTI RVFI HISTORIARV LIB̄ ·VII· EXPLICIT· INCIPIT LIBER OCTAVVS *L* || FINIT LIBER SEXTVS· INCIPIT LIB̄ SEPTIMVS *M* || CVRTI RVFI HISTORIARV̄ LIB VII· EXPLICIT· INCIPIT OCTAVVS *V*.

LIVRE VIII

LIVRE VIII

I. Après cette reddition, plus célèbre que glorieuse, Alexandre, obligé de disperser ses forces contre un ennemi nomade, répartit son armée en trois divisions[1]. Il nomma Héphestion au commandement de l'une, Côènos à celui de la seconde : lui, il était à la tête des autres. Mais les Barbares ne furent pas tous dans les mêmes dispositions : si certains furent soumis par les armes, la majorité reconnut l'autorité d'Alexandre sans attendre la bataille. A ceux-ci il fit attribuer les villes et les terres de ceux qui avaient persévéré dans la défection. Or, les dissidents de Bactriane avec huit cents cavaliers Massagètes ravageaient les villages environnants. Afin de les réduire, le préfet de cette région, Attinas[2], ignorant le piège qu'on lui tendait, lança trois cents cavaliers. Mais l'ennemi avait caché des soldats en armes dans des forêts — le hasard voulait qu'elles fussent attenantes à la plaine — ; quelques-uns poussaient du bétail, afin que cette proie attirât les Macédoniens, surpris, dans le piège. Aussi Attinas, sans organiser sa colonne et sans former les rangs, allait-il derrière eux au pillage ; mais, à peine eut-il dépassé la forêt, que ceux

1. Une application du principe des colonnes mobiles, déjà mis en œuvre par Alexandre, et discuté par une partie de son état-major.

2. Inconnu autrement.

LIBER VIII

I. [1]Alexander maiore fama quam gloria in dicionem redacta petra, cum propter uagum hostem spargendae manus essent, in tres partes diuisit exercitum. *H*eph*ae*stionem uni, C*o*enon alteri duces dederat ; ipse ceteris praeerat. [2]Sed non eadem mens omnibus Barbaris fuit ; armis quidam subacti, plures ante certamen imperata fecerunt ; quibus eorum, qui in defectione perseuerauerant, urbes agrosque iussit attribui. [3]At exules Bactriani cum DCCC Massagetarum equitibus proximos uicos uastauerunt. Ad quos coercendos Attinas, regionis eius praefectus, CCC equites insidiarum, quae parabantur, ignarus eduxit. [4]Namque hostis in siluis, — et erant forte campo iunctae. — armatum militem condidit, paucis propellentibus pecora, ut inprouidum ad insidias praeda perduceret. [5]Itaque, inconposito agmine solutisque

I, 1-7 : Cf. Arr. 4, 16-17.

P,BFLMV

I, 1 dicionem *P,B*[c]*M* : ditionem *BFLV* ‖ Hephaestionem *Cospus* : ephestionem *codd.* ‖ Coenon *Alde* : cenon *codd.* ‖ dederat *P,BFLM*[c]*V* : dedit *M* ‖ 2 attribui *B*[c]*FLMV* : adtribu *P,B* ‖ 3 DCCC Σ : D$\overline{CC}$C* *P* ‖ ignarus : *PH,BFLMV*
4 et erant forte campo *P* : et f. c. e. *H* quae erant forte campo *BF*[c]*L*[c] *MV* et quae e. f. c. *F* equae et e. f. c. *L*.

qui y avaient été postés l'attaquèrent par surprise et le firent périr avec tous ses gens.

Rapidement, le bruit de ce désastre parvint jusqu'à Cratère, qui survint avec toute sa cavalerie ; mais les Massagètes s'étaient déjà enfuis. Mille Dahes furent écrasés ; leur désastre marqua pour le pays entier la fin de la défection. Quant à Alexandre, après avoir de nouveau maîtrisé le soulèvement de la Sogdiane, il rentre à Maracande ; là, il se rencontra avec Derdas, qu'accompagnait une députation des Scythes qui habitent au nord du Bosphore, chez qui il l'avait envoyé. En outre Phrataphernès, qui était à la tête de la Chorasmie, dont l'emplacement le faisait voisin des Massagètes et des Dahes, s'engageait, par l'intermédiaire d'envoyés, à se soumettre. Les Scythes demandaient à Alexandre de s'unir par le mariage à la fille de leur roi : « s'il méprisait cette alliance, qu'il autorisât les plus nobles Macédoniens à prendre pour épouses des femmes de l'aristocratie de leur pays » ; de plus, ils promettaient que leur roi viendrait, en personne, trouver Alexandre. Celui-ci écouta avec amabilité les deux ambassades, et il établit un camp fixe, dans l'attente d'Héphestion et d'Artabaze. Quand ils se furent joints à lui, il gagna la région qu'on appelle Bazaira[1].

En ces contrées, le faste barbare se traduit essentiellement par les magnifiques fauves, qu'on enferme en bandes dans des parcs et des terrains boisés de vaste étendue. Pour cela, l'on choisit de vastes forêts, que parent des sources nombreuses, aux eaux éternelles ; ces parcs sont entourés de murs, et des tours y comportent des abris pour les chasseurs. On savait qu'un de ces terrains boisés était resté intact depuis quatre générations successives ; Alexandre y entra avec son armée et ordonna de le

1. Gr. Βάσιστα. Localité proche de Maracande, mais qu'il n'est pas possible de situer avec précision.

ordinibus Attinas praedabundus sequebatur ; quem, praetergressum siluam, qui in ea consederant, ex inprouiso adorti cum omnibus interemerunt.

[6]Celeriter ad Craterum huius cladis fama perlata est, qui cum omni equitatu superuenit ; et Massagetae quidem iam refugerant. Dahae M oppressi sunt, quorum clade totius regionis finita defectio est. [7]Alexander quoque Sogdianis rursus subactis Maracanda repetit ; ibi *D*erd*a*s, quem ad Scythas super Bosphorum colentes miserat, cum legatis gentis occurrit. [8]Phrataphernes quoque, qui Chorас*miis* pra*e*erat, Massagetis et Da*h*is regionum confinio adiunctus miserat, qui facturum imperata pollicerentur. [9]Scythae petebant ut regis sui filiam matrimonio sibi iungeret : si dedignaretur adfinitatem, principes Macedonum cum primoribus suae gentis conubio coire pateretur ; ipsum [regum] quoque regem uenturum ad eum pollicebantur. [10]Vtraque legatione benigne audita, *H*eph*a*estionem et Ar*t*abazum opperiens statiua habuit. Quibus adiunctis in regionem, quae appellatur Bazaira, peruenit.

[11]Barbarae opulentiae in illis locis haud ulla sunt maiora indicia quam magnis nemoribus saltibusque

I, 8-10 : Cf. Arr. 4, 4 et 15.

5 ea consederant *PH* : eam considerant Σ ‖ **6** Dahae *PH* : daae Σ ‖ clade *PH,BFLV*: dadae *M* cladae *M*c ‖ est *om. BM* ‖ **7** Derdas *Hedicke* : berdes *codd.* ‖ Scythas *PH,M* : scithas *BFLV*. [Bosphorum *P,BFLMV*
8 Phrataphernes *P* : phrathaphenes *BFLM* pharathaphenes *V* ‖ Chorasmiis *Rader* : choras *codd.* ‖ praeerat *I* : praeierat *codd.* ‖ Dahis *I* : dais *codd.* ‖ **9** Scythae *P,M* : scithae *BFLV* ‖ principes *P,BLMV* : princepes *F* ‖ regum *secl. Lauer* ‖ **10** Hephaestionem *Cospus* : ephestionem *codd.* ‖ Artabazum *I* : aribazum *P* ariabazum *P*c,Σ ‖ adiunctis *P,B*c*FM* : abiunctis *BLV* ‖ [quae *PH,BFLMV*
11 haud *P,*Σ : haut *H* ‖ ulla *PH,FLMV* : illa *B* ‖ indicia *H,*Σ : inditia *P* ‖ quam *PH, B*c*F*c*LMV* : quem *BFL*c.

battre en tous sens, à la poursuite des fauves. L'un d'eux, un lion de taille peu commune, se précipitait pour assaillir le roi en personne, lorsque le voisin immédiat d'Alexandre, Lysimaque[1] — qui devint roi[2] plus tard, — se mit, avec un épieu, à faire face à la bête ; mais le roi le repoussa, avec ordre de partir, et il ajouta qu'à lui seul il était aussi capable que Lysimaque de tuer un lion. Car, précédemment, au cours d'une chasse en Syrie[3], Lysimaque avait tué, lui seul, un fauve de taille vraiment extraordinaire ; mais, l'épaule gauche labourée jusqu'à l'os, il avait failli n'en pas revenir. C'est ce que visait l'allusion sarcastique du roi, qui fut plus courageux encore en acte qu'en paroles ; car, non content d'arrêter l'animal, il le tua d'un coup. La légende bien connue, d'après laquelle la légèreté du roi exposa Lysimaque à un lion[4], remonte, nous semble-t-il, à l'incident que nous avons relaté ci-dessus. Mais les Macédoniens, bien qu'Alexandre se fût heureusement tiré d'affaire, décrétèrent pourtant que, selon la coutume nationale, il ne chasserait plus à pied ou sans une élite de nobles et d'Amis. Lui, après avoir abattu quatre mille fauves, il dîna dans le bois en question avec l'armée entière.

Puis, on retourna à Maracande ; Artabaze s'étant excusé sur son âge, Alexandre confie sa province à Clitus. Ce Clitus avait, au Granique, protégé de son bouclier le roi qui combattait tête nue, et tranché de son

1. Fils d'Agathoclès ; de haute noblesse macédonienne. Il semble qu'il accompagna Alexandre dès le début de la conquête, en tant que garde du corps. Plus tard, il devint roi de Thrace (de 323 à 281) ; cf. M. Müller, *die Münzen des thrakischen Königs Lysimachos*, Copenhague, 1858.

2. Lat. *regnauit* = gr. ἐβασίλευσε.

3. En 333-332, dans le parc de Sidon.

4. La légende se retrouve chez Trogue Pompée (Just. 15,3), chez Sénèque (*Dial.* 5, 17 ; *Clem.*, 1, 25) et chez Pline (*N.H.*, 8, 54).

nobilium ferarum greges clausi. [12]Spatiosas ad hoc eligunt siluas crebris perennium aquarum fontibus amoenas ; muris nemora cinguntur, turresque habent uenantium receptacula. [13]Quattuor continuis aetatibus intactum saltum fuisse constabat ; quem Alexander cum toto exercitu ingressus agitari undique feras iussit. [14]Inter quas cum leo magnitudinis rarae ipsum regem inuasurus incurreret, forte Lysimachus, qui postea regnauit, proximus Alexandro uenabulum obicere ferae coeperat. Quo rex repulso et abire iusso, adiecit tam a semet uno quam a Lysimacho leonem interfici posse. [15]Lysimachus enim quondam, cum uenarentur in *Sy*ria, occiderat quidem eximiae magnitudinis feram solus ; sed, laeuo humero usque ad ossa lacerat*o*, ad ultimum periculi peruenerat. [16]Id ipsum exprobrans ei, rex fortius quam locutus est fecit ; nam feram non excepit modo, sed etiam uno uulnere occidit. [17]Fabulam, quae obiectum leoni a rege Lysimachum temere uulgauit, ab eo casu, quem supra diximus, ortam esse crediderim. [18]Ceterum Macedones, quamquam prospero euentu defunctus erat Alexander, tamen sciuere gentis suae mor*e*, n*e* *a*ut pedes uenaretur, *aut* sine d*e*lectis principum atque amicorum. [19]Ille IIII milibus ferarum deiectis

12 Spatiosas *PH* : speciosas *BFMV* spetiosas *L* ‖ turresque *PH B*c*FLM*c*V* : turreque *B* turres *M* ‖ **13** Quattuor *H*,Σ : IIII *P* ‖ iussit *P*c*H*,Σ : russit *P* ‖ **14** incurreret *P*,Σ : incucurreret *H* ‖ Lysimachus *PH* : lisimachus Σ ‖ iusso *P*,*BFLMV* Lysimacho *P* : lisimacho Σ ‖ **15** Lysimachus *P* : lisimachus Σ ‖ uenarentur *P* : ueneretur *BLV* uenaretur *B*o*FL*c*M* ‖ in Syria *I* : in siria *P* insidia Σ ‖ lacerato *I* : laceratum *codd.* ‖ **16** fortius *P*,*BFLM* : forcius *V* ‖ feram *P*,*BF*c*LMV* : feras *F* ‖ **17** obiectum Σ : obiectam *P* ‖ Lysimachum *P* : lisimachum Σ ‖ **18** quamquam Σ : quam *P* ‖ more *Vindelin* : morem *codd.* ‖ ne aut *Mützell* : nam ut *P*,*BFLV* ut *M* ‖ uenaretur *P*,*B*o : ueneretur Σ ‖ aut *Alde* : haud *codd.* ‖ delectis *Vindelin* : dilectis *codd.* ‖ principum Σ : principium *P* ‖ **19** IIII milibus : IIII B *P*.

épée la main de Rhosacès[1] qui allait atteindre le roi à la tête : vieux soldat de Philippe et célèbre par maints exploits guerriers. Sa sœur Hellanicé[2], autrefois nourrice d'Alexandre, était chérie du roi comme une mère. Pour ces raisons il confia au loyalisme et à la surveillance de Clitus la partie la plus solide de l'empire. Après avoir reçu l'ordre de préparer son départ pour le lendemain, Clitus est invité à un festin solennel, qui commença tôt. Là, le roi, échauffé par l'excès de vin[3], perdit toute mesure dans ses jugements sur lui-même, et se mit à exalter ses exploits : fatigant à entendre, même pour qui avait la conviction qu'il disait vrai. Les plus vieux restèrent silencieux, jusqu'à ce que, commençant à dénigrer les actes de Philippe, il se vantât que l'illustre victoire de Chéronée fût son œuvre, et qu'une si belle gloire lui eût été enlevée par la méchanceté et la jalousie de son père : « Quant à Philippe, à l'occasion d'une révolte, qui avait opposé soldats macédoniens et mercenaires grecs, affaibli par une blessure reçue au cours de l'échauffourée, il était resté étendu, ne trouvant plus de sûreté qu'à faire le mort : et lui, Alexandre, il avait couvert de son bouclier le corps inerte, et tué de sa main ceux dont l'assaut menaçait Philippe. Tout cela, jamais son père n'avait consenti à l'admettre, mécontent de devoir son salut à son fils. Aussi, après l'expédition, qu'il avait faite seul, sans Philippe, contre les Illyriens, avait-il écrit, une fois vainqueur, à son père, que l'ennemi était battu et en fuite ; pourtant Philippe n'avait, en aucun point, participé à la lutte. La gloire ? en étaient dignes non ceux qui assistaient aux initiations de Samothrace[4],

1. Diodore écrit Ῥωσάκου, Plutarque et Arrien Ῥοισάκου. Cet officier supérieur avait combattu au Granique.

2. Son nom exact est Λανίκη.

3. Les vins du Turkestan sont extrêmement capiteux.

4. Philippe s'était fait, dans sa jeunesse, initier aux mystères de Samothrace.

in eodem saltu cum toto exercitu epulatus est.

Inde Maracanda reditum est ; acceptaque aetatis excusatione ab Artabazo prouinciam eius destinat Clito. [20]Hic erat, qui apud Granicum amnem nudo capite regem dimicantem clipeo suo texit, et Rhosacis manum capiti regis inminentem gladio amputauit, uetus Philippi miles multisque bellicis operibus clarus. [21]Hellanice, quae Alexandrum educauerat, soror eius, haud secus quam mater a rege diligebatur. Ob has causas ualidissimam imperii partem fidei eius tutelaeque commisit. [22]Iamque iter parare in posterum iussus sollemni et tempestiuo adhibetur conuiuio. In quo rex cum multo incaluisset mero, inmodicus aestimator sui celebrare quae gesserat coepit, grauis etiam eorum auribus qui sentiebant uera memorari. [23]Silentium tamen habuere seniores, donec Philippi res orsus obterere nobilem apud *Chae*roneam uictoriam sui operis fuisse iactauit, ademptamque sibi malignitate et inuidia patris tantae rei gloriam. [24]Illum quidem seditione inter Macedones milites et Graecos mercennarios orta debilitatum uulnere, quod in ea consternatione acceperat, iacuisse, non alias quam simulatione mortis tutiorem ; se corpus eius protexisse clipeo suo, ruentesque in illum sua manu occisos. [25]Quae patrem numquam aequo animo esse confessum, inuitum

I, 20-52 et II, 1-12 : Cf. Plut. Alex. 50-51 ; Arr. 4, 8-9.

excusatione *P,M*^{c} : excusationis Σ ‖ prouinciam *P,B*^{c}*M* : prouintiam Σ ‖ Clito Σ : clyto *P* ‖ **20** clipeo Σ : clypeo *P* ‖ Rhosacis *B*^{c}*M* : hrosacis *P,BFLV* ‖ Philippi *P, BFLM* : phylippi *V* ‖ **21** Hellanice *P,BFLM*^{c}*V* : hellicarie *M*, Et Lanice *Hedicke* ‖ **22** parare Σ : parere *P* ‖ sollemni *B*^{c}*F* : solemni *P,BLV* solenni *M* ‖ inmodicus Σ : inmodicos *P* ‖ gesserat Σ : iesserat *P* ‖ memorari Σ : memoraui *P* ‖ **23** obterere *BFLM* : obterrere *P,V* ‖ Chaeroneam *Freinsheim* : ceroneam *P,BFLM* cereneam *V* ‖ **24** alias *codd.* : alia re *Zumpt* ‖ tutiorem *P,BFLM* : tuciorem *V* ‖ clipeo Σ : clypeo *P*.

à l'heure où il fallait brûler et dévaster l'Asie, mais ceux dont on avait peine à croire les exploits. » Les hommes jeunes eurent plaisir à entendre ces propos et d'autres analogues ; mais leurs aînés en souffraient, surtout à cause de Philippe, sous qui ils avaient vécu plus longtemps ; alors Clitus, qui, lui aussi avait manqué de sobriété, se tourna vers les convives étendus au-dessous de lui et leur rappela des vers d'Euripide[1], de façon que le roi pût percevoir un bourdonnement plutôt que des paroles. Le sens en était que blâmable était la coutume grecque d'inscrire sur les trophées le seul nom des rois : ceux-ci captaient une gloire acquise par le sang d'autrui. Bref, le roi, soupçonnant quelque malveillance dans ces propos, interrogea ses voisins immédiats sur ce qu'ils avaient entendu des paroles de Clitus. Et, pendant qu'ils se taisent obstinément, Clitus, peu à peu, élève la voix, et vante les actions de Philippe et ses campagnes en Grèce, leur donnant toujours la préférence sur le présent. De là, naquit une dispute entre jeunes et vieux ; et le roi, qui semblait écouter avec patience Clitus diminuer ses mérites, avait conçu une colère démesurée. Il paraissait pourtant capable de se maîtriser, si Clitus imposait une fin à cet insolent début ; mais son exaspération augmentait : car l'autre n'omettait rien de tout cela. Et Clitus, dans son audace, en venait à défendre Parménion, et préférait la victoire de Philippe sur les Athéniens à l'anéantissement de Thèbes : en plus du vin, il cédait à une mesquine agressivité. A la fin, « quand il faut mourir pour toi, dit-il, Clitus est à la première place ; mais, lorsqu'après la victoire tu joues à l'arbitre

1. Euripide, *Androm.*, 693 sq (éd. Méridier) :

Οἴμοι, καθ' Ἑλλαδ' ὡς κακῶς νομίζεται·
ὅταν τροπαῖα πολεμίων στήσῃ στρατός,
οὐ τῶν πονούντων τοὖργον ἡγοῦνται τόδε,
ἀλλ' ὁ στρατήγος τὴν δόκησιν ἄρνυται,
ὃς εἷς μετ' ἄλλων μυρίων πάλλων δόρυ,
οὐδὲν πλέον δρῶν ἑνὸς ἔχει πλείω λόγον.

filio debentem salutem suam. Itaque post expeditionem, quam sine eo fecisset ipse in Illyrios, uictorem scripsisse se patri fusos fugatosqve hostes ; nec adfuisse usquam Philippum. [26]Laude dignos esse non qui Samothracum initia uiserent, cum Asiam uri uastarique oporteret, sed eos qui magnitudine rerum fidem antecessissent. [27]Haec et his similia laeti audiere iuuenes ; ingrata senioribus erant, maxime propter Philippum, sub quo diutius uixerant : [28]cum Clitus ne ipse quidem satis sobrius ad eos, qui infra ipsum cubabant, conuersus Euripidis re*t*tulit carmen, ita ut sonus magis quam sermo exaudiri poss*e*t a rege. [29]Quo significabatur male instituisse Graecos, quod tropaeis regum dumtaxat nomina inscriberent : alieno enim sanguine partam gloriam intercipi. Itaque rex, cum suspicaretur malignius habitum esse sermonem, percontari proximos coepit, quid ex Clito audissent. [30]Et illis ad silendum obstinatis Clitus paulatim maiore uoce Philippi acta bellaque in Graecia gesta commemorat, omnia praesentibus praeferens. [31]Hinc inter iuniores senesque orta contentio est ; et rex, uelut patienter audiret, quis Clitus obterebat laudes eius, ingentem iram conceperat. [32]Ceterum, cum animo uideretur imperaturus, si finem procaciter orto sermoni Cl*i*tus inponeret,

I, **25** expeditionem Σ : expeditione *P* ‖ Illyrios *P* : illirios Σ ‖ scripsisse *codd.* : ascripsisse *Koestlin, Pichon* ‖ Philippum *P,BFMV* : phylippum *L* ‖ **26** dignos *P,M* : dedignos *BFLV* ‖ Samothracum *P* : samothrachum *BFLM* samotrachum *V* ‖ fidem *om.V* ‖ **27** Philippum Σ : philipphum *P* ‖ **28** Clitus *BM* : clytus *P,FLV* ‖ rettulit *Zumpt* : retulit *codd.* ‖ posset *Lauer* : possit *codd.* ‖ **29** tropaeis *P,*B^c : tropheis Σ ‖ dumtaxat B^c*FLMV* : dumtaxaz *P* duxtaxat *B* ‖ percontari *BFLV* : percontrari *P* percunctari *M* ‖ Clito *F* : clyto *P,BLMV* ‖ **30** Clitus *BFLV* : clytus *P,*B^c*M* ‖ gesta Σ : iesta *P* ‖ **31** patienter *BFLM* : pacienter *P,V* ‖ Clitus *BL* : clytus *P,*B^c*FMV* ‖ **32** imperaturus *P,*B^c : impetraturus Σ ‖ Clitus *Freinsheim* : clytus *codd.*

des récompenses, emportent le principal ceux qui raillent avec le plus d'insolence le souvenir de ton père. A moi tu me décernes la Sogdiane, tant de fois rebelle et qui, province insoumise, est aussi une province indomptable. Je suis livré à des fauves, dont la nature n'est qu'emportement. Mais cela ne touche que moi, passons. Les soldats de Philippe, tu les méprises, et tu oublies que, si le vieil Atharrias, ici présent, n'avait pas ramené en ligne les jeunes qui désertaient, nous piétinerions encore autour d'Halicarnasse. Alors, comment as-tu pu dompter l'Asie avec ces petits jeunes ? A mon avis c'est la vérité, l'authentique réflexion que fit ton oncle en Italie : qu'il était tombé sur des hommes, toi sur des femmes »[1].

Des critiques irréfléchies et inconsidérées, dont il le criblait, aucune n'avait blessé Alexandre plus que l'allusion à Parménion, faite en termes élogieux. Néanmoins,

1. Cf. Tite-Live, 9, 18-19 : Tite-Live estime que, si Alexandre avait eu affaire aux généraux et aux légions de Rome, il aurait connu l'échec. Et il ajoute (9, 19, 10-11) : *Nae ille saepe, etiam si prima prospere euenissent, Persas et Indos et imbellem Asiam quaesisset, et cum feminis sibi bellum fuisse dixisset — quod Epiri regem Alexandrum, mortifero uulnere ictum, dixisse ferunt, sortem bellorum in Asia gestorum ab hoc ipso iuuene cum sua conferentem.* — Cf Aulu-Gelle, 17, 21-33 : *se quidem ad Romanos in* ἀνδρονῖτιν, *Macedonem isse ad Persas quasi in* γυναικονῖτιν. Nous retrouvons ici, avec Tite-Live, les querelles romaines sur la personnalité d'Alexandre. Cicéron avait, au début de sa carrière, jugé favorablement le héros macédonien ; après Pharsale, l'amertume de ses expériences politiques provoqua un changement de son attitude. Auguste subit l'attirance du héros ; mais, de son temps, les appréciations aimables d'Ovide, d'Hygin et de Vitruve restent isolées. Tite-Live, avec ses réticences, paraît représenter l'opinion générale de cette génération, et il nous semble très significatif que, dans les nombreux passages de son œuvre où il parle des conquêtes de Rome, Virgile ne fasse jamais allusion à Alexandre : le prince macédonien aurait porté ombrage aux chefs romains. Les écrivains de la génération suivante sont plus favorables : Manilius, Pomponius Méla, Velléius Paterculus. Valère Maxime, quoiqu'il fasse la part des défauts, éprouve de la sympathie pour Alexandre. Dans l'ensemble, Quinte-Curce s'efforce lui aussi de fusionner les deux tendances opposées, qui partagent les Romains. Trogue-Pompée, sous Auguste, lui fournissait un précédent, mais l'étendue du sujet traité par Trogue ne permet pas de croire qu'il ait poussé l'analyse psychologique du héros assez loin pour réunir, en un ensemble vraisemblable, les traits contradictoires.

nihil eorum omittente magis exasperabatur. [33]Iamque Clitus etiam Parmenionem defendere audebat, et Philippi de Atheniensibus uictoriam Thebarum praeferebat excidio, non uino modo, sed etiam animi praua contentione prouectus. [34]Ad ultimum : « Si moriendum », inquit, « est pro te, Clitus est primus ; at cum uictoriae arbitrium *a*gis, praecipuum ferunt, qui procacissime patris tui memoriae inludunt. [35]Sogdianam regionem mihi attribuis, totiens rebellem et non modo indomitam, sed quae ne subigi quidem possit. Mittor ad feras bestias praecipitia ingenia sortitas. Sed, quae ad me pertinent, transeo. [36]Philippi milites spernis, oblitus, nisi hic Atharrias senex iuniores pugnam detractantes reuocasset, adhuc nos circa Halicarnasum haesuros fuisse. [37]Quomodo igitur Asiam etiam cum istis iunioribus subiecisti ? Verum est, ut opinor, quod auunculum tuum in Itali*a* dixisse constat, ipsum in uiros incidisse, te in feminas. »

[38]Nihil ex omnibus inconsulte ac temere iactis regem magis mouerat quam Parmenionis cum honore mentio inlata. Dolorem tamen rex pressit, contentus iussisse ut conuiuio excederet. [39]Nec quicquam aliud adiecit quam forsitan eum, si diutius locutus foret, exprobraturum sibi fuisse uitam a semet ipso datam ; hoc enim superbe saepe iactasse. [40]Atque illum cunctantem adhuc surgere, qui proximi ei cubuerant,

eorum omittente *codd.*, *Zumpt*, *Mützell* : eo remittente *Acidalius*, *edd.* || **33** Clitus *L* : clytus *P,BFMV* || Parmenionem *FLV* : parmoenionem *P,BM* || **34** Clitus *L* : clytus *P,BFMV* || at cum *P* : at Σ || agis *Acidalius* : magis *codd.* || **35** rebellem *P*c,Σ : rebellum *P* || praecipitia *P,BFMV* : pretipitia *L* || **36** Halicarnasum Σ : halicarnassum *P* || haesuros *BFMV* : esuros *P,L* || **37** etiam *codd.* : totam *Bentley* || Italia *Lauer* : italiam *codd.* || **38** inconsulte *P,B*c*FLMV* : consulte *B* || temere iactis *BFLM* : temere actis *P* temeriaeactis *V* || magis *om.M*, *rest. corr.* || Parmenionis *BV* : parmoenionis *P,FLM* || tamen Σ : tam *P* || **40** adhuc *P*c,Σ : ad hoc *P*.

il réprima son ressentiment, se bornant à lui ordonner de sortir du banquet. Et il ajouta seulement que, si Clitus avait parlé plus longtemps, il lui aurait peut-être reproché la vie qu'il lui avait sauvée : car souvent il s'en était insolemment vanté. En même temps, comme l'autre tardait à se lever, ses voisins de lit l'empoignant s'efforçaient, en le blâmant ou en le raisonnant, de le faire sortir. Comme on l'entraînait, Clitus, en qui la colère s'ajoutait à sa violence de tout à l'heure, s'écrie que de sa poitrine il a protégé le dos du roi : « maintenant que le temps d'un si grand bienfait s'en est allé, le souvenir même en est odieux ». Il reprochait aussi à Alexandre le meurtre d'Attale et, finalement, raillant l'oracle de Jupiter qu'Alexandre revendiquait pour son père, il déclarait que ses paroles au roi contenaient plus de vérité que la réponse paternelle[1]. Le roi avait conçu une colère telle que, dans son état normal, il aurait eu grand peine à la dominer. En réalité, depuis longtemps le vin avait triomphé de sa lucidité, et, tout d'un coup, il sauta de son lit. Stupeur des Amis qui, jetant leurs coupes au lieu de les poser, se dressent, anxieux de voir ce qu'il va faire dans un pareil emportement. Alexandre arrache une lance des mains d'un écuyer ; il essaie d'en transpercer Clitus, qui persévérait dans sa folle intempérance de langage ; Ptolémée et Perdiccas le retiennent. Ils le tenaient à bras le corps et, bien qu'il s'efforçât de se dégager, gagnaient du temps : Lysimaque et Léonnatus lui avaient même arraché sa lance. Lui, implorant le loyalisme des soldats, il s'écrie que ses amis intimes se saisissent de lui, comme naguère c'était arrivé à Darius ; il ordonne qu'avec la trompette on les avertisse

1. Quinte-Curce, qui omet certains détails importants, montre bien pourtant que Clitus incarne la vieille noblesse macédonienne, restée fidèle à la politique de Philippe et décontenancée par la hardiesse des conceptions d'Alexandre. Après le meurtre de Clitus, Alexandre sentit la nécessité de s'appuyer davantage sur les Perses et les Iraniens.

iniectis manibus iurgantes monentesque conabantur abducere. [41]Cl*i*tus, cum abstraheretur, ad pristinam uiolentiam ira quoque adiecta suo pectore tergum illius esse defensum : nunc, postquam tanti meriti praeterierit tempus, etiam memoriam inuisam esse proclamat. [42]Attali quoque caedem obiciebat, et ad ultimum Iouis, quem patrem sibi Alexander adsereret, oraculum eludens ueriora se regi quam patrem eius respondisse dicebat. [43]Iam tantum irae conceperat rex, quantum uix sobrius ferre potuisset. Enimuero olim mero sensibus uictis ex lecto repente prosiluit. [44]Attoniti amici, ne positis quidem, sed abiectis poculis consurgunt in euentum rei, quam tanto impetu acturus esset, intenti. [45]Alexander rapta lancea ex manibus armigeri Cl*i*tum adhuc eadem linguae intemperantia furentem percutere conatus a Ptol*omae*o et Perdicca inhibetur. [46]Medium conplexi et obluctari perseuerantem morabantur : Lysimachus et Leonnatus etiam lanceam abstulerant. [47]Ille militum fidem inplorans conprehendi se a proximis amicorum, quod Dareo nuper accidisset, exclamat ; signumque tuba dari, ut ad regiam armati coirent, iubet. [48]Tum uero Ptolomaeus et Perdiccas genibus aduoluti orant, ne in tam praecipiti ira perseueret spatiumque potius animo det ; omnia postero die iustius executurum. [49]Sed clausae erant aures, obstrepent*e* ira. Itaque, inpotens animi procurrit in regiae

abducere *P,BLM* : adducere *FV* || **41** Clitus *I* : clytus *codd.* || uiolentiam *codd.* : uinolentiam *Froben* || praeterierit *P* : praeteriit Σ || **44** ne positis P^c,Σ : nepossitis *P* || intenti *P*,B^c*FLMV* : intentique *B* || **45** Clitum *P* : clytum *BFMV* cl*itum *L* || percutere P^c,Σ : percuttere *P* || a Ptolomaeo *Hedicke* : at ptholomeo *P* a ptolomeo Σ || **47** conprehendi se *B*F^c*MV* : conprehendisse *P,FL* || coirent *BFLM* : coierent *P* coi*rent *V* || **48** Ptolomaeus *Hedicke* : ptholomaeus *P* ptolomeus Σ || aduoluti Σ : aduoluti* *P* || orant P^c,Σ : erant *P* (*ut uid.*) || spatiumque *P,BF*L^c*M* : spaciumque *LV* || **49** obstrepente *I* : obstrepentes *codd.*

de se rassembler en armes devant la tente royale. Alors Ptolémée et Perdiccas se jettent à ses genoux, le supplient de renoncer à l'entraînement de la colère et de prendre le temps de réfléchir : il réglera toute l'affaire le lendemain avec plus de justice. Mais il n'entendait rien dans le vacarme de sa colère. Aussi, incapable de se maîtriser, court-il dans le vestibule de sa tente et, arrachant sa lance à une sentinelle, il se poste à la sortie par où nécessairement s'en allaient ses invités. Tous les autres étaient partis ; le dernier, Clitus, sans lumière, allait sortir. Le roi lui demande qui il est. Et, dans sa voix, perçait l'atrocité criminelle de son dessein ; l'autre, ne se rappelant plus sa colère, mais seulement celle du roi, répondit qu'il était Clitus et qu'il sortait du banquet. A ces mots Alexandre lui perça le flanc avec sa lance et, arrosé du sang du mourant : « Maintenant, dit-il, va trouver Philippe, Parménion et Attale ».

II. La nature a mal servi le caractère de l'homme en le laissant d'ordinaire soupeser non l'avenir, mais le passé[1]. C'est ainsi que le roi, une fois son esprit libéré de la colère et son ivresse dissipée, comprit la grandeur de son crime : tardive lucidité[2]. Il avait devant les yeux un cadavre, celui d'un homme qui, en cette affaire, avait poussé jusqu'à l'abus la liberté de langage, mais qui, par ailleurs, était un homme de guerre hors de pair et qui, à le reconnaître sans fausse honte, lui avait sauvé la vie. Roi, il s'était arrogé les atroces fonctions de bourreau, punissant par un meurtre abominable une intempérance de

1. L'histoire de Quinte-Curce est émaillée de sentences morales. La philosophie connaissait à Rome, au Ier siècle après J.-C., un très vif succès, et Quinte-Curce défère aux préoccupations de son époque. La rhétorique, d'ailleurs, avait su faire son profit de la philosophie.

2. Cf. la peinture des remords de Néron après l'assassinat d'Agrippine, chez Tacite (*Ann.*, 14, 10, 1-2) : *Sed a Caesare perfecto demum scelere magnitudo eius intellecta est. Reliquo noctis, modo per silentium defixus, saepius pauore exsurgens et mentis inops lucem opperiebatur tamquam exitium adlaturam.*

uestibulum et, uigili excubanti hasta ablata, constitit in aditu quo necesse erat his qui simul cenauerant egredi. [50]Abierant ceteri, Cl*i*tus ultimus sine lumine exibat. Quem rex, quisnam esset, interrogat. Eminebat etiam in uoce sceleris, quod parabat, atrocitas ; [51]et ille iam non suae, sed regis irae memor Cl*i*tum esse et de conuiuio exire respondit. [52]Haec dicentis latus hasta transfixit, morientisque sanguine adspersus : « I nunc », inquit, « ad Philippum et Parmenionem et Attalum. »

II. [1]Male humanis ingeniis natura consuluit, quod plerumque non futura, sed transacta perpendimus. Quippe rex, postquam ira mente decesserat, etiam ebrietate discussa magnitudinem facinoris sera aestimatione perspexit. [2]Videbat tunc inmodica libertate abusum, sed alioqui egregium bello uirum et, nisi erubesceret fateri, seruatorem sui occisum. Detestabile carnificis ministerium occupauerat rex, uerborum licentiam, quae uino poterat inputari, nefanda caede ultus. [3]Manabat toto uestibulo cruor paulo ante conuiuae ; uigiles attoniti et stupentibus similes procul stabant, liberioremque paenitentiam solitudo excipiebat. [4]Ergo hastam ex corpore iacentis euolsam retorsit in semet ; iamque admouerat pectori, cum aduolant uigiles et repugnanti e manibus extorquent adleuatumque in tabernaculum deferunt. [5]Ille humi prostrauerat corpus : gemitu *e*iulatuque miserabili

egredi *P,BFLMV*ᶜ : exgredi *V* ‖ **50** Clitus *I* : clytus *codd.* ‖ Quem *B*ᶜ*M* : quam *P,BFLV*., cum *Hedicke* ‖ Eminebat *P*ᶜ,Σ : eminebant *P* ‖ **51** Clitum *I* : clytum *codd.* ‖ **52** I nunc Σ : nunc *P* ‖ inquit *P,BFL*ᶜ*M* : inquid *LV* ‖ Parmenionem Σ : parmoenionem *P* ‖ Attalum *P,BFMV* : adtalum *L*.

II, **3** similes *P*ᶜ,Σ : similis *P* ‖ excipiebat *codd.* : eliciebat *Hedicke* ‖ **4** retorsit *BFLM* : ret*orsit *P* retrorsit *V* ‖ **5** eiulatuque *Vindelin* : heiulatuque *codd.*

langage, que le vin pouvait excuser. Dans le vestibule entier, coulait le sang du convive de naguère ; les sentinelles, stupéfaites et comme hébétées, montaient la garde à distance, et la solitude accueillait plus de liberté dans le repentir. Il tira donc la lance du cadavre étendu et la retourna contre lui-même ; il allait s'en frapper la poitrine, quand les sentinelles volent à lui et, malgré sa résistance, la lui arrachent des mains ; puis, le soulevant, ils le portent sous sa tente. Il s'était affalé sur le sol et toute la demeure royale retentissait de ses gémissements et de ses plaintes désolées. Ensuite il se labourait le visage avec ses ongles, et il implorait les assistants de ne pas permettre qu'il survécût à un pareil déshonneur. Ces prières se perpétuèrent pendant toute la nuit ; comme il se demandait si la colère des dieux ne l'avait pas poussé à un pareil crime, il se rappela qu'on n'avait pas fait, à la date prévue, le sacrifice annuel à Bacchus : aussi, accompli parmi le vin et la bonne chère le meurtre manifestait-il la colère de ce dieu[1]. D'ailleurs, il était surtout remué par la stupeur de tous ses amis « personne n'oserait à l'avenir causer avec lui ; il serait obligé de vivre dans la solitude, comme font les bêtes sauvages, inspirant parfois l'épouvante et parfois ressentant la peur ».

Dès l'aube, il fit porter à l'intérieur de la tente le corps toujours ensanglanté. Quand on l'eut placé devant lui, ses yeux se remplirent de larmes : « Telle est donc, dit-il, ma reconnaissance envers ma nourrice[2], dont deux fils, à Milet, sont allés à la mort pour ma gloire ! Voici son frère, seule consolation de sa solitude, et c'est moi qui

1. Alexandre avait remplacé par un sacrifice aux Dioscures la fête de Dionysos, marquée au calendrier macédonien. La vengeance du Dieu l'a conduit au meurtre, et sa faute est son excuse.

2. Cf Arr. 9,4,3 : καλὰ ἄρα αὐτῇ *(Hellanice)* τροφεῖα ἀποτετικὼς εἴη, ᾗ γε τοὺς μὲν παῖδας ὑπὲρ αὐτοῦ μαχομένους ἐπεῖδεν ἀποθανόντας, τὸν ἀδελφὸν δὲ αὐτῆς αὐτοχειρίᾳ ἔκτεινεν,

tota personans regia ; laniare deinde os unguibus et circumstantes rogare, ne se tanto dedecori superstitem esse paterentur. [6]Inter has preces tota nox extracta est ; scrutantemque num ira deorum ad tantum nefas actus esset, subit anniuersarium sacrificium Libero patri non esse redditum statuto tempore ; itaque inter uinum et epulas caede commissa iram *de*i fuisse manifestam. [7]Ceterum magis eo mouebatur, quod omnium amicorum animos uidebat attonitos ; neminem cum ipso sociare sermonem postea ausurum : uiuendum esse in solitudine, uelut ferae bestiae, terrenti alias, alias timenti.

[8]Prima deinde luce tabernaculo corpus, sicut adhuc cruentum erat, iussit inferri. Quo posito ante ipsum lacrimis obortis : « Hanc », inquit, « nutrici meae gratiam re*t*tuli, cuius duo filii apud Miletum pro mea gloria occubuere mortem. Hic frater, unicum orbitatis solacium, a me inter epulas occisus est ! [9]Quo nunc se conferet misera ? Omnibus eius unus supersum, quem solum aequis oculis uidere non poterit. Et ego, seruatorum meorum latro, reuertar in patriam, ut ne dexteram quidem nutrici sine memoria calamitatis eius offerre possim ? » [10]Et cum finis lacrimis querellisque non fieret, iussu amicorum corpus ablatum est. Rex triduum iacuit inclusus. [11]Quem ut armigeri corporisque custodes ad moriendum obstinatum esse cognouerunt, uniuersi in tabernaculum inrumpunt diuque precibus ipsorum relucta-

personans *codd* : personante *Modius* ‖ 6 Inter *P* : in Σ ‖ actus *P*,B^c*FLMV* : ictus *B* ‖ dei *I* : diei *codd.* ‖ 7 uiuendum *P*,*BLMV* : uidendum *F* ‖ terrenti alias alias timenti *BM* : terrenti alius timentique *P* terrenti alias [alia *F*] alios timenti *FLV* ‖ 8 obortis Σ : obhortis *P* ‖ nutrici P^c,Σ : nutrice *P* ‖ rettuli B^c,*I* : retuli *codd.* ‖ apud Σ : aput *P* ‖ occubuere P^c,Σ : occubere *P* ‖ 9 conferet *P*,B^c*FLMV* : conferret *B* ‖ offerre *BFLM*V^c : offerri *P*,*V*.

l'ai tué au cours d'un festin. Où va-t-elle se rendre, la malheureuse ? De tous les siens je suis l'unique survivant, et le seul qu'il lui sera insupportable de voir. Et moi, bandit pour mes sauveurs, à mon retour dans ma patrie je ne pourrai donc pas tendre la main à ma nourrice sans lui remémorer son désastre ! » Comme il ne s'arrêtait pas de pleurer et de gémir, ses amis firent enlever le cadavre. Pendant trois jours il resta inerte, claustré. Dès que ses écuyers et ses gardes du corps se furent rendu compte qu'il persévérait dans sa volonté de mourir, tous ensemble ils font irruption dans la tente, et ils triomphèrent de sa longue résistance à leurs prières, obtenant, non sans peine, qu'il prît de la nourriture. Pour diminuer sa honte de l'assassinat, les Macédoniens décrètent que le meurtre de Clitus est légal ; ils allaient lui refuser la sépulture, si le roi n'avait ordonné qu'on l'enterrât[1].

Or donc, il passa dix jours à Maracande, surtout pour raffermir son honneur, puis il envoya en Bactriane Héphestion, avec une partie de l'armée, afin d'y réunir le ravitaillement pour l'hiver. Il donna à Amyntas[2], la province qu'il avait destinée d'abord à Clitus. Lui-même, il arriva à Xénippa[3]. Le pays est voisin de la Scythie ; il est occupé par quantité de gros bourgs, car la fertilité du terrain, qui fixe les indigènes, constitue en outre une invitation aux étrangers. Les exilés bactriens, qui avaient fait défection à Alexandre, s'y étaient réfugiés ; mais, quand on eut la preuve que le roi s'approchait, ils sont chassés par les habitants et forment une bande d'environ deux mille cinq cents individus. Tous

1. La masse des troupes, qui servaient à pied, est hostile à la haute noblesse : vis-à-vis de Clitus elle montre les mêmes sentiments qu'envers Philotas ; et, dans les deux cas, elle prend le parti du roi. — A ces encouragements, Anaxarque d'Abdère avait joint l'affirmation qu'un Alexandre, dieu sur terre, n'avait point à juger ses propres actes selon les normes humaines.

2. Fils de Nicolaos ; noble macédonien. Peu connu autrement.

3. District de Sogdiane. Emplacement exact inconnu.

tum aegre uicerunt, ut cibum caperet. [12]Quoque minus caedis puderet, iure interfectum Cl*i*tum Macedones decernunt, sepultura quoque prohibituri, ni rex humari iussisset.

[13]Igitur X diebus maxime ad confirmandum pudorem apud Maracanda consumptis, cum parte exercitus *H*eph*ae*stionem in regionem Bactrianam misit commeatus in h*i*emem paraturum. [14]Quam Cl*i*to a*nte* destinauerat prouinciam, Amyntae dedit. Ipse Xenippa peruenit. Scythiae confinis est regio habitaturque pluribus ac frequentibus uicis, quia ubertas terrae non indigenas modo detinet, sed etiam aduenas inuitat. [15]Bactrianorum exulum, qui ab Alexandro defecerant, receptaculum fuerat ; sed, postquam regem aduentare conpertum est, pulsi ab incolis II milia fere et D congregantur. [16]Omnes equites erant, etiam in pace latrociniis adsueti ; tum ferocia ingenia non bellum modo, sed etiam ueniae desperatio efferauerat. Itaque ex inprouiso adorti Amyntan, praetorem Alexandri, diu anceps proelium fecerant. [17]Ad ultimum DCC suorum amissis, quorum CCC hostis cepit, dedere terga uictoribus haud sane inulti ; quippe LXXX Macedonum interfecerunt, praeterque eos CCC et L saucii facti sunt. [18]Veniam tamen etiam post alteram defectionem inpetraue-

II, 13-19 : Cf. Arr. 4, 18.

12 Clitum *I* : clytum *codd.* || prohibituri *P,BFLM* : proibituri *V* || **13** pudorem *P,B*ᶜ*FLMV* : puderem *B* || Hephaestionem *Cospus* : ephestionem *P,BFL*ᶜ*M* ephertionem *LV* || misit Σ : commisit *P* || hiemem *I* : gemem *P* hyemem Σ || **14** Clito *I* : clyto *codd.* || ante *Eberhard* : autem *codd.* || prouinciam *P,B*ᶜ*MV* : prouintiam *BFL* || Amyntae *BM* : amintae *P,FLV* || Scythiae *V* : scithiae *P,BFLM* || habitaturque Σ : habitatusque *P* || **15** II milia *P* : II Σ || **16** efferauerat *P*ᶜ,Σ : effeuerat *P* || Amyntan *Kinch* : amintan *P* amintam *BF*ᶜ*LV* amittam *F* amyntam *M* || **17** DCC Σ : $\overline{\text{DCC}}$ *P* || cepit *BFLV* : coepit *P,M* || **18** defectionem *P,BFLM* : defeccionem *V*.

allaient à cheval et, dès le temps de paix, avaient l'habitude du brigandage ; en l'occasion, leur humeur sauvage était exaspérée par la guerre, et aussi parce qu'ils n'espéraient aucun pardon. Aussi, lors d'une attaque par surprise contre Amyntas, le préteur d'Alexandre, firent-ils longtemps la bataille indécise. A la fin, après avoir perdu sept cents des leurs, dont trois cents capturés par l'ennemi, ils s'enfuirent devant les vainqueurs, non sans vengeance : car ils tuèrent quatre-vingts Macédoniens, en plus desquels il y eut trois cent cinquante blessés. Pourtant le pardon, même après leur seconde défection, leur fut octroyé. Quand il eut reçu leur soumission, le roi, suivi de toute l'armée, vint dans la région appelée Nautaca[1]. Le satrape en était Sisimithrès[2], qui avait donné deux fils à sa propre mère : car, en ce pays, les mères ont le droit de s'unir charnellement avec leurs fils. Le satrape, mobilisant ses compatriotes, avait bloqué par des fortifications résistantes les gorges du pays, au point où elles se resserrent le plus ; tout au long coulait un fleuve torrentueux. Les arrières étaient fermés par un rocher, où les habitants avaient percé à la main un passage[3]. A vrai dire, ce souterrain reçoit le jour par l'entrée ; dans l'intérieur, si l'on n'y apporte pas de lumière, c'est l'obscurité. Un boyau ininterrompu donne accès aux plaines, mais ce passage n'est connu que des indigènes. Quoique les Barbares défendissent le défilé, qui était naturellement fortifié et que renforçaient leurs troupes, Alexandre fit cependant approcher les béliers, ruina les fortifications dues au travail de l'homme et descendit, à coup de frondes et de flèches, la plupart des défenseurs ; puis, quand il eut dispersé les fuyards, traversant les défenses écroulées il amena son armée au contact du rocher.

1. En Sogdiane. Ville que l'on identifie avec Karshi ou avec Schachrisabs.

2. Sur lui, Arrien ne nous apprend rien de plus que Quinte-Curce.

3. Peut-être s'agit-il de la montagne Kohinour, près de Hissar.

runt. [19]His in fidem acceptis in regionem, quam Nauta*ca* appellant, rex cum toto exercitu uenit. Satrapes erat Si*si*mith*re*s, duobus ex sua matre filiis genitis : quippe apud eos parentibus stupro coire cum liberis fas est. [20]*Is* armatis popularibus fauces regionis, qua in artissimum cogitur, ualido munimento s*ae*pser*at* ; praeterfluebat torrens amnis. Terg*a* petra claudeb*at* ; hanc manu peruiam incolae fecerant. [21]Sed aditu specus accipit lucem ; interiora nisi inlato lumine ob*scura* sunt. Perpetuus cuniculus iter praebet in campos, igno*t*um nisi indigenis. [22]At Alexander, quamquam angustias naturali situ munitas ac ualidas manu Barbari tuebantur, tamen arietibus admotis munimenta, quae manu adiuncta erant, concussit, fundisque et sagittis propugnantium plerosque deiecit ; quos ubi dispersos fugauit, ruinas munimentorum superegressus ad petram admouit exercitum. [23]Ceterum interueniebat fluuius, coeuntibus aquis ex superiore fastigio in uallem ; magnique operis uidebatur tam uastam uoraginem explere. [24]Caedi tamen arbores et saxa congeri iussit ; ingensque Barbaros pauor rudes ad talia opera concusserat, excitatam molem subito cernentes. [25]Itaque rex, ad deditionem metu posse conpelli ratus, Oxarten misit nationis eiusdem, sed dicionis suae, qui suaderet

II, 19-33 : Cf. Plut. Alex. 58.

19 Nautaca *Glareanus* : nauta *codd.* || Sisimithres *Hedicke* : simithrides Σ [— trides *V*] || genitis *P*ᶜ,Σ : gentis *P* || 20 Is *Modius* : ĩĩ *codd.* || munimento Σ : monimento *P* || saepserat *Modius* : sepserant *codd.* || terga *Acidalius* : tergo *codd.* || claudebat *I* : claudebant *codd.* || 21 obscura sunt *Vindelin* : obsunt *codd.* || campos ignotum *Lauer* : campo signorum *codd.* || At *P,BFLM* : ad *V* || 22 ac ualidas *codd.* : ualida *Froben* || dispersos Σ : despersos *P* || admouit *BFLM* : amouit *P* admoui *V* || 23 fastigio Σ : fascidio *P* || 24 ad *P*ᶜ,Σ : at *P* || 25 deditionem *P,BFL*ᶜ*M* : dedicionem *LV* || Oxarten *Modius* : oxartan *P* oxortan *BLM* exortan *FV* || nationis *P,BFL*ᶜ*M* : nacionis *LV* || dicionis *BLMV* : ditionis *P* dictionis *F*.

Mais la route était barrée par le fleuve, dont la masse d'eaux tombait du haut de la crête dans la vallée ; et cela paraissait une grosse affaire de combler un gouffre aussi large. Alexandre fit cependant abattre des arbres et entasser des pierres ; une peur folle secoua les Barbares inhabitués à ce genre de travaux, quand, subitement, ils virent se dresser le barrage. C'est pourquoi le roi, calculant que la crainte les amènerait à capituler, leur envoya Oxartès[1], un de leurs compatriotes, mais soumis à sa loi, pour persuader leur général de livrer le rocher. Entre temps, pour accroître leur effroi, les tours progressaient et, lancés par l'artillerie, les projectiles étincelaient. Aussi l'ennemi, condamnant tout autre moyen de défense, gagna-t-il la cime de la roche. Sisimithrès était fébrile et perdait espoir, quand Oxartès entreprit de l'exhorter à faire l'épreuve de la loyauté plutôt que de la force des Macédoniens : « il ne devait pas retarder l'élan d'une armée victorieuse qui se dirigeait vers l'Inde ; quiconque lui ferait obstacle attirerait sur sa tête le désastre promis à d'autres ». De son côté Sisimithrès penchait pour la reddition ; mais sa mère et épouse, en proclamant qu'elle mourrait avant que personne l'eût en son pouvoir, l'avait converti à un parti plus honorable que sûr ; et il rougissait de ce que la liberté avait plus de valeur pour des femmes que pour des hommes. Aussi, renvoyant le négociateur de paix, avait-il décidé de subir le siège. Mais, en soupesant les forces de l'ennemi et les siennes, il se repentit de nouveau de ce conseil féminin qu'il estimait plus impulsif qu'opportun ; il se dépêcha de rappeler Oxartès, lui fit savoir qu'il se livrerait au roi et le pria uniquement de ne pas révéler la volonté et la décision de sa mère, afin qu'elle aussi obtînt sa grâce plus facilement. Oxartès partit donc devant ; l'autre suivait avec sa mère, ses enfants et toute la troupe de

1. D'après Arrien, ce personnage se confond avec Oxyartès, dont il est question en 8, 4, 21 et qui est le père de Roxane.

duci ut traderet petram. [26]Interim ad augendam formidinem et turres admouebantur, et excussa tormentis tela micabant. Itaque uerticem petrae omni alio praesidio damnato petiuerunt. [27]At Oxartes trepidum diffidentemque rebus suis Sisimithren coepit hortari ut fidem quam uim Macedonum mallet experiri, neu moraretur festinationem uictoris exercitus in Indiam tendentis : cui quisquis semet offerret, in suum caput alienam cladem esse uersurum. [28]Et ipse quidem Sisim*i*thres deditionem annuebat ; ceterum mater eademque coniunx morituram se ante denuntians, quam in ullius ueniret potestatem, Barbari animum ad honestiora quam tutiora conuerterat, pudebatque libertatis maius esse apud feminas quam apud uiros pretium. [29]Itaque dimisso internuntio pacis obsidionem ferre decreuerat. Sed, cum hostis uires suasque pensaret, rursus muliebris consilii, quod praeceps magis quam necessarium esse credebat, paenitere eum coepit, [30]reuocatoque strenue Oxarte, futurum se in regis potestate respondit, unum *id* precatus, ne uoluntatem et consilium matris suae proderet, quo facilius uenia illi quoque inpetraretur. [31]Praemissum igitur Oxarten cum matre liberisque et totius cognationis grege sequebatur, ne expectato quidem fidei pignore, quod Oxartes promiserat. [32]Rex equite praemisso, qui reuerti eos iube-

26 tela *P*c,Σ : tele *P* ‖ damnato Σ : dampnato *P* ‖ **27** Oxartes Σ : hocxartes *P* ‖ Sisimithren *P* : sisimithrem Σ ‖ festinationem *P,BFL*c*M* : festinacionem *LV* ‖ in suum *P,B*c*FLMV* inuisum *B* ‖ caput *BFLM* : capud *P,V* ‖ **28** Sisimithres *Hedicke* : sisimethres *FLP* sisemethres *BMV* ‖ annuebat Σ : abnuebat *P*, non abnuebat *Kinch* ‖ coniunx *P* : coniux Σ ‖ morituram *P,B*c*FLMV* : moriturum *B* ‖ pretium *BL* : precium *P,FMV* ‖ **29** ferre *P*c,Σ : fere *P* ‖ hostis *P,BFL*c*MV* : ostis *L* ‖ **30** potestate Σ : potestatem *P* ‖ id precatus *Heinsius* : inprecatus *codd.* ‖ inpetraretur Σ : inpetraret *P*.

ses proches ; il n'attendit même pas la garantie promise par Oxartès. Le roi, qui avait envoyé un cavalier pour leur donner ordre de rebrousser chemin et d'attendre sa présence, survint soudainement ; ayant sacrifié des victimes à Minerve victorieuse, il rendit à Sisimithrès son autorité, et lui laissa espérer une province plus vaste s'il cultivait loyalement son amitié. Le père lui remit ses deux fils ; Alexandre leur ordonna de le suivre pour combattre à ses côtés.

Laissant ensuite la phalange, Alexandre s'avança avec sa cavalerie pour soumettre ceux qui avaient fait défection. Le chemin était montueux, obstrué par les pierres ; au début, on s'en accommodait plus ou moins bien ; puis, les sabots des chevaux s'usèrent et même les bêtes se, fatiguèrent : la plupart ne pouvaient suivre ; insensiblement la colonne devenait moins nombreuse, car la fatigue excessive triomphait, comme presque toujours en ce cas, de l'honneur. Mais le roi changeait de temps à autre sa monture, poursuivant les fuyards sans relâche. Des jeunes nobles qui l'accompagnaient d'ordinaire, seul Philippe[1] ne l'avait pas laissé : il était frère de Lysimaque et venait d'entrer dans l'adolescence ; on distinguait sans peine en lui un caractère peu commun. Ceci dépasse l'entendement : à pied, pendant cinq cents stades, il accompagna le roi qui avait une monture ; souvent Lysimaque lui proposait son cheval, mais il ne put obtenir de lui qu'il s'écartât du roi, quoiqu'il eût revêtu une cuirasse et qu'il portât des armes. Le même, comme on était parvenu dans un défilé boisé où les Barbares s'étaient cachés, se battit comme un héros et couvrit le roi dans un corps à corps avec l'ennemi. Mais, après que les Barbares en fuite se furent dispersés et eurent abandonné les forêts, l'âme, qui dans l'ardeur de la bataille avait soutenu le corps, l'abandonna ; soudain une abondante

1. Fils d'Agatoclès. Il appartenait sans doute au corps des hypaspistes préposés à la garde du roi.

ret opperirique praesentiam ipsius, superuenit, et uictimis Mineruae [ac] Victoriae caesis imperium Sisimithri restituit, spe maioris etiam prouinciae facta, si cum fide amicitiam ipsius coluisset. [33]Duos illi iuuenes patre tradente secum militaturos sequi iussit.

Relicta deinde phalange ad subigendos, qui defecerant, cum equite processit. [34]Arduum et inpeditum saxis iter primo utcumque tolerabant, mox equorum non ungulis modo attritis, sed corporibus etiam fatigatis sequi plerique non poterant, et rarius subinde agmen fiebat pudorem, ut fere fit, inmodico labore uincente. [35]Rex tamen subinde equos mutans sine intermissione fugientes insequebatur. Nobiles iuuenes comitari eum soliti defecerant praeter Philippum : Lysimachi erat frater, tum primum adultus et, quod facile adpareret, indolis rarae. [36]Is pedes, incredibile dictu, per D stadia uectum regem comitatus est, saepe equum suum offerente Lysimacho ; nec tamen ut digrederetur a rege effici potuit, cum lorica indutus arma gestaret. [37]Idem, cum peruentum esset in saltum, in quo se Barbari abdiderant, nobilem edidit pugnam, regemque comminus cum hoste dimicantem protexit. [38]Sed, postquam Barbari in fugam effusi deseruere siluas, animus, qui in ardore pugnae corpus sustentauerat, liquit ; subitoque ex omnibus membris profuso sudore arboris proximae stipiti se

32 opperirique *BFLM* : oppererique *P* operirique *V* || Mineruae Victoriae *Stangl* : mineruae auictoriae *P* mineruae ac uictoriae P^c,Σ || Sisimithri *Hedicke* : simythri *P* sisimethri Σ || prouinciae *LMV* : prouintiae *P,BF* || amicitiam *BFL* : amititiam *P,V* amiciciam *M* || **33** militaturos *P,BLMV* : militauros *F* || **34** pudorem Σ : pudore *P* || **35** intermissione P^c,Σ : intermissionem *P* || Lysimachi *P* : lisimachi Σ || **36** Lysimacho *P,FL°M* : lisymacho *BM* lysumacho *LV* || **37** hoste *P,BFLM* : oste *V* || **38** arboris P^c,Σ : arbores *P* || stipiti P^c,*BF°LMV* : stipati *P,F*.

sueur coula de tous ses membres, et il s'appuya au tronc de l'arbre le plus proche : même ainsi, il ne se soutenait pas ; le roi le reçut dans ses bras, il s'y affaissa et mourut. Peine du roi, qu'une autre douleur, accablante, attendait. Erigyius avait appartenu à l'élite de ses généraux, Alexandre apprit sa mort un peu avant de regagner le camp. Ces doubles funérailles furent célébrées avec pompe et honneurs de toutes sortes.

III. Ensuite, le roi avait décidé une offensive contre les Dahes, car il savait que Spitaménès était chez eux. Mais, pour cette expédition aussi, comme en bien d'autres cas, la fortune, dont la faveur à son égard ne se lassait jamais, régla l'affaire sans qu'il fût là[1]. Spitaménès brûlait pour sa femme d'un amour passionné ; elle souffrait de le suivre et de subir une succession d'exils renouvelés ; mais il la traînait avec lui en toute sorte de dangers. Elle, lassée de souffrir, usait de toutes ses séductions de femme pour qu'enfin il s'arrêtât de fuir et, s'en remettant à la clémence du vainqueur, fléchît Alexandre, auquel il lui était impossible d'échapper. Elle lui avait donné trois enfants déjà grands ; les approchant de la poitrine de leur père, elle le priait d'avoir pitié au moins d'eux ; et, pour donner plus d'efficacité à ses prières, Alexandre n'était pas loin. Persuadé que c'était là non un conseil mais une trahison, et que, sûre de sa beauté[2], elle désirait passer le plus tôt possible au pouvoir d'Alexandre, Spitaménès tira son cimeterre ; il allait en frapper sa femme, s'il n'en avait été empêché par les frères de celle-ci, qui accoururent. Mais il lui signifia l'ordre de sortir de sa vue, la menaçant en outre de mort si elle se présentait à ses regards ; et, pour apaiser son regret, il passa ses nuits parmi les courtisanes. Mais le dégoût de ces amours immédiates réveilla l'ardeur de

1. A la suite des Grecs, l'opinion romaine a cherché à faire la part, dans la réussite d'Alexandre, de Τύχη et de Ἀρετή.

2. Cf. Lucain 10, 82 : ... *formae confisa suae Cleopatra.*

adplicuit : [39]deinde, ne illo quidem adminiculo sustinente, manibus regis exceptus est, inter quas conlapsus extinguitur. Maestum regem alius haud leuis dolor excepit. [40]Erig*yi*us inter claros duces fuerat ; quem extinctum esse paulo ante quam reuerteretur in castra, cognouit. Vtriusque funus omni apparatu atque honore celebratum est.

III. [1]Dahas deinde statuerat petere ; ibi namque Spitamenen esse cognouerat. Sed hanc quoque expeditionem, ut pleraque alia, fortuna indulgendo ei numquam fatigata pro absente transegit. Spitamenes uxoris inmodico amore flagrabat ; quam aegr*e* fuga*m* et noua subinde exilia tolerantem in omne discrimen comitem trahebat. [2]Illa malis fatigata identidem muliebres adhibere blanditias, ut tandem fugam sisteret uictorisque Alexandri clementiam expertus placaret quem effugere non posset. [3]Tres adulti erant liberi ex eo geniti, quos cum pectori patris admouisset, ut saltem eorum misereri uellet, orabat ; et, quo efficaciores essent preces, haud procul erat Alexander. [4]Ille se prodi, non moneri ratus et formae profecto fiducia cupere eam quam primum dedi Alexandro acinacem strinxit, percussurus uxorem, nisi prohibitus esset fratrum eius occursu. [5]Ceterum abire conspectu iubet addito metu mortis, si se oculis eius obtulisset ; et ad desiderium leuandum noctes agere inter pelices coepit. [6]Sed penitus

III, 1-16 : Cf. Arr. 4, 17.

39 excepit Σ : excoepit *P* || 40 Erigyius *Froben* : eriguus *codd.*

III, 1 Dahas *P,BF*ᶜ*LMV* : dehas *F* || aegre fugam *Giunta* : aegram fuga *codd.* || 3 efficaciores *BLV* : efficatiores *P,FM* || 4 fiducia *P,BLM* : fidutia *FV* || acinacem *BM* : acinacim *P,FLV* || strinxit Σ : strincxit *P* || percussurus *P,BFLM* : percursurus *V* || prohibitus *P,BFLM* : probitus *V* || 5 conspectu *P,F* : e conspectu *BLMV*.

sa passion profonde. Aussi se livra-t-il à elle seule, la priant sans cesse de s'abstenir d'un pareil avis et de subir tout destin qu'ils devraient à la fortune : pour lui, mourir lui serait moins dur que de se rendre. Elle, de son côté, se justifiait : « ce qu'elle estimait utile, c'est là ce qu'elle lui avait conseillé : pauvre femme peut-être, mais cœur loyal ; désormais elle s'en remettrait à son autorité ». Spitaménès, trompé par cette fausse obéissance, fait, en plein jour, préparer un festin ; ensuite, alourdi par le vin et la nourriture et à moitié endormi, il est transporté dans sa chambre. Puis, dès que sa femme comprend qu'il dort d'un sommeil profond et lourd, elle tire une épée qu'elle avait dissimulée sous son vêtement et lui coupe la tête ; arrosée de sang, elle la remet à un sien esclave, qui était de complicité avec elle. Accompagnée par lui, et gardant sa robe ensanglantée, elle arrive au camp des Macédoniens ; sur sa demande, on annonce à Alexandre que ce dont il s'agit exige qu'elle le mette personnellement au courant ; tout de suite, il fit introduire l'étrangère. Quand il eut regardé le sang dont elle était couverte, il se figura qu'elle était venue se plaindre de quelque mauvais traitement, et il l'invita à dire ce qu'elle voulait. Elle émit le vœu qu'on introduisît l'esclave, à qui elle avait ordonné de se tenir dans le vestibule. Or, comme il dissimulait sous son vêtement la tête de Spitaménès, l'esclave avait paru suspect ; on le fouilla, et il montra ce qu'il cachait. La pâleur avait rendu méconnaissables les traits du visage exsangue, et il n'était pas possible de l'identifier. Or donc, averti que l'esclave apportait une tête humaine, le roi sortit de sa tente ; il s'informa de ce dont il s'agissait, la réponse le renseigna. Aussi était-il agité de pensées diverses, dont les contradictions assaillaient tour à tour son esprit. Immense lui paraissait le service qu'on lui avait rendu, en assassinant un transfuge et un traître qui, s'il avait vécu, aurait imposé un retard à de si grands desseins.

haerens amor fastidio praesentium accensus est. Itaque, rursus uni ei deditus, orare non destitit, ut tali consilio abstineret patereturque sortem, quamcumque iis fortuna fecisset : sibi mortem deditione esse leuiorem. 7 At illa purgare se, quod, quae utilia esse censebat, muliebriter forsitan, sed fida tamen mente suasisset ; de cetero futuram in uiri potestate. 8 Spitamenes simulato captus obsequio de die conuiuium apparari iubet ; uinoque et epulis grauis et semisomnus in cubiculum fertur. 9 Quem ut alto et graui somno sopitum esse sensit uxor, gladium, quem ueste occultauerat, stringit caputque eius abscisum, cruore respersa, seruo suo conscio facinoris tradit. 10 Eodem comitante, sicuti erat cruenta ueste, in Macedonum castra peruenit nuntiarique Alexandro iubet esse quae ex ipsa deberet agnoscere. 11 Ille protinus Barbaram iussit admitti. Quam ut respersam cruore conspexit, ratus ad deplorandam contumeliam uenisse, dicere quae uellet, iubet. 12 At illa seruum, quem in uestibulo stare iusserat, introduci desiderauit. Qui, quia caput Spitamenis ueste tectum habebat, suspectus scrutantibus quid occuleret ostendit. 13 Confuderat oris exanguis notas pallor, nec quis esset nosci satis poterat. Ergo rex, certior factus humanum caput adferre eum, tabernaculo excessit ; percontatusque, quid rei sit, illo profitente cognoscit. 14 Variae hinc cogitationes inuicem animum diuersa agitantem commouerant. Meritum ingens in semet esse credebat, quod transfuga et proditor, tantis

8 uinoque *P* : uino quoque Σ ‖ 9 caputque Σ : capudque *P* ‖ cruore *P*,*B*ᶜ*FL*ᶜ*MV* : cuore *BL* ‖ tradit *P*,*BFLM* : tradidit *V* ‖ 11 cruore *P*ᶜ,Σ : cruere *P* ‖ uenisse Σ : uenisset *P* ‖ 12 caput Σ : capud *P* ‖ Spitamenis Σ : spitaminis *P* ‖ suspectus Σ : suspectis *P* ‖ 13 nosci *BFMV* : noscit *P* nosci* *L* ‖ certior *P*,*BFLM* : cercior *V* ‖ caput *P*,*BFLM* : capud *V* ‖ 14 diuersa Σ : diuersam *P*.

En revanche, immense était le crime, et celui-ci lui répugnait, parce que la femme avait assassiné par traîtrise un homme, dont elle n'avait eu qu'à se louer, et le père de leurs enfants. Finalement l'atrocité du crime l'emporta sur la reconnaissance due au bienfait, et il lui fit savoir qu'elle eût à sortir du camp, sans faire passer, par cet exemple, le déchaînement barbare dans le caractère des Grecs et leur doux naturel.

Quand les Dahes eurent la certitude du meurtre de Spitaménès, ils enchaînent Dataphernès, qui avait eu part à sa défection ; ils le livrent ainsi à Alexandre, et eux avec lui. Le roi, débarrassé de presque toutes ses inquiétudes du moment, se préoccupa de remédier aux dommages causés à leurs sujets par des préteurs cupides et violents. Il remit donc à Phrataphernès l'Hyrcanie et les Mardes ainsi que les Tapuriens, avec mission de lui envoyer son prédécesseur Phradatès pour qu'il l'emprisonnât. A Arsamès[1], préfet de la Drangiane, il substitua Stasanor[2]. Arsacès fut envoyé en Médie, d'où Oxydatès dut s'en aller. Après la disparition de Mazée, la Babylonie fut placée sous l'autorité de Ditaménès[3].

IV. Cela réglé, il emmena l'armée, au bout de deux mois, hors des cantonnements d'hiver, avec l'intention de gagner la région appelée Gazabe[4]. Au premier jour, ils connurent une marche paisible ; le suivant, qui ne fut pas encore orageux ni sinistre, fut cependant plus sombre que le premier, et il ne se passa pas sans que menaçât le fléau qui montait. Au troisième jour, dans le ciel, de tous côtés, les éclairs étincelèrent, et leurs lumières, dont

1. Inconnu autrement.

2. Peut-être de la famille princière de Soloi, à Chypre. Avec d'autres princes de son pays, il avait combattu aux côtés d'Alexandre, qui le mit au nombre de ses hétaires.

3. *Ditamenes* semble une erreur, sans doute de Quinte-Curce même, pour Σταμένης, donné par Arrien (4, 18, 3). Sur ce noble Perse, nous ne savons rien d'autre que cette nomination.

4. A l'Est de Nautaca.

rebus, si uixisset, in*i*ecturus moram, interfectus esset. Contra facinus ingens auersabatur, cum optime meritum de ipsa, communium parentem liberum, per insidias interemisset. [15]Vicit tamen gratiam meriti sceleris atrocitas, denuntiarique iussit ut excederet castris, neu licentiae barbarae exemplar in Graecorum mores et mitia ingenia transferret.

[16]Dahae Spitam*e*nis caede conperta Dataphernen, defectionis eius participem, uinctum Alexandro seque dedunt. Ille maxima praesentium curarum parte liberatus conuertit animum ad uindicandas iniurias eorum, quibus a praetoribus suis auare ac superbe imperabatur. [17]Ergo Phrataphemi H*y*rcaniam *e*t *M*ardos cum Ta*pu*ris tradidit, mandauitque ut Phradaten, cui succedebat, ad se in custodiam mitteret. Arsami, Dra*ng*arum praefecto, substitutus est *Sta*sanor. Arsaces in Mediam missus, ut Ox*y*dates inde discederet. Babylonia demortuo Mazaeo Ditameni subiecta est.

IV. [1]His conpositis tertio mense ex hibernis mouit exercitum regionem, quae Gazaba appellatur, aditurus. [2]Primus dies quietum iter praebuit ; proximus ei,

III, 17 : Cf. Arr. 4, 18.

iniecturus *Giunta* : inuecturus *codd.* || auersabatur *P,BFLM* : aduersabatur *V* || **15** meriti *P*ᶜ,*BLMV* : meritis *P* (— tis [celeris]), *F* || licentiae *P,BFMV* : licenciae *L* || **16** Spitamenis *I* : spitaminis *codd.* || Datapernen *P,BFLM* : datapernen *V* || maxima *P,BFLM* : maximam *V* || **17** Hyrcaniam *I* : hircaniam *codd.* || et Mardos *Modius* : eardos *codd.* || Tapuris *Alde* : taphiros *P* taphiris *P*ᶜ,Σ || ad *P*ᶜ,Σ : a *P* || Drangarum *Freinsheim* : dramearum *codd.* || praefecto *B*ᶜ : perfecto *codd.* || substitutus *P*ᶜ,Σ : substitus *P* || Stasanor *Alde* : tamsanor *P,BFLV* [— sonor *B*] tansono *M* || Arsaces *P,BFLV* : rarsaces *M* || Oxydates *Freinsheim* : oxidates *codd.* || discederet Σ : desederet *P* || Babylonia *P,M* : babilonia *BFLV* || Ditameni *P,FLMV* : deditameni *B*, Stameni *Zumpt, Hedicke.*

IV, **1** hibernis Σ : ibernis *P* || Gazaba *P,BFLV* : gabaza *M* gazaca *Hedicke.*

l'éclat alternait avec l'obscurité, inspirèrent à l'armée en marche un effroi qui, des yeux, gagna les cœurs. Dans le ciel, c'était un fracas à peu près continu, et l'on distinguait çà et là le tracé de la foudre qui tombait ; les oreilles étaient assourdies, et la troupe, abrutie, n'osait ni progresser ni stationner. Puis, tout à coup, tomba une pluie torrentielle, avec chute de grêle. D'abord, couverts par leurs armes, ils la supportèrent ; mais bientôt leurs mains glacées furent incapables d'avoir prise sur leurs armes glissantes, et eux-mêmes de déterminer dans quelle direction ils se tourneraient : car, en tous sens, ils se heurtaient à une tempête dont la violence dépassait celle qu'ils voulaient éviter[1]. Aussi, ayant rompu ses rangs, la colonne, désemparée, se laissait-elle porter à travers la forêt entière ; beaucoup, il est vrai, accablés par la peur avant de l'être par la fatigue, s'étaient étendus à terre, bien que la violence du froid eût transformé la pluie en glace dure. D'autres s'étaient approchés du tronc des arbres; la majorité y cherchait un soutien et un refuge. Mais ils se rendaient bien compte qu'ils élisaient ainsi un emplacement pour mourir, puisque l'immobilité tarissait la chaleur de vie ; mais leur état d'épuisement se plaisait à cette torpeur, et ils ne refusaient pas d'aller à la mort par le repos : car ils subissaient un fléau aussi continu que violent ; et l'opacité des forêts, s'ajoutant à cet ouragan fort semblable à une nuit, avait amorti la lumière du jour[2], cette consolation qu'offre la nature. Le roi qui, seul, résistait à un pareil fléau, allait d'un soldat à l'autre, les rassemblait en cas de dispersion, les relevait s'ils étaient à terre, leur montrait dans le lointain les volutes de fumée sortant des huttes, et les exhortait à

1. Belle description de tempête, pour laquelle Quinte-Curce emprunte aux poètes tours et expressions. *Caeli fragor* et *fulmina micabant* se trouvent dans un passage de sujet et de ton analogues, chez Tite-Live, 40, 58, 4.

2. Le terme *suppresserat*, moins fort que *opprimere*, implique non que la lumière a disparu mais qu'elle a été très diminuée.

nondum quidem procellosus et tristis, obscurior tamen pristino non sine minis crescentis mali praeteriit. [3]Tertio ab omni parte caeli emicare fulgura, et nunc internitente luce nunc condita non oculos modo meantis exercitus, sed etiam animos terrere coeperunt. [4]Erat prope continuus caeli fragor, et passim cadentium fulminum species uisebatur ; attonitisque auribus stupens agmen nec progredi nec considere audebat. [5]Tum repente imber grandinem incutiens torrentis modo effunditur, ac primo quidem armis suis tecti exceperant ; sed iam nec retinere arma lubric*a* [et] rigentes manus poterant nec ipsi destinare, in quam regionem obuerterent corpora, cum undique tempestatis uiolentia maior, quam uitabatur, occurreret. [6]Ergo ordinibus solutis per totum saltum errabundum agmen ferebatur ; multique prius metu quam labore defetigati prostrauerant humi corpora, quamquam imbrem uis frigoris concreto gelu adstrinxerat. [7]Alii se stipitibus arborum admouerant ; id plurimis et adminiculum et suffugium erat. [8]Nec fallebat ipsos morti locum eligere, cum inmobilis uitalis calor linqueret : sed grata erat pigritia corporum fatigatis, nec recusabant extingui quiescendo : quippe non uehemens modo, sed etiam pertinax uis mali insistebat ; lucemque, naturale solacium, praeter tempestatem haud disparem nocti siluarum quoque umbra suppresserat. [9]Rex unus tanti mali patiens

2 sine minis *P* : sine Σ ‖ mali *codd.* : *B*c *add.* damno *in marg.* ‖ 3 omni *P,B*c*FLMV* : omini *B* ‖ fulgura Σ : fulgora *P* ‖ luce *om.P* ‖ oculos Σ : oculis *P* ‖ meantis Σ : meantibus *P* ‖ 4 cadentium *P* : adeuntium Σ ‖ fulminum *B*c*M* : fluminum *P,BFLV* ‖ attonitisque *P,BFLM* : attonisque *V* ‖ considere *codd.* : consistere *Acidalius* ‖ 5 tum Σ : *om.P*, cum *Hedicke* ‖ retinere *P*c,Σ : retine *P* ‖ arma lubrica rigentes manus *Modius, edd.* : a. l. et r. m. *codd.* ‖ ipsi *P,B*c*FLMV* : ipso *B* ‖ 6 defetigati *BFLV* : defitigati *P* defatigati *M* ‖ 8 eligere *P, BFLM* : erigere *V* ‖ grata *P*c,Σ : gratia *P*.

s'installer dans les refuges les plus proches. Ce qui fit le plus pour les sauver fut leur honte d'abandonner le roi qui, bien qu'il multipliât sa peine, résistait à des souffrances auxquelles ils avaient, eux, cédé. D'ailleurs, la nécessité, plus ingénieuse dans l'adversité que la réflexion, découvrit un remède au froid. Ils entreprirent d'abattre les arbres à coups de dolabres et mirent le feu çà et là au bois entassé. On aurait dit la forêt embrasée par un incendie continu et, à peine, entre les flammes restait-il place pour les groupes de soldats. Cette chaleur assouplit les membres engourdis ; peu à peu la respiration, oppressée par le froid, reprit son libre rythme. Certains se réfugièrent dans les demeures des Barbares : la nécessité les avait découvertes, au fond de la forêt où elles se cachaient ; d'autres s'abritèrent dans un camp qu'ils établirent à vrai dire en terrain détrempé, mais à un moment où le ciel apaisait sa fureur. Cette catastrophe amena la perte de deux mille hommes : soldats, vivandiers et domestiques. La tradition veut qu'on en ait vu certains appuyés à des troncs d'arbres, qui paraissaient non seulement vivre mais converser entre eux : ils gardaient chacun l'attitude où la mort les avait surpris. Il arriva qu'un simple soldat macédonien qui avait peine à se soutenir, lui et ses armes, rejoignit pourtant le camp ; à sa vue le roi, quoiqu'à ce moment précis il se réchauffât auprès d'un feu, bondit de son siège et, après l'avoir débarrassé de ses armes, invita à s'asseoir à sa place le soldat hébété et à demi évanoui. L'homme resta longtemps sans comprendre ni où il reposait ni qui l'avait recueilli. Finalement, ayant repris sa chaleur, il vit le siège royal et le roi : affolé, il se redressa aussitôt, Alexandre le regarda et lui dit : « Ne comprends-tu pas, soldat, tous les avantages qu'offre la monarchie sous laquelle vous vivez, par rapport à celle des Perses ? Pour eux, avoir pris place sur le trône

circumire milites, contrahere dispersos, adleuare prostratos, ostendere procul euolutum ex tuguriis fumum hortarique, ut proxima quaeque suffugia occuparent. [10]Nec ulla rés magis saluti fuit quam quod multiplicato labore sufficientem malis, *quis* ipsi cesserant, regem deserere erubescebant. [11]Ceterum efficacior in aduersis necessitas quam ratio frigoris remedium inuenit. Dolabris enim siluas sternere adgressi passim aceruos struesque accenderunt. [12]Continenti incendio ardere crederes saltum et uix inter flammas agminibus relictum locum. Hic calor stupentia membra commouit ; paulatimque spiritus, quem continuerat rigor, meare libere coepit. [13]Excepere alios tecta Barbarorum, quae in ultimo saltu abdita necessitas inuestigauerat ; alios castra, quae in humido quidem, sed iam caeli mitescente saeuitia locauerunt. *Duo milia* militum atque lixarum calonumque pestis illa consumpsit. [14]Memoriae proditum est quosdam adplicatos arborum truncis et non solum uiuentibus, sed etiam inter se conloquentibus similis esse conspectos durante adhuc habitu, in quo mors quemque deprenderat. [15]Forte Macedo gregarius miles seque et arma *male* sustentans, tamen in castra peruenerat ; quo uiso rex, quamquam ipse tum maxime admoto igne refouebat artus, ex sella sua exiluit, torpentemque militem et uix compotem mentis demptis armis in sua sede iussit considere. [16]Ille diu nec ubi requies-

10 malis, quis *Hedicke* : malis *codd.* ‖ cesserant *P,BF*ᶜ*LMV* : cessarant *F* ‖ **11** efficacior *BFL* : efficatior *P,MV* ‖ struesque Σ : strenuesque *P* ‖ **13** abdita *P,BLMV* : addita *F* ‖ humido *P* : umido Σ ‖ sed iam *L*ᶜ : et iam *P* sed etiam *BFM* setiam *L* si iam *V* ‖ mitescente *L*ᶜ : mitiscente *codd.* ‖ Duo milia *Zumpt* : xx *codd.* ‖ **14** conloquentibus *P,BFLM* : collocantibus *V* ‖ similis *P,LV* : similes *BFLM* ‖ deprenderat *P* : deprehenderat Σ ‖ **15** male sustentans *Hedicke* : sustentans *dd.*, uix sustentans *Cornelissen* ‖ exiluit *LV* : exiliuit *P,BFM*.

du roi serait puni de mort ; pour toi, ce fut ton salut. »[1]

Le lendemain, ayant convoqué Amis et officiers, il leur ordonna de faire savoir qu'il restituerait à ses frais tous les objets perdus ; et la promesse aboutit à sa réalisation. En effet, Sisimithrès amena beaucoup de bêtes de somme et deux mille chameaux, avec du gros et du petit bétail ; on les distribua aux troupes, remédiant ainsi à la fois à leurs pertes et à leur faim. Après avoir signalé le service à lui rendu par Sisimithrès, le roi ordonna aux soldats d'emporter six jours de vivres cuits, et il marcha sur les Saces : il dévasta la région entière et, sur le butin, offrit à Sisimithrès trente mille têtes de bétail.

De là il parvint dans une région soumise à l'autorité d'un satrape bien connu, Oxyartès[2]; celui-ci se remit à la discrétion du roi. Alexandre lui rendit son gouvernement, et se contenta d'exiger que deux de ses trois fils prissent du service sous ses ordres. Le satrape lui remit aussi celui qui devait rester avec lui. Il avait mis une opulence de Barbare à organiser un festin où le roi était son invité. Il présidait le repas avec une grande magnificence, quand il fit entrer trente jeunes filles nobles. L'une d'elles était sa propre fille, Roxane[3], d'une beauté sans égale et d'une élégance d'attitude rare chez les Barbares. Elle s'était avancée parmi un choix de beautés, mais c'est vers elle que tous tournèrent leurs regards, surtout le roi, déjà moins maître de ses passions

1. Anecdote qui semble émaner de la propagande par laquelle Alexandre cherchait à maintenir sa popularité parmi les fantassins macédoniens, à un moment où il se conduisait de plus en plus comme l'héritier d'une monarchie de droit divin.

2. Noble bactrien, père de nombreux enfants, dont Roxane. Il fut l'homme de confiance de Bessus, avant de se ranger au parti d'Alexandre.

3. Roxane : la Resplendissante (Raoxšna : lumière). Le mariage de Roxane avec Alexandre fut, plus tard, représenté par Aétion dans une peinture célèbre. Le Sodoma a exécuté à la Farnésine une fresque d'après le tableau d'Aétion, tel que le décrit Lucien.

ceret nec a quo esset exceptus agnouit ; tandem recepto calore uitali, ut regiam sedem regemque uidit, territus surgit. [17]Quem intuens Alexander : « Ecquid intellegis, miles », inquit, « quanto meliore sorte quam Persae sub rege uiuatis ? Illis enim in sella regis consedisse capital foret, tibi saluti fuit. »

[18]Postero die, conuocatis amicis copiarumque ducibus, pronuntiari iussit ipsum omnia quae amissa essent redditurum ; et promisso fides extitit. [19]Nam Sisimithres multa iumenta et camelorum II milia adduxit pecoraque et armenta ; quae distributa pariter militem et damno et fame liberauerunt. [20]Rex gratiam sibi relatam a Sisim*i*thre praefatus sex dierum cocta cibaria ferre milites iussit, Sacas peten*s* : totam hanc regionem depopulatus XXX milia pecorum ex praeda Sisim*i*thri dono dat.

[21]Inde peruenit in regionem, cui *Oxyartes* satrapes nobilis praeerat, qui se regis potestati fideique permisit. Ille imperio ei reddito haud amplius quam ut duo ex tribus filiis secum militarent exegit. [22]Satrapes etiam eum, qui penes ipsum relinquebatur, tradit. Barbara opulentia conuiuium, quo regem accipiebat, instruxerat. [23]Id cum multa comitate celebraret, introduci XXX nobiles uirgines iussit. Inter quas erat filia ipsius, Roxane nomine, eximia corporis specie et decore habitus in Barbaris raro. [24]Quae, quamquam

17 Ecquid *P,BFLM* : eoquid *V* ‖ inquit *P,BFLM* : inquid *V* ‖ 18 copiarumque Σ : copiarum *P* ‖ 20 relatam Σ : relictam *P* ‖ a *P, BFLM* : ha *V* ‖ Sisimithre *M*ᶜ : sisimethre *codd.* ‖ cocta *BFV* : coacta *P* cacta *B*ᶜ*F*ᶜ co*cta *L* ‖ Sacas *Froben* : sagas *P* sagos Σ ‖ petens *I* : petentem *codd.* ‖ Sisimithri *Hedicke* : sisimethri *codd.* ‖ Sisimethri dono dat *in P in ras.* ‖ 21 Oxyartes *Alde* : cohortandus *codd.* ‖ potestati *P,B*ᶜ*FLMV* : potestate *B* ‖ 22 eum Σ : eo *P* ‖ qui penes *BF*ᶜ*LM* : qui* penes *P* quippenes *F* ‖ tradit Σ : tradi *P* ‖ 23 celebraret *codd.* : celebraretur *Vogel* ‖ Roxane *P* : roaxene Σ ‖ specie Σ : speciae *P*.

parmi les faveurs de la Fortune, dont l'humanité ne se méfie pas assez. Aussi lui qui, voyant l'épouse de Darius, voyant ses deux jeunes filles auxquelles, pour la beauté, l'on n'aurait pu comparer personne sauf Roxane, n'avait eu que des sentiments de père, se laissa-t-il si bien aller à son amour pour cette petite jeune fille, sans naissance par rapport à une ascendance royale, qu'il déclara essentiels pour affermir son empire des mariages entre Perses et Macédoniens[1] : « pas d'autre moyen capable d'enlever leur honte aux vaincus, leur orgueil aux vainqueurs. Achille aussi, dont précisément il tirait son origine, avait eu commerce avec une captive ; l'on ne devait pas croire qu'il attentait à son honneur : il voulait s'unir à elle par un mariage légal ». Le père entendit ces paroles avec la joie d'un bonheur inattendu, et le roi, dans toute la flamme de son désir, fit apporter le pain, selon la coutume de chez lui ; c'était là chez les Macédoniens le symbole le plus sacré de l'union charnelle ; on le partageait avec une épée, et chaque époux y goûtait[2]. Je crois que ceux qui ont donné ses mœurs à cette nation ont voulu, par cet aliment simple et usuel, montrer à ceux qui fondaient un foyer le peu dont ils devaient se satisfaire. De la sorte, le roi de l'Asie et de l'Europe s'unit en mariage à une femme, qui lui fut présentée au nombre des attractions d'un festin ; une captive allait lui donner l'enfant qui commanderait aux vainqueurs. Ses amis avaient honte de ce que, en train de boire et de manger, il se fût choisi un beau-père parmi des gens qui avaient

1. Quinte-Curce ne saisit pas la pensée politique d'Alexandre. Autant qu'à satisfaire sa passion, le prince pense à faire de cette union légitime le symbole de sa réconciliation avec les Iraniens. Cet acte met sur le même plan les Macédoniens et les vaincus, Iraniens ou Perses, et il consacre cette fusion de l'Hellade et d'une partie de l'Asie, qu'a désirée Alexandre.

2. Le rite de l'épée semble une invention toute spontanée de l'Argéade. Mais celui de la rupture du pain, attribué à tort aux Macédoniens par Quinte-Curce, se pratique encore dans le Turkestan. L'adoption d'un rite iranien ne pouvait que flatter les indigènes : cf. Fr. von Sway, *Alexanders des Gr. Feldzüge in Turkestan*, 1906.

inter electas processerat, omnium tamen oculos conuertit in se, maxime regis minus iam cupiditatibus suis imperantis inter obsequia Fortunae, contra quam non satis cauta mortalitas est. [25]Itaque ille, qui uxorem Darei, qui duas filias uirgines, quibus forma praeter Roxanen conparari nulla potuerat, haud alio animo quam parentis aspexerat, tunc in amorem uirgunculae, si regiae stirpi conpararetur, ignobilis ita effusus est, ut diceret ad stabiliendum regnum pertinere Persas et Macedones conubio iungi ; hoc uno modo et pudorem uictis et superbiam uictoribus detrahi posse : [26]Achillem quoque, a quo genus ipse deduceret, cum captiua coisse ; ne inferri nefas arbitrentur : *illam* matrimonii iure uelle iungi. [27]Insperato gaudio laetus pater sermonem eius excipit ; et rex in medio cupiditatis ardore iussit adferri patrio more panem, — hoc erat apud Macedonas sanctissimum coeuntium pignus, — quem diuisum gladio uterque libabat. [28]Credo eos, qui gentis mores condiderunt, parco et parabili uictu ostendere uoluisse iungentibus opes, quantulo contenti esse deberent. [29]Hoc modo rex Asiae et Europae introductam inter conuiuales ludos matrimonio sibi adiunxit e captiua geniturus, qui uictoribus imperaret. [30]Pudebat amicos super uinum et epulas socerum ex deditis esse delectum. Sed post Cliti caedem libertate sublata uultu, qui maxime seruit, adsentiebantur.

IV, 21-30 : Cf. Arr. 4, 19-20.

25 potuerat *P,FLV* : poterat *BM* || amorem *P* : amore Σ || conpararetur *P* : conparetur Σ || pertinere P^c,Σ : pernere *P* || pudorem Σ : podore *P* pudore P^c || 26 illam *edd.* : ita *codd.*, uicti *Hedicke* || 27 Macedonas *P* : macedones Σ, [Macedonas] Sogdianos *Birt* || sanctissimum Σ : santissimum *P* || 28 credo *P*,B^c*M* : credi *BFLV* || 29 Europae Σ : eropae *P* europe P^c || adiunxit *P* [nx *in ras.*], *BFLM* : adiuncxit *V* || 30 Cliti *V* : clyti *P,BFLM*.

capitulé. Mais, depuis le meurtre de Clitus, la franchise avait disparu : ils approuvaient du visage, qui est, chez l'homme, ce qu'il y a de plus servile[1].

V. D'autre part[2], au moment d'atteindre l'Inde, puis l'Océan, pour éviter sur ses arrières tout soulèvement capable d'entraver ses projets Alexandre fit lever dans toutes les provinces trente mille jeunes gens, qui durent se présenter à lui en armes : ils lui serviraient à la fois d'otages et de soldats. Il envoya à la poursuite d'Haustanès[3] et de Catanès Cratère, contre qui ils s'étaient soulevés. Haustanès fut pris, Catanès tué dans une bataille. De plus, Polypercon soumit la région appelée Bubacène[4]. Tout ainsi réglé, il se préoccupa de la guerre contre l'Inde. On estimait cette région riche non seulement en or, mais en gemmes et en perles, et d'une civilisation qui visait plus à l'effet qu'à la grandeur. Les compétences disaient que, sur les guerriers, l'or et l'ivoire étincelaient. Aussi, pour n'être inférieur à aucun égard, lui qui l'emportait à tous autres points de vue, Alexandre fit-il ajouter aux boucliers macédoniens des lames d'argent, aux chevaux des freins d'or ; les cuirasses furent ornées les unes d'or, les autres d'argent ; cent vingt mille soldats accompagnaient le roi pour cette guerre. Quand tout fut préparé, il estima le moment venu pour une folie, qu'il avait autrefois projetée, et il se mit à réfléchir aux moyens de recevoir les honneurs divins. Il ne voulait pas seulement qu'on l'appelât, mais bien qu'on le crût fils de Jupiter[5], comme s'il

1. Son mariage avec Roxane contribua certainement à éloigner d'Alexandre l'aristocratie macédonienne.

2. Encore une de ces liaisons extrêmement vagues, comme Quinte-Curce les affectionne à l'excès. D'après Arrien, c'est de Bactres qu'Alexandre donne ses ordres (printemps 327).

3. Prince de Parétacène, signalé aussi par Arrien 4, 22, mais inconnu autrement.

4. Région inconnue.

5. Une des raisons pour lesquelles Alexandre désirait la divinisation, est que Cyrus l'Ancien, qu'il admirait, avait été divinisé.

V. [1]Ceterum Indiam et inde Oceanum petiturus, ne quid a tergo, quod destinata inpedire posset, moueretur, ex omnibus prouinciis XXX milia iuniorum legi iussit et ad se armata perduci, obsides simul habiturus et milites. [2]Craterum autem ad persequendos Haustanen et Cat*a*nen, qui ab ipso defecerant, misit; quorum Haustanes captus est, Catanes in proelio occisus. Pol*y*percon quoque regionem, quae Bubacen*e* appellatur, in dicionem redegit. Itaque omnibus conpositis cogitationes in bellum Indicum uertit. [3]Diues regio habebatur non auro modo, sed gemmis quoque margaritisque, ad luxum magis quam ad magnificentiam exculta. [4]Periti militares auro et ebore fulgere dicebant. Itaque, necubi uinceretur, cum ceteris praestaret, scutis argenteas lamnas, equis frenos aureos addidit, loricas quoque alias auro, alias argento adornauit; CXX milia armatorum erant, quae regem ad id bellum sequebantur. [5]Iamque omnibus praeparatis *ratus*, quod olim praua mente conceperat, tunc esse maturum, quonam modo caelestes honores usurparet coepit agitare. Iouis filium non dici tantum se, sed etiam credi uolebat, tamquam perinde animis imperare posset ac linguis, [6]*iussit*que more Persarum Macedonas uenerabundos ipsum salutare, prosternentes humi corpora. Non deerat talia concupiscenti perniciosa adulatio, per-

V, 1-4 ; Cf. ; Arr. 4, 22.

V, 5-24 : Cf. Plut. Alex. 53 ; Arr. 4, 9-12.

V, 1 prouinciis Σ : prouintiis *P* ‖ milia *om.B* ‖ 2 autem *P* : *om.*Σ ‖ Catanen *Kinch* : Catenen *codd.* ‖ catanes *P*: Catenes Σ. ‖ Polypercon *I* : polipercon *codd.* ‖ Bubacene *Froben* : bubacenen *codd.* ‖ dicionem *B*c*L*c*M* : ditionem *P,BFLV* ‖ indicum Σ : indic*um *P* ‖ 3 ad *P*c,Σ : ab *P* ‖ 4 ebore *M* : ebure *codd.* ‖ lamnas *P* : laminas Σ ‖ alias argento Σ : alios argento *P* ‖ milia *om.P* ‖ 5 praeparatis ratus *Freinsheim* : praeparatis *codd.* ‖ esse *P,BFLM* : est *V* ‖ 6 iussitque *Jeep* : itaque *codd.* ‖ perniciosa Σ : pernitiosa *P*.

pouvait commander aux âmes aussi bien qu'aux langues, et il ordonna que, tout comme des Perses, les Macédoniens le saluassent en l'adorant prosternés contre terre[1]. Son vif désir de ce genre d'honneurs était secondé par la funeste adulation, cet éternel fléau des rois, dont la ruine est due plus souvent à la flatterie qu'à l'ennemi. Et ici, les coupables n'étaient pas les Macédoniens (car aucun d'eux ne supporta la moindre atteinte aux coutumes nationales), mais les Grecs, dont les mauvaises mœurs avaient avili la dignité de la culture qu'ils revendiquaient.

Un Argien, nommé Agis[2], le plus pieux compositeur de poèmes après Choérilus[3], un Sicilien, Cléon[4], flatteur lui par vice naturel mais aussi national, et d'autres rebuts de leurs cités, qui étaient préférés par le roi à ses proches mêmes et aux généraux des plus grandes armées, ces gens-là lui ouvraient le ciel et racontaient qu'Hercule, Liber le Vénérable et Castor avec Pollux[5] le céderaient à la nouvelle divinité. Donc, un jour de fête, le roi fait préparer un banquet aussi somptueux que possible, pour y convier, en plus de ses principaux amis macédoniens

1. Sur la proskynèse, cf. t. I, p. 183, n. 1. Ajoutons que, en tant que fils d'Hammon (*Iouis filium*), Alexandre avait donné auprès des Grecs à son autorité un couronnement religieux. Vis-à-vis des Iraniens, la proskynèse le désignait comme l'élu de dieu, participant de la puissance infinie et illimitée qui est l'apanage d'Ormuzd. Ici encore, la pensée d'Alexandre est d'ordre politique. D'ailleurs il se peut que l'importance accordée à sa divinisation par Alexandre ait été amplifiée par la politique des Lagides, surtout de Ptolémée II, qui fit beaucoup pour le culte des princes régnants (Cf. Nock, *Notes on ruler-cult, dans J.H. st.*, 1928, p. 21 sq).

2. Sur lui, Arrien (4, 9, 9) et Plutarque (*De adult. et am.*, 18) ne nous renseignent pas mieux que Quinte-Curce. Mais il n'y a pas de raison pour changer en *pessimorum* le *piissimorum* des mss. Vraisemblablement auteur d'hymnes, Agis se sentait tout désigné pour chanter le nouveau dieu : Alexandre.

3. Poète qui suivit Alexandre en Orient, et dont le talent était médiocre.

4. Originaire de Syracuse. Peut-être se confond-il avec l'auteur du traité περί λιμένων.

5. La comparaison des mérites d'Alexandre avec ceux des Gémeaux avait échauffé les esprits dès le début du banquet où périt Clitus.

petuum malum regum, quorum opes saepius adsentatio quam hostis euertit. [7]Nec Macedonum haec erat culpa, — nemo enim illorum quicquam ex patrio more labare sustinuit, — sed Graecorum, qui professionem honestarum artium malis conruperant moribus.

[8]*Agis* quidam Argiuus, piissimorum carminum post Choerilum conditor, et ex Sicilia Cleo, — hic quidem non ingenii solum, sed etiam nationis uitio adulator, — et cetera urbium suarum purgamenta, quae propinquis etiam maximorumque exercituum ducibus a rege *prae*ferebantur, hi tum caelum illi aperiebant, Herculemque et Patrem Liberum et cum Polluce Castorem nouo numini cessuros esse iactabant. [9]Igitur festo die omni opulentia conuiuium exornari iubet, cui non Macedones modo et Graeci principes amicorum, sed etiam *hostium* nobiles adhiberentur. Cum quibus cum discubuisset rex, paulisper epulatus conuiuio egreditur. [10]Cleo, sicut praeparatum erat, sermonem cum admiratione laudum eius instituit; merita deinde percensuit, quibus uno modo referri gratiam posse, si, quem intellegerent deum esse, confiterentur exigua turis inpensa tanta beneficia pensaturi. [11]Persas quidem non pie solum, sed etiam prudenter reges suos inter deos colere : maiestatem enim imperii salutis esse tutelam. Ne

7 labare Σ : libere *P*, libare *Palmer*, laxare (*siue* relaxare) *Cornelissen* ‖ corruperant Σ : coruperant *P* ‖ **8** Agis *Alde* : hages *codd.* ‖ quidam Σ : quidem *P* ‖ piissimorum *codd.* : pessimorum *Lauer*, *edd.*, putidissimorum *Walter* ‖ Choerilum *L‘B*^{c}*MV* : choerillum *P* coherilum *FL* ‖ nationis *P,BFL*^{c}*MV* : nationes *L* ‖ uitio *FL*^{c} : uitium *P,BL* uicium *MV* ‖ praeferebantur *edd.* : ferebantur *codd.*, inserebantur *Hedicke* ‖ **9** conuiuium *P,BL*^{c}*M* : conuuium *FLV* ‖ hostium nobiles *Hedicke* : nobiles *codd.*, indigenae nobiles *Walter* ‖ adhiberentur *P,BFLM* : adiberentur *V* ‖ **10** sermonem Σ : sermone *P*.

et grecs, l'aristocratie des ennemis. Il s'installa parmi eux, mais, après un bref repas, il quitte le festin. Cléon, selon un plan préétabli, se lança dans un discours admiratif sur les mérites du roi ; puis, il passa en revue ses bienfaits, dont on ne pouvait le remercier qu'en reconnaissant publiquement en lui une divinité qui ne leur échappait pas : au prix d'un peu d'encens, ils s'acquitteraient de si grands mérites. Si les Perses adoraient leurs rois au nombre des dieux, ce n'était pas piété seulement, mais sagesse[1] ; car la majesté du pouvoir garantissait le salut individuel. Hercule même et Liber le Vénérable n'avaient pas eu la consécration divine avant d'avoir vaincu la jalousie des hommes de leur temps[2] : à propos de chacun, la postérité ne croyait qu'autant qu'elle avait la garantie des contemporains. Si tous les autres hésitent, lui seul, quand le roi entrera au festin, il se prosternera à ses pieds : « mais les autres devaient l'imiter, et d'abord ceux qui avaient la sagesse en partage : à eux en effet de montrer l'exemple d'un culte adressé au roi[3] ».

Fort ouvertement, ce discours visait Callisthène. Le sérieux de l'homme et sa franchise décidée étaient mal vus du roi, comme si, seul, il retardait les Macédoniens prêts à une telle flatterie[4]. Alors, dans le silence, et sous les regards de tous qui se concentraient sur lui, Callisthène dit : « Si tu avais parlé en présence du roi, on n'aurait à coup sûr besoin de personne pour te répondre ; lui-même,

1. Les Grecs prêtaient aux Perses la coutume de diviniser tous leurs rois dès leur vivant ; cf. *schol. Eschyl. ad Pers.* 157 : τοὺς βασιλεῖς θεοὺς καλοῦσιν οἱ Πέρσαι. Ce point de vue est inexact.

2. Le désir de s'identifier à Dionysos a été de plus en plus violent chez Alexandre.

3. Thèse de l'apothéose royale. Elle renforce celle de la monarchie de droit divin, soutenue par Anaxarque d'Abdère.

4. Il est vraisemblable que Callisthène, qui avait tant fait pour hausser Alexandre au-dessus du niveau humain, s'indignait non de la déification, mais de ce qu'elle eût lieu sans la sanction de l'oracle de Delphes. Callisthène était essentiellement un adversaire de la proskynèse en tant que forme d'un rituel barbare, qui rabaissait les Grecs au niveau des vaincus.

Herculem quidem et Patrem. Liberum prius dicatos deos, quam uicissent secum uiuentium inuidiam : tantum de quoque posteros credere, quantum praesens aetas spopondisset. [12]Quod si ceteri dubitent, semetipsum, cum rex inisset conuiuium, prostraturum humi corpus ; debere idem facere ceteros, et in primis sapientia praeditos : ab illis enim cultus in regem exemplum esse prodendum.

[13]Haud perplexe in Callisthenen dirigebatur oratio. Grauitas uiri et prompta libertas inuisa erat regi, quasi solus Macedonas paratos ad tale obsequium moraretur. [14]Is tum silentio facto unum illum intuentibus ceteris : « Si rex », inquit, « sermoni tuo adfuisset, nullius profecto uox responsuri tibi desideraretur ; ipse enim peteret ne in peregrinos externosque ritus degenerare se cogeres, neu rebus felicissime gestis inuidiam tali adulatione contraheres. [15]Sed quoniam abest, ego tibi pro illo respondeo : nullum esse eundem et diuturnum et praecoquem fructum ; caelestesque honores non dare *te* regi, sed auferre. Interuallo enim opus est ut credatur deus, semperque hanc gratiam magnis uiris posteri reddunt. [16]Ego autem seram inmortalitatem precor regi, et ut uita diuturna sit et aeterna maiestas. Hominem consequitur aliquando, nunquam comitatur diuinitas. [17]Herculem modo et Patrem Liberum consecratae inmortalitatis exempla referebas. Credisne illos unius conuiuii decreto deos

11 tantum de *P* : tantundem Σ ‖ **12** semetipsum *P,BLMV* : semedipsum *F* ‖ prostraturum *P,BFMV* : postraturum *L* ‖ ab illis *P,BFL*[c] *MV* : adilis *L* ‖ **13** Callisthenen Σ : callesthenen *P* ‖ **14** silentio Σ : silentium *P* ‖ intuentibus *P,BFLM* : interuentibus *V* ‖ externosque ritus *FLV* : ritus externosque *P* ritus *BM* ‖ **15** nullum *P,BFLM* : nullu *V* ‖ te *Lauer* : se *codd.* ‖ auferre Σ : offerre *P* ‖ posteri *P,BFLM*[c]*V* : poteri *M* ‖ **16** et ut *codd.* : ut et *Modius* ‖ diuinitas *P,BFMV* : diuinutas *L* ‖ **17** referebas *P*[c],Σ : refrebas *P* ‖ credisne Σ : credesne *P*.

en effet, il te demanderait de ne pas le contraindre à s'avilir en des coutumes importées et étrangères et, par ce genre d'adulation, de ne pas attirer la haine sur le rare bonheur de ses actes. Mais, en son absence, je te réponds, moi, à sa place : il n'y a pas de fruit à la fois durable et précoce; et les honneurs célestes, tu ne les donnes pas au roi, tu les lui ôtes. Car il faut du temps pour qu'on admette une divinité, et toujours c'est la postérité qui rend aux grands hommes ce témoignage de reconnaissance. Pour ma part, je souhaite au roi une immortalité tardive, et que sa vie soit longue et sa majesté éternelle. La divinisation suit quelquefois la vie d'un homme, mais jamais ne va de pair avec elle. A l'instant, tu nous citais Hercule et Liber le Vénérable comme exemples d'une immortalité octroyée. Crois-tu qu'ils sont devenus dieux par l'unique décision d'un banquet ? La Nature les a écartés de la vue des mortels avant que la renommée les élevât au ciel. Allons donc ! toi et moi, Cléon, nous faisons des dieux ! c'est nous qui allons octroyer au roi la garantie de sa divinité ! Il me plaît d'éprouver ta puissance : fais donc quelqu'un roi, toi, qui peux faire un dieu. Il est donc plus facile de donner le ciel que l'Empire ? Puissent les dieux favorables avoir entendu sans jalousie les paroles de Cléon, et permettre aux événements de suivre le cours qui, jusqu'ici, les a portés. Qu'ils veuillent que nos coutumes nous suffisent ! Je ne rougis pas de ma patrie, et je n'ai pas de leçons à recevoir des vaincus sur la manière dont je dois, moi, honorer mon roi ; je leur abandonne la victoire, si c'est d'eux que nous tenons les lois qu'il nous faut observer. » L'auditoire écoutait favorablement Callisthène comme le champion de la liberté publique[1]. Outre l'adhésion muette, il avait suscité des paroles d'approbation, surtout de la part des anciens, à qui il était pénible de changer leurs

1. *Publicae libertatis* : concept romain.

factos ? Prius ab oculis mortalium amolita Natura est, quam in caelum Fama perueheret. [18]Scilicet ego et tu, Cleo, deos facimus ! a nobis diuinitatis suae auctoritatem accepturus est rex ! Potentiam tuam experiri libet : fac aliquem regem, si deum potes facere. Facilius est caelum dare quam imperium ? [19]Di propitii sine inuidia, quae Cleo dixit, audierint eodemque cursu, quo fluxere adhuc res, ire patiantur. Nostris moribus uelint nos esse contentos. Non pudet patriae, nec desidero, ad quem modum rex mihi colendus sit, discere *a uictis* ; [20]quos equidem uictores esse confiteor, si ab illis leges, quis uiuamus, accipimus. » Aequis auribus Callisthenes ueluti uindex publicae libertatis audiebatur. Expresserat non adsensionem modo, sed etiam uocem, seniorum praecipue, quibus grauis erat inueterati moris externa mutatio. [21]Nec quicquam eorum, quae inuicem iactata erant, rex ignorabat, cum post aulaea, quae lectis obduxerat, staret. Igitur ad *Agin* et Cleonem misit, ut sermone finito Barbaros tantum, cum intrasset, procumbere suo more paterentur ; et paulo post, quasi potiora quaedam egisset, conuiuium repetit. [22]Quem uenerantibus Persis Pol*y*percon, qui cubabat super regem, unum ex his mento contingentem humum per ludibrium coepit hortari ut uehementius id quateret ad terram ; elicuitque iram Alexandri, quam olim animo capere non poterat. [23]Itaque rex :

factos *P*^c,Σ : factus *P* (*ut uid.*) || **19** di *BFL* : dii *P,MV* || propitii *LBM* : propicii *P,FV* || inuidia *P*^c,Σ : muidia *P* || fluxere *P*^c,Σ : flixere *P* || patiantur *BFL*^c*M* : paciantur *P,LV* || discere a uictis *Hedicke, edd.* : discere *codd.* || **20** quis *P,BFLM* : quas *V* || Callisthenes *BM* : callesthenes *P* callistenes *FLV* || **21** aulaea *P,B*^c*FLM* : alea *B* || lectis *codd.* : lectos *B*^c || Agin *Alde* : hagen *codd.* || sermone *P*^c,Σ : sermo *P* || **22** Polypercon *I* : polipercon *codd.* || his Σ : iis *P* || humum *P,BFLM* : umum *V*.

habitudes pour adopter une coutume étrangère. Or le roi n'ignorait aucun des arguments, qui s'étaient affrontés, car il était là, derrière le rideau dont il avait fait entourer les lits. D'où ce message à Agis et à Cléon : l'entretien terminé, ils laisseraient les seuls Barbares se prosterner selon leur coutume nationale, quand il entrerait ; et peu après, comme s'il venait de régler des affaires d'un intérêt supérieur, il regagna le festin. Comme les Perses l'adoraient, Polypercon qui avait la place au-dessus du roi, se moqua de l'un d'eux, dont le menton touchait la terre et l'exhorta à heurter le sol avec plus de force ; il provoqua la colère qu'Alexandre, depuis longtemps, était incapable de contenir. « Toi donc, lui dit Alexandre, tu ne m'adores pas ? à toi seul nous paraissons mériter la raillerie ? » Polypercon répondit que ni le roi ne méritait la raillerie ni lui le mépris. Le roi alors l'arrache de son lit, le jette à terre ; et comme l'autre était tombé sur le visage : « Eh bien, dit-il, tu as fait exactement ce dont tu viens de rire à propos d'autrui. » Et, après avoir donné ordre de l'emprisonner, il mit fin au banquet.

VI. En vérité, Polypercon finit, après une longue punition, par obtenir son pardon ; mais, envers Callisthène, que son esprit de résistance avait, depuis longtemps, rendu suspect, la colère d'Alexandre fut plus tenace. L'occasion de la satisfaire s'offrit sans retard. C'était, comme nous l'avons dit ci-dessus, une coutume de l'aristocratie macédonienne de remettre au roi ses fils au moment de leur formation, pour des fonctions assez peu dissemblables de ce que les esclaves ont à faire[1]. Ils montaient la garde, la nuit, par roulement, à la porte de la demeure où le roi reposait ; c'est eux qui introduisaient les concubines par une autre entrée que celle où se trouvait le poste militaire. Ils recevaient les chevaux des mains des

1 Cette institution remonte à Philippe. Ces βασιλικοί παῖδες appartenaient à la haute noblesse ; ils arrivaient à la cour entre 13 et 15 ans, et s'occupaient de la θεραπεία βασιλέως.

« Tu autem », inquit, « non ueneraberis me ? An tibi uni digni uidemur esse ludibrio ? » Ille nec regem ludibrio nec se contemptu dignum esse respondit. [24]Tum detractum eum lecto rex praecipitat in terram ; et, cum is pronus corruisset : « Videsne », inquit, « idem te fecisse, quod in alio paulo ante ridebas ? » Et tradi e*o* in custodiam iusso, conuiuium soluit.

VI. [1]Polyperconti quidem postea castigato diu ignouit ; in Callisthenen olim contumacia suspectum peruicacioris irae fuit. Cuius explendae matura obuenit occasio. [2]Mos erat, ut supra dictum est, principibus Macedonum adultos liberos regibus tradere ad munia haud multum seruilibus ministeriis a*b*horrentia. [3]Excubabant seruatis noctium uicibus proximi foribus eius aedis, in qua rex adquiescebat ; per hos pelices introducebantur alio aditu, quam quem armati obsidebant. [4]Idem acceptos ab agasonibus equos, cum rex ascensurus esset, admouebant ; comitabanturque et uenantem et in proeliis omnibus artibus studiorum liberalium exculti. [5]Praecipuus honor habebatur, quod licebat sedentibus uesci cum rege. Castigandi eos uerberibus nullius potestas praeter ipsum erat. [6]Haec cohors uelut seminarium ducum praefectorumque apud Macedonas fuit ; hinc habuere posteri reges, quorum stirpi post multas aetates Romani opes ademerunt.

VI-VIII : Cf. Plut. Alex. 54-55 ; Arr. 4, 13-14.

23 ueneraberis B^cFLMV : uenerabaris *P* ueraberis *B* || 24 is Σ : iis *P* || te *om.P* || eo P^c : eum *codd.*

VI, 1 Polyperconti *BLV* : poliperconti *P,FM* || castigato *codd.* : custodito *Kinch, edd.* || peruicacioris *BFLV* : peruicatioris *P,M* || 2 principibiis Σ : princibus *P* || abhorrentia B^cL^c : adhorrentia *codd.* || 3 introducebantur P,B^cFLMV : introducebatur *B* || quam Σ : qua *P* || 5 nullius *codd.* : nulli *Damste, Stangl* || 6 seminarium P^c,B^cM : seminarum *P,BFLV* || stirpi post *P* : stirpibus Σ || Romani *P,BFLV* : romanae B^cM.

palefreniers, et les approchaient du roi quand il allait monter ; ils l'accompagnaient aussi à la chasse, au combat, car ils possédaient à fond tous les arts de chevalerie. On considérait comme leur privilège essentiel le droit de manger, assis, avec le roi. Lui seul, il avait le pouvoir d'user contre eux de châtiments physiques. Leur corps a constitué chez les Macédoniens une sorte de pépinière d'officiers et de préfets ; de là provinrent plus tard ces rois, dont la descendance, bien des années après, disparut devant la puissance de Rome.

Or, comme Hermolaüs[1], enfant de grande famille, qui appartenait au corps des pages royaux, avait atteint le premier un sanglier que le roi avait l'intention de tuer, il fut fouetté sur son ordre ; fort sensible à cette humiliation il alla pleurer auprès de Sostrate[2]. Celui-ci appartenait au même corps, et avait pour lui une passion ardente. Voyant déchiré un être pour lequel il se mourait d'amour, et ayant peut-être quelque autre raison ancienne d'en vouloir au roi, après engagements réciproques il poussa le jeune homme, déjà spontanément irrité, à comploter avec lui l'assassinat du roi. Et ils menèrent leur affaire sans enfantine irréflexion, car ils choisirent avec habileté ceux qu'ils s'adjoindraient pour leur crime. Ils élurent comme complices Nicostrate[3], Antipater[4], avec Asclépiodore[5] et Philotas[6] ; par leur intermédiaire, ils recrutèrent Anticlès[7], Elaptonius[8] et Epiménès[9]. Mais,

1. Fils d'un officier de la cavalerie des hétaires, Sopolis.
2. Fils d'Amyntas ; de très noble famille macédonienne.
3. Inconnu autrement.
4. Fils d'Asclépiodoros, qu'Alexandre avait préposé à la satrapie de Syrie.
5. Inconnu autrement.
6. Fils du Thrace Karsis.
7. Fils de Théocritos.
8. Inconnu autrement. Le nom donné par les Mss. semble corrompu ; mais la restitution de Hedicke *Aphtonius* est discutable.
9. Fils d'Arséas. D'après Quinte-Curce, c'est sa trahison qui fit échouer le complot.

7 Igitur Hermolaus, puer nobilis ex regia cohorte, cum aprum telo occupasset, quem rex ferire destinauerat, iussu eius uerberibus adfectus est ; quam ignominiam aegre ferens deflere apud Sostratum coepit. 8 Ex eadem cohorte erat Sostratus, amore eius ardens. Qui cum laceratum corpus, in quo deperibat, intueretur, forsitan olim ob aliam quoque causam regi infestus, iuuenem sua sponte iam motum data fide acceptaque perpulit, ut occidendi regem consilium secum iniret. 9 Nec puerili impetu rem executi sunt : quippe sollerter legerunt, quos in societatem sceleris adsciscerent. Nicostratum, Antipatrum Asclepiodorumque et Ph*i*lotan placuit adsumi ; per hos adiecti sunt Anticles, Elaptonius et E*pi*m*e*nes. 10 Ceterum agendae rei haud sane facilis patebat uia : opus erat eadem omnis coniuratos nocte excubare, ne ab expertibus consilii inpedirentur ; forte autem alius alia nocte excubabat. 11 Itaque in permutandis stationum uicibus ceteroque apparatu exequendae rei XXX et duo dies absumpti sunt. 12 Aderat nox, qua coniurati excubare debebant, mu*tu*a fide laeti, cuius documentum tot dies fuerant : neminem metus spesue mutauerat ; tanta omnibus uel in regem ira uel fides inter ipsos fuit ! 13 Stabant igitur ad fores aedis eius, in qua rex uescebatur, ut conuiuio egressum in cubiculum deducerent. 14 Sed fortuna ipsius simulque epulantium comitas prouexit omnes ad

7 cohorte Σ : quohorte *P* ‖ aprum Σ : prum *P* ‖ **9** sollerter *B*c*M* : solerter *P,BFLV* ‖ adsciscerent *edd.* : adscisserent *P* ascisserent *BFLV* asciscerent *B*c aciscerent *M* ‖ Antipatrum *B*c*M* : anticipatrum *P,BFLV* ‖ Philotan *P,BLV* : phylotan *FM* ‖ Elaptonius Σ : elapthonius *P* et Aphtonius *Hedicke* ‖ Epimenes *Alde* : ephimanes *codd.* ‖ **10** haud *P*c*,BFL*c*MV* : haut *P* hau *L* ‖ eadem *P*c,Σ : edem *P* ‖ expertibus Σ : experitis *P* experitibus *P*c ‖ **11** in permutandis *P* : intermutandis Σ ‖ **12** mutua *Giunta* : multa *codd.* ‖ **13** aedis *B*c*M* : sedis *P,BFLV* ‖ ut *P,BFLM* : et *V*.

pour réaliser leur dessein, la route qui s'ouvrait à eux n'était pas facile : il fallait que, la même nuit, tous les conjurés fussent de garde, de façon à ne pas être entravés par des gens étrangers au projet ; or le hasard voulait qu'ils eussent à veiller alternativement. Ils perdirent donc trente-deux jours à modifier le tour de garde, et à mettre au point le reste des préparatifs. Enfin arrivait la nuit où les conjurés devaient être de garde ensemble ; ils étaient heureux de leur loyauté réciproque, dont tant de jours avaient apporté la preuve : la crainte ni l'espoir n'avaient transformé aucun d'eux ; si grande fut chez tous ou la haine envers le roi ou la loyauté des uns pour les autres ! Ils étaient donc debout à la porte de l'appartement où le roi dînait, afin de le ramener dans sa chambre à sa sortie du festin. Mais le bonheur du roi, en même temps que la gaieté des convives, amena tout le monde à de plus généreuses libations ; puis les « jeux de la table » firent durer le repas : les conjurés tantôt se félicitaient de ce que le roi serait assoupi au moment de l'agression, tantôt s'inquiétaient, par crainte que le festin ne traînât jusqu'au jour. Car, à l'aube, d'autres devaient prendre la garde à leur place, leur tour à eux ne revenant que dans huit jours ; et ils ne pouvaient espérer que tous resteraient fidèles jusqu'à ce moment-là.

Mais, comme le jour paraissait déjà, le banquet prend fin ; le roi se remit aux mains des conjurés joyeux que l'occasion s'approchât de perpétrer le crime ; c'est alors qu'une femme, d'esprit, à ce qu'on crut, prophétique[1], et qui vivait constamment chez le roi — car on croyait qu'une force lui faisait prédire l'avenir — non seulement croisa Alexandre qui s'en allait, mais lui barra le passage ; son regard et ses yeux trahissaient son agitation inté-

1. *Attonita* équivaut au gr. ἐνθουσιάζουσα, et ne comporte aucune nuance péjorative. Nous avons ici le seul exemple, attesté en prose, d'un emploi dont Virgile paraît le créateur : *Aen.*, 7, 580 : *attonitae Baccho nemora auia matres insultant thiasis.*

largius uinum; ludi etiam conuiuales extraxere tempus, nunc laetantibus coniuratis quod sopitum adgressuri essent, nunc sollicitis, ne in lucem conuiuium extraheret. [15]Quippe alios in stationem oportebat prima luce succedere, ipsorum post septimum diem reditura uice; nec sperare poterant in illud tempus omnibus duraturam fidem.

[16]Ceterum cum iam lux adpeteret, et conuiuium soluitur et coniurati exceperunt regem, laeti occasionem exequendi sceleris admotam, cum mulier attonitae, ut creditum est, mentis conuersari in regia solita, quia instinctu uidebatur futura praedicere, non occurrit modo abeunti, sed etiam semet obiecit; uultuque et oculis motum praeferens animi, ut rediret in conuiuium monuit. [17]Et ille per ludum bene deos suadere respondit; reuocatisque amicis in horam diei ferme secundam conuiuii tempus extraxit. [18]Iam alii ex cohorte in stationem successerant, ante cubic*u*li fores excubituri; adhuc tamen coniurati stabant, uice officii sui expleta: adeo pertinax spes est, quam humanae ment*e*s deuorauerunt. [19]Rex benignius quam alias adlocutus discedere eos ad curanda corpora, quoniam tota nocte perstitissent, iubet. Data singulis L sestertia, conlaudat*iq*ue, quod etiam aliis tradita uice tamen excubare perseuerassent. [20]Illi tanta spe destituti domos abeunt; et ceteri quidem expectabant stationis suae noctem:

14 ludi *P,B^{c}FLMV* : lu *B* ‖ sollicitis Σ : solicitis *P* ‖ **15** septimum *M^{c},I* : VII *codd.* ‖ duraturam *P,B^{c}FLMV* : duram *B* ‖ **16** praedicere *P,B^{c}FLMV* : praedicare *B* ‖ oculis *P,BFMV* : occulis *L* ‖ monuit Σ : mouit *P* ‖ **17** horam Σ : oram *P* ‖ **18** successerant *P,BFLM* : successerat *V* ‖ cubiculi *I* : cubili *codd.* ‖ mentes *I* : mentis *codd.* ‖ **19** adlocutus *P,BFMV* : adlocututus *L* ‖ quoniam *BFLV* : quam *P,M* ‖ sestertia *P,BLV* : sestercia *FM* ‖ conlaudatique *Froben* : conlaudatisque *codd.* ‖ **20** stationis *P,BFLM* : stacionis *V*.

rieure, et elle lui conseilla de retourner au festin. Lui, pour plaisanter, il répondit que les dieux lui donnaient un bon conseil et, rappelant ses amis, il allongea le festin jusqu'aux environs de la deuxième heure du jour. Déjà c'était le tour d'autres factionnaires du corps des pages ; ils allaient prendre la garde à la porte de la chambre ; pourtant les conjurés restaient à leur place, bien que leur service fût terminé : si opiniâtre est l'espoir, quand l'esprit humain s'en est repu. Le roi, avec des paroles plus bienveillantes que jamais, les invita à aller se reposer, puisqu'ils avaient passé toute la nuit debout. Chacun d'eux reçut cinquante sesterces, et ils furent félicités d'avoir continué à veiller, même après leur tour. Eux, déçus dans leur grand dessein, ils rentrent chez eux ; et tous attendaient la nuit où ils seraient de garde : seul Epiménès, subitement transformé par l'amabilité avec laquelle le roi l'avait distingué, lui, parmi les conjurés, ou encore parce qu'il croyait que les dieux faisaient obstacle au projet, découvrit ce qui se tramait à son frère Euryloque[1], que, jusqu'alors, il avait voulu exclure de la conjuration. Tous avaient devant les yeux le supplice de Philotas. Aussi Euryloque se saisit-il immédiatement de son frère ; il arrive à la tente du roi, réveille les gardes du corps, affirme que ce qu'il apporte intéresse la sécurité du roi. Le moment auquel ils étaient arrivés, leurs visages qui reflétaient l'agitation de leur cœur, le chagrin de l'un des deux frères alarmèrent Ptolémée et Léonnatus qui veillaient au seuil de la chambre. Aussi, ouvrant les battants et apportant de la lumière, ils réveillent le roi alourdi par le vin et le sommeil. Reprenant peu à peu ses esprits, il leur demanda quelle nouvelle ils apportaient. Sans tergiverser, Euryloque lui dit que sa maison n'est pas complètement abandonnée

1. Euryloque serait fils de Ménandre, qui fut satrape de Lydie. D'après Arrien, il aurait eu pour frère non pas Epiménès, mais Chariclès, qui lui aurait découvert le complot.

Epimenes siue comitate regis, qua ipsum inter coniuratos exceperat, repente mutatus, siue quia *co*eptis deos obstare credebat, fratri suo Eur*y*locho, quem antea expertem esse consilii uoluerat, quid pararetur aperit. [21]Omnibus Philotae supplicium in oculis erat. Itaque protinus inicit fratri manum, et in regiam peruenit : excitatisque custodibus corporis, ad salutem regis pertinere quae adferret adfirmat. [22]Et tempus, quo uenerant, et uultus haud sane securi animi index et maestitia e duobus alterius P*to*lom*a*eum ac Leonnatum excubantes ad cubiculi limen excitauerunt. Itaque apertis foribus et lumine inlato sopitum mero ac somno excitant regem. Ille, paulatim mente collecta, quid adfe*r*rent interrogat. [23]Nec cunctatus Eur*y*lochus non ex toto domum suam auersari deos dixit, quia frater ipsius, quamquam impium facinus ausus foret, tamen et paenitentiam eius ageret, et per se potissimum profiteretur indicium : in eam ipsam noctem, quae decederet, insidias conparatas fuisse ; a*u*ct*o*res scelesti consilii esse, quos minime crederet rex.

[24]Tum Epimenes cuncta ordine consciorumque nomina exponit. Callisthenen non ut participem facinoris nominatum esse constabat, sed solitum puerorum sermonibus uituperantium criminantiumque regem faciles aures praebere. [25]Quidam adiciunt, cum Hermolaus apud eum quoque uerbe-

comitate *P,BFLM* : comitare *V* ‖ coeptis *B*[c]*,I* : coepit *P* ceptis Σ ‖ Eurylocho *Cospus* : eurilocho *codd.* ‖ **21** Philotae *P,BLM* : phylotae *FV* ‖ supplicium Σ : subplicium *P* ‖ **22** Ptolomaeum *Hedicke* : ptholomeum *codd.* pitholomeum *P*[c] ‖ adferrent *I* : adferent *P* afferent Σ ‖ **23** Nec *P* : ne Σ ‖ Eurylochus *Cospus* : eurilochus *codd.* ‖ decederet *BFLMV*[c] : detegeret *P* dederet *V* ‖ auctores *Lauer* : acturos *codd.* ‖ **24** Epimenes *P*[c],Σ : epiemenes *P* ‖ Callisthenen *P,BM* : callistenen *FLV*.

des dieux, puisque son frère, qui pourtant avait osé un crime impie, en manifestait le repentir et avait choisi son intermédiaire pour une révélation spontanée : un complot avait été organisé pour la nuit qui venait de finir ; ce projet criminel avait pour auteurs ceux que le roi suspectait le moins.

Alors Epiménès révèle l'affaire point par point, ainsi que les noms des conjurés. A coup sûr, Callisthène n'avait pas été indiqué comme complice du crime, mais il était certain qu'il prêtait une oreille complaisante aux critiques et aux griefs formulés par les jeunes gens contre le roi, au cours de leurs conversations. Certains ajoutent[1] qu'entendant Hermolaüs se plaindre à lui des coups reçus Callisthène les avait invités à se rappeler qu'ils étaient déjà des hommes ; on ne peut préciser si ces paroles visaient à consoler des coups endurés, ou à exciter la rancœur des jeunes gens. Alexandre, qui avait secoué le sommeil de son corps et de son esprit, évoqua l'image du grand péril auquel il avait échappé, et immédiatement il gratifia Euryloque de cinquante talents et de l'opulente fortune d'un nommé Tiridate[2]; et il n'attendit pas qu'il l'en priât pour lui accorder la grâce de son frère. Quant aux auteurs du forfait, y compris Callisthène, il ordonne qu'on les garde enchaînés. Une fois qu'on les eut conduits dans sa tente, il passa la journée entière et la nuit suivante, alourdi par le vin et les veilles, à se reposer. Le lendemain, il réunit un conseil nombreux, auquel participaient les pères et les proches des inculpés, peu sûrs eux-mêmes de leur salut : car la coutume macédonienne exigeait leur mise à mort, vu qu'elle vouait à la peine capitale tous les individus qui, par le sang, se trouvaient toucher aux conjurés. Le roi fit introduire les accusés, à l'exception de Callisthène ; sans hésiter, ils reconnurent leurs

1. La tradition est vague et contradictoire. Il n'est pas sûr que le complot des pages ait eu le moindre caractère politique.
2. Inconnu autrement.

ratum se a rege quereretur, dixisse Callisthenen meminisse debere eos iam uiros esse ; idque ad consolandam patientiam uerberum an ad incitandum iuuenum dolorem dictum esset, in ambiguo fuisse. [26]Rex animi corporisque sopore discusso, cum tanti periculi quo euaser*a*t imago oculis oberraret, Eur*y*lochum L talentis et cuiusdam Tyridatis opulentis bonis protinus donat fratremque, antequam pro salute eius precaretur, restituit. [27]Sceleris autem auctores, interque eos Callisthenen, uinctos adseruari iubet. Quibus in regiam adductis, toto die et nocte proxima mero ac uigiliis grauis adquieuit. [28]Postero autem frequens consilium adhibuit, cui patres propinquique eorum, de quibus agebatur, intererant, ne de sua quidem salute securi : quippe Macedonum more perire debebant omnium deuotis capitibus, qui sanguine contigissent *r*eos. [29]Rex introduci coniuratos praeter Callisthenen iussit, atque quae agitauerant sine cunctatione confessi sunt. [30]Increpantibus deinde uniuersis eos ipse rex, quo suo merito tantum in semet cogitassent facinus, interrogat.

VII. [1]Stupentibus ceteris Hermolaus : « Nos uero », inquit, « quoniam, quasi nescias, quaeris, occidendi te consilium in*i*imus, quia non ut ingenuis imperare coepisti, sed quasi in mancipia dominaris. »

25 quereretur *P,B*^{c}*FLMV* : quaereretur *B* || Callisthenen *BFLM* : callesthenen *P* callistenen *V* || meminisse *P,BFLM* : neminisse *V* || consolandam Σ : consulendam *P* || patientiam *BFLM* : pacientiam *P* pacienciam *V* || 26 euaserat *L*^{c} : euaserit *codd.* || Eurylochum *Cospus* : eurilocum *P* eurilochum Σ || Tyridatis *codd.* : tiridatis *Vogel* || 27 autem *om.P* || uinctos Σ : uictos *P* || 28 adhibuit *P,BFLM*^{c}*V* : fuit *M* || ne *P* : nec Σ || reos *Heinsius* : eos *codd.* || 29 Callisthenen *FM* : caelesthenen *P* calisthenen *BLV* || atque *P,BFMV* : adque *L* || cunctatione *P,BFM* : cunctacione *LV*.

VII, 1 iniimus *Kinch* : inimus *P* iniuimus Σ.

desseins. De toute part, on les prend à partie, et le roi en personne leur demande ce qu'il avait fait qui justifiât le crime monstrueux projeté par eux contre lui.

VII. Devant la stupeur de tous les autres, Hermolaüs parla : « Oui, puisque tu le demandes, comme si tu ne le savais pas, nous avons formé le projet de te tuer parce que tu as substitué, à une royauté sur des hommes libres, un despotisme sur des esclaves. » Alors, avant tout autre, son propre père, Sopolis, s'écriant qu'il assassine son père, se dresse et, lui mettant la main devant la bouche, affirme qu'il ne faut pas écouter plus longtemps un individu qu'égarent son crime et ses souffrances. Le roi arrête le père, et ordonne à Hermolaüs de répéter la leçon de son maître Callisthène.

« J'use, dit alors Hermolaüs, de ta bienveillance et je répète la leçon, celle de nos malheurs. Combien y a-t-il de Macédoniens qui survivent à ta cruauté ? combien ? j'entends : à l'exclusion de la populace. Attale, Philotas, Parménion, Alexandre Lynceste et Clitus, pour ce qui est de l'ennemi, ils vivent, se battent à leur rang, te protègent de leurs boucliers et reçoivent des blessures pour ta gloire, pour la victoire : tu les as merveilleusement récompensés. L'un a arrosé ta table avec son sang ; un autre eut à subir plusieurs morts ; des généraux de tes armées, placés sur le chevalet, ont servi de spectacle aux Perses, qu'ils avaient vaincus. Parménion, sans pouvoir se défendre, a été assassiné ; de sa main tu avais fait périr Attale : car, alternativement, tu utilises le bras de ces malheureux pour exécuter tes hautes œuvres[1]

1. Interprétation politique du complot. Quinte-Curce retrouve ici le thème des déclamations contre les tyrans. Le passage a d'ailleurs belle allure. D'autre part, les rhéteurs insistaient volontiers sur la « démesure » d'Alexandre ; cf. ces deux sujets de suasoires, transmis par Sénèque le Père : *Deliberat Alexander Magnus an Babylona intret, cum denuntiatum esset illi responso auguris periculum.* — *Deliberat Alexander an Oceanum nauiget* (cf. H. Bardon, *Quinte-Curce historien*, dans *Et. Class.*, 1947, p. 125-126).

[2]Primus ex omnibus pater ipsius Sopolis parricidam etiam parentis sui clamitans esse consurgit, et ad os manu obiecta scelere et malis insanientem ultra negat audiendum. [3]Rex, inhibito patre, dicere Hermolaum iubet, quae ex magistro didicisset Callisthene.

Et Hermolaus : « Vtor », inquit, « beneficio tuo, et dico quae nostris malis didici. [4]Quota pars Macedonum saeuitiae tuae superest ? quotus quidem non a uilissimo sanguine ? Attalus et Philotas et Parmenio et *Ly*ncestes Alexander et Clitus, quantum ad hostes pertinet, uiuunt, stant in acie, te clipeis suis protegunt, et pro gloria tua, pro uictoria uulnera excipiunt : [5]quibus tu egregiam gratiam retulisti. Alius mensam tuam sanguine suo adspersit ; alius ne simplici quidem morte defunctus est ; duces exercituum tuorum in eculeum inpositi Persis quos uicerant fuere spectaculo. Parmenio indicta causa trucidatus est, per quem Attalum occideras : [6]inuicem enim miserorum uteris manibus ad expetenda supplicia et, quos paulo ante ministros caedis habuisti, subito ab aliis iubes trucidari. »

[7]Obstrepunt subinde cuncti Hermolao ; pater supremum strinxerat ferrum, percussurus haud dubie, ni inhibitus esset a rege ; quippe Hermolaum

2 etiam *P,BFLM* : eciam *V* || ad os *P*c,Σ : dos *P* || 3 inhibito *P,BLMV* : inibito *F* || Callisthene *BFM* : calisthene *P,LV* ||
Vtor *PR,BFLMV*
inquit *P*,Σ : inquid *R* || 4 Macedonum *P*,Σ : macedonion *R* || saeuitiae *PR,BFM* : saeuiciae *LV* || a *codd.* : e *I, edd.* || Philotas *P,BV* : philotes *R* phylotas *FLM* || Parmenio *PR,B* : parmoenio *FLMV* || Lyncestes *I* : lincestes *R,B* linchestes *P,B*c*FLMV* || Clitus *R,L* : clytus *P,BFMV* || ad hostes *om.B, rest. corr.* || acie *PR,B*c*FLMV* : iacie *B* || clipeis *B*c*FLM* : clypeis *P,BV* clippeis *R* || protegunt Σ : te protegunt *PR* || excipiunt *PR,B*c*FLMV* : cxcipiunt *B* (*ut uid.*) || 5 sanguine suo adspersit *P*,Σ : aspersit sanguine suo *R* || ne *P*,Σ : nec *R* || Parmenio *PR,LV* : parmoenio *BFM* || per *codd.* : is per *Stangl* || 6 supplicia *PR,B*c*FLMV* : et supplicia *B* || 7 supremum Σ : suppremum *PR*, super eum *Hedicke, Cornelissen* || a rege *P*,Σ : agere *R*.

et, peu après t'être servi d'eux pour commettre tes crimes, tu les fais tout à coup assassiner par d'autres. »

Éclatent tout aussitôt des cris unanimes qui interrompent Hermolaüs ; son père avait tiré l'épée fatale, et sans aucun doute il allait le frapper, si le roi ne l'avait retenu ; il ordonna en effet à Hermolaüs de parler, et demanda qu'on l'entendît avec patience accroître les raisons qu'on avait de l'exécuter. Une fois le calme péniblement revenu, Hermolaüs reprit : « Que tu es généreux d'autoriser à se défendre des enfants sans expérience de la parole ! En revanche, une prison enferme la voix de Callisthène ; car il est le seul capable de parler. En effet pourquoi ne comparaît-il pas, quand on entend même ceux qui ont fait des aveux ? C'est que tu crains d'entendre la libre voix d'un innocent, et son regard t'est insoutenable. Or j'affirme qu'il n'a rien fait. Voici ceux qui, avec moi, ont eu ce projet magnifique : aucun ne saurait dire que Callisthène ait été notre complice, bien qu'il y ait longtemps que le plus juste, le plus compréhensif des rois ait résolu de le tuer. Voilà donc ta façon de récompenser les Macédoniens, dont tu prodigues le sang, marchandise commune et à bon marché ! Mais, pour toi, il y a trente mille mulets qui portent, captif, l'or de l'ennemi. alors que tes soldats ne ramèneront rien à la maison, sauf des cicatrices gratuites. Tout cela nous avons pu l'endurer avant que tu nous aies livrés aux Barbares, et que tu aies innové en envoyant les vainqueurs sous le joug. Le costume, la civilisation perse t'enchantent, tu as pris haine pour les mœurs de la patrie. Nous avons donc voulu tuer le roi des Perses, et non celui des Macédoniens. Tu es un déserteur, nous te poursuivons de par la loi de la guerre. C'est toi qui as voulu que les Macédoniens s'agenouillent devant toi et t'adorent comme un dieu ; c'est toi qui désavoues Philippe pour ton père ; et si quelque dieu avait rang avant Jupiter, tu mépriserais même Jupiter ! Tu t'étonnes

dicere iussit peti*i*tque, ut causas supplicii augentem patienter audirent. [8]Aegre ergo coercit*i*s rursus Hermolaus : « Quam liberaliter », inquit, « pueris rudibus ad dicendum agere permittis ! At Ca*l*list*h*enis uox carcere inclusa est, quia solus potest dicere. [9]Cur enim non producitur, cum etiam confessi audiuntur ? nempe quia liberam uocem innocentis audire metuis, ac ne uultum quidem pateris. [10]Atqui nihil eum fecisse contendo. Sunt hic, qui mecum rem pulcherrimam cogitauerunt : nemo est, qui conscium fuisse nobis Callisthenen dicat, cum morti olim destinatus sit a iustissimo et patientissimo rege. [11]Haec ergo sunt Macedonum praemia, quorum ut superuacuo et sordido abuteris sanguine ! At tibi XXX milia mulorum captiuum aurum uehunt, cum milites nihil domum praeter gratuitas cicatrices relaturi sunt. Quae tamen omnia tolerare potuimus, antequam nos Barbaris dederes et nouo more uictores sub iugum mitteres. [12]Persarum te uestis et disciplina delectat : patrios mores exosus es. Persarum ergo, non Macedonum regem occidere uoluimus. Et te transfugam belli iure persequimur. [13]Tu Macedonas uoluisti genua tibi ponere, uenerarique te ut deum ; tu Philippum patrem auersaris ; et, si quis deorum ante

dicere *om.PR* || petiitque *Froben* : petitque *codd.* || augentem *PR,B°FLMV* : augententem *B* || patienter *R,B*^{c}*LM* : pacienter *P,FV* paenter *B* || 8 coercitis *Vindelin* : cohercitus *P,M* coercitus *R,BFLV* || agere *PR,BFLM°V* : aegre *M* || permittis *PR,BFLM* : permitis *V* || At *P* : et *R,Σ* || Callisthenis *I* : chalistenis *P* calistenis *Σ* || 9 etiam *PR,BFLM* : eciam *V* || 10 Callisthenen *Σ* : callesthenen *P* callestenen *R* || destinatus *P,Σ* : distinatus *R* || sit *P°R,Σ* : sim *P* || patientissimo *R,BFM* : pacientissimo *P,LV* || 11 abuteris *R,Σ* : abuteri *P* || milia *om.R,Σ* || gratuitas *P°R,Σ* : grauitas *P* || sunt *codd.* : sint *I, edd.* || uictores *om.M, rest. corr.* || 12 delectat *P°R,BF°LMV* : delectant *P,F* || exosus *P,Σ* : exossos *R* || 13 genua *PR,BFMV* : ienua *L* || tu *PR,B°FLMV* : te *B* || Philippum *PR,BMV* : phylippum *F* pihilippum *L*.

que ton orgueil nous soit insupportable, à nous, hommes libres ? Qu'espérons-nous de toi, nous qu'attend ou bien la mort, quoique innocents, ou — ce qui est plus lugubre que la mort — une vie d'esclaves ? Quant à toi, si tu peux te corriger, tu me dois beaucoup. Le premier en effet je t'ai enseigné ce que des hommes nés libres sont incapables de subir. Pour tous les autres, pitié ! N'accable pas de supplices des vieillards, désormais sans enfants par ta faute. Nous, fais-nous exécuter, afin que notre mort nous octroie ce que nous avons demandé à la tienne. » Voilà ce que dit Hermolaüs.

VIII. Le roi[1] : « La fausseté de ce qu'il vient de dire sous l'inspiration de son maître, ma patience vous l'a révélée. Il a reconnu le pire des crimes : pourtant, non seulement je l'ai écouté, moi, mais j'ai exigé que vous l'écoutiez, bien persuadé, en autorisant ce bandit à parler, qu'il manifesterait la rage dont l'impulsion l'a incité à m'assassiner, moi qu'il devait révérer tel un père. Récemment, comme il avait eu à la chasse une attitude insolente, je l'ai fait punir selon la coutume nationale, appliquée par les plus anciens des rois de Macédoine. Ces châtiments sont une nécessité ; les pupilles les endurent de leurs tuteurs, les épouses de leurs maris ; nous autorisons même les esclaves à fouetter les enfants de cet âge. Voilà quelle fut ma cruauté à son égard, et il a voulu s'en venger par un meurtre abominable. Vous connaissez ma douceur pour tous ceux qui ne m'obligent pas à sortir de mon naturel : inutile d'insister. Que le supplice des parricides n'ait pas l'approbation d'Hermolaüs, puisque c'est celui qu'il a mérité, par Hercule je n'en suis nullement étonné. Car, lorsqu'il loue Parménion et Philotas, il sert sa propre cause. Quant à Alexandre Lynceste, qui a deux fois attenté à

1. Transposition dans l'histoire du procédé oratoire, et rhétorique, de l'*altercatio*.

Iouem haberetur, fastidires etiam Iouem. [14]Miraris, si liberi homines superbiam tuam ferre non possumus ? Quid speramus ex te, quibus aut insontibus moriendum est aut, quod tristius morte est, in seruitute uiuendum ? [15]Tu quidem, si emendari potes, multum mihi debes. Ex me enim scire coepisti, quid ingenui homines ferre non possint. De cetero parce, quorum orbam senectutem suppliciis ne oneraueris. Nos iube duci, ut, quod ex tua morte petieramus, consequamur ex nostra. » Haec Hermolaus.

VIII. [1]At rex : « Quam falsa sunt », inquit, « quae iste tradita a magistro suo dixit, patientia mea ostendit. [2]Confessum enim ultimum facinus, tamen, non solum ipse *audiui, sed ut uos* audiretis expressi, non inp*r*udens, cum permisissem latroni huic dicere usurum eum rabie, qua conpulsus est, ut me, quem parentis loco colere deberet, uellet occidere. [3]Nuper cum procacius se in uenatione gessisset, more patrio et ab antiquissimis Macedoniae regum usurpato, castigari eum iussi. Hoc et oporte*t* fieri, et *ferunt* a tutoribus pupilli, a maritis uxores ; seruis quoque pueros huius aetatis uerberare concedimus. [4]Haec est saeuitia in ipsum mea, quam inpia caede uoluit ulcisci. Nam in ceteros, qui mihi permittunt uti

haberetur *PR,BFLM* : aberetur *V* ‖ **14** liberi *PR,B^cFLMV* : liberis *B* ‖ aut *R,Σ* : haud *P* ‖ aut *R,Σ* : haud *P* ‖ quod *om.P, rest. corr.* ‖ **15** potes *PR* : potest Σ ‖ mihi *R,Σ* : mhi *P* ‖ duci *PR,B^cFLMV* : dici *B*.

VIII, **1** sunt *codd.* : sint *I, edd.* ‖ iste *R,BFLMV^c* : ista *P,V* ‖ suo *om. R* ‖ patientia *R,BFLM* : pacientia *P* paciencia *V* ‖ ostendit *codd.* : ostendet *B^c* ‖ **2** ipse audiui sed ut uos *Mützell* : ipsi *codd.* ‖ inprudens *Lauer* : inpudens *codd.* ‖ permisissem *P,BFL^cMV* : permississem *LV* ‖ **3** procacius *R,BFLV* : procatius *P,M* ‖ se *R,Σ* : sine *P* ‖ uenatione *PR,BFLM* : uenacione *V* ‖ gessisset *P,Σ* : gressisset *R* ‖ oportet *Froben* : oportere *P,Σ* oportere eum *R* ‖ ferunt *Acidalius* : ut *P,Σ om.R.* ‖ a tutoribus *PR,BFLM* : aut toribus *V* ‖ **4** permittunt *PR, BFMV* : permitunt *L*.

ma vie, je l'ai absous malgré un double témoignage ; bien qu'il eût été convaincu une nouvelle fois, je me suis abstenu pendant trois ans jusqu'à ce que vous, vous demandiez qu'enfin un supplice mérité lui fît expier son crime. Attale ? vous vous rappelez son hostilité à ma personne avant que je fusse roi. Pour Clitus, que m'a-t-il obligé de m'irriter contre lui ! Or j'ai supporté ses propos téméraires, insultants pour vous et pour moi, plus longtemps qu'il ne les eût supportés de ma part[1]. La clémence des rois et des chefs n'est pas fonction de leur seul caractère, mais aussi du caractère de ceux qui obéissent[2]. La déférence adoucit le pouvoir, mais, dès que le respect est sorti des cœurs et que, grandeur et humilité, nous mêlons tout, nous avons besoin de la force pour repousser la force. Mais pourquoi m'étonner qu'il ait blâmé ma cruauté, quand il a osé me reprocher ma cupidité ? Je ne veux pas vous prendre à témoins un par un, pour ne pas rendre odieuse à moi-même ma libéralité, en la rendant pénible à votre amour-propre. Considérez l'armée dans son ensemble : tout à l'heure elle n'avait que ses armes, maintenant elle couche dans des lits d'argent ; les tables ploient sous l'or ; les soldats emmènent des troupeaux d'esclaves ; les dépouilles de l'ennemi, ils n'en peuvent soutenir le poids !

« Mais il paraît que j'honore beaucoup les Perses, que nous avons vaincus ![3] Vraiment, je donne une preuve

1. Alexandre n'a que faire de se repentir encore, surtout lorsqu'il soutient une thèse dans un discours qui, malgré d'indéniables qualités, se ressent de la pratique des « controverses ».

2. *Sententia.*

3. C'est, en effet, un grief essentiel de certains Macédoniens contre leur roi. Soucieux d'opérer une fusion entre les Grecs et les meilleurs des Orientaux, il abandonnait de plus en plus sa position première d'hégèmon de la ligue de Corinthe. Il était amené à intégrer les Perses dans ses services et son armée, à maintenir leurs hauts fonctionnaires ; et les heurts, suscités par la proskynèse, avaient accru l'antagonisme des Grecs et des Perses, ceux-ci ayant l'habitude de ce mode de salut à l'égard de leurs souverains.

ingenio meo, quam mitis sim non ignoratis : commemorare superuacuum est. [5]Hermolao parricidarum supplicia non probari, cum eadem ipse meruerit, minime hercule admiror. Nam cum Parmenionem et Philotan laudat, suae seruit causae. [6]Lyncestem uero Alexandrum bis insidiatum capiti meo a duobus indicibus liberaui ; rursus conuictum per *tri*ennium tamen distuli, donec uos postularetis ut tandem debito supplicio scelus lueret. [7]Attalum, antequam rex essem, hostem meo capiti fuisse meministis. Clitus utinam non coegisset me sibi irasci ! cuius temerariam linguam probra dicentis mihi et uobis diutius tuli, quam ille eadem me dicentem tulisset. [8]Regum ducumque clementia non in ipsorum modo, sed etiam in illorum, qui parent, ingeniis sita est. Obsequio mitigantur imperia : ubi uero reuerentia excessit animis et summa imis confundimus, ui opus est ut uim repellamus. [9]Sed quid ego mirer istum crudelitatem mihi obiecisse, qui auaritiam exprobrare ausus sit ? nolo singulos uestrum excitare, ne inuisam mihi liberalitatem meam faciam, si pudori uestro grauem fecero. Totum exercitum adspicite : qui paulo ante nihil praeter arma habebat, nunc argenteis cubat lectis ; mensas auro onerant, seruorum greges ducunt, spolia de hostibus sustinere non possunt.

5 Parmenionem *PR,FLV* : parmoenionem *BM* || Philotan *R,BL*^{c} : philotam *P,L* phylotan *FMV* || **6** Lyncestem *P,BLV* : lincestem *R* lyncesten *FM* || per triennium *I* : patriennium *P* parmenium *R* per biennium Σ || **7** Clitus *R,L*^{c} : clytus *P*,Σ || diutius *PR,FLM* : diucius *V* || **8** clementia *PR,BFLM* : clemencia *V* || in ipsorum *P* : ipsorum *R*,Σ || etiam *PR,BFLM* : eciam *V* || reuereutia *PR,BFLM* : reuerencia *V* || uim *P*,Σ : cum *R* || **9** mirer *P*,Σ : miser *R* || crudelitatem *P*,Σ : credulitatem *R* || auaritiam *PR,B* : auariciam *FLMV* || exprobrare *P*,Σ : exprobare *R* || habebat *PR,BFLM* : habebant *V* || mensas *P*^{c}*R*,Σ : mensis *P* || onerant *R*,Σ : honerant *P*.

indiscutable de mesure en n'exerçant pas, même sur des vaincus, une orgueilleuse autorité. Je suis venu en Asie non pour détruire la structure des États, ni pour faire de la moitié du monde un désert, mais pour que ceux que j'ai soumis militairement n'aient pas à regretter ma victoire. Aussi se battent à vos côtés et, pour votre empire, répandent leur sang des hommes qui, traités tyranniquement, se seraient révoltés. La possession n'est pas durable, où nous mène le glaive ; mais la reconnaissance des bienfaits est éternelle. Si nous voulons posséder l'Asie au lieu de la traverser simplement, ces gens-là doivent avoir leur part de notre clémence : c'est leur loyalisme qui asseoira mon empire pour l'éternité. Et certes, notre avoir surpasse notre capacité. L'on ne connaît pas d'arrêt dans la cupidité, quand on veut remplir davantage ce qui déborde déjà[1]. Pourtant, dit-on, je communique[2] les mœurs des vaincus aux Macédoniens. Certes je vois, en bien des nations, des coutumes qu'il n'y a pas à rougir d'imiter et, pour gouverner comme il faut un si grand empire, nul autre moyen que d'être à la fois leurs modèles et leurs disciples[3].

« Il y avait presque de quoi rire, quand Hermolaüs m'a demandé de renier Jupiter, qui me reconnaît par son oracle. Les réponses des dieux aussi dépendent-elles de moi ? Il m'a offert le titre de fils : l'accepter ne fut pas nuisible à l'exécution de nos entreprises[4]. Puissent les Indiens aussi me croire un dieu ! car, dans les guerres,

1. Le développement politique, où Quinte-Curce a entrevu la pensée profonde d'Alexandre, dévie, et prend la forme de *sententiae* moralisantes.

2. Quinte-Curce emploie le verbe *transfundo,* qui prolonge l'image de *circumfluit.*

3. La formule est très belle, et révèle chez l'historien — ou chez son modèle — une compréhension véritable de la politique d'Alexandre. Le style, très rhétorique, donne à la pensée un fort relief.

4. Mélange de naïveté et de rouerie. Dans son désir de faire plaider à son personnage une cause, Quinte-Curce n'use-t-il pas d'arguments qui faussent la psychologie du héros ?

[10]At enim Persae, quos uicimus, in magno honore sunt apud me ! *E*quidem moderationis meae certissimum indicium est, quod ne uictis quidem superbe impero. Veni enim in Asiam, non ut funditus euerterem gentes nec ut dimidiam partem terrarum solitudinem facerem, sed ut illos, quos bello subegissem, uictoriae meae non paeniteret. [11]Itaque militant uobiscum, pro imperio uestro sanguinem fundunt, qui superbe habiti rebellassent. Non est diuturna possessio, in quam gladio inducimur ; beneficiorum gratia sempiterna est. [12]Si habere Asiam, non transire uolumus, cum his communicanda est nostra clementia : horum fides stabile et aeternum faciet imperium. Et sane plus habemus, quam *ca*pimus. Insatiabilis autem auaritiae est adhuc inplere uelle quod iam circumfluit. [13]*Mo*rem tamen eorum in Macedonas trans*f*undo ! In multis enim gentibus esse uideo, quae non erubescamus imitari ; nec aliter tantum imperium apte regi potest, quam ut quaedam et tradamus illis et ab isdem discamus.

[14]Illud paene dignum risu fuit, quod Hermolaus postulabat a me, ut auersarer Iouem, cuius oraculo adgnoscor. [15]An etiam, quid di respondeant, in mea potestate est ? O*b*tulit nomen filii mihi : recipere

10 apud me. Equidem *Dosson* : apud me quidem *P*,Σ quidem apud me *R*, apud me. Mihi quidem *Hedicke* ‖ moderationis *PR,BFLM* : moderacionis *V* ‖ meae *P*,Σ : mae *R* ‖ indicium *P*,Σ : inditium *R* ‖ Asiam *P*,Σ : assiam *R* ‖ dimidiam partem *R* : dimidia parte *P*,Σ ‖ quos bello *om. R* ‖ subegissem *R*,Σ : subegissent *P* ‖ **11** superbe *PR*^{c},Σ : sube *R* ‖ gratia *PR,BFLM* : gracia *V* ‖ **12** nostra *PR,BFLM* : uestra *V* ‖ clementia *PR,BFLM* : clemencia *V* ‖ capimus *Acidalius* : cupimus *codd.* ‖ Insatiabilis *R,BFL*^{c}*MV* : insaciabilis *P,L* ‖ auaritiae [— iciae *M*] *BFLM* : auaritia *PR* auaricia *V* ‖ est *P*,Σ : uestra *R* ‖ **13** Morem *Hedicke* : uerum *codd.* ‖ transfundo *Giunta* : transeundo *codd.* ‖ **14** paene *P* : poene *R*,Σ ‖ Hermolaus *P*,Σ : ermolaus *R* ‖ **15** etiam *PR,BFLM* : eciam *V* ‖ potestate *P*,Σ : potestatem *R* ‖ Obtulit *I* : optulit *codd.*

tout est fonction de la renommée ; et souvent, même une croyance erronée a tenu lieu de vérité. Et pensez-vous que c'est par un penchant au faste que j'ai orné vos armes d'or et d'argent ? A des gens pour qui rien n'est plus ordinaire que ces métaux, j'ai voulu montrer que les Macédoniens, qui ont triomphé de tout le reste, triomphent même de l'or. Donc, je surprendrai d'abord les yeux de ces gens, qui comptent ne trouver chez nous que pauvreté et indigence, et puis je leur apprendrai que nous ne venons pas par désir d'or ou d'argent, mais pour soumettre le monde. Cette gloire, tu as voulu, parricide ! y couper court et, après la disparition de leur roi, livrer les Macédoniens aux nations soumises. Maintenant, tu m'invites à épargner vos parents. Mieux vaudrait que vous ignoriez ce que j'ai décidé à leur sujet : la mort vous serait d'autant plus lugubre — si vous avez de vos parents le souvenir et le souci ; mais depuis longtemps j'ai supprimé la coutume dont tu parles, de tuer, avec les coupables, leurs parents et leurs proches s'ils sont innocents ; et j'annonce que tous ils garderont les privilèges qu'ils ont eus. Pour ton Callisthène — le seul à qui tu paraisses un homme, parce que tu es un bandit — je sais pourquoi tu veux qu'il comparaisse : afin qu'en face de ce public les insultes que tu viens de me lancer recommencent, prononcées par celui de qui tu les as entendues. S'il était Macédonien je l'aurais fait citer avec toi, maître bien digne du disciple que tu es ; en fait, pour un Olynthien, la législation est différente. »

Ensuite il renvoya l'assemblée et fit livrer les condamnés aux hommes du même corps. Ceux-ci, pour que leur cruauté prouvât au roi leur loyalisme, les tuèrent dans les supplices. Callisthène aussi périt torturé : il était innocent du complot ourdi contre la vie du roi, mais il n'était pas fait pour les façons de la cour et des flatteurs. Aussi nul autre meurtre ne suscita chez les

ipsis rebus, quas agimus, haud alienum fuit. Vtinam Indi quoque deum esse me credant ! fama enim bella constant, et saepe etiam, quod falso creditum est, ueri uicem obtinuit. [16]An me luxuriae indulgentem putatis arma uestra auro argentoque adornasse ? Adsuetis nihil uilius hac uidere materia uolui ostendere Macedonas inuictos ceteris nec auro quidem uinci. [17]Oculos ergo primum eorum sordida omnia et humilia *ex*pectantium capiam ; et docebo nos non auri aut argenti cupidos, sed orbem terrarum subacturos uenire. Quam gloriam tu, parricida, intercipere uoluisti, et Macedonas rege adempto deuictis gentibus dedere. [18]At nunc mones me ut uestris parentibus parcam ! Non oportebat quidem uos scire quid de his statuissem, quo tristiores periretis, si qua uobis parentum memoria et cura est : sed olim istum morem occidendi cum scelestis insontes propinquos parentesque solui ; et profiteor in eodem honore futuros omnes eos, in quo fuerunt. [19]Nam tuum Callisthenen, cui uni uir uideris, quia latro es, scio cur produci uelis, ut coram his probra quae in me modo iecisti, modo audisti, illius quoque ore referantur. Quem, si Macedo esset, tecum introduxissem, dignissimum te discipulo magistrum : nunc Olynthio non idem iuris est. »

[20]Post haec consilium dimisit, tradique damnatos

haud *PR,BFMV* : haut *L* || Indi *P,Σ* : indii *R* || saepe *P*[c]*R,Σ* : sep *P* || etiam *PR,BFLM* : eciam *V* || obtinuit *M* : optinuit *PR,BFLV* || **16** An *PR,B*[c]*FLMV* : a *B* || luxuriae *P,Σ* : luxoriae *R* || uilius *P,B*[c]*FLMV* : inlius *R* alius *B* || uidere *PR* : uideri Σ || nec *codd.* : ne *I*, *edd.* || **17** expectantium *Vogel* : spectantium *edd.* || aut Σ : haud *PR* || deuictis *P,Σ* : diuictis *R* || **18** quid de *R* : quide *P,Σ* || statuissem *P,Σ* : statuisse *R* || **19** tuum *Vindelin* : cum *PR,V* tuum cum *BFLMV*[c] || Callisthenen *P,B*[c]*FM* : calisthenen *R,BLV* || quia *PR,B*[c]*LFMV* : qua *B* || cur *P*[c]*R,Σ* : cui *P* || uelis *R,Σ* : ue*lis *P* || Quem *R,Σ* : quam *P* || esset *PR,FLMV* : esse *B* || Olynthio *P* : colinthio *R* olinthio Σ || **20** damnatos *P,BLMV* : dampnatos *R,F*.

Grecs plus de haine contre Alexandre[1] ; car cet homme, de mœurs et de culture parfaites, qui l'avait rappelé à la vie quand, après l'assassinat de Clitus, il s'obstinait à mourir, il ne lui avait pas suffi de le tuer, il l'avait mis à la torture, sans même le laisser se défendre : cruauté que suivit un tardif repentir.

IX. Mais, pour ne pas alimenter l'inaction, qui est faite pour propager les murmures[2], il poussa vers l'Inde : toujours il s'illustrait mieux à la guerre qu'après la victoire. Presque toute l'Inde regarde l'Orient ; elle est moins vaste en largeur que dans sa longueur. Les régions, qui reçoivent l'auster, s'élèvent en une chaîne assez haute ; tout le reste du pays est plat et offre à nombre de fleuves illustres, issus du Caucase, une voie paisible, à travers la campagne. L'Indus est plus froid que les autres ; il charrie des eaux, dont la couleur ne s'écarte guère de celle de la mer. Le Gange, remarquable entre tous les fleuves qui viennent de l'Orient, descend du pays du Sud, et son lit, en droite ligne, effleure de grandes

1. Callisthène fut arrêté à Bactres, au printemps de 327 ; il fut exécuté plus tard, et il est impossible de déterminer de quelle façon ; cf. C.A. Robinson, *Two notes on the history of Alexand. the Gr.*, dans *Am. Journ. Philol.*, 1932, p. 353 sq. Alexandre avait pensé d'abord à le faire comparaître devant la synédrion, à Corinthe : « Cette indication est précieuse pour nous, car elle nous montre une fois de plus qu'Alexandre se considérait encore vis-à-vis des Grecs comme l'hégèmon de la Ligue hellénique. Mais il renonce à ce projet... Il est hors de doute qu'Alexandre a cru à ⟨la⟩ culpabilité ⟨de Callisthène⟩, et d'ailleurs Ptolémée et Aristobule affirment que Callisthène avait fomenté le complot. Mais elle n'a pas été démontrée judiciairement, et de plus elle est difficile à admettre. Cette exécution compromit gravement Alexandre aux yeux des Grecs qui la considérèrent comme un meurtre judiciaire. L'émotion fut particulièrement vive dans l'école péripatéticienne, qui comptait Callisthène parmi les siens. » (U. Wilcken, *loc. cit.*, p. 177.)

2. Les mobiles d'Alexandre sont plus graves. Il veut réaliser la monarchie universelle, et l'Inde lui est représentée par les géographes de son temps comme l'extrémité orientale de la terre. En outre, il désire voir les merveilles qui s'y trouvent, d'après Scylax de Caryanda et Ctésias de Cnide. De plus, ses deux modèles, Héraclès et Dionysos, ont laissé dans l'Inde des traces prestigieuses. Ajoutons le désir de multiplier les échanges commerciaux et d'intégrer davantage encore l'Asie à l'hellénisme.

hominibus, qui ex eadem cohorte erant, iussit. Illi, ut fidem suam saeuitia regi adprobarent, excruciatos necauerunt. [21]Callisthenes quoque tortus interiit, initi consilii in caput regis innoxius, sed haudquaquam aul*ae* et adsentantium accommodatus ingenio. [22]Itaque nullius caed*e*s maiorem apud Graecos Alexandro excitauit inuidiam, quod praeditum optimis moribus artibusque, a quo reuocatus ad uitam erat, cum interfecto Clito mori perseueraret, non tantum occiderit, sed etiam torserit indicta quidem causa : [23]quam crudelitatem sera paenitentia consecuta est.

IX. [1]Sed ne otium serendis rumoribus natum aleret, in Indiam mouit, semper bello quam post uictoriam clarior. [2]India tota ferme spectat orientem, minus in latitudinem quam recta regione spatiosa. [3]Quae austrum accipiunt, in altius terrae fastigium excedunt ; plana sunt cetera, multisque inclitis amnibus Caucaso monte ortis placidum per campos iter praebent. [4]Indus gelidior est quam ceteri ; aquas uehit a colore maris haud multum abhorrentes.

IX : Cf. Arr. 4, 22 ; 5, 4-6.

cohorte *P*,Σ : coherte *R* || saeuitia *PR, BFL*^c^*MV* : saeuicia *L*, saeuienti *Cornelissen* || 21 Callisthenes *BFM* : callesthenes *PR* callistenes *LV* || caput *P*,Σ : capud *R* || haudquaquam *BLMV* : utquaquam *PR* haudquam *F* || aulae *I* : aule *PR* male Σ || et *om.*Σ || adsentantium *PR,BFLM* : adsentancium *V* || 22 caedes *I* : caedis *codd.* || quod *om.PR* || Clito *PR* : clyto Σ || perseueraret *P*,Σ : persueret *R* || occiderit *P*,Σ : occederit *R* || torserit *PR,BFLM*^c^*V* : intorserit *M* || 23 crudelitatem *P*,Σ : credulitatem *R* || consecuta Σ : consecutus *PR*.

IX, 1 otium *PR,BFLM* : ocium *V* || Indiam Σ : inuidiam *PR* || 2 spectat *B*^c^*M* : expectat *PR,BFLV* || spatiosa *BFLM* : speciosa *PR* spaciosa *V* || 3 altius *PR,BFLM* : alcius *V* || fastigium *R*,Σ : fastidium *P* || excedunt *P*,Σ : cedunt *R* || inclitis *FLM* : inclytus *P* inclitus *R* inclytis *BV* || monte *R*,Σ : morte *P* || 4 a *om.PR* || colore *P, BF*^c^*LV* : calore *R,FM* || abhorrentes *P,BFMV* : aborrentes *R* abhorentes *L*.

chaînes montagneuses ; puis, des roches lui barrent le passage, et il s'infléchit du côté de l'Orient. Les deux fleuves se jettent dans la mer Rouge[1]. L'Indus ronge ses rives, et engloutit de nombreux arbres avec une partie importante du sol ; il s'empêtre aussi dans des roches, qui refoulent souvent ses eaux ; quand il trouve un terrain plus friable, il forme des marais et des îles. Son cours se grossit de l'Acésinès[2], qui va se jeter dans la mer quand le Gange l'intercepte. Les deux fleuves se heurtent à grand fracas ; car le Gange présente à son affluent un débouché peu commode, sans que, pour cela, cèdent les eaux qu'il repousse.

Le Diarnidès[3] est moins connu, car son cours traverse l'extrémité de l'Inde ; d'ailleurs, outre des crocodiles, comme le Nil, il héberge aussi des dauphins et des bêtes inconnues partout ailleurs. L'Ethymante[4], qui souvent s'incurve en de nombreuses sinuosités, est capté par les riverains pour leurs arrosages ; pour cette raison, le peu qui en reste va à la mer sans avoir de nom. Beaucoup de fleuves, outre ceux-ci, sillonnent toute la contrée ; mais, comme elle n'est pas fréquentée, ils coulent entre les deux autres sans avoir de notoriété. D'autre part, toute la région qui avoisine la mer est entièrement consumée[5] par l'Aquilon[6] ; mais, contenu par les chaînes montagneuses, ce vent ne pénètre pas dans l'intérieur, qui, de la sorte, a une douce température pour la croissance des récoltes. Mais, en ces pays, les éléments bou-

1. *Rubrum mare* désigne l'Océan Indien (ailleurs, il désigne le Golfe Arabique : cf. 4, 7, 18). — Erreur de Quinte-Curce à propos du Gange.

2. Sans doute le Chinâb.

3. Fleuve qu'il est impossible d'identifier.

4. Fleuve qu'il est impossible d'identifier.

5. Cf. Tite-Live : *hiems deusserat arbores* (40, 45, 1).

6. La mousson.

[5]Ganges omnium ab Oriente fluuius eximius a meridiana regione decurrit, et magnorum montium iuga recto alueo stringit ; in*de* eum obiectae rupes inclinant ad orientem. [6]Vterque Rubro mari accipitur. *I*nd*us* ripas multasque arbores cum magna soli parte exorbet, saxis quoque inpeditus, qui*s* crebro reuerberatur ; [7]ubi mollius solum reperit, stagnat insulasque molitur. [8]Acesin*es* eum auget ; Ganges decursurum in mare intercipit, magnoque motu amnis uterque colliditur, quippe Ganges asperum os influenti obicit, nec repercussae aquae cedunt.

[9]Diardines minus celeber auditu est, quia per ultima Indiae currit ; ceterum non crocodillos modo, uti Nilus, sed etiam delphinos ignotasque aliis gentibus beluas alit. [10]Ethymantus crebris flexibus subinde curuatus ab accolis rigantibus carpitur : ea causa est, cur tenues reliquias iam sine nomine in mare emittat. [11]Multis praeter hos amnibus tota regio diuiditur, sed ignobiles, quia non ad*ita* interfluunt. [12]Ceterum, quae propiora sunt mari, aquilon*e* maxime d*eu*runt*ur* ; *i*s cohibitus iugis montium ad

5 fluuius Σ : ius *P* eius *R* ‖ eximius Σ : eximiis *P* exumiis *R* ‖ a meridiana regione *P*,Σ : a meridiana oregione *R*, ad meridianam regionem *Freinsheim, edd.* ‖ et *PR,FLV* : ex *BM* ‖ montium *PR, BFL*c*M* : moncium *LV* ‖ inde *Freinsheim* : in *codd.* ‖ **6** accipitur *PR, BFMV* : acipitur *L* ‖ Indus *Bentley* : findens *codd.* ‖ quis *Mützell* : qua *P* quia *P*c*R*,Σ ‖ crebro *P*,Σ : erebro *R* ‖ reuerberatur Σ : reuerebatur *P* reuerhebatur *R* ‖ **7** reperit Σ : repperit *PR* ‖ **8** Acesines eum *Erasme* : acesineum *codd.* ‖ intercipit *P*,Σ : incipit *R* ‖ quippe — obicit *om.B, rest. corr.* ‖ obicit *P*,Σ : obici *R* ‖ **9** Diardines *PR* : diardenes Σ ‖ auditu *P*,Σ : auditus *R* ‖ Indiae *P*c*R*,Σ : inde *P* ‖ crocodillos *P, BFLV* : cocrodillos *R,M* ‖ uti Nilus *om.P* ‖ etiam *PR,BFLM* : eciam *V* ‖ **10** Ethymantus *P,FLV* : ethimantus *R,BM* ‖ accolis *R*,Σ : ocolis *P* oculis *P*c ‖ carpitur *P*,Σ : carpitus *R*, campos carpitur *Hedicke* ‖ emittat *PR,B*c*FLMV* : emittit *B* ‖ **11** regio *PR*c,Σ : regno *R* ‖ ignobiles *PR* : ignobilibus Σ ‖ quia *P*,Σ : quod *R* ‖ adita interfluunt *Bentley* : adeo interfluunt *codd.*, alueo integro fluunt *Cornelissen* ‖ **12** propiora Σ : propriora *PR* ‖ aquilone maxime deuruntur *Foss* : aquiloni maxime decurrunt *codd.* ‖ is *Zumpt* : hos *P* (*ut uid.*) his *P*c*R*,Σ ‖ montium *PR, BFLM* : moncium *V*.

leversent si bien l'ordre normal des saisons qu'ils ensevelissent l'Inde sous les neiges, alors que, ailleurs, l'ardeur du soleil brûle tout ; en revanche, monte là-bas une intolérable chaleur quand, partout ailleurs, c'est le froid ; et, à ce renversement de l'ordre naturel, point de raison. Du moins la mer, qui baigne l'Inde, ne diffère-t-elle pas des autres même pour la teinte ; le roi Erythrus lui donne son nom : c'est pourquoi les ignorants se figurent que ses eaux sont rouges. La terre produit beaucoup de lin ; la plupart en tirent leurs vêtements. Les tendres écorces des arbres, exactement comme le papyrus, sont susceptibles d'être écrites. Des oiseaux y sont dressés à imiter la voix humaine[1]. Ce même pays nourrit des rhinocéros, sans toutefois leur donner le jour. Les éléphants y sont de force plus grande que ceux qu'on a l'habitude de dompter en Afrique, et leur taille correspond à leurs forces. L'or est charrié par ceux des fleuves dont les eaux paisibles suivent un cours lent et mesuré. La mer déverse sur les côtes gemmes et perles, et c'est essentiellement ce qui enrichit le pays, surtout depuis que s'est généralisé à l'étranger le commerce de ces corruptions : car les déjections du flux de la mer sont appréciées au prix qu'a fixé le plaisir[2].

Comme partout, les conditions géographiques forment là-bas aussi le caractère des habitants[3]. Le corps est couvert jusqu'aux pieds d'étoffes de lin ; les gens portent aux pieds des sandales, et, sur la tête, de la toile ; à leurs oreilles, ils suspendent des pierres précieuses ; même au bras, sur toute sa longueur, ceux qui se distinguent de leurs compatriotes par la noblesse ou la

1. Perroquets.

2. Note de pessimisme moralisant. La *Germanie* de Tacite renferme quelques notations analogues : cf. 5, 3 ; 15, 3.

3. Digression de caractère ethnographique : le goût pour ce genre d'ornements littéraires ne fera, à Rome, que s'accroître. Ce passage apporte d'ailleurs des renseignements essentiels sur l'état des connaissances. Les *mirabilia* se mêlent étrangement au vrai.

interiora non penetrat, ita alendis frugibus miti*a*. [13]Sed adeo in illa plaga mundus statas temporum uices mutat, ut, cum alia feruore solis exaestuant, Indiam niues obruant, rursusque, ubi cetera rigent, illic intolerandus aestus existat ; nec, cur u*erterit* se natura, causa. [14]Mare certe, qu*o* adluitur, ne colore quidem abhorret a ceteris ; ab Erythro rege inditum est nomen, propter quod ignari rubere aquas credunt. Terra lini ferax ; inde plerisque sunt uestes. [15]Libri arborum teneri, haud secus quam chartae, litterarum notas capiunt. [16]Aues ad imitandum humanae uocis sonum dociles sunt [animalia inuisitata ceteris gentibus, nisi inuecta]. Eadem terra r*h*inocerotas alit, non generat. [17]Elephantorum maior est uis quam quos in Africa domitant, et uiribus magnitudo respondet. [18]Aurum flumina uehunt, quae leni modicoque lapsu segnes aquas ducunt. [19]Gemmas margaritasque mare litoribus infundit ; neque alia illis maior opulentiae causa est, utique postquam uitiorum commercium uulgauere in exteras gentes : quippe aestimantur purgamenta exaestuantis freti pretio, quod libido constituit.

[20]Ingenia hominum, sicut ubique, apud illos locorum quoque situs format. [21]Corpora usque pedes carbaso uelant ; soleis pedes, capita linteis uinciunt ; lapilli ex auribus pendent ; brachia quoque et lacer-

mitia *Acidalius* : mitis *codd.* (*om.M, rest. corr.*) || **13** existat *P*,Σ : exustat *R* || uerterit *Novák* : ibi *P* ubri *R* ubi Σ || **14** quo *Giunta* : quod *codd.* || ne *P*,Σ : nec *R* || abhorret *P*,Σ : aborret *R* || Erythro *P* : erithro *R*,Σ || **15** Libri *PR*,B^c : liberi Σ || chartae *PR*,*BMV* : charthae *F* carte *L* || **16** inuisitata *P*,Σ : inusitate *R* || animalia — inuecta *secl. ego* || rhinocerotas *Lauer* : rynocerontas *P* rinocerotas *R* rinocerontas Σ || **17** Elephantorum P^c,Σ : eleph *P* elefantorum *R* || Africa *P*,*BFLV* : affrica *R*,*M* || respondet Σ : respondit *PR* || **19** commercium *PR*,*BFLM* (*om.M, rest. corr.*) : commertium *V* || **20** apud *P*,Σ : capud *R* || **21** carbaso *PR*,B^c*FLM* : caraso *B* || brachia B^c,*BFLM* : bracha *P* branchia *V*.

fortune ont des parures d'or. En général, on se peigne les cheveux au lieu de les tondre, mais le menton garde toujours son poil ; le reste de la peau, sur le visage, est lisse comme un miroir. Cependant, la somptuosité de leurs rois, qu'ils appellent, eux, de la magnificence, dépasse la corruption de tous les pays. Quand le roi daigne se montrer en public, ses domestiques portent des encensoirs en argent, et saturent de parfums tout le trajet au long duquel il a projeté de se faire porter. Il est allongé sur une litière d'or, qu'entourent des perles en pendentifs ; les étoffes de lin, qu'il revêt, sont chamarrées d'or et de pourpre ; des soldats en armes et des gardes du corps suivent la litière. Parmi eux, il y a des oiseaux suspendus à des branchages : on leur a appris à détourner ces princes des affaires sérieuses par le bruit de leur chant. Le palais royal comporte des colonnes dorées : sur toutes grimpe une vigne en or ciselé ; sur le travail font saillie des figurines d'argent, représentant les oiseaux qu'ils aiment le mieux voir. L'entrée du palais est large ouverte, quand le roi peigne et pare sa chevelure : alors, il rend réponse aux ambassadeurs, et justice à ses sujets. Après lui avoir ôté ses sandales, on enduit ses pieds de parfums. A la chasse, sa plus grande peine consiste, parmi les chants et les vœux des concubines, à transpercer des animaux enfermés dans un parc. Ses flèches sont de deux coudées[1] ; le tir en est plus pénible qu'efficace ; car l'arme de jet, dont la valeur est toute dans la légèreté, se trouve alourdie et peu maniable par son poids. Il accomplit à cheval les déplacements sur petite distance ; si l'itinéraire est plus long, des éléphants tirent son char et, pour lors, ces énormes bêtes ont le corps entier recouvert d'or. Et, pour que la dépravation soit complète, vient ensuite, en litière d'or, la longue file des courtisanes : ce cortège

1. Un mètre environ.

tos auro colunt, quibus inter populares aut nobilitas aut opes eminent. [22]Capillum pectunt saepius, quam tondent, mentum semper intonsum est ; reliquam oris cutem ad speciem leuitatis exaequant. [23]Regum tamen luxuria, quam ipsi magnificentiam appellant, super omnium gentium uitia. Cum rex se*met* in publico conspici patitur, turibula argentea ministri ferunt, totumque iter, per quod ferri destinauit, odoribus conplent. [24]Aurea lectica margaritis circumpendentibus recubat ; d*i*stincta sunt auro et purpura carbasa quae indutus est ; lecticam sequuntur armati corporisque custodes. [25]Inter quos ramis aues pendent, quas cantu seriis rebus obstrepere docuerunt. [26]Regia auratas columnas habet : totas eas uitis auro caelata percurrit, auiumque, quarum uisu maxime gaudent, argenteae effigies opera distingu*u*nt. [27]Regia adeuntibus patet, cum capillum pectit atque ornat : tunc responsa legationi*bus*, tunc iura popularibus reddit. Demptis soleis, odoribus inlinuntur pedes. [28]Venatus maximus labor est inclusa uiuario animalia inter uota cantusque pelicum figere. Binum cubitorum sagittae sunt, quas emittunt maiore nisu, quam effectu ; quippe telum, cuius in leuitate uis omnis est, inhabili pondere oneratur. [29]Breuiora itinera equo conficit ; longior ubi

aut opes *R*,Σ : haud opes *P* ‖ **23** luxuria *P*,Σ : luxoria *R* ‖ appellant *P*,Σ : apellant *R* ‖ uitia Σ : uitiam *P* uicia *R* ‖ semet *Foss* : sene *PR* sane Σ ‖ quod Σ : quot *PR* ‖ **24** margaritis *P*,Σ : margitis *R* ‖ distincta *B*^c^,*I* : destincta *codd.* ‖ auro et *P*,Σ : aurum *R* ‖ purpura *PR*^c^,Σ : purpurea *R* ‖ sequuntur *P*,*BLMV* : sequntur *R* secuntur *F* ‖ **25** cantu seriis *P*,Σ : cantus aeriis *R* ‖ **26** uisu *PR*,*FLMV* : uisum *B* ‖ distinguunt *I* : distingunt *codd.* ‖ **27** pectit *P*,Σ : plectit *R* ‖ ornat, tunc *PR* : ornatam *BFLM* ornata *V* ornat tum *B*^c^ ‖ legationibus *I* : legationis *codd.* ‖ popularibus *PR*,*BFMV* : popularib *L* ‖ **28** inclusa *R*,Σ : inclusu *P* ‖ pelicum *P*,Σ : belicum *R* ‖ cubitorum Σ : gubitorum *P* cubutorum *R* ‖ effectu *R*^c^,*BLMV* : affectu *P*,*F* effectum *R* ‖ oneratur *P*,*BFLM* : oneratus *R* honeratur *V* ‖ **29** longior Σ : longiora *PR*.

est distinct de la suite de la reine, mais l'égale en somptuosité. Des femmes préparent les repas ; ce sont elles qui versent le vin, que tous les Indiens consomment abondamment. Quand le vin et le sommeil ont endormi le roi, les concubines le ramènent dans sa chambre, en invoquant, dans un hymne du pays, les dieux des nuits. Qui imaginerait qu'au milieu de cette corruption on ait le souci de la sagesse ? Il y a une caste de gens rudes et primitifs qu'on appelle les Sages[1]. Chez eux, il est beau de devancer la date du destin, et ils invitent les gens, dont l'âge diminue la vitalité ou dont la santé est ébranlée, à se faire brûler vifs. D'après eux, une mort, qu'on a laissé venir, est l'opprobre d'une vie, et, après le décès, ils ne rendent aucun honneur à ceux qui s'en sont allés de vieillesse : ils pensent que le feu est souillé, sauf quand il accueille des vivants[2]. Quant à ceux qui, dans les villes, mènent la vie de tout le monde, ils passent pour observer habilement le cours des astres et pour prédire l'avenir[3] ; ils croient que nul n'avance le jour de sa mort, s'il a le droit de l'attendre sans trembler.

Ils considèrent comme des dieux tout ce qu'ils entreprennent de cultiver, surtout les arbres, dont on punit de mort la déprédation. Ils ont fixé les mois à quinze jours chacun, mais l'année conserve sa longueur intégrale. Ils mesurent le temps d'après le cours de la lune, et non pas, comme la plupart des gens, en fonction du moment où son orbe est complet, mais de celui où il

1. Les Fakirs.

2. Le feu est, en effet, consacré à Siva. D'autre part, c'est par la voie du feu que l'Indien communique avec les dieux et avec les ancêtres.

3. Les Brahmanes constituent la première des trois classes d'âryas, la seconde étant celle de la noblesse (ksatriyas), et la troisième celle des cultivateurs et des commerçants (vaiçyas). Les non-ariens constituent une autre caste, les çûdras, occupés aux travaux manuels. — Le Brahmane est considéré comme « un dieu parmi les hommes » : cf. P. Masson, H. de Willman-Grabowska et Ph. Stern, *L'Inde antique et la civilisation indienne*, p. 92.

expeditio est, elephanti uehunt currum, et tantarum beluarum corpora tota contegunt auro. Ac, ne quid perditis moribus desit, lecticis aureis pelicum longus ordo sequitur : separatum a reginae ordine agmen est, aequatque luxuriam. [30]Feminae epulas parant ; ab isdem uinum ministratur, cuius omnibus Indis largus est usus. Regem mero somnoque sopitum in cubiculum pelices referunt patrio carmine noctium inuocantes deos. [31]Quis credat inter haec uitia curam esse sapientiae ? Vnum agreste et horridum genus est, quod sapientes uocant. [32]Apud hos, occupare fati diem pulchrum ; et uiuos se cremari iubent, quibus au*t* segnis aetas aut incommoda ualetudo est. Expectatam mortem pro dedecore uitae habent, nec ullus corporibus, quae senectus soluit, honos redditur : inquinari putant ignem, nisi qui spirantes recipit. [33]Illi, qui in urbibus publicis moribus degunt, siderum motus scite spectare dicuntur et futura praedicere ; nec quemquam admouere leti diem credunt, cui expectare interrito liceat.

[34]Deos putant, quidquid colere coeperunt, arbores maxime, quas uiolare capital est. [35]Menses in quinos denos d*i*scripserunt dies ; anni plena spatia seruantur. [36]Lunae cursu notant tempora, non, ut plerique, cum orbem sidus inpleuit, sed cum se curuare coepit in

expeditio *R,BFL^{c}MV* : expedicio *P,L* ‖ uehunt *R,BFLM* : uehut *P,V* ‖ ne *om,P* ‖ sequitur *om.R* ‖ est *om.R* ‖ luxuriam *P,Σ* : luxoriam *R* ‖ **30** sopitum *R,Σ* : sobitum *P* ‖ **31** uitia *PR,BFL^{c}M* : uicia *LV* ‖ est *om.Σ* ‖ **32** aut segnis *Froben* : autem segnis *P^{c}R,BFLMV^c* autem segnes *P,V* ‖ aetas aut *P^{c}R,Σ*: aetas haut *P* ‖ Expectatam *P,Σ* : expetitam *R* ‖ dedecore *Σ* : decore *PR* ‖ ullus *Σ* : ullius *PR* ‖ qui *PR,BFLM V^c* : quia *V* ‖ spirantes *R,B^c* : sperantes *P,Σ* ‖ **33** publicis *R,Σ* : puplicis *P* ‖ degunt *P,Σ* : tegunt *R* ‖ scite *Σ* : scites *P* scithes *R* ‖ **34** coeperunt *P,BFLM* : caeperunt *R,V* ‖ capital *P,Σ* : capitale *R* ‖ **35** discripserunt *Hedicke* : descripserunt *codd.* ‖ plena *om.B.* ‖ **36** orbem *P^{c}R,Σ* : obrem *P,V^c* ‖ coepit *P,Σ* : caepit *R*.

s'incurve en forme de croissant ; ils ont des mois plus courts, justement parce qu'ils en déterminent la longueur sur ces phases de la lune. On raconte bien d'autres choses ; il m'a paru inopportun de retarder ma narration en les rapportant.

X. Or donc, quand Alexandre eut traversé la frontière de l'Inde, les divers roitelets locaux vinrent à lui, pour faire acte de vassaux, lui rappelant qu'il était le troisième rejeton de Jupiter arrivé jusqu'à eux : le Vénérable Liber et Hercule, ils ne les connaissaient que par réputation ; lui, il était là, en face d'eux, et ils le voyaient. Le roi les reçut avec bienveillance, et les incorpora à sa suite, avec l'intention de les prendre pour guides dans sa marche. D'ailleurs, comme personne d'autre ne se présentait, il envoya en avant Héphestion et Perdiccas avec une partie des troupes, pour soumettre à sa domination les récalcitrants ; il leur ordonna, en particulier, de pousser jusqu'à l'Indus[1], et de fabriquer des péniches pour transporter l'armée sur l'autre rive. Comme il leur fallait passer plusieurs fleuves, ils agencèrent leurs navires de façon qu'on pût transporter les pièces détachées sur des chariots et les assembler par la suite. Ayant ordonné à Cratère de le suivre avec la phalange, Alexandre emmena la cavalerie et l'infanterie légère, et, rencontrant des ennemis, il les refoula, après une bataille sans gravité, dans la ville la plus voisine[2]. Mais Cratère l'avait déjà rejoint. Aussi, pour affoler dès l'abord une nation qui ne connaissait pas encore les armes macédoniennes, recommanda-t-il de ne faire grâce à personne quand on aurait incendié les défenses de la ville assiégée. Pendant qu'il caracolait autour des murailles, une flèche l'atteignit. Il prit pourtant la ville ; tous les

1. Ils doivent suivre le Kaboul-roûd (Cophen).

2. Alexandre consacra l'année 327 à maîtriser les montagnards du Chitral et du Swât.

cornua ; et idcirco breuiores habent menses, qui*a* spatium eorum ad hunc lunae modum dirigunt. [37]Multa et alia traduntur, quibus morari ordinem rerum haud s*a*ne oper*ae* uidebatur.

X. [1]Igitur Alexandro finis Indiae ingresso gentium suarum reguli occurrerunt imperata facturi, illum tertium Ioue genitum ad ipsos peruenisse memorantes : Patrem Liberum atque Herculem fama cognitos esse ; ipsum coram adesse cernique. [2]Rex benigne exceptos sequi iussit, isdem itinerum ducibus usurus. Ceterum, cum amplius nemo occurreret, *H*eph*ae*stionem et Perdiccan cum copiarum parte praemisit ad subigendos, qui auersarentur imperium ; iussitque ad flumen Indum procedere et nauigia facere, quis in ulteriora transportari posset exercitus. [3]Illi, quia plura flumina superanda erant, sic iunxere naues ut, solutae, plaustris uehi possent rursusque coniungi. [4]Post se Cratero cum phalange iusso sequi equitatum ac leuem armaturam eduxit, eosque, qui occurrerunt, leui proelio in urbem proximam conpulit. [5]Iam superuenerat Craterus. Itaque, ut principio terrorem incuteret genti nondum arma Macedonum expertae, praecipit ne cui parceretur, munimentis urbis quam obsidebat incensis. [6]Ceterum, dum obe-

X, 1-3 : Cf. Arr. 4, 22-23.

habent *PR,BFMV* : abent *L* || quia *Koehler* : qui *codd.* || spatium *R,BFL* : spacium *P,MV* || **37** haud *P* (*in ras.*), Σ : aut *R* || sane operae *Giunta* : sine opere *codd.*

X, **1** tertium *PR,BFL*c*V* : tercium *LM* || genitum *PR,BFLM* : gentium *V* || memorantes *om.R* || atque *PR,BFMV* : adque *L* || fama *P*c*R,*Σ : fame *P* || **2** itinerum *P,*Σ : itenerum *R* || [Ceterum *P,BFLMV*
Hephaestionem *Cospus* : ephestionem *codd.* || Perdiccan *BFL*c*M* : perdican *P,LV* || **4** occurrerunt *P* : occurrent *BFV* occurent *L* occurerant *B*c*M* || **5** ne cui Σ : nec cui *P*.

habitants en furent massacrés, et la cruauté n'épargna même pas les demeures.

Puis il soumit une nation inconnue[1] et parvint à la ville de Nysa[2]. Il établit son camp devant les murs mêmes de Nysa, dans un endroit boisé : le hasard voulut que, la nuit, un froid plus violent que d'ordinaire fît frissonner les troupes ; le feu se présenta comme le remède indiqué. On abattit les forêts ; la flamme jaillit : alimentée par les bûches, elle se mit aux tombeaux des habitants ; ils étaient en vieux cèdre, s'enflammèrent et répandirent au loin l'incendie, jusqu'au moment où il eut tout rasé. Aussitôt, de la ville, on perçut d'abord l'aboiement des chiens, puis l'agitation des hommes. Alors, habitants et Macédoniens comprennent, les uns que l'ennemi est là, les autres qu'ils sont aux portes de la ville. Déjà le roi avait fait sortir ses troupes et bloquait les murs, quand des ennemis, qui avaient risqué le combat, furent pilonnés par les projectiles. Les uns optaient donc pour la reddition, les autres pour le risque d'un combat. Quand il sut leur hésitation, Alexandre donna ordre de les assiéger seulement, et de s'abstenir de les massacrer ; épuisés par les maux du blocus, ils finirent par se rendre. Ils prétendaient remonter à Liber le Vénérable[3], et cette ascendance était exacte. La ville est au pied d'une montagne, que les habitants appellent Méron ; les Grecs s'en sont autorisés pour en tirer la fable de Liber le Vénérable caché dans la cuisse de Jupiter. Le roi, renseigné par

1. Peut-être une victoire sur les Aspasiens, entre le Khô et le Kounar : cf. Radet, *Sur les traces d'Alexandre entre le Choès et l'Indus*, dans *Rev. Et. Anc.*, 1930, p. 207 et suiv.

2. Nysa, chez les Aspasiens.

3. Étant d'origine iranienne, les habitants de Nysa pouvaient fort bien adorer dans leur *Liber Pater* le Dionysos des Occidentaux. Cf. Strabon, 687, 7 : Παρὰ Σοφοκλεῖ δέ τίς ἐστι τὴν Νῦσαν καθυμνῶν ὡς τὸ Διονύσῳ καθιερωμένον ὄρος « ὅθεν κατεῖδον κλεινὴν Νῦσαν, ἣν ὁ βούκερως Ἴακχος αὑτῷ μαῖαν ἡδίστην νέμει, ὅπου τις ὄρνις οὐχὶ κλαγγάνει » καὶ τὰ ἑξῆς.

quitabat moenibus, sagitta ictus. *Ce*pit tamen oppidum, et omnibus incolis eius trucidatis etiam in tecta saeuitum est.

7Inde domita ignobili gente ad N*y*sam urbem peruenit. Forte castris ante ipsa moenia in siluestri loco positis nocturnum frigus uehementius quam alias horrore corpora adfecit, o*p*portunumque remedium ignis oblatum est. 8Caesis quippe siluis flammam excitauerunt, quae *ligni*s alita o*p*pidanorum sepulcra conprehendit, uetusta cedro erant facta, conceptumque ignem late fudere, donec omnia solo aequata sunt. 9Et ex urbe primum canum latratus, deinde etiam hominum fremitus auditus est. Tunc et oppidani hostem et Macedones ad urbem ipsos uenisse cognoscunt. 10Iamque rex eduxerat copias et moenia obsidebat, cum hostium qui discrimen temptauerant obruti telis sunt. Aliis ergo deditionem, aliis pugnam experiri placebat. Quorum dubitatione conperta, circumsederi tantum eos et abstineri caedibus iussit ; tandemque obsidionis malis fatigati de*di*dere se. 11A Libero Patre conditos se esse dicebant ; et uera haec origo erat. 12Sita est *urbs* sub radicibus montis, quem Meron incolae appellant ; inde Graeci mentiendi traxere licentiam, Iouis femine

X, 4-18 : Cf. Plut. Alex. 58 ; Arr. 4, 22-25.

6 moenibus Σ : moeniebus *P* || sagitta *BFL*c*MV* : sagita *P,L* (*ut uid.*) || ictus *codd.* : ictus est *P*c || Cepit *I* : coepit *codd.* || 7 Nysam *B*c : nisam *codd.* || uehementius *P, BFMV* : ueementius *L* || horrore *P,FLM*c*V* : horrere *BM* || opportunumque *B*c : oportunumque *codd.* || 8 lignis *Faber* : igni *codd.* || oppidanorum *B*c*I* : opidanorum *codd.* || sepulcra *LM* : sepulchra *P,BFV* || conprehendit *P,BFMV* : conpreendit *L* || 9 primum *P,BFMV* : primun *L* || Tunc *P* : tum Σ || 10 hostium *P,BFLM* : ostium *V* || Aliis *P*c,Σ : alias *P* || deditionem *P,BFL*c*MV* : dedicionem *L* || aliis *P*c,Σ : alius *P* || pugnam *P* : pugna Σ || circumsederi *P* : circumsideri Σ || dedidere *B*c : dedere *codd.* || 12 urbs *add. Eberhard* || Meron *B*c*M* : nemoron *P,BFLV* || appellant *P,BFLM*c*V* : uocant *M* || mentiendi *P, BF*c*LMV* : metiendi *F*.

les indigènes sur la topographie de la montagne, se fit précéder par le ravitaillement et, avec l'armée entière, escalada la cime. Sur toute la montagne poussent en abondance lierre et vigne ; en abondance, coulent des sources éternelles. De plus, les fruits y ont des sucs variés et salutaires, le sol nourrissant de lui-même une végétation qui germe du hasard. Il y a sur ces rochers des lauriers et des baies, bref, une vaste forêt rustique. A mon avis, ce n'est pas une inspiration divine, mais l'allégresse, qui poussa les soldats à cueillir çà et là les feuilles du lierre et des vignes et, avec leurs couronnes de feuillage, à parcourir la forêt entière, telles des bacchantes. Les voix de tant de milliers d'hommes adorant le dieu, maître de ce bois, se répercutaient en écho sur les crêtes de la montagne et sur les collines, vu que ce dérèglement, qui n'émanait que de quelques-uns, avait subitement gagné, — comme il arrive en général, — tout le monde. Aussi, comme en pleine paix, ils s'étendaient sur l'herbe et sur des lits de feuillage. Sans s'offusquer de cet accès d'allégresse, le roi leur fournit des vins en abondance et, pendant dix jours, laissa l'armée se consacrer au culte de Liber le Vénérable.

Qui saurait nier que le mérite de la gloire, même la plus haute, ne revienne au hasard plus souvent qu'à la valeur ? Ils avaient beau banqueter et être engourdis par le vin, l'ennemi n'osa pas les attaquer : le bruit de leurs bacchanales et de leurs hurlements l'épouvanta exactement comme s'il avait entendu leur cri de guerre. Le même bonheur les protégea à leur retour des rives de l'Océan, quand ils se livrèrent à la boisson et à l'orgie, en face de l'ennemi[1].

De là, on arriva à la région appelée Dédala[2]. Aban-

1. Le but d'Alexandre était de se poser en nouveau Dionysos et d'exalter le courage de ses soldats avant de pousser à l'intérieur de l'Inde.

2. Peut-être une partie du territoire des Aspasiens.

Liberum Patrem esse celatum. [13]Rex situ montis cognito ex incolis cum toto exercitu praemissis commeatibus uerticem eius ascendit. Multa hedera uitisque toto gignitur monte : multae perennes aquae manant. [14]Pomorum quoque uarii salubresque suci sunt, sua sponte fortuitorum *g*erminum fruges humo nutriente. Lauri bacaeque et multa in illis rupibus agrestis est silua. [15]Credo equidem non diuino instinctu, sed lasciuia esse prouectos, ut passim hederae ac uitium folia decerperent, redimitique fronde toto nemore simil*e*s bacchantibus uagarentur. [16]Vocibus ergo tot milium praesidem nemoris eius deum adorantium iuga montis collesque resonabant, cum orta licentia a paucis, ut fere fit, in *omn*es se r*e*pente uulgasset. [17]Quippe uelut in media pace per herbas adgestamque frondem prostrauere corpora. Et rex fortuitam laetitiam non auersatus large ad epulas omnibus praebitis, per X dies Libero Patri operatum habuit exercitum.

[18]Quis neget eximiam quoque gloriam saepius fortunae quam uirtutis esse beneficium ? Quippe ne epulantes quidem et sopitos mero adgredi ausus est hostis, haud secus bacchantium *u*lulantiumque fremitu perterritus, quam si proeliantium clamor esset auditus. Eadem Felicitas ab Oceano reuertentes

X, 19-35 : Cf. Diod. 17, 84 ; Plut. Alex. 58 ; Arr. 5, 1-2.

13 perennes *P,B^c^FLMV* : perhennes *B* ‖ 14 germinum *Heinsius* : segeminum *P,B* seugerminum *B^c^FL^c^M* ***min**um *L* seugeminum *V* ‖ bacaeque *BFLM* : baceque *P,V* ‖ 15 hederae *BFLM* : ederae *P* hedrae *V* ‖ uitium *P,BFL^c^MV* : uicium *L* ‖ similes *I* : similis *codd.* ‖ bacchantibus *BLV* : baccantibus *P* bacantibus *F* bachantibus *M* ‖ 16 orta *P,BFLM* : horta *V* ‖ omnes se repente *Giunta* : homines serpente [— tes *F*] *codd.* ‖ 17 herbas *P,BFMV* : erbas *L* ‖ 18 beneficium *P,BLMV* : benefitium *F* ‖ bacchantium *BLV* : baccantium *P* bachantium *FM* ‖ ululantiumque *Modius* : hululantiumque *P* huiulantiumque [hei — *B^c^*] *BFLV* eiulantiumque *M* ‖ perterritus Σ : perterritos *P*.

donnant leurs demeures, les habitants s'étaient réfugiés dans des monts inaccessibles et boisés. Il passe donc à Acadire[1], elle aussi incendiée et désertée par ses habitants en fuite. La nécessité amena un changement de tactique : divisant ses troupes, Alexandre montra ses armes sur plusieurs points à la fois ; écrasés aux endroits où ils n'avaient pas compté sur l'ennemi, les indigènes, après toutes sortes de désastres, furent entièrement domptés. Les villes les plus nombreuses furent prises par Ptolémée, les plus grandes par Alexandre. Ensuite, celui-ci groupa de nouveau les troupes qu'il avait dissociées. Puis, après le passage du Choaspès[2], il laissa Côènos au siège d'une ville opulente, que les habitants nomment Beira[3] ; lui, il arriva à Mazages[4]. L'ancien roi, Assacanus[5], venait de mourir ; le pays et la ville avaient à leur tête sa mère, Cléophis[6]. Trente-huit mille fantassins défendaient la ville qu'outre l'emplacement, des travaux protégeaient. En effet, en direction de l'Orient, elle est entourée d'une rivière torrentueuse, dont les deux rives abruptes empêchent d'accéder à la ville. Vers l'Occident et sur le Midi, la nature a comme fait exprès d'accumuler l'obstacle de roches fort hautes, sous lesquelles il y a des cavernes et des gouffres profondément creusés par le temps ; là où ils cessent, un fossé, œuvre gigantesque, oppose son obstacle. Le mur de trente-cinq stades embrasse la ville ; il est cons-

1. Arrien dit : Ἀριγαῖον. Localisation qu'il n'est pas possible de déterminer.

2. Le Kounar ; cf. H. Foucher, *Itinéraire de Hiuan-tsang*, p. 275-276.

3. Arrien appelle la ville Βάζιρα (4, 27, 5). Sans doute Birkot. Alexandre veut interdire aux Indiens venus du Nord l'accès des villes du Swat.

4. Dans le Swat inférieur ; Radet (*loc. cit.*, p. 221) croit possible d'identifier cette ville avec l'actuel fort de Chakdara.

5. Prince des Assacènes.

6. Le « roman d'Alexandre » lui a accordé dans la vie du prince macédonien une influence qui ne répond sans doute pas à la réalité.

temulentos comi*s*santesque inter ora hostium texit. [19]Hinc ad regionem, quae Daedala uocatur, peruentum est. Deseruerant incolae sedes, et in auios siluestresque montes confugerant. Ergo Acadira transit, a*e*que usta et destituta incolentium fuga. [20]Itaque rationem belli necessitas mutauit : diuisis enim copiis pluribus simul locis arma ostendit ; oppressique, *ub*i non expectauerant hostem, omni clade perdomiti sunt. [21]Ptolom*a*eus plurimas urbes, Alexander maximas cepit : rursusque, quas distribuerat, copias iunxit. [22]Superato deinde C*h*oaspe amne, Coenon in obsidione urbis opulentae, — Beira incolae uocant, — reliquit ; ipse ad Mazagas uenit. Nuper Assacano, cuius regnum fuerat, demortuo regioni urbique praeerat mater eius Cleoph*i*s. [23]XXXVIII milia peditum tuebantur urbem non situ solum, sed etiam opere munitam. Nam, qua spectat orientem, cingitur amne torrenti, qui praeruptis utrimque ripis aditum ad urbem inpedit. [24]Ad occidentem et a meridie, ueluti de industria, rupes praealtas obmolita natura est, infra quas cauernae et uoragines longa uetustate in altum cauatae iacent ; quaque desinunt, fossa ingentis operis obiecta est. [25]XXXV stadi*um* murus urbem conplectitur, cuius i*ma* saxo, superiora crudo latere sunt structa. Lateri uinculum lapides sunt, quos interposuere, ut duriori

comissantesque *Zumpt* : comisantesque *P,BFLV* comesantes *M* comessantes M^{c} || inter ora *B*F^{c}*LMV* : interiora *P* inter hora *F* || **19** aeque *Froben* : atque *codd.* || **20** necessitas *codd.* : necessitate *Pichon* || ubi *Bongars* : urbi *codd.* || **21** Ptolomaeus *Hedicke* : ptholomeus *P.M* ptolomeus *BFLV* || cepit *P,BLV* : coepit *FM* || **22** Choaspe *Froben* : coaspe *codd.* || Beira *P* : beiram Σ || reliquit *P,BFLM* : reliquid ¦*V* || Cleophis *Reineccius* : cleophes *codd.* || **23** amne P^{c}, Σ : amnem *P* || **24** et a meridie Σ : a meridie *P* || ueluti *Hedicke* : uelut in *P* uelut P^{c},Σ || obmolita *P* : admolita Σ || **25** stadium *Zumpt* : stadia *codd.* || murus P^{c},Σ : munus *P* || ima *Vogel* : iam *P* inferiora Σ.

truit en pierre, pour le bas, et, pour le haut, en briques crues. Les briques sont reliées par des chaînettes de pierre, qui font reposer le matériau fragile sur celui qui est plus résistant, et par de la terre délayée dans de l'eau. Cependant, afin d'empêcher un affaissement de toute cette terre, on avait incorporé au mur de fortes poutres, sur lesquelles reposait un plancher, qui protégeait les murs, tout en permettant d'y circuler. Alexandre contemplait ces défenses et ne savait que décider, car il ne pouvait combler les cavernes qu'avec un remblai et, autrement, il était impossible d'approcher des murs l'artillerie, — lorsque, du haut du mur, on l'atteignit d'une flèche. Il se trouva que l'arme le toucha au mollet ; après en avoir arraché le fer, le roi fit avancer son cheval, et, ainsi monté, sans même bander sa blessure, il continuait son travail et ne faiblissait pas. Mais comme la jambe blessée restait pendante, et que les caillots de sang refroidissaient la plaie et en aggravaient la douleur, d'après la tradition il dit que, si on le prétendait fils de Jupiter, il n'en ressentait pas moins la souffrance physique. Néanmoins il ne réintégra pas son camp avant d'avoir tout examiné et édicté ses ordres. Donc, selon ses instructions, les uns démolissaient les demeures des faubourgs — ce qui leur donnait pour le remblai une masse énorme de matériaux — d'autres jetaient dans les cavernes de grands arbres, troncs et branches, et des masses de pierre. Déjà le remblai était arrivé au niveau du sol ; l'on dressait donc les tours ; l'immense enthousiasme des soldats permit l'achèvement de ces travaux en moins de neuf jours. Alexandre alla inspecter, avant que sa blessure fût cicatrisée ; il félicita les soldats, donna ordre de faire approcher les machines, du haut desquelles on répandit une énorme quantité de traits sur les défenseurs. Ceux-ci, sans expérience des travaux de ce genre, s'effrayaient surtout des tours mobiles ; et, comme ils ne distinguaient pas ce qui venait en aide à de pareilles

materiae fragilis incumberet, simulque terra humore diluta. [26]Ne tamen uniuersa consideret, inpositae erant trabes ualidae, quibus iniecta tabulata muros et tegebant et peruios fecerant. [27]Haec munimenta contemplantem Alexandrum, consiliique incertum, quia nec cauernas nisi aggere poterat inplere, nec tormenta aliter muris admouere, quidam e muro sagitta percussit. [28]*Et* forte in suram incidit telum ; cuius spiculo euolso admoueri equum iussit ; quo uectus, ne obligato quidem uulnere, haud segnius destinata exequebatur. [29]Ceterum, cum crus saucium penderet, et cruore siccato frigescens uulnus adgrauaret dolorem, dixisse fertur se quidem Iouis filium dici, sed corporis aegri uitia sentire. [30]Non tamen ante se recepit in castra quam cuncta perspexit et, quae fieri uellet, edixit. Ergo, sicut imperatum erat, alii extra urbem tecta *d*emoliebantur, ingentemque uim materiae faciendo aggeri detrahebant ; alii magnarum arborum stipites cum *ram*is ac moles saxorum in cauernas deiciebant. [31]Iamque agger aequauerat summae fastigium terrae ; itaque turres erigebantur, quae opera ingenti militum ardore intra nonum diem absoluta sunt. Ad ea uisenda rex nondum obducta uulneri cicatrice processit ; laudatisque militibus admoueri machinas iussit, e quibus ingens uis telorum in propugnatores effusa est. [32]Praecipue rudes talium operum terrebant mobiles turres ; tantasque moles nulla ope quae cerneretur

terra humore diluta *P* : terram humore dilutam Σ ‖ 26 Ne Σ : non *P* ‖ muros *P,BLMV* : muras *F* ‖ 28 Et forte *Hedicke* : cum forte *P* tum forte Σ ‖ in suram *P,B*^c*FLMV* : usuram *B* ‖ 29 saucium Σ : sacium *P* ‖ 30 Ergo *P*^c,Σ : ego *P* ‖ demoliebantur *Giunta* : emoliebantur *P* amoliebantur Σ ‖ magnarum Σ : magnorum *P* ‖ cum ramis *Freinsheim* : cumulis *edd.* ‖ 31 aequauerat *P*^c,Σ: equauerat *P* (*ut uid.*) ‖ erigebantur *P* : erigebant Σ ‖ effusa *P*^c,Σ : effu *P*.

masses, ils attribuaient leur mouvement à la puissance divine. En outre, les « javelots muraux » et les traits pesants, qu'envoyait l'artillerie, ne leur paraissaient pas l'affaire des mortels. Aussi, renonçant à protéger la ville, ils se retirèrent dans la citadelle. Puis, comme, assiégés, ils n'avaient d'autre issue que de se rendre, une députation descendit trouver le roi pour implorer son pardon. Il l'accorda ; alors la reine vint, escortée d'une foule de femmes nobles, qui offraient, en libation, du vin dans des patères d'or. Elle approcha son jeune fils des genoux du roi et, outre sa grâce, elle obtint les honneurs de sa fortune ancienne : car elle eut son titre de reine, et certains crurent que la beauté y eut plus de part que la pitié. Et, en tout cas, elle eut un enfant par la suite ; quel que fût le père, il eut pour nom Alexandre.

XI. De là, Polypercon fut envoyé avec une armée contre la ville de Ora[1] ; il battit dans un combat la troupe désordonnée des habitants : il les refoula à l'intérieur de l'enceinte fortifiée, les y suivit, et obligea la ville à la reddition. Le roi entra en possession de nombreuses places sans notoriété, abandonnées par leurs habitants. Ceux-ci, en armes, s'installèrent sur un roc nommé Aornis[2]. La légende voulait qu'Hercule en eût vainement fait le siège[3], auquel un tremblement de terre l'aurait obligé à renoncer. Alexandre ne savait que décider, car, de tous les côtés, le roc était escarpé et abrupt, quand un vieillard, qui connaissait les lieux, vint le trouver avec ses deux fils, lui promettant de lui indiquer

1. A situer près d'Udegram.

2. En skr., Avarana « le refuge ». Sans doute s'agit-il de Pir-Sar, en amont d'Amb (Ecbolima) : cf. S. Aurel Stein, *Alexander's Campaign in the Indian North-West Frontier*, dans *The Geogr. Journ.*, 1927, p. 417 sq.

3. Il faut ou assimiler Hercule à un dieu indien comme Krsnu, ou estimer que cet échec d'Hercule a été inventé pour grandir Alexandre.

adiutas deorum numine agi credebant. Pila quoque muralia et excussas tormentis praegraues hastas negabant conuenire mortalibus. [33]Itaque desperata urbis tutela concessere in arcem. Inde, quia nihil obsessis praeter deditionem *pat*ebat, legati ad regem descenderunt ueniam petituri. [34]Qua inpetrata regina uenit cum magno nobilium feminarum grege aureis pateris uina libantium. [35]Ipsa genibus regis paruo filio admoto non ueniam modo, sed etiam pristinae fortunae inpetrauit decus : quippe appellata regina est ; et credidere quidam plus formae quam miserationi datum. [36]Puer*oq*ue certe postea ex ea utcumque genito Alexandro fuit nomen.

XI. [1]Hinc Pol*y*percon, ad urbem *O*ram cum exercitu missus, inconditos oppidanos proelio uicit : intra munimenta conpulsos secutus, urbem in dicionem redegit. [2]Multa ignobilia oppida deserta a suis uenere in regis potestatem. Quorum incolae armati petram Aorni*n* nomine occupauerunt. Hanc ab Hercule frustra obsessam esse terraeque motu coactum absistere fama uulgauerat. [3]Inopem consilii Alexandrum, quia undique praeceps et abrupta rupes erat, senior quidam peritus locorum cum duobus filiis adiit, si pretium operis esset, aditum se monstraturum

XI : Cf. Diod. 17, 85 ; Arr. 4, 28-30.

32 adiutas *B*c (*in marg.*) *FL*c*V* : auditas *P,BF*c au*di*tas*** *L* || excussas Σ : excusas *P* || **33** desperata *P*c,Σ : disperata *P* || quia *P,BF*c*LMV* : qua *F* || obsessis *P*c,Σ : obsessos *P* || patebat *Eberhard* : placebat *codd.* || **35** etiam *P,BFLM* : eciam *V* || quidam plus Σ : quid amplius *P* quidam amplius *P*c || miserationi *P,BFLM* : miserationni *V* || **36** Pueroque *ego* : puro quoque *P* puero quoque *P*c,Σ.

XI, **1** Hinc *P* : hic Σ || Polypercon *I* : poliperchon *P,LV* polipercon *BFM* || Oram *ego* : nram *P* noram *P*c,Σ, Noram *Vogel*, Horam *Hedicke* || missus *P,BL*c*M* : misus *FLV* || dicionem Σ : ditionem *P* || redegit Σ : redigit *P* || **2** Aornin *Vogel* : aorni in *P,LMV* aorini in *B* aorni *F* || **3** operis esset *B*c*M* : obp̄esset *P,BF* obpreesset *LV*.

un accès, moyennant récompense. Alexandre prit l'engagement de lui donner quatre-vingts talents ; il garda en otage l'un des deux jeunes gens, et renvoya le père pour qu'il réalisât ses promesses. L'infanterie légère reçut pour chef le secrétaire du roi Mullinus[1] ; en effet, ces troupes, après un détour pour tromper l'ennemi, devaient atteindre par surprise le haut de la crête. Ce roc, à la différence de la plupart des autres, ne s'élève pas jusqu'à son point culminant par des pentes mesurées et douces ; mais il surgit, tout comme une borne. A la base, il est plus large ; plus haut, il se rétrécit, et son sommet s'érige en pointe aiguë. A son pied coule l'Indus, très profond, et escarpé sur les deux rives. De l'autre côté, il y a des gouffres et des ravins à pic ; et, pour un assaut, il ne restait d'autre possibilité que de les combler. A portée de la main, se trouvait une forêt ; le roi la fit couper, avec ordre de n'abattre que des troncs nus, car les branches et leur vêtement de feuillage eussent gêné le transport. Il fut le premier à faire tomber le tronc d'un arbre ; aussitôt après, l'armée poussa un cri, preuve d'allégresse : il n'y eut aucune défaillance, pour un travail auquel le roi s'était mis le premier. En moins de sept jours, ils avaient comblé les précipices, quand le roi ordonna aux archers et aux Agriens de tenter l'escalade des à-pics. Il choisit dans sa propre compagnie trente jeunes gens hardis, il mit à leur tête Charus et Alexandre[2], auquel il rappela sa communauté de nom avec lui. D'abord, le danger était si évident qu'on se refusa à ce que le roi courût lui-même le risque ; mais, à peine le signal donné par la trompette, Alexandre, entraîné par son audace, se tourna vers ses gardes du corps, les invite à le suivre, et, en tête, mène l'assaut du roc. Pas un Macédonien ne resta en place plus long-

1. A identifier sans doute avec Μυλλένος, noble Macédonien, fils d'Asandras.

2. Inconnus autrement.

esse promittens. [4]LXXX talenta constituit daturum Alexander, et altero ex iuuenibus obside retento ipsum ad exequenda, quae obtulerat, dimisit. [5]Leuiter armatis dux datus est Mullinus, scriba regis : hos enim circuitu, qu*o* fallerent hostem, in summum iugum placebat euadere. [6]Petra non, ut pleraeque, modicis ac mollibus cliuis in sublime fastigium crescit, sed in metae maxime modum erecta est ; cuius ima spatiosiora sunt, altiora in artius coeunt, summa in acutum cacumen exurgunt. [7]Radices eius Indus amnis subit, praealtus, utrimque asperis ripis ; ab altera parte uoragines eluuiesque praeruptae sunt. Nec alia expugnandi patebat uia quam ut replerentur. [8]Ad manum silua erat, quam rex ita caedi iussit, ut nudi stipites iacerentur ; quippe rami fronde uestiti inpedissent ferentes. Ipse primus truncam arborem iecit ; clamorque exercitus [se] index alacritatis secutus est nullo detrectante munus, quod rex occupauisset. [9]Intra septimum diem cauernas expleuerant, cum rex sagittarios et Agrianos iubet per ardua niti ; iuuenesque promptissimos ex sua cohorte XXX delegit ; [10]duces his dati sunt Charus et Alexander, quem rex nominis, quod sibi cum eo commune esset, admonuit. Ac primo, quia tam manifestum periculum erat, ipsum regem discrimen subire non placuit ; [11]sed, ut signum tuba datum est, uir audaciae promptae conuersus ad corporis custodes sequi se iubet, primusque inuadit in rupem. Nec deinde quisquam Macedonum substitit ; relictisque

4 obside Σ : opside *P* ‖ ad Σ : at *P* ‖ **5** quo *Freinsheim* : qui *codd.* ‖ **6** altiora *P,BFLM* : alciora *V* ‖ artius *BL*c*M* : arcius *P,FLV* ‖ **7** eluuiesque [ell — *M*] *P,B*c*FLMV* : eluuies *B* ‖ uia *om.B* ‖ **8** se *secl. Giunta* ‖ **10** Charus Σ : carus *P* ‖ tam Σ : iam *P* ‖ **11** audaciae *BFL*c*MV* : audatiae *P,L* ‖ sequi se *P,BFLM*c*V* : seque *M*.

temps ; laissant leur poste, ils suivaient spontanément leur roi. Beaucoup périrent misérablement ; ils glissaient des escarpements du roc, et le fleuve, qui le longeait, les engloutissait : spectacle funèbre, même pour qui n'eût rien risqué ; en fait, la fin des uns rappelait aux autres ce qu'ils avaient à redouter eux aussi ; et, la pitié se muant en crainte, ce n'était pas les défunts, mais eux-mêmes, qu'ils pleuraient. Les Macédoniens étaient maintenant arrivés à un point d'où ils ne pouvaient revenir sans catastrophe que vainqueurs ; car les Barbares roulaient sur eux, qui passaient en contre-bas, des pierres énormes : elles les heurtaient dans leur marche mal assurée et glissante, et ils tombaient dans l'abîme. Cependant Alexandre et Charus s'étaient dégagés, et ils étaient déjà en contact avec l'ennemi. Mais, comme les projectiles pleuvaient sur eux d'en haut, ils étaient atteints plus souvent qu'ils ne blessaient les Barbares. Or donc, Alexandre, se rappelant son nom et son engagement, combat avec plus d'âpreté que de précautions : accablé de coups, il s'écroule. A peine le voit-il étendu, Charus, ne songeant qu'à le venger, se rue contre l'ennemi, en massacre beaucoup de sa lance, quelques-uns de son épée. Mais contre lui seul s'acharnaient trop de bras : sur le corps de son ami il s'allongea et rendit l'âme. Comme il fallait s'y attendre, la mort de ces hardis jeunes gens et des autres soldats impressionna le roi, qui donna le signal de retraite. Ils durent la vie à ce qu'ils se retirèrent pas à pas, et sans trembler, tandis que les Barbares, à qui il suffisait d'avoir refoulé l'ennemi, ne les talonnaient pas dans leur repli. D'autre part, Alexandre, quoique décidé |à renoncer à l'entreprise — car nul espoir ne se présentait d'emporter la position — fit comme s'il continuait le siège du rocher ; il ordonna de tenir les routes, d'approcher les tours et de remplacer par d'autres les troupes harassées. Quand ils surent son obstination, les Indiens passèrent deux

stationibus sua sponte regem sequebantur. [12]Multorum miserabilis fuit casus, quos ex praerupta rupe lapsos amnis praeterfluens hausit, triste spectaculum etiam non periclitantibus ; cum uero alieno exitio, quid ipsis timendum foret, admonerentur, in metum misericordia uersa non extinctos, sed semet ipsos deflebant. [13]Et iam eo peruentum erat, unde sine pernicie nisi uictores redire non possent, ingentia saxa in subeuntes prouoluentibus Barbaris, qui*s* perculsi instabili et lubrico gradu praecipites recidebant. [14]Euaserant tamen Alexander et Charus [quos cum XXX delectis praemiserat rex], et iam pugnare comminus coeperant. Sed cum superne tela Barbari ingererent, saepius ipsi feriebantur quam uulnerabant. [15]Ergo Alexander et nominis sui et promissi memor, dum acrius quam cautius dimicat, confossus undique obruitur. [16]Quem ut Charus iacentem conspexit, ruere in hostem omnium praeter ultionem inmemor coepit, multosque hasta, quosdam gladio interemit. Sed cum tot unum incesserent manus, super amici corpus procubuit exanimis. [17]Haud secus, quam par erat, promptissimorum iuuenum ceterorumque militum interitu commotus rex signum receptui dedit. [18]Saluti fuit, quod sensim et intrepidi se receperunt, et Barbari hostem depulisse contenti non institere cedentibus. [19]Ceterum Alexander, cum statuisset desistere incepto, — quippe nulla

12 miserabilis *om.*Σ ‖ spectaculum *P,BFLM* : expectaculum *V* ‖ periclitantibus Σ : periclytantibus *P* ‖ exitio *P,BFLM* : exsitio *V* ‖ **13** quis *Freinsheim* : qui *codd.* ‖ gradu *P,BFLM* : gradum *V* ‖ **14** quos — rex *secl. ego* ‖ et iam *P,BFLcMV* : eciam *L* ‖ coeperant Σ : coeperat *P* ‖ **16** conspexit *P,BFcLMV* : conspexerit *F* ‖ in hostem *Pc,BFMV* : hostem in *P* in ostem *L* ‖ coepit Σ : cepit *P* ‖ exanimis *Pc,BcFLcM* : exanimes *P, BLV* ‖ **17** ceterorumque *Pc*,Σ : ceterorum *P*.

bons jours et deux nuits à banqueter, avec des démonstrations de confiance et même de victoire, battant du tambourin selon l'usage de chez eux. Or, la troisième nuit, les tambourins ne se firent plus entendre : en revanche, le roc entier étincelait de l'éclat des torches, que les Barbares avaient allumées, afin de fuir avec plus de sécurité au moment de courir dans la nuit obscure, parmi les rochers dépourvus de chemins[1]. Le roi, dépêchant Balacrus[2] en observation, apprend que le roc se trouve désert par la fuite des Indiens ; alors, à un signal, toute son armée poussa un cri, et ainsi il pénétra de crainte les Indiens dans leur fuite éperdue : beaucoup, comme sous la menace de l'ennemi, périrent pour être tombés parmi les pierres glissantes et parmi les rochers impraticables. De plus nombreux, blessés en quelque partie du corps, furent abandonnés par ceux qui n'avaient pas de mal. Le roi, vainqueur du terrain plutôt que de l'ennemi, donna l'impression, par des sacrifices et autres cérémonies religieuses, d'une grande victoire. Sur le pic, on installa des autels à Minerve Victorieuse. Les guides que, sur son ordre, avait suivis l'infanterie légère, touchèrent loyalement leur salaire, bien que leurs services eussent été inférieurs à leurs promesses. Alexandre remit à Sisocostus[3] la garde du roc et de la région avoisinante.

XII. De là, il s'avança vers Ecbolima[4] ; et, averti qu'un certain Ericès[5] tenait, avec vingt mille soldats, un passage encaissé, il remit à Côènos les troupes lourdes,

1. La prise d'Aornis ouvre à Alexandre le Pendjab.

2. Macédonien qui participa dès le début à l'expédition. A Gaugamèle, il commandait les ἀκοντισταί ; en 329, il était à la tête de l'ensemble des ψιλοί ; cf. ici : *qui specularetur*.

3. Gr. Σισίκοττος (Sasigupta) ; un des princes de la frontière indobactrienne avec lesquels Alexandre était en rapports depuis longtemps.

4. Amb.

5. Appelé par Diodore Ἀφίκης ; assimilé quelquefois, et à tort, au prince indien Amminaïs, dont parle Arrien, en 4, 26, 1.

spes potiundae petrae offerebatur, — tamen speciem ostendit in obsidione perseuerantis ; nam et itinera obsideri iussit et turres admoueri et fatigatis alios succedere. [20] Cuius pertinacia cognita Indi per biduum quidem ac duas noctes cum ostentatione non fiduciae modo, sed etiam uictoriae epulati sunt, tympana suo more pulsantes. [21]Tertia uero nocte tympanorum quidem strepitus desierat audiri : ceterum ex tota petra faces refulgebant, quas accenderant Barbari, ut tutior esset ipsis fuga, obscura nocte per inuia saxa cursuris. [22]Rex Balacro, qui specularetur, praemisso cognoscit petram fuga Indorum esse desertam ; tum, dato signo ut uniuersi conclamarent, inconposite fugientibus metum incussit : [23]multique, tamquam adesset hostis, per lubrica saxa perque inuias cotes praecipitati occiderunt. Plures aliqua membrorum parte mulcati ab integris deserti sunt. [24]Rex, locorum magis quam hostium uictor, tamen magnae uictoriae sacrificiis et cultu deum *fidem* fecit. Arae in petra locatae sunt Mineruae Victoriae [que]. [25]Ducibus itineris, qu*o* subire iusserat leuiter armatos, etsi promissis minora praestiterant, pretium cum fide redditum est. Petrae regionisque ei adiunctae Sisocosto tutela permissa.

XII. [1]Inde processit Ecbolima et, cum angustias itineris obsideri XX *milibus* armatorum ab Erice quo-

19 offerebatur *P*^{c},Σ : offebatur *P* ‖ obsidione *Lauer* : obsidionem *codd.* ‖ **20** pertinacia *P*, *BL*^{c}*M* : pertinatia *FLV* ‖ fiduciae *BFLM* : fidutiae *P*,*V* ‖ tympana *P*,*B*^{c}*M* : timpana *BFLV* ‖ **21** Tertia *P*^{c},*BF MV* : tertio *P* tercia *L* ‖ tympanorum *P*,*B*^{c}*LM* : typanorum *B* timpanorum *FV* ‖ accenderant Σ : ascenderant *P* ‖ tutior *P*,*B*^{c}*FLMV* : tuotior *B* ‖ esset *P*,*BFL*^{c}*MV* : et *L* ‖ **23** deserti *P*^{c},Σ : deser *P* ‖ **24** sacrificiis *P*,*BLMV* : sacrifitiis *F*, speciem sacrificiis *Mützell* ‖ Victoriae *Stangl* : uictoriaeque *codd.* ‖ fidem fecit *ego* : fecit *codd.* ‖ **25** itineris *P*,*BFLM* : intineris *V* ‖ quo *Zumpt* : quos *codd.* ‖ pretium *BFL*^{c} : praecium *P*,*L* precium *MV*.

XII, **1** xx milibus *I* : xxb *codd.* ($\overline{\text{xx}}$b *M*).

pour qu'il les menât par petites étapes. Lui-même, précédant frondeurs et archers, débusqua ceux qui tenaient le défilé, et ouvrit le passage aux troupes qui suivaient. Les Indiens, par haine de leur chef ou pour se faire bien voir du roi victorieux, assaillirent Ericès dans sa fuite, le tuèrent, et remirent à Alexandre sa tête et sa cuirasse. Alexandre accorda à l'acte l'impunité ; il refusa à ce précédent une récompense. Ensuite, à la seizième étape, il parvint à l'Indus, et, selon les instructions données à Héphestion, il trouva tout prêt pour la traversée. Le roi de cette région était Omphis[1], qui, déjà, avait conseillé à son père de remettre le royaume à Alexandre ; après la mort de son père, il avait envoyé une députation pour apprendre du Macédonien s'il voulait qu'il fût roi à titre provisoire, ou qu'il attendît sa venue comme un simple citoyen. Alexandre l'autorisa à régner ; mais Omphis ne put prendre sur lui d'exercer le droit qu'on lui octroyait. A vrai dire, il avait reçu Héphestion avec amabilité, et lui avait fourni gratuitement du blé pour ses troupes ; cependant, il n'était pas allé au-devant de lui, afin de ne se remettre qu'à la loyauté du roi seul. Quand celui-ci arriva, il sortit, pour l'accueillir, avec ses soldats en armes ; en outre, des éléphants, mêlés à la troupe, et proches les uns des autres, présentaient de loin l'aspect de châteaux forts. Au premier abord, Alexandre crut rencontrer un ennemi, et non un allié ; sur-le-champ, il ordonna, de son côté, aux soldats de prendre leurs armes, et aux cavaliers de se répartir sur les flancs : il s'apprêtait à combattre. Mais l'Indien, remarquant l'erreur des Macédoniens, fit arrêter toutes ses troupes, et, seul, éperonna le cheval qu'il montait ; Alexandre l'imita : selon qu'il rencontrait un ennemi ou un ami, sa valeur personnelle, ou la loyauté

1. Âmbhi, rajah de l'état riverain de l'Indus, était depuis près d'un an en rapports avec Alexandre. Sa capitale était Taxila (Takshaçilâ).

dam conperisset, grauius agmen exercitus *C*oeno ducendum modicis itineribus tradidit. [2]Ipse, praegressus funditores ac sagittarios, deturbatis qui obs*e*derant saltum, sequentibus se copiis uiam fecit. [3]Ind*i* siue odio ducis, siue gratiam uictoris regis inituri Ericen fugientem adorti interemerunt, caputque eius atque arma ad Alexandrum detulerunt. Ille facto inpunitatem dedit ; honorem denegauit exemplo. [4]Hinc ad flumen Indum sextis decumis castris peruenit omniaque, ut praeceperat, ad traiciendum praeparata ab *H*eph*a*estione repperit. [5]Regnabat in ea regione Omphis, qui patri quoque fuerat auctor dedendi regnum Alexandro et post mortem parentis legatos miserat, qui consulerent eum regnare se interim uellet, an priuatum opperiri eius aduentum. [6]Permissoque ut regnaret, non tamen ius datum usurpare sustinuit. Is benigne quidem exceperat *H*eph*a*estionem gratuitum frumentum copiis eius admensus ; non tamen ei occurrerat, ne fidem ullius nisi regis experiretur. [7]Itaque uenienti obuiam cum armato exercitu egressus est ; elephanti quoque per modica interualla militum agmini inmixti procul castellorum fecerant speciem. [8]Ac primo Alexander non socium, sed hostem aduentare credebat, iamque et ipse arma milites capere, et equites d*i*sc*ed*ere in

XII, 1-4 : Cf. Diod. 17, 86 ; Arr. 4, 28.

XII, 5-18 : Cf. Diod. 17, 86 ; Plut. Alex. 59 ; Arr. 5, 3 et 8.

Coeno *Froben* : poeno *codd.* || 2 funditores *codd.* : per funditores *Bentley, edd.* || deturbatis *I* : deturbat his *P,M* deturbat is *BFLV* || obsederant *Giunta* : obsiderant *P,BFLV* obsiderent *M* || 3 Indi *Froben* : inde *codd.* || caputque *BFLM* : capudque *P,V* || 4 Hephaestione *Cospus* : ephestione *codd.* || 5 opperiri Σ : operi *P* || 6 Permissoque *Modius* : praemissoque *P* permissusque *BFL* permissique *V* || Hephaestionem *Cospus* : ephestionem *codd.* || ullius Σ : illius *P* || 8 capere et *om.P* || discedere *Froben* : descendere *codd.*

d'Omphis, garantissaient sa sécurité. Ils s'abordèrent, à en juger par l'expression du visage, avec des sentiments amicaux ; mais, sans interprète, impossible de lier conversation. Aussi, quand on en eut trouvé un, le Barbare dit qu'il s'était présenté avec son armée pour lui livrer immédiatement la totalité des forces de son empire, et qu'il n'avait pas attendu une garantie donnée par des tiers. Sa personne, son royaume, il les remettait à un héros qui, combattant pour la gloire, ne redoutait rien plus — il le savait — qu'une réputation de duplicité.

La netteté du Barbare enchanta Alexandre, qui lui donna sa main en gage de loyauté, et il lui restitua son royaume. Il y avait cinquante six éléphants, qu'Omphis livra à Alexandre, avec beaucoup de bétail de taille remarquable, et environ trois mille taureaux, bêtes précieuses en cette région et bien volontiers reçues par les rois. Alexandre lui demanda s'il avait plus d'agriculteurs ou de soldats ; il répondit que, en guerre contre deux rois, il avait besoin de plus de soldats que de paysans. Ses deux ennemis étaient Abisarès[1] et Porus[2], mais Porus l'emportait en puissance. L'un et l'autre régnaient au delà de l'Hydaspe[3], et, quel que fût l'assaillant, ils avaient décidé de tenter le hasard de la guerre. Autorisé par Alexandre, Omphis prit les insignes de la royauté, et, selon la coutume nationale, le nom qu'avait porté son père ; ses compatriotes l'appelèrent Taxile, le nom étant attaché au pouvoir, quel qu'en fût l'héritier[4]. Donc, après avoir reçu, trois jours, Alexandre

1. Prince du peuple des Abhisara, dans la région de Kaschmir. Il porte, selon la coutume indienne, le nom de son peuple. De même Omphis, intronisé par Alexandre, prendra le nom de Taxile. Cf. précédemment Assacanus, prince des Assacènes.

2. Prince de la dynastie de Pûru, « paurava » ; son nom exact nous est inconnu. Il régnait sur le centre du Pendjab.

3. Le Jhilum.

4. Autres exemples : Sophitès, rajah du Saubhûta ; Phégélas, rajah du Bhagala.

cornua iusserat paratus ad pugnam. At Indus cognito Macedonum errore iussis subsistere ceteris ipse concitat equum, quo uehebatur ; idem Alexander quoque fecit, siue hostis, siue amicus occurreret, uel sua uirtute uel illius fide tutus. [9]Coi*e*re, quod ex utriusque uultu posset intellegi, amicis animis ; ceterum sine interprete non poterat conseri sermo. Itaque adhibito eo Barbarus occurrisse se dixit cum exercitu, totas imperii uires protinus traditurum, nec *ex*pectasse dum per nuntios daretur fides. [10]Corpus suum et regnum permittere illi, quem sciret gloriae militantem, nihil magis quam famam timere perfidiae.

Laetus simplicitate Barbari rex et dexteram fidei suae pignus dedit, et regnum restituit. [11]LVI elephanti erant, quos tradidit Alexandro multaque pecora eximiae magnitudinis ; tauros ad III milia, pretiosum in ea regione acceptumque animis regnantium armentum. [12]Quaerenti Alexandro plures agricultores haberet an milites, cum duobus regibus bellanti sibi maiore militum quam agrestium manu opus esse respondit. [13]Abisares et Porus erant ; sed in Poro eminebat auctoritas. Vterque ultra H*y*daspen amnem regnabat ; et belli fortunam, quisquis arma inferret, experiri decreuerat. [14]Omphis permittente Alexandro et regium insigne sumpsit, et more gentis suae nomen quod patris fuerat ; Taxilen appellauere popu-

9 Coiere *Wagner* : coiret *codd.* ‖ animis *om.BL, rest. corr.* ‖ adhibito *P,BFLM* : adibito *V* ‖ imperii uires *P* : imperium res Σ ‖ expectasse *Lauer* : spectasse *edd.* ‖ nuntios *P,BFL* : nuncios *MV* ‖ 10 simplicitate *P,BFLM*c*V* : in simplicitate *M* ‖ 11 LVI Σ : L͡VI *P* ‖ erant *P*c,Σ : erat *P* ‖ 13 Abisares *P,B*c*FLMV* : abiasaraes *B* ‖ ultra *P,B*c*MV* : ultraque *BFL* ultramque *V*c ‖ Hydaspen *Alde* : hidaspen *P* hidaspem Σ ‖ inferret *P,B*c*FLMV* : interferret *B* ‖ 14 Omphis *P,LMV* : *omphis *B* omfis *F* ‖ regium *P,B*c*L*c*M* : regnun *BFLV* ‖ more *P, BFLM* : in ore *V* ‖ Taxilen *BFLM*c*V* : taxsilen *P* talixen *M*.

comme un hôte, au quatrième il lui fit connaître tout le blé qu'il avait fourni aux troupes qu'avait conduites Héphestion, et il lui offrit, ainsi qu'à tous ses amis, des couronnes d'or, sans compter quatre-vingts talents d'argent monnayé. Son amabilité enchanta merveilleusement Alexandre, qui lui rendit ses présents et même y ajouta mille talents prélevés sur le butin qu'il transportait, de nombreux services de table en or et en argent, quantité d'étoffes perses, et trente de ses chevaux à lui, avec le harnachement qui était le leur quand il les montait. Si ces libéralités lui attachèrent le Barbare, elles froissèrent vivement ses amis. L'un d'eux, Méléagre[1], à un repas où il avait bu un peu trop, dit qu'il complimentait Alexandre d'avoir du moins trouvé dans l'Inde un homme qui valût mille talents. N'oubliant pas son vif chagrin d'avoir tué Clitus pour son intempérance en paroles, Alexandre maîtrisa sa colère ; néanmoins il déclara que les envieux étaient, avant tout, leurs propres bourreaux.

XIII. Le lendemain, des ambassadeurs d'Abisarès se présentèrent au roi. Ils remettaient tout à sa souveraineté, conformément aux instructions reçues ; après engagements réciproques, on les renvoya à leur roi. Calculant que la gloire de son nom pouvait amener Porus aussi à se soumettre, Alexandre lui envoya Cléocharès[2], pour le sommer de payer un tribut, et de se présenter au roi tout à l'entrée de son pays. Porus répondit qu'il défèrerait à la dernière de ces demandes : quand Alexandre pénétrerait dans son royaume, il l'accueillerait — mais en armes. Déjà Alexandre avait résolu de franchir l'Hydaspe, quand lui fut amené, dans les fers, Barzaentès, qui avait poussé les Arachosiens à la défection, ainsi que trente éléphants capturés

1. Cf. 3, 9, 7.
2. Macédonien inconnu autrement.

lares, sequente nomine imperium in quemcumque transiret. [15]Igitur, cum per triduum hospitaliter Alexandrum accepisset, quarto die et, quantum frumenti copiis quas *H*eph*a*estion duxerat praebitum a se esset ostendit, et aureas coronas ipsi amicisque omnibus, praeter haec signati argenti LXXX talenta dono dedit. [16]Qua benignitate eius Alexander mire laetus et, quae is dederat, remisit, et M talenta ex praeda quam uehebat adiecit multaque conuiualia ex auro et argento uasa, plurimum Persicae uestis, XXX equos ex suis cum isdem insignibus, quis adsueuerant, cum ipsum ueherent. [17]Quae liberalitas sicut Barbarum obstrinxerat, ita amicos ipsius uehementer offendit. E quibus Meleager super cenam largiore uino usus gratulari se Alexandro dixit, quod saltem in India repperisset dignum talentis M. [18]Rex haud oblitus, quam aegre tulisset quod Cl*i*tum ob linguae temeritatem occidisset, iram quidem tenuit, sed dixit inuidos homines nihil aliud quam ipsorum esse tormenta.

XIII. [1]Postero die legati Abisarae adiere regem. Omnia dicioni eius, ita ut mandatum erat, permittebant ; firmataque inuicem fide remittuntur ad regem. [2]Porum quoque nominis sui fama ratus ad deditionem posse conpelli misit ad eum Cleocharen, qui denuntiaret ei ut stipendium penderet et in primo suorum finium aditu occurreret regi. Porus alterum

XIII, 1-7 : Cf. Diod. 17, 87 ; Plut. Alex. 60 ; Arr. 5, 8-9.

15 accepisset Σ : accipisset *P* ‖ Hephaestion *Cospus* : ephestion *codd.* ‖ esset Σ : esse *P* ‖ 16 Qua *P,BFLM* : quia *V* ‖ 17 liberalitas *P,BFLMV*[c] : libertas *V* ‖ usus *P,BFLM* : usu *V* ‖ 18 Clitum *L*[c] : clytum *P,BMV* clutum *FL*.

XIII, 1 dicioni *P,B*[c]*LMV* : ditioni *BF* ‖ 2 denuntiaret *P,BFLM* : denunciaret *V*.

en même temps : aide précieuse contre les Indiens, car, pour eux, ces bêtes, plus que l'armée, constituaient leur espérance et leur force réelle. Et Samaxus[1], roi d'une partie infime de l'Inde, et qui avait lié partie avec Barzaentès, fut amené, dans les fers. Il fit donc garder à vue le transfuge et le roitelet, et remettre les éléphants à Taxile ; puis il atteignit l'Hydaspe. Porus, dans l'intention d'arrêter l'ennemi, avait pris position sur la rive ultérieure du fleuve.

Il opposait une barrière de quatre-vingt cinq éléphants[2] d'une étonnante vigueur ; derrière eux, trois cents chars, environ trente mille fantassins, parmi lesquels des archers, dont nous avons dit ci-dessus que les flèches, trop lourdes, ne pouvaient porter avec précision. Quant au roi, il avait pour monture un éléphant qui dépassait tous les autres ; ses armes, embellies par l'or et l'argent, mettaient en valeur sa taille peu commune. Son âme répondait à sa force physique, et c'était un sage, autant qu'on peut l'être en pays barbare[3]. Outre l'aspect de l'ennemi, l'ampleur du fleuve à traverser effrayait les Macédoniens. S'étalant sur quatre stades de large, avec un lit profond qui ne découvrait de gué nulle part, il présentait l'aspect d'une mer vaste. L'étendue que ses eaux recouvraient en largeur ne freinait pas son élan ; mais, comme un fleuve qui se serait trouvé à l'étroit dans un lit encaissé, il allait, torrentiel, et s'écrasait sur ses rives ; en plus d'un endroit, ses ondes refoulées révélaient la présence de récifs cachés[4]. Encore plus terrible d'aspect, était la rive que chevaux et hommes recouvraient.

1. Inconnu autrement. Il est impossible de fixer avec quelque précision l'emplacement de son royaume.

2. D'après Arrien, il y avait 200 éléphants.

3. Mêmes réticences de Quinte-Curce à propos de la sagesse des Scythes (7, 8, 10).

4. La description rend fort bien la violence du courant et l'irrégularité de son cours. De pareilles notations sont rares dans l'historiographie latine.

ex his facturum sese respondit, ut intranti regnum suum praesto esset, sed armatus. [3]Iam H*y*daspen Alexander superare decreuerat, cum Barzaent*e*s, defectionis Arachosiis auctor, uinctus trigintaque elephanti simul capti perducuntur, opportunum aduersus Indos auxilium, quippe plus in beluis quam in exercitu spei ac uirium illis erat. [4]Samaxusque rex exiguae partis Indorum, qui Barzaenti se coniunxerat, uinctus adductus est. [5]Igitur transfuga et regulo in custodiam, elephantis autem Taxili traditis ad amnem *Hy*daspen peruenit ; in cuius ulteriore ripa Porus consederat, transitu prohibiturus hostem.

[6]LXXX et V elephantos obiecerat eximio corporum robore ; ultraque eos currus CCC, et peditum XXX fere milia, in quis erant sagittarii, sicuti ante dictum est, grauioribus telis, quam ut apte excuti possent. [7]Ipsum uehebat elephantus super ceteras beluas eminens ; armaque auro et argento distincta corpus rarae magnitudinis honestabant. Par animus robori corporis, et quanta inter rudes poterat esse sapientia. [8]Macedonas non conspectus hostium solum, sed etiam fluminis, quod transeundum erat, magnitudo terrebat. IIII in latitudinem stadia diffusus, profundo alueo et nusquam uada aperiente, speciem uasti maris fecerat. [9]Nec pro spatio aquarum late stagnantium

XIII, 8-27 : Cf. Plut. Alex. 60 ; Arr. 5, 10-15.

3 Hydaspen *Alde* : hidaspen *codd.* || Barzaentes *Letellier* : barzaentis *P,F*^{c}*L* barzentis *BV* barzentis *FM* || Arachosiis *P,V* : archosis *BM* aracosis *F* arac*hosi*s *L* || opportunum *P* : oportunum Σ || 4 Barzaenti *P,F*^{c}*LV* : barzenti *BFM* || coniunxerat *P, BF LM* : coniuncxerat *V* || 5 transfuga *P,BFMV* : tranfuga *L* || regulo *P,BLMV* : regula *F* || Hydaspen *Alde* : idaspen *codd.* || consederat *P,BFLM* : considerat *V.* || prohibiturus *P,BLM* : prohibuturus *F* proibiturus *V* || 6 elephantos Σ : eliephantos *P* || fere *P*^{c},Σ : fere peditum *P* || 7 uehebat *P,BF*^{c}*LMV* : uehebant *F* || 8 conspectus Σ : spectus *P* aspectus *P*^{c} || diffusus Σ : diffus *P* || nusquam *P* : numquam Σ.

Immobiles, les éléphants géants dressaient[1] leur masse énorme ; comme on les excitait à dessein, ils fatiguaient les oreilles de leurs affreux barrissements. Le fleuve d'un côté, l'ennemi de l'autre avaient frappé d'une peur imprévue les Macédoniens, dont le cœur savait pourtant ne pas renoncer, et qui, souvent, avaient fait l'épreuve d'eux-mêmes. En effet, ils estimaient impossible de diriger vers la rive leurs instables radeaux et d'accoster sans danger. Il y avait, au milieu du fleuve, abondance d'îles, où passaient Macédoniens et Indiens, en nageant avec leurs armes au-dessus de la tête. Là, s'engageaient des escarmouches sans importance ; et les deux rois, d'après l'issue d'un incident, auguraient du résultat de toute la bataille. Or[2], dans l'armée macédonienne, se distinguaient par leur témérité et leur audace Hégésimaque et Nicanor[3], deux jeunes nobles que le bonheur constant de leur parti avait enflammés de mépris pour n'importe quel danger. Ils se mettent à la tête des jeunes gens les plus hardis qui, avec leurs lances pour armes, nagèrent jusqu'à une île tenue par des ennemis en force, et, ayant dans leur audace leur meilleure arme, ils tuèrent beaucoup d'Indiens. Ils pouvaient se retirer avec gloire — si la témérité, quand elle est heureuse, se fixait jamais des bornes. Mais, pendant qu'ils attendaient de nouveaux assaillants, qu'ils sous-estimaient et même méprisaient, ils furent cernés par des ennemis qui avaient nagé sans être vus et qui, de loin, les accablèrent sous les projectiles. Ceux qui avaient échappé à l'ennemi, ou furent enlevés par la vitesse du courant ou disparurent dans les gouffres, et ce combat exalta fort la confiance de Porus, qui distinguait tout de la rive.

1. La place et le choix des termes *stabant* et *ingentes* rendent la majesté redoutable des éléphants.

2. Quinte-Curce abuse de la liaison *ceterum*, qui prend chez lui des sens assez divers.

3. Inconnus autrement.

impetum coercebat, sed quasi in artum coeuntibus ripis torrens et elisus ferebatur, occultaque saxa inesse ostendebant pluribus locis undae repercussae. [10]Terribilior facies erat ripae, quam equi uirique conpleuerant. Stabant ingentes uastorum corporum moles et de industria inritatae horrendo stridore aures fatigabant. [11]Hinc amnis, hinc hostis capacia quidem bonae spei pectora et saepe se experta inprouiso tamen pauore percusserant. Quippe instabiles rates nec dirigi ad ripam nec tuto adplicari posse credebant. [12]Erant in medio amne insulae crebrae, in quas et Indi et Macedones nantes leuatis super capita armis transibant. Ibi leuia proelia conserebantur ; et uterque rex paruae rei discrimine summae experiebatur euentum. [13]Ceterum in Macedonum exercitu temeritate atque audacia insignes fuere Hegesimachus et Nicanor, nobiles iuuenes et perpetua partium felicitate ad spernendum omne periculum accensi. [14]Quis ducibus promptissimi iuuenum lanceis modo armati transnauere in insulam, quam frequens hostis tenebat, multosque Indorum nulla re melius quam audacia armati interemerunt. [15]Abire cum gloria poterant, si umquam temeritas felix inueniret modum. Sed dum superuenientes contemptim et superbe quoque expectant, circumuenti ab his, qui occulti enauerant, eminus obruti telis sunt. [16]Qui effuge-

9 coercebat *P,B*^{c}*FLV* : cohercebat *BM* ‖ quasi *P,BFLM* : quas *V* ‖ ostendebant *P*^{c}*,BFLMV*^{c} : ostendebat *P* ostendeban *V* ‖ **10** facies erat *P* : e. f. Σ ‖ conpleuerant *P,BFL*^{c}*MV*^{c} : compleuerat *LV* ‖ **12** Erant *P,BF*^{c}*LMV* : errant *F* ‖ **13** atque *P,BFM V* : adque *L* ‖ audacia *P,FM*^{c} : audicia *BM* audacie *L* audatia *V* ‖ Hegesimachus *P* : simachus [— cus *V*] *BFLV* symmachus *B*^{c}*M* ‖ Nicanor *P,BL* : nichanor *B*^{c}*FMV* ‖ partium *P,BFL*^{c}*M* : parcium *LV* ‖ **14** transnauere *P,BFMV* : trannauere *L* ‖ hostis *P,BFM* : ostis *LV* ‖ audacia *P,BFM* : audatia *LV* ‖ **15** felix *P* : infelix *codd.* ‖ contemptim *P, BFLV* : contentim *M* contenptim *M*^{c} ‖ circumuenti *P*^{c}*, B*^{c}*L*^{c}*MV*^{c} : circumuenienti *P,BFLV*.

Ne sachant que faire, Alexandre organisa finalement cette ruse pour surprendre l'ennemi : il y avait dans le fleuve une île plus vaste que les autres, boisée et, par là, propre à dissimuler une embuscade ; en outre, un fossé très profond[1], non loin de la rive qu'il occupait, pouvait cacher de l'infanterie, et même des hommes avec leurs chevaux. Donc, pour détourner l'ennemi de surveiller du regard cette position favorable, il ordonna à Ptolémée de chevaucher, avec tous les escadrons, loin de l'île, et d'effrayer les Indiens en poussant des cris de temps à autre, comme s'il avait l'intention de passer le fleuve. Pendant plusieurs jours, Ptolémée agit de la sorte ; cette stratégie contraignit Porus à porter lui aussi son armée sur le point que l'autre feignait de menacer. Désormais, l'île était hors de la vue des ennemis ; Alexandre fit dresser sa tente à un endroit de la rive qui en était éloigné ; il ordonna à la cohorte, qui l'accompagnait d'ordinaire, de monter la garde devant la tente, et de déployer tout exprès aux regards de l'ennemi l'appareil entier de la magnificence royale. En outre, comme Attale[2] avait son âge et n'était pas sans lui ressembler de visage et de corps, surtout vu de loin, il lui passe le costume royal, afin qu'il donne l'illusion que le roi commandait en personne sur cette rive, et ne s'occupait point de la traversée. Une tempête retarda d'abord, favorisa ensuite cette manœuvre : la fortune[3] faisait tourner en bien même les obstacles. Alexandre se préparait à traverser le fleuve avec ses autres troupes, dans la direction de l'île dont nous avons déjà parlé ;

1. Sir Aurel Stein (*The Site of Alex. Passage of the Hydaspes*, dans *Geogr. Journ.*, 1932, p. 31 sq.) estime que l'Hydaspe fut franchi près de Djalapour ; la *praealta fossa* est le Kandar Kas, qui se jette dans un des bras du Djelam, près de l'île d'Admana.

2. Fils d'Androménès, frère d'Amyntas, de Polémon et de Simmias. Impliqué dans le procès de Philotas, mais reconnu innocent, il participa au reste de la campagne comme officier des pézhétaires.

3. Nous retrouvons le thème de la Τύχη. Mais n'oublions pas que Sylla n'avait pas cru s'amoindrir en se proclamant *felix*.

rant hostem, aut impetu amnis ablati sunt aut uerticibus inpliciti ; eaque pugna multum Pori fiduciam erexit cuncta cernentis e ripa.

[17]Alexander inops consilii tandem ad fallendum hostem talem dolum intendit : erat insula in flumine amplior ceteris, siluestris eadem et tegendis insidiis apta ; fossa quoque praealta haud procul ripa, quam tenebat ipse, non pedites modo, sed etiam cum equis uiros poterat abscondere. [18]Igitur, ut a custodia huius opportunitatis oculos hostium auerteret, Ptolom*a*eum omnibus turmis obequitare iussit procul insula, et subinde Indos clamore terrere, quasi flumen transnaturus foret. [19]Per conplures dies Ptolom*a*eus id fecit ; eoque consilio Porum quoque agmen suum ei parti, quam se petere simulabat, coegit aduertere. [20]Iam extra conspectum hostis insula erat ; Alexander in diuersa parte ripae statui suum tabernaculum iussit, adsuetamque comitari ipsum cohortem ante id tabernaculum stare et omnem apparatum regiae magnificentiae hostium oculis de industria ostendi. [21]Attalum etiam, aequalem sibi et haud disparem habitu oris et corporis, utique cum procul uiseretur, ueste regia exornat, praebiturum speciem ipsum regem illi ripae praesidere nec agitare de transitu. [22]Huius consilii effectum primo morata tempestas est, mox adiuuit, incommoda quoque ad bonos euentus uertente fortuna. [23]Traicere amnem cum ceteris copiis

16 hostem *P,BFMV* : ostem *L* || uerticibus Σ : uorticibus *P* || eaque *P,B^cFLMV* : ea quae *B* || cuncta Σ : coniuncta *P* || **17** intendit *om.V, rest. corr.* || **18** ut *P^c,BFLM* : *om.P* haud *V* || a custodia *P,BFLM* : custodia *V* || opportunitatis *P* : oportunitatis *BFLM* oportunitas *V* || Ptolomaeum *Hedicke* : ptolomeum *codd.* ptholomeum *P^c* || insula *P,V* : in salo insula *F* in salo *B^cL^c* (*in marg.*) in insula *M* || **19** Ptolomaeus *Hedicke* : ptholomeus *P* ptolomeus Σ || aduertere Σ : auertere *P* || **20** ostendi *P,BF^cLMV* : ostendendi *F* || **22** uertente *P,B^cFLM* : euertente *B*.

l'ennemi ne pensait qu'à ceux qui, avec Ptolémée, tenaient la rive en contre-bas[1] ; mais une bourrasque répand une pluie à peine supportable à l'abri ; les soldats, accablés sous la nuée, firent demi-tour vers la terre ferme, abandonnant les embarcations et les radeaux. Mais l'ennemi ne pouvait entendre leur vacarme désordonné ; car le bruit du vent les en empêchait. Au bout de peu de temps, la pluie cessa ; mais des nuages si épais couvrirent le ciel qu'ils cachaient la lumière, et c'est à peine si des interlocuteurs se reconnaissaient entre eux. Un autre se fût épouvanté de cette nuit qui bouchait le ciel, alors qu'il fallait naviguer sur un fleuve inconnu, et que, peut-être, l'ennemi occupait l'endroit de la rive où ils se dirigeaient, aveugles et désemparés. Mais le roi, appelant la gloire au prix du péril, et trouvant sa chance dans l'obscurité qui épouvantait les autres, signifia à tous de monter silencieusement sur les radeaux, et il fit détacher d'abord celui sur lequel il embarquait[2]. L'endroit de la rive que l'on gagnait, était libre d'ennemis : car Porus ne se préoccupait encore que de Ptolémée. Un seul navire, brisé par le flot contre un récif, s'échoua ; tous les autres échappèrent ; et Alexandre ordonna aux soldats de prendre leurs armes et de former les rangs.

XIV. Alexandre était en train de mener au combat son armée répartie en deux ailes, quand Porus apprend que la rive est occupée par des hommes et leurs armes, et que c'est le moment de la décision. D'abord, par un défaut de l'esprit humain, il se laissa aller à son espoir ; il croyait que, selon l'accord conclu, son allié Abisarès arrivait. Puis, la lumière plus limpide lui découvrit l'armée ennemie ; il opposa à sa marche cent quadriges et

1. L'expression *inferiorem ripam* permet de croire qu'Alexandre passe le fleuve en amont : cf. Radet, *Alexandre et Porus : le passage de l'Hydaspe*, dans *Rev. Et. Anc.*, 1935, p. 349 sq.

2. Ce départ pour le combat a de la grandeur : le tragique de la nature s'allie au tragique des actes humains. Il y a mieux, ici, qu'un procédé d'école : ce prélude à la grande bataille est fort bien orchestré.

in regionem insulae, de qua ante dictum est, parabat auerso hoste in eos, qui cum Ptolom*ae*o inferiorem obsederant ripam, cum procella imbrem uix sub tectis tolerabilem effundit ; obrutique milites nimbo in terram refugerunt nauigiis ratibusque desertis. Sed tumultuantium fremitus obstrepentibus uentis ab hoste non poterat audiri. [24]Deinde momento temporis repressus est imber ; ceterum adeo spissae intendere se nubes, ut conderent lucem, uixque conloquentium inter ipsos facies noscitare*n*tur. [25]Terruisset alium obducta nox caelo, cum ignoto amne nauigandum esset, forsitan hoste eam ipsam ripam, quam caeci atque inprouidi *petebant, tenente.* [26]*A*t *r*ex periculo gloriam accerse*ns et* obscuritatem, quae ceteros terrebat, suam occasionem ratus dato signo, ut omnes silentio escenderent in rate*s*, eam, qua ipse uehebatur, primam iussit expelli. [27]Vacua erat ab hostibus ripa quae petebatur ; quippe adhuc Porus Ptolom*ae*um tantum intuebatur. Vna ergo naui, quam petrae fluctus inliserat, haerente ceterae euadunt ; armaque capere milites et ire in ordine*s* iussit.

XIV. [1]Iamque agmen in cornua diuisum ipse ducebat, cum Poro nuntiatur armis uirisque ripam obtineri et rerum adesse discrimen. Ac primo, humani

23 Ptolomaeo *Hedicke* : ptholomeo *P* ptolomeo Σ || imbrem Σ : ingens *P*, *cuius corr.* imbrem *addidit post* effundit || nauigiis *P,BFL M*c*V* : nauigiisque *M* || **24** repressus *BFMV* : respsus *P* repsus *L* || uixque Σ : uix *P* || noscitarentur *I* : noscitaretur *codd.* || **25** hoste *P,BFMV* : oste *L* || **26** petebant tenente. At rex *Jeep* : et ex *codd.* || accersens et *Jeep* : accerserent *codd.* || ceteros *P,M* : te ceteros *BFLM* || escenderent *P* : ascenderent Σ || rates *Froben* : ratem *codd.* || qua *P,B*c*FLMV* : quas *B* || iussit *om.B, rest. corr.* || **27** Porus *om.L, rest. corr.* || Ptolomaeum *Hedicke* : ptholomeum *P, BLM* ptolomeum *FV* || haerente *P,BFMV* : erente *L* || ordines *Acidalius* : ordinem *codd.*

XIV, 1 Poro *P,BF*c*LMV* : poron *F* || nuntiatur *BFLV* : nunciatur *P,M* || adesse *P,BF*c*LMV* : esse *F*.

quatre mille cavaliers. Le chef des troupes de choc était Spitacès, son propre frère[1]. Les chars constituaient l'essentiel de ses forces[2] ; chacun d'eux avait six hommes d'équipage : deux avec boucliers et deux autres répartis de chaque côté ; les autres étaient les cochers, qui d'ailleurs n'étaient pas sans armes : car, dès qu'il fallait se battre de près, ils lâchaient les rênes et accablaient l'ennemi d'une quantité de javelots. Mais, en cette journée, les chars furent d'un secours à peu près nul. En effet, comme on l'a dit ci-dessus, la pluie, tombant avec une violence inaccoutumée, avait rendu les plaines glissantes et inutilisables pour la cavalerie[3] ; les chars, lourds et à peu près incapables de bouger, étaient pris dans la boue et les fondrières. Par contraste, Alexandre, avec une armée légère et mobile, chargea avec vigueur. Les Scythes et les Dahes partirent les premiers à l'attaque des Indiens ; puis il lança Perdiccas avec ses cavaliers sur l'aile droite des ennemis. Déjà la bataille s'était étendue sur tout le front, quand les conducteurs des chars, persuadés que c'était l'ultime ressource des leurs, se ruèrent à bride abattue en pleine mêlée[4]. C'était un danger pour les deux partis également. En effet, au premier choc, l'infanterie macédonienne était écrasée, mais les chars, lancés sur un terrain glissant et impraticable, renversaient ceux qui les conduisaient. D'autres chars furent précipités par les chevaux, qui s'emballaient,

1. Les Mss. donnent *Hages* ; mais la restitution *Spitaces* est justifiée : *praemis(it Sp)itaces* ; d'autre part, Arrien donne le nom Σπιτάκης. D'après Quinte-Curce, il était le frère de Porus, et d'après Arrien son neveu. Il mourut dans la bataille (cf. Arr., 5, 18, 2).

2. Les chars étaient attelés à deux ou quatre chevaux. — Dans l'Inde antique, les conducteurs de chars étaient fort estimés, et devaient être fils d'un ksatriya ou d'un brahmane.

3. *Inequitabiles* : hapax.

4. Moins précis que le récit d'Arrien, lequel s'inspire sans doute de Ptolémée, celui de Quinte-Curce ne manque pourtant pas de netteté, et il a ces qualités de vie et de mouvement, qui font trop souvent défaut à l'historien grec.

ingenii uitio spei suae indulgens Abisaren belli socium, — et ita conuenerat, — aduentare credebat. [2]Mox liquidiore luce aperiente *aciem* hostium C quadrigas et IIII milia equitum uenienti agmini obiecit. Dux erat copiarum quas praemisit *Spitaces*, frater ipsius. Summa uirium in curribus ; [3]senos uiros singuli uehebant, duos clipeatos, duos sagittarios ab utroque latere dispositos ; aurigae erant ceteri haud sane inermes ; quippe iacula conplura, ubi comminus proeliandum erat, omissis habenis in hostem ingerebant. [4]Ceterum uix ullus usus huius auxilii eo die fuit. Namque, ut supra dictum est, imber uiolentius quam alias fusus campos lubricos et inequitabiles fecerat ; grauesque et propemodum inmobiles currus inluuie ac uoraginibus haerebant. [5]Contra Alexander expedito ac leui agmine strenue inuectus est. Scythae et Dahae primi omnium inuasere Indos, Perdiccam deinde cum equitibus in dextrum cornu hostium emisit. [6]Iam undique pugna se mouerat, cum hi, qui currus agebant, illud ultimum auxilium suorum rati effusis habenis in medium discrimen ruere coeperunt. [7]Anceps id malum utrisque erat. Nam et Macedonum pedites primo impetu obterebantur, et per lubrica atque inuia inmissi currus excutiebant eos, a quibus regebantur. [8]Aliorum turbati equi non in uoragines modo lacunasque, sed etiam in amnem praecipitauere curricula. Pauci

XIV : Cf. Diod. 17, 88-89 ; Plut. Alex. 60 ; Arr. 5, 16-19.

uitio *P,BFL*^{c} : uicio *LMV* || Abisaren *P* : abissaren Σ || socium *P,BLMV* : sotium *F* || aduentare *P*^{c},Σ : aduen** *P* || 2 Mox, *P*^{c},Σ : uox *P* || aciem *Bentley* : hostem *codd.* || Spitaces *Anspach* : hages *codd.* || 3 clipeatos Σ : clypeatos *P* || utroque Σ : utraque *P* || dispositos *P,BLMV* : dispositus *F* || haud *P*^{c},*B*^{c}*FLM V* : had *P* haud sau *B* || inermes *BFLM* : inhermes *P,V* || 5 Scythae *P,V* : schytae *BLM* schitae *F* || Dahae *P,FLV* : daae *BM* || 6 Perdiccam Σ : perdicam *P* || 8 lacunasque *P,B*^{c}*FLMV* : lucanasque *B*.

dans les fondrières et les trous, et jusque dans le fleuve. Quelques chevaux, chassés par les projectiles de l'ennemi, arrivèrent à Porus qui, avec une belle vigueur, animait la bataille[1]. Voyant les chars, disséminés sur tout le front, errer sans conducteurs, il répartit les éléphants entre ceux de ses amis qui l'entouraient. Derrière eux, il avait installé l'infanterie, en particulier les archers[2] qui, selon l'habitude, tapaient sur des tambourins, ce qui correspondait pour les Indiens au chant de la trompette. Le vacarme n'avait pas d'action sur les éléphants, car leurs oreilles étaient faites depuis longtemps à ce bruit, qu'ils connaissaient. En tête de la ligne des fantassins, on portait une statue d'Hercule[3] : pour ceux qui se battaient, il n'y avait pas de stimulant plus fort ; avoir abandonné ses porteurs était infamant pour un soldat. On prévoyait même la peine capitale pour ceux qui ne la ramenaient pas de la bataille : car la crainte, qu'autrefois leur avait inspirée ce dieu, alors leur ennemi, s'était muée en culte et en adoration. Quant aux Macédoniens, ils marquèrent un léger temps d'arrêt en considérant et les bêtes et surtout le roi indien. Les bêtes, placées au milieu de la troupe, donnaient de loin l'impression de tours, et, par ses proportions, Porus dépassait presque ce que peut atteindre un homme ; à la grande taille de Porus semblait ajouter encore la bête qui le portait, car elle s'élevait au-dessus de toutes les autres autant qu'il dépassait lui-même les autres hommes. D'où ces paroles d'Alexandre, quand il eut examiné le roi et la ligne des Indiens : « Je vois enfin un danger à la taille de mon génie : nous avons affaire en même temps à des bêtes et à des hommes hors de l'ordre. » Et, regardant Côènos, il lui dit : « Quand, accompagné de Ptolémée,

1. *Pugnam cientem* : Cf. Virg., *Aen.*, 1, 541.

2. En fait, le fantassin était archer. En plus de l'arc, il portait la lance et le sabre.

3. Vishnu.

te*li*s hostium exacti penetrauere ad Porum acerrime pugnam cientem. [9]Is, ut dissipatos tota acie currus uagari sine rectoribus uidit, proximis amicorum distribuit elephantos. [10]Post eos posuerat peditem ac sagittarios, tympana pulsare solitos ; id pro cantu tubarum Indis erat. Nec strepitu eorum mouebantur olim ad notum sonum auribus mitigatis. [11]Herculis simulacrum agmini peditum praeferebatur : id maximum erat bellantibus incitamentum, et deseruisse gestantis militare flagitium habebatur. [12]Capitis etiam sanxerant poenam his, qui ex acie non re*t*tulissent, metu, quem ex illo hoste quondam conceperant, etiam in religionem uenerationemque conuerso. Macedonas non beluarum modo, sed etiam ipsius regis aspectus parumper inhibuit. [13]Beluae dispositae inter armatos speciem turrium procul fecerant ; ipse Porus humanae magnitudinis propemodum excesserat formam ; magnitudini Pori adicere uidebatur belua, qua uehebatur, tantum inter ceteras eminens quanto aliis ipse praestabat. [14]Itaque Alexander contemplatus et regem et agmen Indorum : « Tandem », inquit, « par animo meo periculum uideo : cum bestiis simul et cum egregiis uiris res est. » [15]Intuensque C*o*enon : « Cum ego », inquit, « Ptol*o*m*a*eo Perdic-

telis *Snakenburg* : tamen *P,*B^c tenus Σ ‖ exacti *P,BFLM* : exhacti *V* ‖ 9 uidit *P,*B^c*FLMV* : ut *B* ‖ proximis P^c,Σ : proximi *P* ‖ 10 tympana *BFMV* : timpana *P,L* et tympana *I, edd.* ‖ notum B^c*FLMV* : motum *P,B* ‖ 11 Herculis Σ : hercules *P* ‖ flagitium *P, B*F^c*LMV* : flaiugitium *F* ‖ 12 sanxerant Σ : sancxerant *P* ‖ poenam *P,BFLM* : penam *V* ‖ rettulissent *Zumpt* : retulissent *codd.* ‖ metu Σ : metū *P* ‖ hoste P^c, Σ : oste *P* ‖ quondam P^c,Σ : condam *P* ‖ religionem P^c,Σ : regionem *P* ‖ beluarum P^c,Σ : baluarum *P* ‖ 13 Beluae P^c,Σ : buluae *P* ‖ speciem *P,BFMV* : spetiem *L* ‖ propemodum *codd.* : prope modum *Hedicke* ‖ formam *codd.* : speciem *Hedicke* ‖ Pori *codd.* : corpori *Damste, Vogel,* non parum *Stangl* ‖ ceteras P^c,Σ : ceteris *P* ‖ 14 Tandem P^c,Σ : tantundem *P* ‖ inquit *P,BFLM* : inquid *V* ‖ 15 Coenon *Merula* : cenon *codd.* ‖ inquit *P,BFLM* : inquid *V* ‖ Ptolomaeo *Hedicke* : ptholomeo *P,BLM* ptolomeo *FV* ‖ Perdiccaque Σ : perdicaque *P.*

de Perdiccas et d'Héphestion, j'aurai foncé sur l'aile gauche de l'ennemi et que tu me verras en plein dans l'ardeur de la mêlée, ébranle leur aile droite et enfonce leurs rangs en désordre. Toi, Antigène[1], toi, Léonnatus, ainsi que Tauron, vous donnerez l'assaut à leur centre et presserez leur ligne de front. La meilleure utilisation possible de nos lances, qui sont fort longues et solides, sera contre les bêtes et leurs conducteurs : délogez ceux qu'elles portent ; elles, percez-les de coups. Elles sont un soutien hasardeux et c'est surtout contre les leurs que leur violence se déchaîne. Un commandement les pousse contre l'ennemi, l'épouvante contre les leurs. »

Sur ces mots, il lance son cheval, sans attendre. Déjà, selon le plan établi, il avait attaqué les rangs ennemis, quand Côènos, avec une violence inouïe, attaque l'aile gauche. En outre, la phalange, d'un seul élan, rompit le centre des Indiens. Porus fit donner les éléphants du côté où il avait noté la charge de la cavalerie ; mais cet animal lent et presque incapable de bouger ne pouvait égaler la vitesse des chevaux. Les Barbares n'avaient même pas le moyen d'utiliser les flèches : car elles sont longues et fort lourdes ; elles ne s'adaptent avec précision et commodité que si l'arc porte d'abord sur le sol. Mais, s'efforçant de tirer sur un terrain qui glissait et gênait leur effort, les archers furent devancés par la rapidité de l'ennemi. Donc, sans tenir compte de l'ordre du roi — ce qui, en général, arrive quand, dans l'affolement, la crainte commande avec plus d'autorité que le chef[2] — il y avait autant de généraux que de régiments dispersés. L'un ordonnait de former une ligne continue, l'autre une ligne morcelée ; certains de tenir bon, quelques-uns de prendre l'ennemi à revers. Aucune

1. Un des hétaires. Officier supérieur de l'infanterie — plus précisément, selon toute vraisemblance, commandant des Argyraspides. Il participa activement aux luttes des diadoques.

2. Platitude, qui dépare quelque peu un beau passage.

caque et *H*eph*a*estione comitatus in laeuum hostium cornu impetum fecero uiderisque me in medio ardore certaminis, ipse dextrum moue et turbatis signa infer. Tu, Antig*e*ne, et tu, Leonnate, et Tauron, inuehemini in mediam aciem, et urgebitis frontem. [16]Hastae nostrae praelongae et ualidae non alias magis quam aduersus beluas rectoresque earum usui esse poterunt : deturbate eos, qui uehuntur, et ipsas confodite. Anceps genus auxilii est, et in suos acrius furit. In hostem enim imperio, in suos pauore agitur. »

[17]Haec elocutus concitat equum primus. Iamque, ut destinatum erat, inuaserat ordines hostium, cum Coenus ingenti ui in laeuum cornu inuehitur. [18]Phalanx quoque mediam Indorum aciem uno impetu perrupit. At Porus, qua equitem inuehi senserat, beluas agi iussit ; sed tardum et paene inmobile animal equorum uelocitatem aequare non poterat. Ne sagittarum quidem ullus erat barbaris usus, [19]quippe longae et praegraues : nisi prius in terra statuerent arcum, haud satis apte et commode inponunt. Tum humo lubrica et ob id inpediente conatum molientes ictus celeritate hostium occupantur. [20]Ergo spreto regis imperio, — quod fere fit, ubi turbatis acrius metus quam dux imperare coepit, — totidem erant imperatores, quot agmina errabant. [21]Alius iungere aciem, alius diuidere ; stare quidam, et nonnulli circumuehi terga hostium iubebant. Nihil in medium

Hephaestione *Cospus* : ephestione *codd.* || fecero *P,BF*^{c}*LMV* : facio *F* || me *om. P, rest. corr.* || Antigene *Zumpt* : antigone *codd.* || inuehimini Σ : non inuehimini *P* || urgebitis *P,BLM* : urguebitis *FV* || 16 rectoresque *P,BFLM* : ectoresque *V* uectoresque *V*^{c} || eos *P,B*^{c}*FLMV* : eo *B* || 17 Coenus *P,B*^{c}*FLM* : cenus *BV* || 18 Phalanx *P,BFLM* : phalancx *V* || perrupit *P,BF*^{c}*LMV* : perrumpit *F* || sagittarum *P,BFMV* : sagitarum *L* || ullus Σ : nullus *P* || barbaris *P,BF*^{c}*LMV* : barbarus *F* || 19 ictus *P,BFLM* : hictus *V* || 20 erant *P*^{c},Σ : erat *P* (*ut uid.*) || quot *P*^{c},Σ : quod *P* || 21 circumuehi *P,BFL*^{c}*MV* : ciruehi *L*.

décision n'était prise en commun. Néanmoins Porus, aidé d'un petit nombre d'hommes, pour qui le sentiment de l'honneur était plus fort que la crainte, persiste à rallier ses troupes éparses et à aller à la rencontre de l'ennemi ; il fait placer les éléphants devant son front de bataille. Grande fut la terreur provoquée par les bêtes : leur barrissement, auquel on n'était pas habitué, avait bouleversé non seulement les chevaux, animaux que tout effraie, mais les hommes et les rangs. Les vainqueurs de naguère regardaient autour d'eux où ils pourraient fuir, — quand Alexandre lâcha sur les bêtes l'infanterie légère agrienne et thrace, troupes meilleures pour l'escarmouche que pour le corps-à-corps. Elles lancèrent une masse énorme de projectiles contre les éléphants et leurs conducteurs ; en outre la phalange, les croyant effrayés, poussa sans faiblir. Mais certains, les poursuivant avec trop de témérité, s'attirèrent la fureur des bêtes, par les blessures qu'ils leur faisaient. Écrasés sous leurs pattes, ils apprirent aux autres à attaquer avec plus de prudence. Le spectacle était particulièrement terrible quand les éléphants saisissaient armes et hommes avec leur trompe[1] et, par-dessus leur tête, les remettaient à leurs conducteurs. On lutta donc sans résultat, tantôt poursuivant, tantôt fuyant les éléphants ; et cela prolongea, tard dans la journée, l'incertaine bataille[2], jusqu'au moment où l'on entreprit de leur couper les pattes avec des haches, matériel dont on avait prévu l'utilisation. On appelait copides les épées légèrement recourbées en forme de faux, dont on se servait pour atteindre les trompes des éléphants. La crainte non seulement de mourir, mais, dans la mort même, de subir un supplice nouveau, ne négligeait aucune garantie. Aussi les éléphants, épuisés finalement par les blessures, renversent-

1. *Manus* désigne la trompe de l'éléphant chez Cicéron, *Nat.*, 2, 120.
2. *Certamen extraxit* : Cf. Tite-Live, 10, 28, 2 : *extrahebatur in serum diei certamen.*

consulebatur. [22]Porus tamen cum paucis, quibus metu potior fuerat pudor, colligere dispersos, obuius hosti ire pergit elephantosque ante agmen suorum agi iubet. [23]Magnum beluae iniecere terrorem, insolitusque stridor non equos modo, tam pauidum ad omnia animal, sed uiros quoque ordinesque turbauerat. [24]Iam fugae circumspiciebant locum paulo ante uictores, cum Alexander Agrianos et Thra*ca*s leuiter armatos, meliore*m* concursatione quam comminus militem, emisit in beluas. [25]Ingentem hi uim telorum iniecere et elephantis et regentibus eos ; phalanx quoque instare constanter territis coepit. [26]Sed quidam auidius persecuti beluas in semet inritauere uulneribus. Obtriti ergo pedibus earum ceteris, ut parcius instarent, fuere documentum. [27]Praecipue terribilis illa facies erat, cum manu arma uirosque corriperent et super se regentibus traderent. [28]Anceps ergo pugna nunc sequentium, nunc fugientium elephantos in multum diei uarium certamen extraxit, donec securibus, — id namque genus auxilii praeparatum erat, — pedes amputare coeperunt. [29]Copidas uocabant gladios leuiter curuatos, falcibus similes, quis adpetebant beluarum manus. Nec quicquam inexpertum non mortis modo, sed etiam in ipsa morte noui supplicii timor omittebat. [30]Ergo elephanti uulneribus tandem fatigati suos impetu sternunt et, qui rexerant eos, praecipitati in terram ab ipsis obterebantur. Itaque pecorum modo magis pauidi quam

22 potior *P,BFM* : patior *L* pocior *V* ‖ **24** circumspiciebant *P,BF*^{c}*L*^{c}*MV* : circumspiciebat *FL* ‖ Thracas *I* : trachas *P,F* thrachas *BLMV* ‖ meliorem *Lauer* : meliore *codd.* ‖ **25** elephantis Σ : ephantis *P* ‖ instare *BFLMV*^{c} : stare *P,V* ‖ **27** facies *P,BFMV* : faties *L* ‖ regentibus *P*^{c},Σ : gentibus *P* ‖ **28** diei *P,B*^{c}*FLMV* : die *B* ‖ securibus *P,BF*^{c}*LMV* : securi *F* ‖ coeperunt *P,BFMV* : ceperunt *L* ‖ **30** tandem Σ : tantundem *P* ‖ terram *P,BFMV* : terra *L*.

ils, dans leur élan, les Indiens ; et ils écrasent leurs conducteurs, après les avoir précipités à terre. C'est pourquoi, plus épouvantés que dangereux, ils étaient chassés comme du bétail hors de la bataille, quand Porus, abandonné par le gros de ses troupes, accabla, du haut de son éléphant, la ceinture d'ennemis sous des traits depuis longtemps préparés ; à distance il en blessa un grand nombre, mais il était exposé lui aussi aux coups et visé de tous côtés. Il avait déjà reçu neuf blessures et dans le dos et dans la poitrine ; comme il avait perdu le sang en quantité, ses mains languissantes laissaient glisser les traits plus qu'elles ne les lançaient. Cela n'empêchait pas son éléphant, encore exempt de blessure, de se ruer, sous l'aiguillon de la rage, contre les rangs ennemis ; mais enfin, le conducteur vit que le roi, le corps affalé et incapable de tenir ses armes, allait s'évanouir. Il excite la bête à fuir ; Alexandre le poursuit, mais son cheval, accablé de blessures et défaillant, se coucha sur le sol, déposant le roi au lieu de le désarçonner. Tandis qu'il changeait de cheval, Alexandre prit du retard. Entre temps, le frère du roi indien Taxile, envoyé au-devant par Alexandre, donna à Porus le conseil de ne pas s'obstiner dans des tentatives désespérées et de se remettre au vainqueur. Mais, malgré l'épuisement de ses forces et la faiblesse causée par la perte de sang, il revint à cette voix qu'il connaissait : « Je reconnais, dit-il, le frère de Taxile, traître à son pouvoir et à son royaume », et le seul trait resté, par hasard, dans ses mains défaillantes, il le lança contre lui, dont il perça la poitrine de part en part. Après cette dernière preuve de sa valeur, il accéléra sa fuite ; mais son éléphant aussi, atteint de plusieurs traits, perdait ses forces. Il arrêta donc sa fuite, et opposa ses fantassins à l'ennemi qui le poursuivait[1].

1. Quinte-Curce amène maintenant toute la lumière sur Porus. L'anecdote diversifie le récit militaire sans le fausser.

infesti ultra aciem exigebantur, [31]cum Porus destitutus a pluribus tela mult*o* ante praeparata in circumfusos ex elephanto suo coepit ingerere, multisque eminus uulneratis expositus ipse ad ictus undique petebatur. [32]Nouem iam uulnera hinc tergo, illinc pectore exceperat, multoque sanguine profuso languidis manibus magis elapsa quam excussa tela mittebat. [33]Nec segnius belua instincta rabie nondum saucia inuehebatur ordinibus, donec rector beluae regem conspexit, fluentibus membris omissisque armis uix compotem mentis. [34]Tum beluam in fugam concitat sequente Alexandro : sed equus eius multis uulneribus confossus deficiensque procubuit, posito magis rege quam effuso. [35]Itaque dum equum mutat, tardius insecutus est. Interim frater Taxi*li*s, regis Indorum, praemissus ab Alexandro monere coepit Porum ne ultima experiri perseueraret, dederetque se uictori. [36]At ille, quamquam exhaustae erant uires deficiebatque sanguis, tamen ad notam uocem excitatus : « Agnosco », inquit, « Taxi*li*s fratrem imperii regnique sui proditoris », et telum, quod unum forte non effluxerat, contorsit in eum, quod per medium pectus penetrauit ad tergum. [37]Hoc ultimo uirtutis opere edito fugere acrius coepit ; sed elephantus quoque, qui multa exceperat tela, deficiebat. Itaque sistit fugam, peditemque sequenti hosti obiecit.

31 destitutus *P^c,B F L^c M V* : distitutus *P,L* || suo *codd.* : *expun.* *P^c* || coepit *P,BFMV* : cepit *L* || **32** exceperat Σ : excoeperat *P* || excussa Σ : excusa *P* || **33** inuehebatur *P,BFMV* : inueebatur *L* || omissisque *B^cLM* : omisisque *P,BFV* || **34** confossus *P,BFLMV^c* : confosus *V* || rege *P,BFLMV^c* : regem *V* || **35** dederetque *P,BFLM* : dederecque *V* || **36** sanguis *P,BFLM^cV* : sangis *M* || inquit *P,BFM* : inquid *LV* || Taxilis *I* : taxillis *codd.* || proditoris Σ : proditorem *P* || per *om.P, rest. corr.* || ad *P^c*,Σ : at *P* || **37** coepit *P,BFMV* : cepit *L* || exceperat Σ : excoeperat *P* || sistit *P,BFL^cMV* : sictit *L* || fugam *P,FLMV* : fuga *B* fugat *B^c*.

Déjà Alexandre l'avait rejoint ; en raison de l'obstination de Porus, il interdit d'épargner quiconque résistait. De tous côtés, les projectiles plurent donc sur les fantassins et sur Porus lui-même ; finalement Porus, écrasé sous les traits, glissa du haut de son éléphant. L'Indien qui conduisait l'animal crut qu'il descendait et, selon l'habitude, fit agenouiller l'éléphant ; dès que celui-ci se fut baissé, les autres, dressés à cela, l'imitèrent et s'abaissèrent au niveau du sol. Cet incident livra aux vainqueurs Porus et tous les autres. Alexandre ordonne de dépouiller le corps de Porus, qu'il croyait mort ; on se précipitait pour lui ôter sa cuirasse et son vêtement, quand l'éléphant se mit à défendre son maître et à attaquer les détrousseurs : il enleva le corps et le plaça de nouveau sur son dos. Aussi les projectiles l'accablent-ils de toutes parts ; il est abattu, et l'on dépose Porus sur une voiture. Dès que le roi le vit ouvrir les yeux, il fut ému de pitié, non de haine : « Quelle folie, malheureux ! lui dit-il, t'a poussé, toi qui connaissais de réputation mes exploits, à risquer le hasard de la guerre, quand Taxile t'offrait un exemple immédiat de ma clémence envers qui se soumet ? » Mais l'autre : « A ta question, dit-il, je répondrai avec la franchise que ton interrogation m'a permise. J'estimais que personne n'était plus fort que moi : car je ne connaissais que mes forces, et n'avais pas encore l'expérience des tiennes ; tu es le plus fort : c'est la leçon des événements. Mais même maintenant je ne suis pas à plaindre, étant le second après toi. » Interrogé encore sur ce qu'il pensait que le vainqueur devait décider, « ce que te conseille, dit-il, cette journée, qui t'a montré l'instabilité du bonheur ». Cet avertissement lui réussit mieux que n'auraient fait des prières : car cette grande âme impavide, et que le destin même ne brisait pas, parut à Alexandre mériter d'être traitée non seulement avec pitié, mais même avec honneur. Alexandre le soigna

[38]Iam Alexander consecutus erat, et pertinacia Pori cognita uetabat resistentibus parci. Ergo undique et in pedites et in ipsum Porum tela congesta sunt ; quis tan*de*m grauatus, labi ex belua coepit. [39]Indus, qui elephantum regebat, descendere eum ratus more solito elephantum procumbere iussit in genua ; qui ut se submisit, ceteri quoque, — ita enim instituti erant, — demisere corpora in terram. [40]Ea res et Porum et ceteros uictoribus tradidit. Rex spoliari corpus Pori interemptum esse credens iubet, et qui detraherent loricam uestemque concurrere, cum belua dominum tueri et spoliantes coepit adpetere, leuatumque corpus eius rursus dorso suo inponere. Ergo telis undique obruitur, conpositoque eo in uehiculum Porus inponitur. [41]Quem rex ut uidit adleuantem oculos, non odio sed miseratione commotus : « Quae, malum ! » inquit, « amentia te coegit, rerum mearum cognita fama belli fortunam experiri, cum Taxilis esset in deditos clementiae meae tam propinqu*um* tibi exemplum ? » [42]At ille : « Quoniam », inquit, « percontaris, respondebo ea libertate, quam interrogando fecisti. Neminem me fortiorem esse censebam : meas enim noueram uires, nondum expertus tuas ; fortiorem esse te belli docuit euentus. Sed ne sic quidem parum felix sum, secundus tibi. » [43]Rursus interrogatus, quid ipse uictorem statuere debere censeret : « Quod hic », inquit, « dies tibi suadet, qu*o*

38 et Σ : ei *P* || pertinacia *P,M* : pertinatia *BFLV* || tandem *Giunta* : tantum *codd.* || grauatus P,B^cFL^cMV : gratus *B* grautus *L* || **39** demisere B^c : dimisere *codd.* || corpora *om. M, rest. corr.* || **40** conpositoque *codd.* : confossoque *Alde* || **41** inquit *P,BFM* : inquid *LV* || amentia Σ : amenti *P* quae amentia P^c || propinquum L^c : propinquo *codd.* || **42** inquit *P,BFM* : inquid *LV* || fortiorem *P,BFLM* : forciorem *V* || noueram P,BF^cLMV : nouerim *F* || fortiorem *P,BFLM* : forciorem *V* || parum P,BF^cLMV : paruum *F* || **43** quid Σ : quic *P* || inquit *P,BFM* : inquid *LV* || quo *Lauer* : quod *codd.*

pendant sa maladie, tout comme s'il s'était battu pour lui ; quand Porus, contrairement à l'attente générale, se fut rétabli, il l'admit au nombre des Amis, et ne tarda pas à lui octroyer, en l'agrandissant, le royaume dont il avait été le maître[1]. A vrai dire, dans le tempérament d'Alexandre, il n'y eut rien de plus ferme ni de plus stable que l'admiration pour la valeur et la gloire véritables ; néanmoins il jugeait du mérite avec plus de netteté chez un ennemi que chez un concitoyen. Car il croyait que les siens pouvaient nuire à sa grandeur, qui, elle, rayonnerait d'autant plus qu'il aurait triomphé d'ennemis plus grands.

1. L'attitude d'Alexandre fut à la fois généreuse et habile : la fidélité de Porus l'aida puissamment dans le Pendjab.

expertus es quam caduca felicitas esset. » [44]Plus monendo profecit, quam si precatus esset : quippe magnitudinem animi eius interritam ac ne fortun*a* quidem infractam non misericordia modo, sed etiam honore excipere dignatus est. [45]Aegrum curauit haud secus, quam si pro ipso pugnasset : confirmatum contra spem omnium in amicorum numerum recepit ; mox donauit ampliore regno, quam tenuit. [46]Nec sane quicquam ingenium eius solidius aut constantius habuit quam admirationem uerae laudis et gloriae : simplicius tamen famam aestimabat in hoste quam in ciue. Quippe a suis credebat magnitudinem suam destrui posse ; eandem clariorem fore, quo maiores fuissent quos ipse uicisset.

44 fortuna *Giunta* : fortunam *codd.* || misericordia *P, BMV* : misericordiam *FL* || honore *P,BFMV* : onore *L* || **45** si *om.P, rest. corr.* || contra spem *om.P, rest. corr.* || recepit Σ : recipit *P* || **46** aut Σ : haud *P* || hoste *P,BFL*ᶜ*MV* : oste *L* || ciue *P*ᶜ,Σ : ciuae *P* || uicisset *P,BLMV* : uicissent *F* || Q̄ CVRTI RVFI HISTORIARVM LĪB VIII ·EXPLICIT. INCIPIT LIBER NONVS *P* || Q· CVRTI RVFI HISTORIAR ·ALEXAND· MAG. MAC · LIB · VIII · EXP · INCIPIT VIIII · FC̄TR· *B* || Q̄ CVRTI RVFI HISTORIARV̄ LIB̄ VIII EXPL̄ FELIC̄· INCIPIT LIBER NONVS *F* || Q̄ CVRTI RVFI HISTORIARV̄ LIB· VIII· EXPLICIT· FELICITER INCIPIT LIB· NONVS *L* || EXPLICIT LIBER SEPTIMVS· INCIPIT LIBER OCTAVVS *M* || CVRTI RVFI HISTORIARVM· LIB· VIII· EXPLICIT· INCIPIT LIBER NONVS *V*.

LIVRE IX

LIVRE IX

I. Heureux d'une victoire si mémorable qui, à son avis, lui ouvrait l'Orient[1], Alexandre, après avoir sacrifié des victimes au Soleil[2], voulut préparer les soldats à affronter, avec plus d'allant encore, les épreuves qui les attendaient ; il les félicita en assemblée générale, et leur révéla que le combat précédent avait anéanti tout ce que les Indiens avaient eu de forces : « le reste ne serait qu'un opulent butin ; la région où ils se dirigeaient abondait en richesses bien connues. En conséquence, les dépouilles des Perses n'avaient plus ni valeur ni intérêt ; gemmes, perles, or, ivoire, ils en rempliraient la Macédoine et la Grèce, et non pas seulement leurs maisons particulières ». Avides d'argent et de gloire, et aussi parce que ses assurances ne les avaient jamais trompés, les soldats promettent leur concours ; il les renvoie, pleins d'espérance, puis ordonne de construire des navires pour que, une fois l'Asie traversée, il allât voir la mer, à l'extrémité du monde. Il y avait beaucoup de bois pour navires, sur les montagnes voisines ; au début de la coupe, on trouva des serpents d'une taille

1. En réalité, cette victoire ne le rendait maître que de la Pentapotamie.

2. Alexandre estimait que la protection du Soleil lui avait permis ses triomphes en Orient.

LIBER IX

I. [1]Alexander tam memorabili uictoria laetus, qua sibi Orientis finis apertos esse censebat, Soli uictimis caesis milites quoque, quo promptioribus animis reliqua belli obirent, pro contione laudatos docuit, quidquid Indis uirium fuisset, illa dimicatione prostratum : [2]cetera opimam praedam fore celebrat*a*sque opes in ea regione eminere, quam peterent. Proinde iam uilia et obsoleta esse spolia de Persis ; gemmis margaritisque et auro atque ebore Macedoniam Graeciamque, non suas tantum domos repletur*os*. [3]Auidi milites et pecuniae et gloriae, simul quia numquam eos adfirmatio eius fefellerat, pollicentur operam ; dimissisque cum bona spe nauigia exaedificari iubet, ut, cum totam Asiam percucurrisset, finem terrarum mare inuiseret. [4]Multa materia naualis in proximis montibus erat ; quam caedere adgressi

I, 1-14 : Cf. Diod. 17, 89 ; Arr. 5, 20-21.

I, **1** contione *P,BFL*ᶜ*MV* : concione *L* || prostratum *BFMV* : prostratrum *P* prosstratum *L* || **2** celebratasque *Lauer* : celebratesque *P* celebrantesque Σ || gemmis *P,BFMV* : gemis *L* || atque *P,BFMV* : adque *L* || repleturos *I* : repleturum *codd.* || **3** gloriae *in P in ras. man. rec.* || numquam *P,BFMV* : non quam *L* || dimissisque *P,BMV* : dimisisque *FL* || percucurrisset *BFLV* : percurrisset *P,M*.

peu ordinaire ; dans les mêmes montagnes, il y avait aussi des rhinocéros, animal extraordinaire ailleurs : mais ce sont les Grecs qui ont désigné de ce nom ces animaux ; les indigènes, qui ignorent le grec, usent d'un mot de leur langue. Ayant fondé deux villes, sur l'une et l'autre rive du fleuve qu'il avait traversé[1], le roi offre à chacun de ses généraux des couronnes et mille écus[2]. Tous les autres aussi reçurent de lui des honneurs proportionnés soit à leur rang dans son amitié, soit à leurs mérites effectifs. Abisarès, qui avait envoyé une ambassade à Alexandre avant le combat contre Porus, en envoya une nouvelle, avec promesse d'obéir à tout ce qu'il lui commanderait, sauf à un ordre de livrer sa personne : car, privé du pouvoir royal, il ne saurait vivre, ni régner étant prisonnier. Alexandre fit répondre que, s'il pesait à Abisarès d'aller à lui, il irait lui-même le trouver.

Au delà, il passa le fleuve[3] et pénétra au cœur de l'Inde. Il y avait des forêts qui s'étendaient sur une immensité ; leurs arbres altiers, qui s'élevaient à une hauteur extraordinaire, les rendaient opaques. En général, les branches, semblables à des troncs énormes, s'infléchissaient vers le sol, puis se relevaient au point de courbure, si bien qu'on eût dit non pas une branche qui se redressait, mais un arbre issu d'une racine indépendante. Climat sain : car l'ombre remédie à la violence du soleil, et des eaux coulent des sources avec abondance[4]. Mais, là aussi,

1. Cf. 9, 3, 23.

2. *L'aureus* vaut vingt-cinq deniers. Quinte-Curce établit une équivalence entre le denier romain et la drachme grecque, et il compte la mine à quatre *aurei*, soit cent deniers.

3. L'Acésinès.

4. Nouvelle description de région exotique. « Le milieu latin était très propice à cette curiosité <pour les pays lointains>. Assurément le milieu n'explique pas tout. Remarquons cependant qu'à l'intérêt de notre auteur pour l'Orient va correspondre, quelques années plus tard, celui de Tacite pour la Germanie. Or, sous Claude, le commerce s'intensifie avec l'Arabie, l'Inde et la Chine. Tibère s'était déjà inquiété

magnitudinis inuisitatae repperere serpentes; [5]rhinocer*ot*es quoque, rarum alibi animal, in isdem montibus erant : ceterum hoc nomen beluis inditum a Graecis ; sermonis eius ignari aliud lingua sua usurpant. [6]Rex, duabus urbibus conditis in utraque fluminis, quod superauerat, ripa copiarum duces coronis et M aureis singulos donat. Ceteris quoque pro portione aut gradu*s*, quem in amicitia obtinebant, aut nauatae operae honos habitus est. [7]Abisares, qui, priusquam cum Poro dimicaretur, legatos ad Alexandrum miserat, rursus alios misit pollicentes omnia facturum quae imperasset, modo ne cogeretur corpus suum dedere : neque enim aut sine regio imperio uicturum aut regnaturum esse captiuum. [8]Cui Alexander nuntiari iussit, si grauaretur ad se uenire, ipsum ad eum esse uenturum.

Hinc po*r*ro amne superato ad interiora Indiae processit. [9]Siluae erant prope in inmensum spatium diffusae procerisque et in eximiam altitudinem editis arboribus umbrosae. [10]Plerique rami instar ingentium stipitum flexi in humum rursus, qua se curuauerant, erigebantur, adeo ut species esset non rami resurgentis, sed arboris ex sua radice generatae. [11]Caeli temperies salubris, quippe et uim solis umbrae leuant, et aquae large manant e fontibus. [12]Ceterum

4 inuisitatae *P,BF*^{c}*MV* : inusitatae *F* inu*sitatae *L* || repperere *P,BFLM* : reppere *V* || **5** rhinocerotęs *Lauer* : rhinocerontes *P,BL* rinocerontes *FMV* || isdem *BLV* : hisdem *P,FM* || eius *om.P* || ignari *P,BLMV* : gnari *F* || **6** duces *M* : ducis *P,BFLV* || singulos *P,LMV* : sigulos *BF* || portione *P,BFMV* : porcione *L* || aut Σ : haud *P* || gradus *Acidalius* : gradu *codd.* || amicitia *P,BFLV* : amicicia *M* || honos *B*^{c}*FL*^{c}*MV* : honus *P,B* (*ut uid.*) onus *L* || habitus *P,BFMV* : abitus *L* || **7** Abisares *P* : abissares Σ || pollicentes Σ : policentes *P* || omnia Σ : onimia *P* || aut Σ : haud *P* || aut Σ : haud *P* || regnaturum *P,BFLMV*^{c} : regnaturus *V* || **8** porro *edd.* : poro *codd.* || amne *P,BFV* : amme *L* amneque *M* || superato *P,BFLM* : superata *V* || **9** spatium *BFL* : spacium *P,MV*.

il y avait quantité de serpents, dont les écailles reproduisaient l'éclat de l'or ; il n'est pas un venin plus dangereux : en effet la morsure était suivie d'une mort immédiate, jusqu'au moment où les indigènes firent connaître le remède. Puis, à travers des endroits abandonnés[1], on atteignit l'Hiarotis[2]. Joignait ce fleuve une forêt ombreuse, aux arbres ailleurs inconnus, et que peuplait une foule de paons sauvages. Alexandre lève le camp et, à peu de distance de là, prend par blocus une ville forte qui lui remet des otages et doit payer tribut. Il atteignit ensuite une ville importante vu la région, et que, outre un mur, défendait un marais[3]. Les Barbares sortirent pour le combattre, du haut de véhicules joints ensemble ; pour l'offensive, les uns avaient des lances, les autres des haches ; ils passaient d'un chariot à l'autre, par un saut vigoureux, quand ils voulaient secourir leurs camarades qui faiblissaient. Cette manière insolite de combattre commença par épouvanter les

des sommes que les Romains consacraient à leurs achats dans ces contrées, et Pline l'A. attribue à cent millions de sesterces la dépense annuelle. Le mouvement des échanges commerciaux provoque les voyages d'exploration, et les Romains entendaient parler de croisières aux pays mystérieux, dont la connaissance reculait toujours davantage les bornes, auxquelles les anciens géographes avaient prétendu limiter le monde. Sous le règne de Claude, on achève l'exploration du Tigre et du lac Van. Surtout, l'on continue dans les eaux indiennes les voyages marins des Ptolémées et des Séleucides. Dès l'époque d'Auguste, 120 navires environ partaient, chaque année, de Myos Hormos ou de Bérénice sur la mer Rouge pour le N.-E. de l'Afrique et pour l'Inde. Au temps de Tibère, utilisant la mousson, Hippalus était passé, par la pleine mer, d'Aden à la région de l'Indus. Plus hardis encore, les contemporains de Claude, vont, sans escale, de Fas Fartak (au sud de l'Arabie) à Jaygarth (ou peut-être à Rajapur) ; et, en 50, un anonyme passe du golfe d'Aden à Muziris (actuellement Cranganor), c'est-à-dire presque à la pointe de l'Inde. » H. Bardon, *La valeur littéraire de Q.-C.*, dans *Les Et. Classiques*, 1947, p. 197.

1. La comparaison avec Arrien, 5, 21, 3, prouve qu'il faut comprendre : « désertés par les habitants » : Quinte-Curce a utilisé sa source avec quelque hâte. Diodore apprend, en effet, que la région est fertile (17, 90).

2. La Râvi.

3. Sangala, capitale du pays des Kshatriyas, et de tous temps hostile à Porus.

hic quoque serpentium magna uis erat, squamis fulgorem auri reddentibus ; uirus haud ullum magis noxium est : quippe morsum praesens mors sequebatur, donec ab incolis remedium oblatum est. [13]Hinc per deserta uentum est ad flumen Hiarotim. Iunctum erat flumini nemus opacum arboribus alibi inuisitatis agrestiumque pauonum multitudine frequens. [14]Castris inde motis oppidum haud procul positum corona capit, obsidibusque acceptis stipendium inponit. Ad magnam deinde, ut in ea regione, urbem peruenit, non muro solum, sed etiam palude munitam. [15]Ceterum Barbari uehiculis inter se iunctis dimicaturi occurrerunt ; tela aliis hastae, aliis secures erant, transiliebantque in uehicula strenuo saltu, cum succurrere laborantibus suis uellent. [16]Ac primo insolitum genus pugnae Macedonas terruit, cum eminus uulnerarentur. Deinde, spreto tam incondito auxilio ab utroque latere uehiculis circumfusi repugnantes fodere coeperunt. [17]Et uincula, quis conserta erant, iussit incidi, quo facilius singula circumuenirentur ; itaque, VIII *milibus* suorum amissis in oppidum refugerunt. [18]Postero die, scalis undique admotis muri occupantur. Paucis pernicitas saluti fuit, qui cognito urbis excidio paludem transnauere *et* in uicina oppida ingentem intulere terrorem, inuictum exercitum et deorum profecto aduenisse memorantes.

I, 15-23 : Cf. Arr. 5, 22-24.

13 Hiarotim — alibi *om.P, rest. corr. in marg.* || **15** transiliebantque *P,BFL^cM* : transiebantque *LV* || uellent *P,B^cFL^cMV* : uelent *BL* || **16** coeperunt Σ : ceperunt *P* || **17** Et *codd.* : rex *Damste, Pichon* || incidi *P,BF^cLMV* : indici *F* || VIII milibus *I* : $\overline{\text{VIII}}$ B *P,M* VIII B *BFLV* || amissis Σ : amisis *P* || oppidum *P^c,BFMV* : opidum *P,L* || **18** et *add. edd.* || aduenisse *P,B^cFLMV* : aduenise *B*.

Macédoniens qui recevaient des blessures à distance. Ensuite, pleins de dédain pour cette tactique sommaire, ils débordèrent les chariots sur les flancs et se mirent à transpercer leur ennemi malgré sa résistance. Puis Alexandre fit couper les liens qui réunissaient les véhicules, afin qu'il fût plus aisé de les cerner séparément ; aussi, laissant sur le terrain huit mille des leurs, les ennemis en fuite regagnèrent-ils leur place forte. Le lendemain, on applique partout des échelles, et les Macédoniens occupent les murs. Quelques ennemis se sauvèrent grâce à leur vitesse ; comprenant que leur ville était perdue, ils passèrent le marais à la nage et provoquèrent dans les places voisines une immense terreur, en racontant l'arrivée d'une armée invincible — armée de dieux assurément.

Lorsqu'il eut envoyé Perdiccas avec des forces légères pour dévaster la contrée, Alexandre remit à Eumène[1] une partie des troupes pour amener, lui aussi, les Barbares à se soumettre ; quant à lui, il conduisit le reste des soldats vers une ville puissante, où s'étaient réfugiés les habitants de diverses cités. Malgré une ambassade envoyée pour supplier le roi, les habitants n'en préparaient pas moins la guerre. En effet, une sédition était survenue, qui avait divisé la masse selon deux avis antagonistes ; les uns estimaient n'importe quoi préférable à une reddition, mais certains n'avaient aucune confiance en leur force. Pendant qu'on perd son temps à chercher une entente, ceux qui penchent pour la reddition ouvrent les portes, accueillent l'ennemi. Alexandre aurait pu légitimement sévir contre le parti de la guerre,

1. Eumène de Cardia, fils de Hiéronymos, γραμματεύς de Philippe, puis chef de la chancellerie d'Alexandre. Quelquefois, celui-ci lui confia des missions d'ordre militaire. Il écrivit des *Ephémérides* de l'expédition, qui semblent avoir présenté un grand intérêt. Après la mort d'Alexandre, il resta fidèle au principe de l'unité de l'Empire, assurée par la descendance du prince, et il connut une carrière aussi glorieuse que tragique.

[19]Alexander ad uastandam eam regionem Perdicca cum expedita manu misso partem copiarum Eumeni tradidit, ut is quoque Barbaros ad deditionem conpelleret ; ipse ceteros ad urbem ualidam, in quam ali*a*rum quoque confugerant incolae, duxit. [20]Oppidani missis, qui regem deprecarentur, nihilo minus bellum parabant. Quippe orta seditio in diuersa consilia d*i*duxerat uulgum ; alii omnia deditione potiora, quidam nullam opem in ipsis esse ducebant. [21]Sed dum nihil in commune consulitur, qui deditioni inminebant, apertis portis hostem recipiunt. [22]Alexander, quamquam belli auctoribus iure poterat irasci, tamen omnibus uenia data et obsidibus acceptis ad proximam deinde urbem castra mouit. [23]Obsides ducebantur ante agmen. Quos, cum ex muris agnouissent, utpote gentis eiusdem, in colloquium conuocauerunt. Illi clementiam regis simulque uim commemorando ad deditionem eos conpulere ; ceterasque urbes simili modo domitas in fidem accepit. [24]Hinc in regnum Sophites peruentum est. Gens, ut Barbari credunt, sapientia excellet bonisque moribus regitur. [25]Genitos liberos non parentum arbitrio tollunt aluntque, sed eorum, quibus spectandi infantum habitum cura mandata est. Si quos insignes aut aliqua parte membrorum inutiles notauerunt, necari iubent. [26]Nuptiis coeunt non genere ac nobilitate coniunctis, sed electa corporum specie, quia eadem

I, 24-36 : Cf. Diod. 17, 91-93 ; Arr. 6, 2.

19 conpelleret *P,B*c*M* : compelleretur Σ || quam *P,BFLM* : quem *V* || aliarum *I* : aliorum *codd.* || **20** nihilo minus Σ : nihil hominus *P* || diduxerat *Froben* : deduxerat *codd.* || potiora *P,BFMV* : pociora *L* || **23** ex muris Σ : ex mu***ris *P* || conuocauerunt Σ : collocauerunt *P*, incolae uocauerunt *Damste* || **24** Sophites *codd.* : sopithis *Mützell* || excellet *P,BFLM*c*V* : excrescet *M* || **25** aut *BFL*c*MV* : haud *P* aud *L* || necari Σ : negari *P*.

mais il pardonna à tous, reçut des otages, puis leva le camp en direction de la ville voisine. On menait les otages en tête de la colonne. Du haut des murs, on les reconnut : car ils étaient du même peuple, et on les invita à des conversations. Et eux, rappelant la clémence du roi et, en même temps, sa puissance, ils provoquèrent la soumission des habitants. Les autres villes, domptées de la même manière, firent acte de vassalité. De là, on parvint au royaume de Sophitès[1]. D'après l'opinion des Barbares, c'est un peuple d'une merveilleuse sagesse, chez qui règnent de bonnes mœurs. Les enfants qui naissent ne sont pas reconnus et élevés d'après l'avis des parents, mais d'après celui de gens préposés à l'examen médical des tout-petits. Ceux-ci font exécuter les enfants, chez qui ils ont remarqué une tare ou l'incapacité de quelque membre. Quand les mariages se nouent, on n'appareille pas la race et la noblesse des époux, mais on choisit d'après la beauté physique : car on estime qu'elle se retrouve chez les enfants. La place forte de ce peuple, bloquée par les troupes d'Alexandre, était sous l'autorité directe de Sophitès. Les portes se trouvaient fermées : pourtant, aucun homme en armes n'apparaissait sur les murs ou les tours, et les Macédoniens ne savaient si les habitants avaient déserté leur ville ou s'ils se dissimulaient par ruse — quand, tout à coup, une porte s'ouvre et, avec ses deux fils adultes, se présente le roi indien, bien supérieur de taille à tous les Barbares. Sur son vêtement, qui lui couvrait même les jambes, jouaient l'or et la pourpre ; il avait serti de gemmes ses sandales d'or ; en outre, des perles ornaient ses bras, de bas en haut. Pour pendants d'oreilles, il avait des pierres d'une eau et d'une grosseur sans pareilles. Des béryls paraient son sceptre d'or. Il le remit à Alexandre, et se livra lui,

1. Le rajah du Saubhûta, au pays des Cathéens.

aestimatur in liberis. [27]Huius gentis oppidum, cui Alexander admouerat copias, ab ipso Sophite obtinebatur. Clausae erant portae, sed nulli in muris turribusque se armati ostendebant, dubitabantque Macedones deseruissent urbem incolae, an fraude se occulerent, [28]cum subito patefacta porta rex Indus cum duobus adultis filiis occurrit multum inter omnes Barbaros eminens corporis specie. [29]Vestis erat auro purpuraque distincta, quae etiam crura uelabat ; aureis soleis inseruerat gemmas ; lacerti quoque et brachia margaritis ornata erant. [30]Pendebant ex auribus insign*e*s candore ac magnitudine lapilli. Baculum aureum berylli distinguebant. Quo tradito precatus, ut sospes acciperet, se liberosque et gentem suam dedidit.

[31]Nobiles ad uenandum canes in ea regione sunt ; latratu abstinere dicuntur cum uiderunt feram, leonibus maxime infesti. [32]Horum uim ut ostenderet Alexandro, in con*sp*ectu leonem eximiae magnitudinis iussit emitti, et quattuor omnino admoueri canes, qui celeriter feram occupauerunt. Tum ex his, qui adsueuerant talibus ministeriis, u*nu*s canis leoni cum aliis inhaerentis crus auellere et, quia non sequebatur, ferro amputare coepit. [33]Ne sic quidem pertinacia uicta rursus aliam partem secare instituit, et inde non segnius inhaerentem ferro subinde caedebat. Ille in uulnere ferae dentes moribundus quoque

27 oppidum *P,BFMV* : opidum *L* ‖ cui *P* : cuius Σ ‖ copias *om.B, rest. corr.* ‖ Sophite *P,*B^c*M*V^c : sophithe P^c sopite *BFLV* ‖ **28** porta rex P^c,*BF*L^c*MV* : portas rex *P* portare *L* ‖ adultis *codd.* : *in P* ad *in ras.* ‖ **30** insignes *I* : insignis *codd.* ‖ ac *om.*Σ ‖ berylli *P* : berilli Σ ‖ sospes *codd.* : sospites *Vogel* ‖ dedidit B^c*FLMV* : dedit *P* dededit *B* ‖ **32** ostenderet Σ : hostenderet *P* ‖ conspectu *edd.* : conseptu *P,*B^c*FLMV* consepectu *B,* consaeptum *Mützell* ‖ unus *Giunta* : unius *codd.* ‖ **33** sic *P,BFLM* : si *V* ‖ pertinacia *P,BFLM* : pertinatia *V*.

ses fils et son peuple, avec le vœu qu'il les accueillît favorablement.

Il y a, dans cette région, des chiens réputés pour la chasse ; on dit qu'ils se retiennent d'aboyer, dès qu'ils ont vu les fauves ; ils s'attaquent surtout aux lions. Pour montrer à Alexandre leur agressivité, le roi fit lâcher sous ses yeux un lion d'une taille étonnante et il lança en tout quatre chiens qui, sans attendre, s'attaquèrent au fauve. Alors, un des hommes préposés, à ce genre de fonctions tira par la patte un chien qui, avec les autres, s'était fixé au lion ; et, comme l'animal ne lâchait pas, il se mit à la lui couper. L'opiniâtreté du chien ne cédant pas pour autant, il entreprit de lui couper quelque membre, et, comme l'autre tenait toujours bon, de temps en temps il taillait. Le chien, bien qu'à l'agonie, tenait ses crocs fixés à la blessure du fauve : tellement, d'après la tradition, la nature a inspiré à ces animaux d'ardeur pour la chasse ! Quant à moi, j'en écris plus que je n'en crois : car je ne saurais ni affirmer ce dont je doute, ni omettre ce que disent mes sources. Laissant donc Sophitès dans son royaume, Alexandre se dirigea en direction de l'Hypasis[1], après avoir fait sa jonction avec Héphestion, qui avait soumis la contrée opposée. Phégée[2] était le roi de la nation la plus proche ; il ordonna aux gens du pays de cultiver leurs champs comme d'habitude, et se présenta à Alexandre avec des cadeaux, l'assurant de son obéissance absolue.

II. Le roi fit auprès de lui une halte de deux jours ; il avait pris la décision de traverser le fleuve, le troisième jour, et le passage était difficile, vu la largeur, et, surtout, vu les rochers à contre-courant. Il s'informa donc auprès de Phégée sur ce qu'il fallait savoir ; il apprit qu'au delà du fleuve il y avait à marcher pendant douze jours

1. Vipasa. Actuellement, le Bias.

2. Prince indien qui régnait sur un territoire situé en aval de Kângra, sur l'Hyphase.

infixerat : tantam in illis animalibus ad uenandum cupiditatem ingenerasse naturam memoriae proditum est ! [34]Equidem plura transcribo quam credo : nam nec adfirmare sustineo, de quibus dubito, nec subducere, quae accepi. [35]Relicto igitur Sophite in suo regno ad fluuium *H*ypasin processit *H*ephaestione, qui diuersam regionem subegerat, coniuncto. [36]Phege*u*s erat gentis proximae rex, qui popularibus suis colere agros, ut adsueuerant, iussis Alexandro cum donis occurrit, nihil quod imperaret detrectans.

II. [1]Biduum apud eum substitit rex ; tertio die amnem superare decreuerat, transitu difficilem non spatio solum aquarum, sed etiam saxis inpeditum. [2]Per*cont*atus igitur Phegea, quae noscenda erant, XI*I* dierum ultra flumen per uastas solitudines iter esse cognoscit : [3]excipere deinde Gangen, maximum totius Indiae fluminum : ulteriorem ripam colere gentes Ganga*ri*das et *Pr*asios eorumque regem esse Aggrammen, XX *milibus* equitum ducentisque peditum obsidentem uias ; [4]ad hoc quadrigarum II milia trahere et, praecipuum terrorem, elephantos, quos III milium numerum explere dicebat. [5]Incredibilia regi omnia uidebantur. Igitur Porum, — nam cum eo erat, — percontatur an uera essent, quae dicerentur. [6]Ille uires quidem gentis et regni haud falso iactari adfirmat : ceterum, qui regnaret, non modo igno-

II : Cf. Diod. 17, 94-95 ; Plut. Alex. 62-63 ; Arr. 5, 25-29.

35 Sophite *codd.* : sopithe *Mützell* || Hypasin *I* : ypasin *codd.* || Hephaestione *Cospus* : ephestione *codd.* || **36** Phegeus *I* : phegelis *codd.* || occurrit Σ : occurit *P.*

II, **1** spatio *P,BLV* : spacio *FM* || **2** Percontatus *Froben* : percunctatus *codd.* || noscenda *P,BF*c*LMV* : noscendi *F* || XII *Vogel* : XI *codd.* || **3** Gangaridas *I* : gangarhidas *codd.* || Prasios *Saumaise* : pharrassios *P* pharrasios Σ || XX milibus *I* : $\overline{XX}$B *P,M* XXB *BFLV* || **6** ignobilem *P,B*c*FLMV* : sed ignobilem *B.*

à travers l'immensité des solitudes : tout de suite après, c'était le Gange, le plus grand des fleuves de l'Inde entière ; sur la rive ultérieure, habitaient les Gangarides et les Prasiens[1] : ils avaient pour roi Aggrammès[2] qui, avec vingt mille cavaliers et deux cent mille fantassins, tenait les routes ; il menait en plus deux mille quadriges et, terreur suprême, les éléphants qui, d'après Phégée, étaient au moins trois mille. Le roi ne voyait là qu'invraisemblances[3]. Aussi demande-t-il à Porus, qui l'accompagnait, quelle était l'exactitude de ces propos. Porus confirme que, sur les forces de la nation et du royaume, il n'y avait point vantardise : « d'autre part, celui qui régnait non seulement n'avait pas de noblesse, mais était de condition infime ; car son père, un barbier, que le gain de sa journée empêchait à peine de mourir de faim, avait séduit la reine en raison de son extérieur qui n'était pas sans allure. Elle l'avait poussé dans l'amitié du prince qui régnait alors, et qu'il avait tué par trahison ; puis, sous le prétexte d'une régence, il avait mis la main sur la royauté ; après avoir assassiné les enfants du roi, il avait eu pour fils celui qui régnait maintenant, prince mal vu et méprisé de ses compatriotes, et qui se rappelait la condition de son père plus que la sienne ». Les affirmations de Porus avaient inspiré au roi une inquiétude complexe. Plein de mépris pour l'ennemi et pour les éléphants, il redoutait fort la disposition du terrain et la violence des fleuves. Il lui paraissait ardu

1. C'est sur le conseil de Tchandragupta (Sandracottos), qui devait fonder la dynastie Maurya et régner sur l'Inde du Nord unifiée, qu'Alexandre décida de s'attaquer aux Prasiens (Prâcya : Orientaux), qui contrôlaient la vallée du Gange.

2. Kandramâs, appelé par Diodore Ξανδράμης. On l'a identifié parfois avec le Dhana-Nanda des récits bouddhiques : cf. Lassen, *Indische Altertumskunde*, II², p. 209-210.

3. « C'est la première fois qu'un Européen entendait parler du Gange ! Ainsi, l'image qu'Alexandre s'était faite du monde s'allongeait tout à coup. La grande mer de l'Est, dans laquelle le Gange devait déboucher, se trouvait repoussée dans un lointain indéfini. » U. Wilcken, *Alexandre le Grand*, p. 190-191.

bilem esse, sed etiam ultimae sortis ; quippe patrem eius, tonsorem uix diurno quaestu propulsantem famem, propter habitum haud indecorum cordi fuisse reginae. [7]Ab ea in propiorem eius, qui tum regnasset, amicitiae locum admotum, interfecto eo per insidias sub specie tutelae liberum eius inuasisse regnum ; necatisque pueris hunc, qui nunc regnat, generasse, inuisum uilemque popularibus, magis paternae fortunae quam suae memorem. [8]Adfirmatio Pori multiplicem animo regis iniecerat curam. Hostem beluasque spernebat, situm locorum et uim fluminum extimescebat. [9]Relegatos in ultimum paene rerum humanarum persequi terminum et eruere arduum uidebatur. Rursus auaritia gloriae et insatiabilis cupido famae nihil inuium, nihil remotum uideri sinebat. [10]Et interdum dubitabat an Macedones tot emensi spatia terrarum, in acie et in castris senes facti per obiecta flumina, per tot naturae obstantes difficultates secuturi essent : abundantes *o*nustosque praeda magis parta frui uelle, quam adqu*i*renda fatigari. [11]Non idem sibi et militibus animi. *S*ese totius orbis imperium mente conplexum adhuc in operum suorum primordio stare, militem labore defetigatum proximum quemque fructum finito tandem periculo expetere.

[12]Vicit ergo cupido rationem, et ad contionem uocatis militibus ad hunc maxime modum disseruit : « Non ignoro, milites, multa, quae terrere uos

quaestu *P*c,Σ : quaestru *P* || **7** amicitiae *P,BFL* : amiciciae *M* amititiae *V* || generasse Σ : generasset *P* || **9** Relegatos Σ : religatos *P* || auaritia [— cia *V*] *P,BLMV* : auaritiae *F* || insatiabilis *BLM* : insaciabilis *P,F* resaciabilis *V* || **10** spatia *BFLV* : spacia *P,M* || abundantes *P,BFLM* : habundantes *V* || onustosque *I* : honustosque *codd.* || adquirenda *Froben*: adquerenda *codd.* || **11** Sese *Hedicke* : esse *codd.* || totius *P,BLMV* : tocius *F* || labore Σ : laborem *P* || tandem *P* : tantem Σ || expetere *P,B*c*FLMV* : expere *B* || **12** contionem *P, BFMV* : concionem *L* || disseruit *P,BFLM* : deseruit *V*.

de poursuivre et de débusquer des gens relégués presque au bout du monde. En revanche, sa passion de la gloire, son désir insatiable de renommée ne lui permettaient pas de rien trouver d'impraticable, rien d'inaccessible. D'autre part, il lui arrivait de se demander si les Macédoniens, qui avaient traversé tant de terres et vieilli au combat et dans le camp, traverseraient, pour le suivre, tant de fleuves barrant la route, et l'obstacle de tant de difficultés naturelles : « Repus et chargés de butin, ils voulaient jouir de leur avoir, plutôt que s'épuiser à acquérir encore. Ses soldats et lui n'avaient pas la même âme. Lui, dont la pensée visait à l'empire du monde, il était encore au début de ses travaux ; mais le soldat, fatigué de peiner, n'avait qu'un désir : jouir de l'immédiat, les dangers enfin terminés. »

Bref, la passion triompha de la raison, et, convoquant ses soldats en assemblée, il s'exprima, en gros, de la manière suivante : « Je n'ignore pas, soldats, que les habitants de l'Inde ont, ces jours-ci, répandu à dessein bien des bruits de nature à vous épouvanter. Mais vous n'êtes pas sans expérience de ces mensonges inconsistants. Pareillement, les Perses avaient fait un objet d'épouvante des gorges de Cilicie, des plaines de Mésopotamie, du Tigre et de l'Euphrate, dont nous avons traversé l'un à gué et l'autre sur un pont. Jamais la renommée n'atteint à la vérité pure ; elle amplifie tout ce qu'elle rapporte. Même notre gloire, quoique bien fondée, comporte plus de réputation que de peine. Naguère, qui croyait possible d'affronter des bêtes semblables à des murs, et le fleuve Hydaspe, et bien d'autres difficultés plus graves dans la bouche d'autrui que dans la réalité ? A coup sûr, depuis longtemps nous aurions fui de l'Asie, si des fables avaient pu nous mettre en déroute. Croyez-vous que les troupeaux d'éléphants soient, ici, plus nombreux qu'ailleurs les troupeaux de bœufs, alors que cet animal est rare, peu facile à prendre, et bien plus diffi-

possent, ab incolis Indiae per hos dies de industria esse iactata. [13]Sed non est inprouisa uobis mentientium uanitas. Sic Ciliciae fauces, sic Mesopotamiae campos, Tigrim et Euphraten, quorum alterum uado transiimus, alterum ponte, terribilem fecerant Persae. [14]Numquam ad liquidum fama perducitur ; omnia illa tradente maiora sunt uero. Nostra quoque gloria, cum sit ex solido, plus tamen habet nominis quam operis. [15]Modo quis beluas efferentes moenium speciem, quis H*y*daspem amnem, quis cetera auditu maiora quam uero sustinere posse credebat ? Olim, hercules, fugissemus ex Asia, si nos fabulae debellare potuissent. [16]Creditisne elephantorum greges maiores esse quam usquam armentorum sunt, cum et rarum sit animal, nec facile capiatur multoque difficilius mitigetur ? [17]atqui eadem uanitas copias peditum equitumque numerauit. Nam flumen, quo latius fusum est, hoc placidius stagnat : quippe angustis ripis coercita et in angustiorem alueum elisa torrentes aquas inuehunt ; contra s*p*atio aluei segnior cursus est [18]Praeterea in ripa omne periculum est, ubi adplicantes nauigia hostis expectat : ita, quamtumcumque flumen interuenit, idem futurum discrimen est euadentium in terram. [19]Sed omnia ista uera esse fingamus. Vtrumne nos magnitudo beluarum an multitudo hostium terret ? Quod pertinet ad elephantos,

possent *P,BFMV* : posent *L* ‖ **13** Mesopotamiae *P,BFLM* : mesopitamiae *V* ‖ campos *codd.* : amnes *Damste* ‖ Tigrim *P* : tygrim Σ ‖ Euphraten Σ : eufraten *P* ‖ transiimus *P* : transiuimus Σ ‖ **14** gloria *P,B*c : gloriae Σ ‖ **15** speciem *P,BFMV* : spetiem *L* ‖ Hydaspem *Letellier* : hidaspem *codd.* [— en *V*] ‖ hercules *P* : hercule Σ ‖ fugissemus *P,BFLM* : fuissemus *V* ‖ nos *P*c,Σ : non *P* ‖ **16** Creditisne Σ : creditis nec *P* ‖ armentorum *P,FLV* : armatorum *BM* ‖ facile *P,BFLM* : facere *V* ‖ **17** latius Σ : lacius *P* ‖ angustis *P,B*c*FLMV* : angistis *B* ‖ spatio *Francinus* : stacio *P,F* statio *BLMV* ‖ **19** nos *P* : uos Σ ‖ hostium *P,BFMV* : ostium *L* ‖ pertinet *P*c,Σ : ptinet *P*.

cile à apprivoiser ? Or, c'est la même forfanterie qui a calculé le nombre des fantassins et des cavaliers. Quant au fleuve, plus il couvre de largeur, plus il est calme dans sa lenteur : car les fleuves que brident des rives étroites, et qui se heurtent à un lit plus étroit encore, roulent des eaux torrentueuses ; par contraste, à lit spacieux, courant paisible. En outre, il n'y a jamais de danger que sur la rive, où l'ennemi vous attend au débarquement : de sorte que, si grand que soit le fleuve à traverser, le risque sera toujours de prendre pied à terre. Mais supposons vrais tous ces racontars. Qu'est-ce qui nous effraie ? La taille des bêtes, ou le nombre des ennemis ? En ce qui concerne les éléphants, nous avons un exemple immédiat : ils se sont rués contre les leurs avec plus de violence que contre nous ; haches et faux ont mutilé ces masses de chair. Quelle importance y a-t-il à ce qu'ils soient aussi nombreux qu'en eut Porus, ou trois mille, puisque nous voyons qu'un ou deux d'entre eux, blessés, entraînent la fuite de tous les autres. De plus, on a peine à en gouverner un petit nombre : tant de milliers d'éléphants rassemblés se livrent eux-mêmes, dès que ces énormes masses indociles sont incapables et de stationner et de fuir. Pour moi, ces animaux m'inspirent un tel mépris qu'en ayant en ma possession je ne les ai pas mis en ligne, car je sais bien qu'ils causent plus de danger aux leurs qu'aux ennemis. Mais non ! c'est la multitude des cavaliers et des fantassins qui vous bouleverse ? Vraiment, vous n'avez l'habitude de vous battre que contre un petit nombre de gens, et c'est la première fois maintenant que vous allez affronter une cohue en désordre ! En face du nombre, la solidité macédonienne reste invincible : témoin le fleuve du Granique, la Cilicie inondée des flots brûlants du sang perse, Arbèles dont les plaines sont jonchées des ossements de ceux que nous avons écrasés. Vous vous mettez tard à dénombrer les légions ennemies, maintenant que, par la victoire, vous

praesens habemus exemplum : in suos uehementius quam in nos incucurrerunt ; tam uasta corpora securibus falcibusque mutilata sunt. [20]Quid autem interest totidem sint quo*t* Porus habuit, an III milia, cum uno aut altero uulneratis *uideamus* ceteros in fugam declinari ? Dein paucos quoque incommode regunt : [21]congregata uero tot milia ipsa se elidunt, ubi nec stare nec fugere potuerint inhabiles uastorum corporum moles. Equidem sic animalia ista contempsi ut, cum haberem ipse, non opposuerim, satis gnarus plus suis quam hostibus periculi inferre. [22]At enim equitum peditumque multitudo uos commouet ! cum paucis enim pugnare soliti estis, et nunc primum inconditam sustinebitis turbam. [23]Testis aduersus multitudinem inuicti Macedonum roboris Granicus amnis et Cilicia inundata fer*uido cr*uore Persarum et Arbela, cuius campi deuictorum a nobis ossibus strati sunt. [24]Sero hostium legiones numerare coepistis, postquam solitudinem in Asia uincendo fecistis. Cum per Hellespontum nauigaremus, de paucitate nostra cogitandum fuit. Nunc nos Scythae sequuntur, Bactriana auxilia praesto sunt, Dahae Sogdianique inter nos militant. [25]Nec tamen illi turbae confido : uestras manus intueor, uestram uirtutem rerum quas gesturus sum uadem praedemque habeo. Quamdiu uobiscum in acie stabo, nec mei nec hostium exercitus numero. Vos modo animos mihi plenos ala-

habemus *P,BFMV* : abemus *L* || incucurrerunt *P* : incurrerunt *BFL*^{c}*MV* incurrent *L* || **20** quot *Lauer* : quod *codd.* || an *P,B*^{c}*FLMV* : in *B* || aut Σ : haud *P* || uideamus *adi. Vogel* || **23** roboris *P,BFLM* : robori *V* || Cilicia *P,BLMV* : cilitia *F* || feruido cruore *Walter* : feruore *codd.*, cruore *Lauer, edd.* || **24** Hellespontum *P,BFM* : helespontum *L* ellespontum *V* || Scythae *P,FLMV* : schytae *B* || sequuntur *BFLM* : secuntur *P,V* || Dahae *P,BF*^{c}*L*^{c}*MV* : dahaet *F* ****L* || **25** sum *om.P* || alacritatis *P,BF*^{c}*LMV* : alacritas *F*.

avez fait de l'Asie un désert. C'est quand nous traversions l'Hellespont sur nos navires, que nous aurions dû songer à notre faible nombre. Maintenant, nous avons les Scythes avec nous, nous disposons des renforts de Bactriane, Dahes et Sogdiens combattent parmi nous. Pourtant, ma confiance ne repose pas sur cette cohue ; ce sont vos bras que je considère, c'est votre valeur qui m'est une caution pleine et entière pour ce que j'ai à accomplir. Aussi longtemps que je me tiendrai au combat avec vous, je ne veux dénombrer ni mes armées ni celles de l'ennemi. Prêtez-moi seulement une âme remplie d'allégresse et de confiance. Nous ne nous trouvons pas au seuil de nos travaux et de nos fatigues, mais à leur issue. Nous sommes parvenus jusqu'où le soleil se lève, et jusqu'à l'Océan ; sauf obstacle dû à la lâcheté, victorieux nous partirons après avoir dompté l'extrémité du monde, et reviendrons dans la patrie. N'imitez pas les agriculteurs paresseux, en laissant tomber de vos mains, par nonchalance, la récolte mûre. La récompense l'emporte sur le danger ; la région est aussi riche que pacifique. C'est pourquoi je vous mène moins à la gloire qu'au butin. Vous méritez de rapporter dans la patrie les biens que cette mer apporte à ses rives : dignes de ne rien laisser sans l'avoir tenté, de ne rien laisser par craintive abstention. Au nom de vous-mêmes[1], au nom de votre propre gloire, qui dépasse la portée humaine, au nom de mes bienfaits envers vous et des vôtres envers moi (rivalité où il n'y eut pas de vaincu !), je vous prie et supplie de ne pas abandonner, quand il touche aux bornes des choses humaines, votre nourrisson, votre compagnon de guerre, je ne dirai pas : votre roi. Pour tout le reste, je vous ai commandés ; mais voici la seule chose pour laquelle je serai votre débiteur. Et c'est moi qui vous adresse cette requête, moi qui jamais ne vous ai donné

1. *Per uos...* : cliché souvent utilisé dans le style historique pathétique ; cf. Sall., *Jug.*, 14,25 ; *or. Cottae,* 13 ; Tite-Live, 29, 18, 9.

critatis ac fiduciae adhibete. [26]Non in limine operum laborumque nostrorum, sed in exitu stamus. Peruenimus ad solis ortum et Oceanum ; nisi obstat ignauia, inde uictores perdomito fine terrarum reuertemur in patriam. Nolite, quod pigri agricolae faciunt, maturos fructus per inertiam amittere e manibus. [27]Maiora sunt periculis praemia ; diues eadem et inbellis est regio. Itaque non tam ad gloriam uos duco quam ad praedam. Digni estis qui opes, quas illud mare litoribus inuehit, referatis in patriam, digni qui nihil inexpertum, nihil metu omissum relinquatis. [28]Per uos gloriamque uestram, qua humanum fastigium exceditis, perque et mea in uos et in me uestra merita, quibus inuicti contendimus, oro quaesoque ne humanarum rerum terminos adeuntem alumnum commilitonemque uestrum, ne dicam regem, deseratis. [29]Cetera uobis imperaui ; hoc unum debiturus sum. Et is uos rogo, qui nihil umquam uobis praecepi qui*n* primus me periculis obtul*erim*, qui saepe aciem clipeo meo texi. Ne infregeritis in manibus meis palmam, qua Herculem Liberumque patrem, si inuidia afuerit, aequabo. [30]Date hoc precibus meis, et tandem obstinatum silentium rumpite. Vbi est ille clamor, alacritatis uestrae index ? ubi ille meorum Macedonum uultus ? Non agnosco uos, milites, nec agnosci uideor a uobis. Surdas iamdudum aures pulso, auersos animos et infractos excitare conor. »

fiduciae *P,BFLM* : fidutiae *V* || adhibete *P,BFLM* : adibete *V* || **26** inde *P,BFLM* : unde *V* || reuertemur Σ : reuertamur *P* || inertiam *P,BLM* : inerciam *FV* || **27** ad gloriam *P,BF*ᶜ*LMV* : gloriam *F* || Digni *P,B*ᶜ*FLMV* : dignis *B* | litoribus Σ : littoribus *P* || **28** fastigium Σ : fastidium *P* || inuicti *codd.* : inuicem *Bentley* || ne *om.P, rest. corr.* || humanarum *P,B*ᶜ*F*ᶜ*L*ᶜ*M* : humarum *BFLV* || **29** praecepi *P*ᶜ,Σ : praecipi *P* || quin *Giunta* : qui *codd.* || obtulerim *Giunta* : obtuli *P* optuli Σ || clipeo *FM* : clypeo *P,BL* clyppeo *V* || afuerit *P,BF*ᶜ*LMV* : fuerit *F* || **30** auersos *P,BLM* : auersus *FV*.

un ordre sans m'être le premier exposé au péril, moi qui souvent ai protégé votre ligne avec mon bouclier. Ne brisez pas dans mes mains une palme, qui m'égalera, si l'on ne me l'envie, à Hercule et à Liber le Vénérable. Donnez cela à mes prières, et enfin rompez votre obstination à vous taire. Où sont-ils, ces cris, preuves de votre allégresse ? Où sont-ils, les regards de mes Macédoniens ? Je ne vous reconnais pas, soldats ; et je ne crois pas que vous me reconnaissiez. Je m'obstine à crier à des sourds, et je m'efforce de réveiller des âmes hostiles et sans ressort. »

Et comme, baissant la tête vers le sol, ils persévéraient dans leur silence : « J'ignore, dit-il, quelle faute j'ai, sans le savoir, commise à votre égard, que vous ne vouliez pas même me regarder. J'ai l'impression d'être dans un désert. Personne ne répond ; personne même ne dit non. A qui m'adressé-je ? qu'est-ce donc que je demande ? votre gloire, votre grandeur, c'est là ce que je revendique. Où sont-ils, ceux dont j'ai vu peu auparavant l'émulation, quand ils luttaient à qui recevrait dans ses bras le roi blessé ? Je suis délaissé, abandonné, livré à l'ennemi. Mais, bien que seul, je persisterai dans ma voie. Exposez-moi aux fleuves, aux bêtes et à ces nations dont rien que le nom vous fait trembler : je trouverai, moi que vous délaissez, des gens pour me suivre. Seront avec moi les Scythes, les Bactriens, tout à l'heure nos ennemis, maintenant nos compagnons d'armes. La mort vaut mieux qu'un pouvoir précaire ; partez, rentrez chez vous ; partez, ayant délaissé votre roi, partez en triomphateurs ! Moi, ici, je trouverai le chemin ou d'une victoire dont vous désespérez, ou d'une mort honorable. »

III. En dépit de ces paroles, il n'y eut pas un soldat, dont il pût tirer un mot. Ils attendaient que les chefs et les grands fissent savoir au roi que, accablés par les blessures et par les fatigues ininterrompues du service, ils ne

[31]Cumque illi in terram demissis capitibus tacere perseuerarent : « Nescio quid », inquit, « in uos inprudens deliqui, quod me ne intueri quidem uultis. In solitudine mihi uideor esse. Nemo respondet ; nemo saltem negat. [32]Quos adloquor ? quid autem postulo ? uestram gloriam et magnitudinem *u*indicamus. Vbi sunt illi, quorum certamen paulo ante uidi contendentium, qui potissimum uulnerati regis corpus exciperent ? Desertus, destitutus sum, hostibus deditus. [33]Sed solus quoque ire perseuerabo. Obicite me fluminibus et beluis et illis gentibus, qu*a*rum nomina horretis : inueniam, qui desertum a uobis sequantur. Scythae Bactrianique erunt mecum, hostes paulo ante, nunc milites nostri. [34]Mori praestat quam precario imperatorem esse ; ite reduces domos ; ite deserto rege ouantes ! Ego hic a*ut* uobis desperatae uictoriae aut honestae morti locum inueniam. »

III. [1]Ne sic quidem ulli militum uox exprimi potuit. Expectabant ut duces principesque ad regem perferrent uulneribus et continuo labore militiae fatigatos non detrectare munia, sed sustinere non posse. Ceterum illi metu attoniti in terram ora defixerant. [2]Igitur primo fremitus sua sponte, deinde gemitus quoque oritur ; paulatimque liberius dolor erigi coepit manantibus lacrimis, adeo ut rex ira in misericordiam uersa ne ipse quidem, quamquam cupierat,

31 demissis Σ : dimissis *P* || quid, inquit *BLMV* : quit *P* i͔qd quit *P*c [i͔qd *in ras.*] || solitudine mihi *P*c,Σ : solitudinem *P* || **32** uindicamus *Froben* : indicamus *codd.* || certamen Σ : tamen *P* || contendentium *P,BFLM* : contendencium *V* || uulnerati *P,BF*c*LMV* : uult nerati *F* || **33** quarum *I* : quorum *codd.* || **34** aut uobis *Bentley* : a uobis *codd.* || aut *BFMV* : haud *P* haut *L.*

III, **1** perferrent *P*c,Σ : perferret *P* || detrectare *BF*c*LMV* : detractare *P, F* || posse *P*c,Σ : possum *P* || illi *BF*c*LMV* : ille *P,F* || **2** cupierat *P* : cuperat Σ, cupiebat *Kinch.*

se refusaient pas à leur devoir : seulement ils étaient incapables de l'exécuter. Mais les officiers, paralysés par la crainte, baissaient la tête vers le sol. D'abord une rumeur spontanée, puis des plaintes aussi s'élevèrent, et peu à peu la douleur se manifesta avec plus de liberté, les pleurs coulèrent, au point que le roi, dont la colère se changeait en compassion, fut, lui aussi, en dépit de ses efforts, incapable de retenir des larmes. Finalement, comme l'assemblée entière pleurait sans se contenir, Côènos[1] osa, quand tous les autres hésitaient, s'approcher du terre-plain en faisant signe qu'il voulait parler. Dès que les soldats le virent qui enlevait le casque de sa tête — telle est la coutume quand on s'adresse au roi —, ils se mirent à l'exhorter à plaider pour l'armée. Alors Côènos : « Que les dieux écartent de nous les pensées impies ; d'ailleurs, il est certain qu'ils les écartent. L'esprit de tes soldats est encore ce qu'il fut toujours : prêts à aller où tu l'ordonneras, à combattre, à courir des dangers, à recommander, avec notre sang, ton nom à la postérité. Donc, si tu t'obstines, même sans armes, nus, exsangues, à ton gré nous marchons derrière toi, ou même devant toi. Mais, si tu veux entendre tes soldats te parler sans feinte, et d'ailleurs sous la contrainte d'une nécessité impérieuse, prête, je t'en prie, une oreille propice à des hommes qui, sans faiblir, ont suivi et, où que tu les mènes, suivront ton commandement et tes auspices. Tu as vaincu, roi, par la grandeur de tes actions, non seulement tes ennemis, mais aussi tes soldats. Tout ce dont est susceptible la condition de mortel, nous l'avons réalisé. Nous avons parcouru les mers et les terres ; tout cela nous est plus familier qu'aux habitants mêmes. Nous voici arrêtés presque à l'extrême bout du monde ; tu t'apprêtes à aller dans un globe différent,

1. Porte-parole de l'État-Major, le gendre de Parménion use de la liberté de langage qui caractérisait son beau-père ; mais il exprime vraiment l'opinion de toute l'armée.

temperare oculis potuerit. [3]Tandem, uniuersa contione effusius flente *C*oenus ausus est cunctantibus ceteris propius tribunal accedere, significans se loqui uelle. [4]Quem ut uidere milites detrahentem galeam capiti, — ita enim regem adloqui mos est, — hortari coeperunt ut causam exercitus ageret. [5]Tum *C*oenus : « Dii prohibeant », inquit, « a nobis inpias mentes ! et profecto prohibent. Idem animus est tuis, qui fuit semper, ire quo iusseris, pugnare, periclitari, sanguine nostro commendare posteritati tuum nomen. Proinde, si perseueras, inermes quoque et nudi et exangues, utcumque tibi cordi est, sequimur uel antecedimus. [6]Sed, si audire uis non fictas tuorum militum uoces, uerum necessitate ultima expressas, praebe, quaeso, propitias aures imperium atque auspicium tuum constantissime secutis et, quocumque pergis, secuturis. [7]Vicisti, rex, magnitudine rerum non hostes modo, sed etiam milites. Quidquid mortalitas capere poterat, inpleuimus. Emensis maria terrasque melius nobis quam incolis omnia nota sunt. [8]Paene in ultimo mundi fine consistimus ; in alium orbem paras ire, et Indiam quaeris Indis quoque ignotam. Inter feras serpentesque degentes eruere ex latebris et cubilibus suis expetis, ut plura quam sol uidet uictoria lustres. [9]Digna prorsus cogitatio animo tuo ! sed altior nostro. Virtus enim tua semper *in* incremento erit ; nostra uis iam in fine est. [10]Intuere

III, 1-19 : Cf. Diod. 17, 94-95 ; Plut. Alex. 62-63 ; Arr. 5, 25-29.

3 Coenus *Alde* : poenus *codd.* || **4** coeperunt *BFL^cM* : caeperunt *P,V* ceperunt *L* || **5** Coenus *Alde* : poenus *codd.* || inquit *P,BLM* : inquid *FV* || quo *P,BFLM* : co *V* || posteritati *P,BLMV* : post teritati *F* || inermes Σ : inhermes *F* || **6** propitias *P,BL* : propicias *FMV* || atque *P,BLMV* : adque *F* || auspicium *B^cM* : hauspicium *P,BFLV* || **7** magnitudine *P,BFLM* : magnitudinem *V* || Emensis *P* : emensi Σ || **8** orbem *P,B^c* : urbem Σ || **9** altior Σ : altiora *P* || in incremento *I* : incremento *codd.*

et tu cherches une Inde que les Indiens ignorent. Tu souhaites arracher de leurs repaires et de leurs tanières des gens qui passent leur vie parmi les fauves et les serpents, — et cela afin que ta marche victorieuse s'étende au delà de ce que voit le soleil. Projet digne de ton âme, mais trop élevé pour la nôtre. Car ta valeur connaîtra une éternelle croissance, mais notre force connaît déjà son déclin. Regarde nos corps exsangues, labourés par tant de blessures, déformés par tant de cicatrices. Désormais les armes sont émoussées pour l'attaque, et nous font défaut pour la défense. Nous avons revêtu l'habit perse, parce qu'on ne peut en amener de chez nous ; nous nous sommes avilis à nous vêtir en étrangers. Combien d'entre nous ont de cuirasse ? qui possède un cheval ? Enquiers-toi du nombre de ceux qu'ont accompagnés leurs esclaves et de ce que chacun conserve de son butin. Victoire totale, dénûment total. Ce n'est pas le goût du luxe qui nous a mis dans la peine : la guerre nous a dévoré ce qui est nécessaire pour la guerre. C'est cette belle armée que tu veux opposer, nue, aux éléphants ? De ceux-ci, j'admets que les Barbares augmentent, exprès, la quantité ; mais ce mensonge même me fait concevoir leur grand nombre. Si la décision d'avancer encore plus dans l'Inde est arrêtée, le pays est moins vaste vers le Midi ; cette région une fois soumise, il te sera possible de dévaler jusqu'à cette mer, que la nature a voulu pour borne des choses humaines. Pourquoi ce détour, quand la gloire, que tu cherches, est sous ta main ? Ici aussi, l'Océan se présente à nous. Sauf si tu préfères les courses errantes, nous voici arrivés où te mène ta Fortune. J'ai mieux aimé m'exprimer ainsi devant toi que devant eux sans toi : non que je veuille me concilier l'armée qui nous entoure, mais pour que tu l'entendes s'exprimer nettement, plutôt que gémir sourdement. »

Dès que Côènos eut mis un terme à ses paroles, de partout s'élèvent des cris avec des sanglots, et des voix

corpora exanguia, tot perfossa uulneribus, tot cicatricibus putria. Iam tela hebetia sunt, iam arma deficiunt. Vestem Persicam induimus, quia domestica subuehi non potest ; in externum degenerauimus cultum. [11]Quotocuique lorica est ? quis equum habet ? Iube quaeri, quam multos serui ipsorum persecuti s*i*nt, qu*i*d cuique supersit ex praeda. Omnium uictores omnium inopes sumus. Nec luxuria laboramus, sed bello instrumenta belli consumpsimus. [12]Hunc tu pulcherrimum exercitum nudum obicies beluis ? Quarum ut multitudinem augeant de industria Barbari, magnum tamen esse numerum etiam ex mendacio intellego. [13]Quod si adhuc penetrare in Indiam certum est, regio a meridie minus uasta est ; qua subacta licebit decurrere in illud mare, quod rebus humanis terminum uoluit esse natura. [14]Cur circuitu petis gloriam, quae ad manum posita est ? Hic quoque occurrit Oceanus. Nisi mauis errare, peruenimus, quo tua Fortuna ducit. [15]Haec tecum quam sine te cum his loqui malui, non uti inirem circumstantis exercitus gratiam, sed ut uocem loquentium potius quam gemitum murmurantium audires. »

[16]Vt finem orationi *C*oenus inposuit, clamor undique cum ploratu oritur regem, patrem, dominum confusis appellantium uocibus. [17]Iamque et alii duces, praecipueque seniores, quis ob aetatem et excusatio honestior erat et auctoritas maior, eadem precabantur. [18]Ille nec castigare obstinatos nec miti-

10 hebetia B^cM : ebetia *P,BFLV* ‖ induimus $B^cF^cL^cMV^c$: induit *P* indui *BFLV* (*in marg. aut* mus *aut* induimus *corr. add.*) ‖ **11** Iube Σ : iubet *P* ‖ sint *Zumpt* : sunt *codd.* ‖ quid *Forben* : quod *codd.* ‖ **12** tu *P,M* : te *BFLV* ‖ mendacio *BFM* : mendatio *P,LV* ‖ **13** licebit P^c,Σ : licebat *P* ‖ **14** circuitu *P*, B^cFLMV : cuitu *B* ‖ **15** cum Σ : cu *P* ‖ gratiam *P,BLMV* : graciam *F* ‖ **16** Coenus *Alde* : poenus *codd.* ‖ clamor P,BF^cLMV : clam *F* ‖ **17** ob F^cLM^cV : ab *P,BFM* ‖ **18** mitigari *Kinch* : mig*are *P* mitigare Σ.

confuses appellent Alexandre roi, père, maître. Maintenant, d'autres officiers et surtout les plus vieux, dont l'âge rendait le refus plus honorable et l'autorité plus forte, formulaient les mêmes prières. Lui, il ne pouvait ni réprimander leur obstination ni adoucir sa colère. Ne sachant donc que décider, il sauta du haut du terre-plain, et donna ordre de fermer la tente royale, consignant sa porte à tout le monde, sauf à ses familiers. Il accorda deux jours à sa colère ; le troisième jour, il s'avança hors de sa tente et fit élever douze autels de pierres carrées, en souvenir de son expédition[1], agrandir aussi les défenses du camp, et laisser des couchettes trop vastes pour la taille humaine : il voulait que toutes choses parussent plus grandes, préparant ainsi à la postérité un émerveillement injustifié. Puis, reprenant l'itinéraire qu'il avait suivi, il établit son camp sur les rives de l'Acésinès. Il se trouva que Côènos s'éteignît là de maladie ; assurément le roi déplora sa mort ; cependant, il ajouta que Côènos s'était lancé dans un discours bien long pour le peu qu'il avait à vivre, tout comme s'il devait, seul, revoir la Macédoine. Déjà la flotte, qu'il avait fait construire, était au mouillage. Entre temps, Memnon[2] avait amené de Thrace cinq mille cavaliers de renfort et, en outre, sept mille fantassins fournis par Harpale ; il s'était chargé aussi de vingt-cinq mille équipements, aux ciselures d'or et d'argent ; après leur distribution, Alexandre fit brûler les anciens. Il allait s'aventurer sur l'Océan avec ses mille vaisseaux, quand les rois indiens Porus et Taxile, reprenant de vieilles haines, entrèrent en désaccord : il fit une réconciliation, que consolidèrent des liens de parenté, et il laissa dans leurs

1. Il ne reste rien de ces autels. Cette disparition peut s'expliquer par l'érosion latérale de l'Hyphase.

2. Noble macédonien, nommé στρατηγός de Thrace. Il organisa un soulèvement de la Thrace qui lui valut l'inimitié d'Antipater ; celui-ci profita de l'occasion ici signalée pour l'éloigner de l'Europe.

gar*i* poterat iratus. Itaque, inops consilii desiluit e tribunali, claudique regiam iussit, omnibus praeter adsuetos adire prohibitis. [19]Biduum irae datum est ; tertio die processit e regia *erigi*que duodecim aras ex quadrato saxo, m*o*n*u*mentum expeditionis suae ; munimenta quoque castrorum iussit extendi cubiliaque amplioris formae quam pro corporum habitu relinqui, ut speciem omnium augeret, posteritati fallax miraculum praeparans. [20]Hinc repetens quae emensus erat, ad flumen Ace*sin*en locat castra. Ibi forte *C*oenus morbo extinctus est : cuius morte ingemuit quidem rex ; adiecit tamen propter paucos dies longam orationem eum exorsum, tamquam solus Macedoniam uisurus esset. [21]Iam in aqua classis, quam aedificari iusserat, stabat. In*ter* haec Memnon ex Thracia in supplementum equitum V milia, praeter eos ab Harp*a*lo peditum VII milia adduxerat ; armaque XXV *milibus* auro et argento caelata pertulerat ; [22]quis distributis uetera cremari iussit. Mille nauigiis aditurus Oceanum discordesque et uetera odia retractantes Porum et Taxilen, Indiae reges, firmatae per adfinitatem gratiae reliquit in suis regnis, summo in aedificanda classe amborum studio usus.

III, 19-24 : Cf. Diod. 17, 95 ; Plut. Alex. 61.

iratus *P* : iratos Σ ‖ e Σ : et *P* ‖ claudique Σ : cludique *P* ‖ adire Σ : adhire *P* ‖ **19** tertio *P,BLV* : tercio *FM* ‖ e regia erigique *ego* : e regia qui *codd.*, erigique *Froben* ‖ monumentum *Froben* : munimentum *codd.* ‖ expeditionis *BL*ᶜ*MV* : expedito onis *P* expedicionis *FL* ‖ munimenta Σ : monimenta *P* ‖ speciem *P,BLMV* : spetiem *F* ‖ praeparans *P,B*ᶜ*FLMV* : apparens *B* ‖ **20** repetens *P,B*ᶜ*FLMV*ᶜ : repentes *BV* ‖ Acesinen *Hedicke* : acaestimen *P* acaestimem *BF* acestimem *LMV* ‖ Coenus *Alde* : poenus *codd.* ‖ **21** Inter haec *Giunta* : in hac *codd.* ‖ Thracia *P*ᶜ*,BL*ᶜ*M* : tracia *P,F* thratia *L* hratia *V* ‖ supplementum Σ : suplementum *P* ‖ v milia *P,M* : v *BFLV* ‖ Harpalo *I* : harpelo *P,B*ᶜ*FLMV* arpelo *B* ‖ xxv milibus *Madvig* : xxvв *P,B*ᶜ*FLMV* xxв *B* ‖ **22** reliquit *I* : reliquid *P* relinquit *BLM* relinquid *FV* amborum Σ : arborum *P* ‖ usus Σ : usos *P*.

royaumes ces princes qui, tous deux, lui avaient prêté un concours absolu dans la construction de la flotte. En outre, il fonda deux villes, dont il nomma l'une Nicée[1] et l'autre Bucéphale[2], consacrant celle-ci au souvenir et au nom du cheval qu'il avait perdu. Puis il se fit suivre des éléphants et des bagages par la route de terre, et il navigua en descendant le fleuve ; il avançait chaque jour d'environ quarante stades, afin que, de temps à autre, les troupes pussent débarquer, quand les lieux s'y prêtaient.

IV. On était parvenu dans la région où l'Hydaspe se mêle à l'Acésinès. De là, le courant descend dans le pays des Sibes. Ceux-ci se vantent de ce que leurs ancêtres appartenaient à l'armée d'Hercule : abandonnés comme malades, ils s'étaient installés là où eux-mêmes étaient fixés. Pour vêtements, ils avaient des peaux de bêtes et, pour armes d'attaque, des massues ; et, bien que le caractère grec de leurs mœurs eût dégénéré, ils laissaient voir de nombreuses survivances de leur origine. Alexandre descendit à terre et s'avança sur deux cent cinquante stades de profondeur ; il dévasta la région et prit la capitale par blocus. Quarante mille fantassins d'une autre nation[3] l'attendaient sur la rive ; mais il traversa le fleuve et les mit en fuite : ils s'enferment dans leurs murs, qu'il prend d'assaut. On tua les adultes, et on vendit les autres. Ensuite il tenta l'assaut d'une autre ville, mais les défenseurs le repoussèrent avec énergie, et il perdit nombre de Macédoniens. Mais, comme il continuait le siège, les habitants, sans espoir de salut, mirent le feu à leurs demeures : voici les flammes qui les consument, eux, leurs enfants et leurs épouses. Ils cher-

1. Nicée de l'Hydaspe, souvent identifiée avec Mong, — localisation discutée depuis es travaux de Sir A. Stein sur le passage de l'Hydaspe.

2. Emplacement indéterminé.

3. Diodore précise : οἱ Ἀγαλασσεῖς.

[23]Oppida quoque duo condidit, quorum alterum Nicaeam appellauit, alterum Bucephal*a*m, equi, quem amiserat, memoriae ac nomini dedicans urbem. [24]Elephantis deinde et inpedimentis terra sequi iussis, secundo amne defluxit quadraginta ferme stadia singulis diebus procedens, ut opportunis locis exponi subinde copiae possent.

IV. [1]Peruentum erat in regionem in qua H*y*dasp*e*s amnis Ac*e*sin*i* committitur. Hinc decurrit in fines S*i*borum. [2]Hi de exercitu Herculis maiores suos esse commemorant ; aegros relictos [esse] cepisse sedem quam ipsi obtinebant. [3]Pelles ferarum pro ueste, clauae tela erant : multaque etiam, cum Graeci mores exoleuissent, stirpis ostendebant uestigia. [4]Hinc escensione facta CC et L stadia excessit ; depopulatusque regionem oppidum, caput eius, corona cepit. [5]XL milia peditum alia gens in ripa fluminum opposuerat ; quae amne superato in fugam conpulit, inclusosque moenibus expugnat. Puberes interfecti sunt, ceteri uenierunt. [6]Alteram deinde urbem expugnare adortus magnaque ui defendentium pulsus multos Macedonum amisit. Sed, cum in obsidione perseuerasset, oppidani desperata salute ignem subi*e*cere tectis s*eq*ue ac liberos coniugesque incendio cremant. [7]Quod cum ipsi augerent, hostes extingue-

IV, 1-8 : Cf. Diod. 17, 96 ; Arr. 6, 3-7.

23 Bucephalam *Vogel* : bucephalum *P,BFLM* bucefalum *V* || 24 opportunis *P,BFLM* : oportunis *V*.

IV, 1 Hydaspes *Merula* : hidaspis *codd.* || Acesini *Modius* : acessino *codd.* || Siborum *Zumpt* : soborum *codd.* || 2 Hi *BFLM* : hic *P* i *V* || relictos *Acidalius* : relictos se *P* relictos esse Σ || cepisse *P,B*^{c}*FM* : coepisse *BL* cępisse *V* || obtinebant *BF*^{c}*LMV* : obstinebant *P* optinebat *F* || 3 clauae *P,B*^{c}*FLM* : claue *B* || 4 escensione *B*^{c}*M* : excensione *codd.* || caput *BF*^{c}*L*^{c}*M* : capud *P,FLV* || cepit *L* : coepit *P,BFMV* || 5 xl milia *P* : xl Σ || alia *P* : milia Σ || 6 subiecere *I* : subicere *codd.* || seque *Hedicke* : se quoque *codd.* || 7 Quod *P,BFLMV*^{c} : ut *V*.

chaient à accroître l'incendie, et les Macédoniens à l'éteindre : combat d'un nouveau genre. Les indigènes détruisaient leur ville, les ennemis la défendaient : tant la guerre amène de contradictions dans le comportement naturel de l'homme. La citadelle de la place restait intacte ; il y laissa une garnison. Lui-même, avec des navires, il fit le tour de la citadelle ; car les eaux de trois fleuves, les plus grands de l'Inde entière après le Gange, concourent à la défense de la citadelle : au Septentrion, l'Indus la baigne ; au Midi, l'Acésinès se mêle à l'Hydaspe[1]. Ces fleuves, à leur jonction, roulent des flots semblables à ceux de la mer ; une vase, abondante et trouble, que la rencontre des eaux met dans une perpétuelle agitation, restreint à un lit étroit le passage ouvert aux navires. En conséquence, devant la poussée des flots nombreux qui battaient les navires ou à la proue ou sur les flancs, les matelots se mirent à serrer les voiles ; mais, ici, le mascaret et, là, la vitesse vertigineuse du fleuve arrêtaient la manœuvre. A la vue de tous, deux grands bateaux furent engloutis ; les bâtiments légers, parce qu'il était impossible de les gouverner, eux aussi, furent refoulés pourtant sans dommage, sur la rive. Le roi, en personne, se trouva entraîné en de violents remous, qui firent tournoyer le bateau venant en travers et allant sans obéir au gouvernail. Il avait déjà ôté son vêtement dans l'intention de plonger dans le fleuve, et ses amis nageaient à proximité, afin de le recevoir : il était clair qu'il y avait un danger équivalent à nager et à rester obstinément sur le bateau. Alors, dans une émulation extrême, les rameurs accélèrent, et l'énergie humaine mit toutes ses ressources à briser l'assaut des vagues. On eût cru que les ondes s'ouvraient, et que les gouffres reculaient. Les gouffres finissent par lâcher le navire,

1. Détails inexacts, se heurtant à une impossibilité matérielle. D'après Arrien, l'incident eut lieu au confluent de l'Hydaspe et de l'Acésinès.

rent, noua forma pugnae erat. Delebant incolae urbem, hostes *defend*ebant : adeo etiam naturae iura bellum in contrarium mut*at*. [8]Arx erat oppidi intacta, in qua praesidium dereliquit. Ipse nauigiis circumuectus arcem ; quippe III flumina tota India praeter Gangen maxima munimento arcis adplicant undas : a septentrione Indus adluit ; a meridie *A*cesines Hydaspi confunditur. [9]Ceterum amnium coetus maritimis similes fluctus mouet ; multoque ac turbido limo, quod aquarum concursu subinde turbatur, iter, qua meat*ur* nauigiis, in tenuem alueum cogitur. [10]Itaque, cum crebri fluctus se inueherent et nauium hinc proras, hinc latera pulsarent, subducere nautae uela coeperunt ; sed ministeria eorum hinc c*o*etu, hinc praerapida celeritate fluminum occupantur. [11]In oculis omnium duo maiora nauigia submersa sunt ; leuiora, cum et ipsa nequirent regi, in ripam tamen innoxia expulsa sunt. Ipse rex in rapidissimos uertices incidit ; quibus intorta nauis obliqua et gubernaculi inpatiens agebatur. [12]Iam uestem detraxerat corpori proiecturus semet in flumen ; amicique, ut exciperent eum, haud procul nabant ; adparebatque anceps periculum tam nataturi, quam nauigare perseuerantis. [13]Ergo ingenti certamine

IV, 9-14 : Cf. Diod. 17, 97 ; Arr. 6, 5.

erat *P,BLMV* : erant *F* || defendebant *Froben* : extinguebant *codd.* etiam *P,BLMV* : etia *F* || mutat *Lauer* : mutant *codd.* || **8** dereliquit *P,BFLM* : dereliquid *V* || Gangen [— em *M*] *P,BLMV* : gengen *F* || maxima Σ : maximam *P* || adluit Σ : atluit *P* || Acesines *Alde* : hacesines *codd.* || Hydaspi *P* : hidaspi Σ || **9** coetus B^cF : cetus *P,BLMV* || meatur *Heinsius* : meat *codd.* || **10** coetu *ego* : cetu *codd.* || praerapida *P,BLMV* : praeradida *F* || occupantur Σ : hoccupantur *P* || **11** omnium duo maiora *Acidalius* : duo maiora *P* duo maiora omnium Σ || nauis Σ : nauigii *P* || inpatiens *BLMV* : inpaciens *P,F* || **12** semet *P*,BF^cLMV : sem *F* || natatùri *P*,BF^cLMV^c : natatura *F* naturi *V* **13** certamine Σ : certamina *P*.

qui d'ailleurs n'aborde pas à la rive, mais s'échoue au premier bas-fond[1]. On eût dit qu'on s'était battu contre le fleuve[2]. Alexandre fit donc établir autant d'autels qu'il y avait de rivières, et, après un sacrifice, il s'avança de trois cents stades. De là, on parvint dans la région des Sudraques[3] et des Malliens[4] qui, renonçant à leur ancienne habitude de se battre entre eux, avaient été réunis par la communauté du danger. Il y avait là, sur le pied de guerre, quatre-vingt dix mille fantassins des jeunes classes ; en outre, dix mille cavaliers et neuf cents chars. Quant aux Macédoniens, qui s'étaient crus débarrassés désormais de tout risque, lorsqu'ils comprirent qu'une guerre nouvelle les attendait contre les nations les plus farouches de l'Inde, ils furent saisis d'une terreur imprévue et recommencèrent à s'en prendre au roi avec des paroles séditieuses : « Obligé de laisser de côté le Gange et le pays situé au delà, au lieu de terminer la guerre, il en avait changé la forme. Ils étaient offerts à des nations indomptées, afin que leur sang lui ouvrît l'Océan ; on les traînait au delà des constellations et du soleil ; on les obligeait à affronter des lieux soustraits par la nature aux yeux des mortels. Devant leurs armes plus d'une fois renouvelées, se renouvelaient les ennemis. Et à supposer qu'ils les missent complètement en déroute, quelle récompense les attendait, eux ? la brume, les ténèbres, une nuit éternelle pesant sur la mer profonde, une onde pleine d'une foule de bêtes monstrueuses, des flots immobiles sur lesquels la nature, expirante, est sans pouvoir[5]. »

1. Diodore écrit : μετὰ τῶν νεῶν Ἀλέξανδρος εἰς τὴν γῆν ἐξέπεσεν.

2. Diodore : πρὸς ποταμὸν ὁμοίως Ἀχιλλεῖ διαγονισάμενος.

3. Arrien parle des Oxydraques. La forme *Sudracae* se rapproche davantage de l'ancien indien : Kshudrakas, — population établie entre Ravi et Sutlej.

4. Les Malliens sont les Mâlavas, situés entre Chenâb et Râvi.

5. Cf. Sén. Rh., *Suas.*, 1, 1 : *Stat immotum mare, quasi deficientis in suo fine naturae pigra moles.*

concitant remos, quantaque uis humana esse poterat admota est, ut fluctus, qui *se in*uehebant, euerberarentur. Findi crederes undas et retro gurgites cedere. [14]Quibus tandem nauis erepta non tamen ripae adplicatur, sed in proximum uadum inliditur. Cum amne bellum fuisse crederes. Ergo, aris pro numero fluminum positis sacrificioque facto XXX stadia processit. [15]Inde uentum est in regionem Sudracarum Mallorumque, quos alias bellare inter se solitos tunc periculi societas iunxerat. *Nonaginta milia* iuniorum peditum in armis erant; praeter hos equitum X milia nongentaeque quadrigae. [16]At Macedones, qui omni discrimine iam defunctos se esse crediderant, postquam integrum bellum cum ferocissimis Indiae gentibus superesse cognouerunt, inprouiso metu territi rursus seditiosis uocibus regem increpare coeperunt : [17]Gangen amnem et, quae ultra essent, coact*um* transmittere non tamen finisse, sed mutasse bellum. Indomitis gentibus se obiectos, ut sanguine suo aperirent ei Oceanum ; [18]trahi extra sidera et solem cogique adire, quae mortalium oculis natura subduxer*i*t. Nouis identidem armis nouos hostes existere. Quos ut omnes fundant fugentque, quod praemium ipsos manere ? caliginem ac tenebras et perpetua*m* noct*em* profundo incubantem mari, repletum inmanium beluarum gregibus fretum, inmo-

remos Σ : ramos *P* ‖ humana *P,BFLM* : humanam *V* ‖ poterat *P,BF^cLMV* : poterit *F* ‖ se inuehebant *I* : in se uehebant *codd.* ‖ cedere *P,BFLM* : credere *V* ‖ **14** ripae Σ : rpae *P* ‖ amne *P,B^c* : amni Σ ‖ **15** periculi *P,BFMV* : bericuli *L* ‖ iunxerat *P,BFLM* : iuncxerat *V* ‖ Nonaginta milia *Loccen* : $\overline{\text{VIIII}}$ *codd.* ‖ **16** At *P,BLMV* : ad *F* ‖ inprouiso *L^c* : inprouisu *codd.* ‖ seditiosis *BFL^cMV* : sediciosis *P,L* ‖ coeperunt *P,BLV* : ceperunt *FM* ‖ **17** coactum *Glareanus* : coactos *codd.* ‖ transmittere *P,BFL^cM* : transmitere *L* transmisere *V* ‖ tamen *P,BFMV* : tamem *L* ‖ sed mutasse *om.P* ‖ **18** subduxerit *Acidalius* : subduxerat *codd.* ‖ caliginem *P,BFLM* : caligine *V* ‖ perpetuam noctem *I* : perpetua nocte *codd.*

Le roi, sans inquiétude personnelle, mais que l'inquiétude des troupes angoissait, les réunit en assemblée, et leur apprend qu'elles redoutent des ennemis peu belliqueux : « ensuite, ces peuples constituent le seul obstacle à ce que, après avoir parcouru l'étendue des terres, ils parviennent au terme du monde en même temps qu'à celui de leurs fatigues. Déférant à leur crainte du Gange et de la multitude des nations situées au delà du fleuve, il a infléchi sa route vers un pays, où égale est la gloire et moindre le danger. Déjà, il a sous les yeux l'Océan ; déjà lui parvient le souffle de la mer. A eux de ne pas lui envier la célébrité qu'il recherche : ils iront plus loin qu'Hercule et que Liber le Vénérable ; à peu de frais, ils donneront à leur roi l'immortalité de la gloire ; qu'ils lui permettent de revenir de l'Inde, et non d'en fuir ». Toute foule, surtout composée de soldats, est emportée par des impulsions instables. Aussi, remédier à une sédition n'est-il pas plus difficile que de la susciter. L'armée poussa des cris plus enthousiastes que jamais : elle l'invitait à lui montrer la route avec l'aide des dieux, et à égaler la gloire de ses modèles. Heureux de ces acclamations, il leva aussitôt le camp en direction de l'ennemi. Il s'agissait des nations les plus fortes de l'Inde et qui préparaient activement la guerre ; elles s'étaient donné un chef de la nation des Sudraques, homme d'un mérite exemplaire. Cet officier installa son camp au pied d'une montagne et fit établir des feux sur une grande largeur, afin de rendre plus impressionnante la foule de ses soldats. En outre, il s'efforça, sans y réussir, d'épouvanter les Macédoniens pendant leur repos, par des cris répétés et des hurlements à la manière du pays. Le jour se levait : Alexandre, plein de confiance et d'espoir, ordonne à ses soldats enthousiastes de saisir leurs armes et de partir se mettre en ligne. Mais, sans qu'on sache si ce fut par crainte ou par suite d'une sédition qui naquit entre eux, les Barbares, subitement, s'enfuirent. En tout cas, ils s'installèrent

biles undas, in quibus emoriens natura defecerit.

[19]Rex non sua, sed militum sollicitudine anxius contione aduocata docet inbelles esse, quos metuant : nihil deinde praeter has gentes obstare, quominus terrarum spatia emensi ad finem simul mundi labo*ru*mque perueniant. [20]Cessisse illis metuentibus Gangen et multitudinem nationum, quae ultra amnem essent ; declinasse iter eo, ubi par gloria, minus periculum esset. [21]Iam prospicere se Oceanum, iam perflare ad ipsos auram maris. Ne inuiderent sibi laudem, quam peteret : Herculis et Liberi Patris terminos transituros illos ; regi suo paruo inpendio immortalitatem famae daturos ; paterentur se ex India redire, non fugere. [22]Omnis multitudo, et maxime militaris, mobili impetu e*f*fertur. Ita seditionis non remedia quam principia maiora sunt. [23]Non alias tam alacer clamor ab exercitu est redditus iubentium duceret dis secundis aequaretque gloria quos aemularetur. Laetus his adclamationibus ad hostes protinus castra mouit. [24]Validissimae Indorum gentes erant et bellum inpigre parabant ; ducemque ex natione Sudracarum spectatae uirtutis elegerant. Qui sub radicibus montis castra posuit lateque ignes, ut speciem multitudinis augeret, ostendit ; clamore quoque ac sui moris ululatu identidem adquiescentes Macedonas frustra terrere conatus. [25]Iam lux adpetebat, cum rex fiduciae ac spei plenus alacres milites arma capere

IV, 24-33 : Cf. Diod. 17, 98-99 Plut. Alex. 63 ; Arr. 6, 6 et 8-11.

19 anxius *P,BFLM* : ancxius *V* || contione *BFLM* : concione *P,V* || spatia *P,BL* : spati *F* spacia *MV* || laborumque *I* : laboremque *codd.* || **20** Cessisse *codd.* : concessisse *Hedicke,* cessisse se *Stangl* || et Σ : ex *P* || amnem *P*[c]*,BLMV* : annem *P,F* || essent : *in M in ras.* || declinasse Σ : declinasset *P* || **22** effertur *Vindelin* : adfertur *codd.* || **24** Sudracarum Σ : sadracarum *P* || ignes *P,BLMV* : ignis *F* || speciem *P,BLMV* : spetiem *F* || Macedonas *P,BF*[c]*LMV* : macedones *F* || **25** fiduciae *P,BFLM* : fidutiae *V*

dans des monts dépourvus de routes et impraticables ; le roi poursuivit leur armée sans résultat, mais il prit leur matériel.

On parvint ensuite à la capitale des Sudraques[1], où la plupart s'étaient réfugiés, avec aussi peu de confiance en leurs murs qu'en leurs armes. Déjà, le roi faisait avancer ses troupes, quand un devin lui conseilla de ne pas entreprendre ou, du moins, de remettre le siège : il voyait la vie d'Alexandre en danger. Alors Alexandre, regardant Démophon[2] (c'était le nom du devin) : « Si quelqu'un t'interrompait quand tu es occupé à ton métier et que tu examines les entrailles, il te paraîtrait à coup sûr gênant et importun. » Comme l'autre lui répondait affirmativement : « estimes-tu, lui dit Alexandre, qu'au moment où j'ai sous les yeux, au lieu de viscères d'animaux, de si grandes choses, il y ait gêne plus considérable qu'un devin empêtré de sa superstition ? » Ne se retardant que le temps de cette réponse, il fait approcher les échelles et, malgré l'hésitation des autres, il monte vers le haut du mur. La corniche du mur était étroite : pas de créneaux, comme en d'autres endroits, qui fissent saillie sur la crête ; mais l'obstacle d'un parapet continu barrait le passage. Aussi le roi était-il sur le rebord, dans une position plutôt instable, repoussant de son bouclier les projectiles qui tombaient sur lui de tous côtés ; car, de toutes les tours, les ennemis le visaient à distance. Et ses soldats ne pouvaient grimper jusqu'à lui, car, d'en haut, on les écrasait sous un tir violent. Enfin, le

1. D'après Arrien, il s'agit de la capitale des Malliens. Quinte-Curce n'insiste pas suffisamment sur les difficultés d'Alexandre, isolé dans un pays immense et hostile. Le plan de campagne qu'il conçoit alors est un chef-d'œuvre stratégique ; mais notre historien s'intéresse peu à ces contingences.

2. A part le rôle qu'il joue ici, Démophon n'est connu que pour avoir consulté le dieu Mardouk à Babylone, en compagnie d'Attale et de Peucestès, pendant la maladie d'Alexandre et quelques heures avant sa mort (Arr., 7, 26, 2).

et exire in aciem iubet. Sed *haud* traditur metune an oborta seditione inter ipsos subito profugerunt Barbari. [26]Certe auios montes et inpeditos occupauerunt ; quorum agmen rex frustra persecutus inpedimenta cepit.

Peruentum deinde est ad oppidum Sudracarum, in quo*d* plerique confugerant, haud maiore fiducia moenium quam armorum. [27]Iam admouebat rex, cum uates monere eum coepit, n*e* committeret aut certe differret obsidionem : uitae eius periculum ostendi. [28]Rex Demophontem, — is namque uates erat, — intuens : « Si quis », inquit, « te arti tuae intentum et exta *s*pectantem sic interpellet, non dubitem, quin incommodus ac molestus uideri tibi possit. » [29]Et cum ille ita prorsus futurum respondisset : « Censesne », inquit, « tantas res, non pecudum fibras ante oculos habenti ullum esse maius inpedimentum quam uatem superstitione captum ? » [30]Nec diutius, quam respondit, moratus admoueri iubet scalas, cunctantibusque ceteris euadit in murum. Angusta muri corona erat : non pinnae, sicut alibi, fastigium eius distinxerant, sed perpetua lorica obducta transitum saepserat. [31]Itaque rex haerebat magis quam stabat in margine clipeo undique incidentia tela propulsans ; [32]nam ubique eminus ex turribus peteba-

haud *Acidalius* : ut [u *B*, ut B^c] *codd.* ‖ **26** cepit *FLV* : coepit *P,BF^cM* ‖ in quod *I* : id quo *P,BFL* in quo *M* ‖ confugerant *P,BF^cLMV* : confugerent *F* ‖ haud Σ : aut *P* ‖ fiducia Σ : fidutia *P* ‖ **27** coepit *BLMV* : caepit *P,F* ‖ ne *I* : nec *codd.* ‖ **28** erat *P,BFLM* : erant *V* ‖ quis *P,BF^cLMV* : quid *F* ‖ inquit *BF^cM* : inquid *P,FLV* ‖ spectantem *I* : expectantem *codd.* ‖ sic *BFLM* : sua *P* sit *V* ‖ possit *P,BFL^cMV* : posset *L* ‖ **29** inquit Σ : inquid *P* ‖ habenti Σ : abenti *P* ‖ ullum *P* : illum Σ ‖ **30** distinxerant *P,BFLM* : distincxerant *V* ‖ **31** clipeo *B^cFLMV* : clypeo *P,B* ‖ **32** ubique Σ : ubi *P*, ipse *Hedicke*, undique *Büttner*, unus *Stangl*, *secl. Acidalius* ‖ petebatur Σ : patebatur *P*.

devoir l'emporta sur l'étendue du danger ; car ils se rendaient compte qu'en hésitant ils livraient le roi aux ennemis. Mais leur hâte retarda les secours : chaque individu luttant pour parvenir en haut, ils chargèrent les échelles ; elles ne résistèrent pas, et ils roulèrent à terre, décevant l'unique espérance du roi. Il restait là, à la vue d'une si grande armée, comme abandonné dans un désert.

V. Son bras gauche, qui tournait le bouclier dans la direction des coups, était déjà fatigué, ses amis lui criaient de sauter vers eux, et ils le guettaient, quand il osa un acte incroyable, inouï, et qui constituait beaucoup plutôt un prodige de témérité qu'une action d'éclat : sautant dans le vide, il s'élança dans la ville pleine d'ennemis[1], sans pouvoir espérer beaucoup mieux que mourir en soldat et en se vengeant ; car, avant de se redresser, il pouvait succomber au nombre et être pris vivant. Mais il se trouva qu'il avait calculé sa chute de façon à retomber sur ses pieds. Aussi engagea-t-il le combat debout ; par ailleurs, la fortune avait pourvu à ce qu'il n'y eût pas moyen de le cerner. Un arbre vénérable, non loin de la muraille, étendait ses branches revêtues d'un feuillage abondant, et qui semblaient protéger le roi intentionnellement. Pour ne pas être cerné, il s'adossa au vaste tronc, interceptant avec son bouclier les traits dont on l'accablait de face. De loin, en effet, tous ces bras visaient le seul Alexandre, mais personne n'osait s'avancer plus près ; les projectiles portaient plus souvent sur les branches que sur le bouclier. Luttaient en faveur du roi d'abord la gloire d'un nom illustre, ensuite l'absence d'espoir — puissant encouragement à une belle mort. Mais, en raison de l'afflux incessant des ennemis, déjà il avait reçu sur son bouclier une énorme quantité

1. D'après Arrien, Peucestès avait escaladé le mur en même temps qu'Alexandre ; ensuite, il s'était trouvé séparé de lui.

tur. Nec subire milites poterant, quia superne ui telorum obruebantur. Tandem magnitudinem [telorum] periculi pudor uicit ; quippe cernebant cunctatione sua dedi hostibus regem. Sed festinando morabantur auxilia : [33]nam, dum pro se quisque certat euadere, onerauere scalas ; quis non sufficientibus deuoluti unicam spem regis fefellerunt. Stabat enim in conspectu tanti exercitus uelut in solitudine destitutus.

V. [1]Iamque laeuam, qua clipeum ad ictus circumferebat, lassauerat clamantibus amicis ut ad ipsos desiliret, stabantque excepturi, cum ille rem ausus est incredibilem atque inauditam multoque magis ad famam temeritatis quam gloriae insignem : [2]namque in urbem hostium plenam praecipiti saltu semet ipse inmisit, cum uix sperare posset dimicantem certe et non inultum esse moriturum ; quippe, antequam adsurgeret, opprimi poterat et capi uiuus. [3]Sed forte ita librauerat corpus ut se pedibus exciperet. Itaque stans init pugnam ; et, ne circumiri posset, fortuna prouiderat. [4]Vetusta arbor haud procul muro ramos multa fronde uestitos uelut de industria regem protegentes obiecerat. Huius spatioso stipiti corpus, ne circumiri posset, adplicuit clipeo tela, quae ex aduerso ingerebantur, excipiens. [5]Nam cum [comminus] unum procul tot manus peterent, nemo

V-VI : Cf. Diod. 17-99 ; Plut. Alex. 63 ; Arr. 6, 11-13.

telorum *secl. Froben, Hedicke* || **33** uelut Σ : uelud *P*.

V, **1** clipeum *B^cFMV* : clypeum *P,BL* || desiliret *P^c,BFL^cMV* : desileret *P,L* || quam *om.P, rest. corr.* || **2** opprimi Σ : oprimi *P* || uiuus *P,BFLM^cV* : uius *M* || **3** librauerat *P^c,B^cFLMV* : liberauerat *P,B* || posset *Lauer* : possit *codd.* || **4** arbor *P,BFLM* : arbore *V* || uelut Σ : uelud *P* || ne — posset *codd.* : *secl. Damste, Menge-Fried, Vogel* || clipeo *B^c,I* : clypeo *P,BLMV* clepeo *F* || **5** comminus *secl. Alde* || peterent *P^c*,Σ : peteret *P*.

de traits, déjà les pierres avaient fracassé son casque, déjà ses genoux ployaient, alourdis par la continuité de son effort. Aussi, ceux qui étaient au premier rang, l'attaquèrent-ils hardiment et sans précaution : il reçut deux d'entre eux avec son épée, si bien qu'ils s'écroulèrent devant lui, inanimés. Et personne n'eut, ensuite, le cœur de l'assaillir de plus près : de loin, on lui lançait javelots et flèches. Lui, bien qu'exposé à tous les coups, il n'avait pas de peine, les genoux pliés, à se garantir[1] ; mais, à la fin, un Indien lui envoya une flèche de deux coudées (aux Indes, comme nous l'avons dit ci-dessus, les flèches avaient cette longueur) : elle traversa la cuirasse et se fixa un peu au-dessus du flanc droit. Cette blessure l'abattit ; perdant le sang en abondance, il lâcha ses armes, semblable à un moribond, et si épuisé que sa main n'était même pas en état d'arracher le trait. Aussi celui qui l'avait blessé se précipita-t-il, dans son allégresse, pour dépouiller le roi ; mais celui-ci, au contact de la main qui le touchait, sursauta, je pense, devant l'indignité de ce suprême outrage ; il rappela ses esprits défaillants et, relevant son épée, il perça de la pointe le flanc découvert de l'ennemi. Gisaient autour du roi trois cadavres : au loin, la foule consternée. Lui, désireux, avant de rendre l'âme, de mourir pourtant en combattant, il s'efforça de se redresser à l'aide de son bouclier ; et, constatant que la disparition de ses forces l'empêchait d'y réussir, il empoigna de la main droite les branches pendantes, et tâcha de se relever. Mais son corps n'obéit pas davantage, il retomba sur les genoux : de la main, il provoquait celui des ennemis, qui aurait l'audace de se mesurer à lui.

Enfin, survint Peucestès[2], qui venait d'un autre côté

1. La qualité plastique de l'image est très remarquable. Quinte-Curce excelle à ces notations sobres et évocatrices.

2. Fils d'Alexandre de Miéza. Officier de la garde des hypaspistes. Après la mort d'Alexandre, il participa aux luttes des diadoques.

tamen audebat propius accedere ; missilia ramis plura quam clipeo incidebant. [6]Pugnabat pro rege primum celebrati nominis fama, deinde desperatio, magnum ad honeste moriendum incitamentum. [7]Sed cum subinde hostis adflueret, iam ingentem uim telorum exceperat clipeo, iam galeam saxa perfregerant, iam continuo labore grauata genua succiderant. [8]Itaque contemptim et incaute, qui proximi steterant, incurrerunt : e quibus duos gladio ita excepit, ut ante ipsum exanimes procumberent. Nec cuiquam deinde propius incessendi eum animus fuit : procul iacula sagittasque mittebant. [9]Ille ad omnes ictus expositus non aegre *tamen* exceptum poplitibus corpus tuebatur, donec Indus duorum cubitorum sagittam, — namque Indis, ut antea diximus, huius magnitudinis sagittae erant, — ita excussit, ut per thoracem paulum super latus dextrum infigeret. [10]Quo uulnere adflictus magna ui sanguinis emicante remisit arma, moribundo similis adeoque resolutus, ut ne ad uellendum quidem telum sufficeret dextra. [11]Itaque ad spoliandum corpus, qui uulnerauerat, alacer gaudio accurrit ; quem ut inicere corpori suo manus sensit, credo, ultimi dedecoris indignitate commotus linquentem reuocauit animum et nudum hostis latus subiecto mucrone hausit. [12]Iacebant circa regem tria corpora, procul stupentibus ceteris. Ille ut, antequam ultimus spiritus

accedere *P,BFMV* : acedere *L* || clipeo *B*^{c}*FM* : clypeo *P,BLV* || **6** Pugnabat *P*^{c}*,BF*^{c}*LMV* : pugnabant *P,F* || **7** exceperat Σ : exciperat *P* || clipeo *B*^{c}*FM* : clypeo *P,BLV* || grauata *P* : grauia Σ || **8** excepit Σ : excipit *P* || Nec *P,BLMV* : ne *F* || **9** tamen *Jeep* : iam *codd.* || infigeret *BLM* : inficeret *P,FV* || **10** adeoque *BFLM* : at eoque *P* ideoque *V* || dextra *P* : dextera Σ || **11** spoliandum *P* : expoliandum Σ || accurrit Σ : occurrit *P*.

de la ville, après avoir délogé les défenseurs du mur, et qui avait suivi les traces du roi. A sa vue, Alexandre, pour qui cette arrivée représentait non pas une chance de vivre, mais une consolation pour mourir, se laissa choir, épuisé, sur son bouclier. Aussitôt survinrent Timée[1] et, peu après, Léonnatus, et Aristonus[2]. Les Indiens aussi, quand ils surent que le roi était dans leurs murs, abandonnèrent tout pour se précipiter là-bas, et ils serraient de près ses défenseurs. L'un d'eux, Timée, qui avait reçu nombre de blessures par-devant et combattu en héros, tomba ; Peucestès, traversé, lui aussi, de trois javelots, couvrait néanmoins de son bouclier non pas lui, mais le roi ; Léonnatus, grièvement blessé à la tête en repoussant l'assaut forcené des Barbares, s'affaissa à demi-mort aux pieds du roi. Déjà Peucestès aussi, épuisé par les blessures, avait abaissé son bouclier[3]. A Aristonus s'accrochait le dernier espoir ; mais, grièvement blessé lui aussi, il était incapable de soutenir davantage la violente pression de l'ennemi. Pendant ce temps, le bruit de la mort du roi était arrivé aux Macédoniens. Ce qui aurait affolé d'autres hommes, les exalta. En effet, sans souci d'aucun péril, ils abattirent le mur avec leurs dolabres ; par la brèche qu'ils avaient ménagée, ils firent irruption dans la ville, et ils massacrèrent les Indiens, plus nombreux à fuir qu'à oser se mesurer avec eux. On n'épargna ni vieillards ni femmes ni enfants : ils se figuraient que tout individu qu'ils rencontraient avait blessé leur roi ; enfin, l'anéantissement des ennemis apaisa leur légitime colère. Ptolémée, qui fut roi par la suite, était présent à cette bataille, d'après ce qu'affirment Clitarque et

1. Inconnu autrement.

2. Fils de Peisaios de Pella (ou d'Eordeia) ; il fut nommé triérarque en 326.

3. Il s'agit du bouclier sacré provenant du temple d'Athéna à Troie.

deficeret, dimicans *tamen* extingueretur, clipeo se adleuare conatus est; [13]et postquam ad conitendum nihil supererat uirium, dextera inpendentes ramos conplexus temptabat adsurgere. Sed ne sic quidem potens corporis rursus in genua procumbit manu prouocans hostes, si quis congredi auderet.

[14]Tandem Peucestes per aliam oppidi partem deturbatis propugnatoribus muri uestigia persequens regis superuenit. [15]Quo conspecto Alexander iam non uitae *spem*, sed mortis solacium superuenisse ratus cl*i*peo fatigatum corpus excepit. Subinde Timaeus, et paulo post Leonnatus, huic Aristonus superuenit. [16]Indi quoque, cum intra moenia regem esse conperissent, omissis ceteris illuc concurrerunt urgebantque protegentes. Ex quibus Timaeus multis aduerso corpore uulneribus acceptis egregiaque edita pugna cecidit; [17]Peucestes quoque tribus iaculis confossus non se tamen scuto, sed regem tuebatur; Leonnatus, dum auide ruentes Barbaros submouet, ceruice grauiter icta semianimis procubuit ante regis pedes. [18]Iam et Peucestes uulneribus fatigatus submiserat clipeum. In Aristono spes ultima haerebat. Hic quoque grauiter saucius tantam uim hostium ultra sustinere non poterat. [19]Inter haec, ad Macedonas regem cecidisse fama perlata est. Terruisset alios, quod illos incitauit. Namque, periculi omn*i*s inmemores dola-

12 deficeret *P,BFLM* : deficerat *V* || dimicans Σ : demicans *P* || tamen *Vogel* : iam *codd.* || clipeo *B^cFM* : clypeo *P,BLV* || **13** est et *P* : et Σ || sic *P,BFLM* : si *V* || **14** oppidi *P,BFLM* : opidi *V* || regis *P* : regi Σ || **15** Quo *P,BF^cLMV* : qui *F* || spem *Bentley* : suae *codd.* || clipeo *I* : clypeo *codd.* || excepit Σ : excoepit *P* || Subinde *P* : subit inde Σ || **16** moenia *P,BFLM* : meuenia *V* || omissis *P,FLMV* : omisis *B* || Ex quibus Σ : cum quibus *P*, eum. E quibus *Kinck* **17** submouet *om.B, rest. corr.* || icta Σ : iacta *P* || **18** clipeum *B^cMV* : clypeum *P,BFL* || Aristono Σ : aristonos *P* || **19** ad *om.P* omnis *Modius* : omnes *codd.*

Timagène[1] ; mais lui, qui naturellement n'a pas été l'ennemi de sa propre gloire[2], il a raconté qu'il n'y était pas : on l'avait envoyé en expédition. Tant il y eut d'indifférence, ou encore, ce qui ne vaut pas mieux, de crédulité chez ceux qui ont réuni les documents historiques du temps passé ![3]

On ramène le roi sous sa tente ; les médecins scient le bois de la flèche qui était fixé dans son corps sans remuer le fer. Puis ils le mettent nu, et constatent que le trait comportait des crocs et que le seul moyen de pratiquer l'extraction sans risque était d'élargir la blessure par incision. Mais ils craignaient que l'incision ne fût gênée par un afflux de sang, car le trait enfoncé était énorme et il semblait avoir pénétré dans les entrailles. Critobule[4], praticien hors de pair, mais épouvanté par l'étendue du risque, n'osait approcher la main, de peur que l'issue d'une opération mal réussie ne retombât sur sa tête.

1. Clitarque n'a pas participé aux campagnes d'Alexandre. Contemporain de Ptolémée I, il écrivit une histoire d'Alexandre, qui est un panégyrique continu du prince macédonien, et de Ptolémée. Clitarque est la source essentielle de Quinte-Curce, qui trouvait en lui une aide d'autant plus précieuse que la mort de Callisthène, impliqué dans la conjuration des pages, avait dû interrompre assez vite ses Πράξεις Ἀλεξάνδρου. Si Clitarque et Callisthène éprouvaient pour leur héros une admiration très vive, il semble que Timagène, comme Timée, n'ait pas ménagé les reproches au prince. La hargne de Timagène n'allait pas aux seuls Macédoniens : les Romains n'étaient pas épargnés davantage. (Cf. H. Bardon, *Q.-C. historien*, dans *Les Et. class.*, 1947, p. 121 sq.)

2. Ce jugement prouve que l'esprit critique ne manquait pas à Quinte-Curce.

3. Hélas ! Quinte-Curce n'a pas toujours l'esprit plus raisonnable que ceux qu'il blâme, et il accueille — nous l'avons vu — bien des renseignements erronés. Mais il convient de noter que parfois son exactitude tranche sur le vague ou les fautes des autres historiens d'Alexandre. De plus, il a l'inquiétude du vrai ; rappelons la formule de 9, 1, 34 : *equidem plura transcribo quam credo : nam nec adfirmare sustineo de quibus dubito, nec subducere quae accepi* : criticisme tempéré qui ne nous satisfait pas absolument, mais qui n'est pas dépourvu de mérite.

4. Originaire de Cos, et déjà médecin de Philippe. Ce n'est pas à lui, mais au médecin Critodémos qu'Arrien attribue l'opération d'Alexandre (6, 11, 1).

bris perfregere murum et, qua moliti erant aditum, inrupere in urbem, Indosque plures fugientes quam congredi ausos ceciderunt. [20]Non senibus, non feminis, non infantibus parcitur : quisquis occurrerat, ab illo uulneratum regem esse credebant ; tandemque internecione hostium iustae irae parentatum est. [21]Ptolom*a*eum, qui postea regnauit, huic pugnae adfuisse auctor est Clitarc*h*us et Timagene*s* ; sed ipse, scilicet gloriae suae non refragatus afuisse se, missum in expeditionem, memoriae tradidit. Tanta conponentium uetust*a* rerum monimenta uel securitas uel, par huic uitium, credulitas fuit.

[22]Rege in tabernaculum relato medici lignum sagittae corpori infixum ita, ne spiculum moueretur, abscidunt. [23]Corpore deinde nudato animaduertunt hamos inesse telo, nec aliter id sine pernicie corporis extrahi posse quam ut sec*a*ndo uulnus augerent. [24]Ceterum, ne secantes profluuium sanguinis occuparet, uerebantur, quippe ingens telum adactum erat et penetrasse in uiscera uidebatur. [25]Critob*u*lus, inter medicos artis eximiae, sed in tanto periculo territus, admouere metuebat *manus*, ne in ipsius caput parum prosperae curationis r*e*cideret euentus. [26]Lacrimantem eum ac metuentem et sollicitudine propemodum

perfregere Σ : perfringere *P* || inrupere Σ : irrumpere *P* || **20** quisquis *P*^{c},Σ : qui quis *P* || occurrerat *P,BFLM* : occurrererat *V* || internecione *I* : internetione *P* internicione *BFL* [internitione *in ras. L*] *MV* || **21** Ptolomaeum *Hedicke* : tholomeum *P* ptholomeum *BL* photolomeum *F* ptholomaeum *M* ptolomeum *V* || pugnae *P,B*^{c}*F LMV* : punae *B* || Clitarchus *Alde* : clytharcus *P,BLMV* clitarcus *F* || Timagenes *I* : timagenen *codd.* || afuisse Σ : adfuisse *P* || uetusta *Giunta* : uetustate *codd.* || uitium *P, BFLM* : uicium *V* || **22** abscidunt *P,B*^{c}*FLMV* : ascidunt *B* || **23** secando *Froben* : secundo *codd.* || **24** penetrasse *P,BFLM*^{c}*V* : penetre *M* || **25** Critobulus *Froben* : critobolus *codd.* || artis *P,BFLM* : artus *V* || admouere *P* : amouere Σ || metuebat manus *Walter* : metuebat *codd.* [— bant *V*] || caput *BF*^{c} *LMV* : capud *P,F* || recideret *I* : reccideret *codd.* || **26** metuentem *codd.* : metu *Bentley*, metu renuentem *Walter.*

Le roi le voyait en larmes, apeuré, et blême d'inquiétude : « Qu'attends-tu, lui dit-il, et jusqu'à quand ? Délivre-moi plutôt de cette douleur au plus vite, puisque de toutes façons je vais mourir. Crains-tu qu'on t'accuse, quand j'ai reçu une blessure inguérissable ? » Finalement Critobule mit fin à sa crainte, ou la dissimula ; il l'invita à se laisser maintenir pendant qu'il lui enlèverait le fer : un mouvement, même léger, serait dangereux. Le roi affirma qu'il n'avait besoin de personne pour le maintenir, et, selon les recommandations de Critobule, il se laissa faire sans broncher. Quand la plaie eut été élargie, et la pointe enlevée, un flux énorme de sang se produisit ; le roi perdit connaissance, une brume couvrit ses yeux, et il resta inerte, tel qu'à l'article de la mort[1]. Comme on ne réussissait pas à enrayer l'hémorragie avec des remèdes, les Amis se mirent à crier à la fois et à sangloter, croyant qu'il avait expiré. Le sang finit par s'arrêter ; peu à peu, il revint à lui, et il commença à reconnaître les assistants. Pendant toute la journée et la nuit qui suivit, les troupes en armes assiégèrent la tente royale : aveu que tous ne vivaient que par son souffle ; et ils ne se retirèrent pas avant d'avoir appris qu'il se reposait en dormant un peu. Aussi rapportèrent-ils au camp un peu plus de confiance en sa guérison.

VI. Après sept jours de traitement, et avant que sa blessure fût cicatrisée, Alexandre apprit que sa mort passait, chez les Barbares, pour une certitude ; il fit donc établir au milieu de deux navires jumelés une tente visible de partout, pour se montrer de là à ceux qui le croyaient mort. Vu par les indigènes, il mit fin, chez les ennemis, à l'espérance qu'y avait suscitée une nouvelle inexacte. Puis il descendit le cours du fleuve[2], devançant

1. Virg., *Aen.*, 5, 374 : *et fulua moribundum extendit harena.*

2. D'après Arrien, il s'agit de l'Hydraotès. Quinte-Curce pense au Hiarotis.

exanguem rex conspexerat : « Quid », inquit, « quodue tempus expectas, et non quam primum hoc dolore me saltem moriturum liberas ? An times ne reus sis, cum insanabile uulnus acceperim ? » [27]At Critob*u*lus tandem uel finito uel dissimulato metu hortari eum coepit ut se continendum praeberet, dum spiculum euelleret : etiam leuem corporis motum noxium fore. [28]Rex, cum adfirmasset nihil opus esse iis, qui semet continerent, sicut praeceptum erat, sine motu praebuit corpus. Igitur patefacto latius uulnere et spiculo euolso, ingens uis sanguinis manare coepit linquique animo rex et, caligine oculis offusa, uelut moribundus extendi. [29]Cumque profluuium medicamentis frustra inhiberent, clamor simul atque ploratus amicorum oritur regem expirasse credentium. Tandem constitit sanguis, paulatimque animum recepit et circumstantes coepit agnoscere. [30]Toto eo die ac nocte, quae secuta est, armatus exercitus regiam obsedit, confessus omnes unius spiritu uiuere ; nec prius recesserunt quam conpertum est, somno paulisper adquiescere. Hinc certiorem spem salutis eius in castra re*t*tulerunt.

VI. [1]Rex VII diebus curato uulnere necdum obducta cicatrice, cum audisset conualuisse apud Barbaros famam mortis suae, duobus nauigiis iunctis statui in medium undique conspicuum tabernaculum iussit, ex quo se ostenderet perisse credentibus.

Quid *P,BFLM* : quit *V* || inquit *BF*ᶜ*LMV* : inquid *P,F* || cum Σ : uel *P* || **27** Critobulus *Froben* : critobolus *codd.* || **28** iis *P,BLV* : is *F* his *M* || latius *P,BFLM* : lacius *V* || euolso *P,BL*ᶜ*MV* : euulso *FL* || coepit *BLV* : cepit *P,FM* || offusa Σ : effusa *P* || uelut *BF*ᶜ*LM* : uelud *P* ueluti *FV* || **29** atque *P,BF*ᶜ*LMV* : adque *F* || coepit *BLMV* : cepit *P,F* || **30** regiam *P,BFMV* : reigiam *L* || certiorem *P,BFLM* : cerciorem *V* || rettulerunt *I* : retulerunt *codd.*

VI, 1 statui *P*ᶜ*,MV* : statuit *P,F* statui**B L*.

quelque peu le reste de la flotte, afin que le repos, nécessaire encore à son extrême faiblesse[1], ne fût pas troublé par le battement des rames. Trois jours après avoir embarqué, il atteignit une région qu'à vrai dire les habitants avaient abandonnée, mais qui regorgeait de blé et de bétail ; il choisit cet endroit pour son repos et celui des troupes. La coutume voulait que les premiers des Amis et les gardes du corps fussent de faction devant le prétoire, chaque fois que le roi se trouvait malade. Déférant, même alors, à cette habitude ils entrèrent en groupe dans sa chambre. Comme ils étaient venus ensemble, il redouta d'apprendre quelque fait nouveau et voulut savoir si l'on annonçait la venue inopinée de l'ennemi. Mais Cratère, qui était chargé de lui transmettre les prières des Amis, lui dit :

« Crois-tu que la venue des ennemis, quand bien même ils tiendraient déjà le retranchement, nous inquiéterait plus que le souci de ta vie, dont, pour le moment, tu ne fais point de cas ? Que tous les peuples du monde, si forts soient-ils, conspirent contre nous, remplissent d'armes et d'hommes la terre entière, couvrent la mer de vaisseaux, mettent en ligne des bêtes inconnues, toi tu nous rendras invincibles[2]. Mais quelle divinité peut promettre que cette colonne, cet astre de la Macédoine durera longtemps, quand, avec tant d'empressement, tu t'exposes à des périls évidents, oubliant que tu mets en danger la vie de tant de tes concitoyens ? Qui, en effet, ou désire, ou peut te survivre ? En suivant tes auspices et ton commandement, nous sommes arrivés à un point tel que, si tu ne nous ramènes, aucun ne reverra ses Pénates. Si tu te battais encore contre Darius pour le trône de Perse, nul ne pourrait, même malgré lui, refuser son admiration à ton audace, si résolue devant

1. *Perinualidus* : hapax.

2. Hyperboles. La rhétorique ne se montre pas ici sous son jour le meilleur.

Conspectusque ab incolis spem hostium falso nuntio conceptam inhibuit. [2]Secundo deinde amne defluxit, aliquantum interualli a cetera classe praecipiens, ne quies perinualido adhuc necessaria pulsu remorum inpediretur. [3]Quarto, postquam nauigare coeperat, die peruenit in regionem desertam quidem ab incolis, sed frumento et pecoribus abundantem. Placuit is locus et ad suam et ad militum requiem. [4]Mos erat principibus amicorum et custodibus corporis excubare ante praetorium, quotiens aduersa regi ualitudo incidisset. Hoc tum quoque more seruato, uniuersi cubiculum eius intrant. [5]Ille sollicitus, ne quid noui adferrent, quia simul uenerant, percontatur num hostium re*p*ens nuntiaretur aduentus. [6]At Craterus, cui mandatum erat ut amicorum preces perferret ad eum : « Cred*i*sne », inquit, « aduentu magis hostium, ut iam in uallo consisterent, sollicitos esse quam cura salutis tuae, ut nunc est, tibi uilis ? [7]Quantalibet uis omnium gentium conspiret in nos, inpleat armis uirisque totum orbem, classibus maria consternat, inuisitatas beluas inducat, tu nos praestabis inuictos. [8]Sed quis deorum hoc Macedoniae columen ac sidus diuturnum fore polliceri potest, cum tam auide manifestis periculis offeras corpus, oblitus tot ciuium animas trahere te in casum ? [9]Quis enim tibi superstes aut optat esse aut potest ? eo peruenimus auspicium atque imperium secuti

2 amne *P,B*^{c}*FLMV* : anne *B* || **3** coeperat *BLMV* : ceperat *P,F* || abundantem Σ : habundantem *P* || is *BF*^{c}*LMV* : his *P,F* || suam et Σ : et *om.P, rest. corr.* || **4** principibus Σ : princibus *P* || quotiens *BFLM* : quociens *P,V* || uniuersi *P,BFL* : uniumsi *V* || **5** sollicitus Σ : solicitus *P* || repens *edd.* : recens *codd.* || nuntiaretur *P,BL*^{c}*V* : nunciaretur *FLM* || **6** Credisne *I* : credesne *codd.* || inquit *P,BF*^{c}*LMV* : inquid *F* || uallo *P, B*^{c}*FLMV* : ualido *B* || sollicitos *P,F*^{c}*V* : sollicitus *BFM* sollicit*s *L* || **7** praestabis *P,BFLM* : prestabilis *V* || **9** atque *P,BF*^{c}*LMV* : adque *F*.

toutes sortes de dangers : car, quand le péril et la récompense s'équilibrent, en cas de succès le bénéfice est plus considérable, en cas d'échec plus grande est la consolation. Mais qu'au prix de ta vie tu achètes un bourg inconnu, est-ce concevable non seulement pour un de tes soldats, mais pour le citoyen d'une nation barbare, s'il connaît ta grandeur ? L'âme frissonne, en songeant au spectacle de ce que nous venons de voir. J'ai peur de dire que les mains les plus lâches auraient souillé les dépouilles de ta personne invincible, si, quand tu nous étais enlevé, la fortune, miséricordieuse à notre égard, ne t'avait sauvé. Nous tous qui n'avons pu t'accompagner, nous sommes autant de traîtres, autant de déserteurs. Tu peux noter d'infamie tous tes soldats sans exception ; aucun ne refusera d'expier une faute qu'il n'a pas eu le moyen de ne pas commettre. Je te demande cette faveur : montre-nous ton mépris autrement ! Où que tu l'ordonnes, nous irons. Les dangers obscurs, les combats sans gloire, nous les revendiquons pour nous ; toi, conserve-toi pour ce qui répond à ta grandeur. La gloire se flétrit vite[1], avec des ennemis vulgaires, et il n'y a pire indignité que de la dépenser là où il lui est impossible de briller. » Ptolémée parla dans le même sens, et tous les autres, approximativement. Puis, mêlant leurs voix, ils le supplièrent, avec des larmes, de borner enfin son désir de gloire, maintenant satisfait, et de veiller à son salut, qui était le salut public.

L'attachement de ses Amis fit plaisir au roi[2] ; il les embrassa un à un avec une affection vraie, et il les fit asseoir. Puis il reprit la conversation de plus haut :

1. *Obsolescit* : Tite-Live, 21, 52, 7 : *alia uetustate obsoleuerunt*.

2. Malgré les heurts dus à la politique d'Alexandre en Perse, le prince a conservé l'affection d'une partie, tout au moins, de l'aristocratie macédonienne. Arrien, de son côté, insiste sur les marques d'attachement que les soldats donnèrent au roi, en cette occasion : ils vinrent toucher ses mains, ses genoux, ses vêtements, et le couvrirent de fleurs.

tuum, unde, nisi te reduce, nulli ad penates suos iter est. [10]Quodsi adhuc de Persidis regno cum Dareo dimicares, etsi nemo uellet, tamen ne admirari quidem posset tam promptae esse te ad omne discrimen audaciae : nam, ubi paria sunt periculum ac praemium, et secundis rebus amplior fructus est et aduersis solacium maius. [11]Tuo uero capite ignobilem uicum emi, quis ferat non tuorum modum militum, sed ullius gentis barbarae ciuis, qui tuam magnitudinem nouit ? [12]Horret animus cogitationem rei, quam paulo ante uidimus. Eloqui timeo inuicti corporis spolia inertissimas manus fuisse in*f*ecturas, nisi te interceptum misericors in nos fortuna seruasset. [13]Totidem proditores, totidem desertores sumus, quot te non potuimus persequi. Vniuersos licet milites ignominia notes, nemo recusabit luere id quod ne admitteret praestare non potuit. Patere nos, quaeso, alio modo esse uiles tibi. Quocumque iusseris, ibimus. [14]Obscura pericula et ignobiles pugnas nobis deposcimus ; temet ipsum ad ea serua, quae magnitudinem tuam capiunt. Cito gloria obsolescit in sordidis hostibus, nec quicquam indignius est quam consumi eam, ubi non possit ostendi. » [15]Eadem fere Ptolomaeus et similia his ceteri ; iamque confusis uocibus flentes eum orabant ut tandem ex sa*t*ietate laudi modum faceret, ac saluti suae, id est publicae, parceret.

10 ne *P* : nec Σ ‖ audaciae *P,BFLM*^{c} : audatiae *V om.M* ‖ solacium *P,B*^{c}*LM* : solatium *BFV* ‖ **12** inertissimas Σ : inhertissimas *P* ‖ infecturas *Zumpt* : iniecturas *codd.* ‖ **13** sumus *om.V* ‖ quot *P,BF*^{c}*M* : quod *FLV* ‖ Vniuersos *P,BFL*^{c}*MV* : unimsos *L* ‖ admitteret Σ : amitteret *P* ‖ tibi *codd.* : *in P in ras.* ‖ **14** sordidis *P,BFLM*^{c}*V* : sordis *M* ‖ indignius *P,BLMV* : indignus *F* ‖ possit Σ : posit *P* [t *in ras.*] ‖ **15** Ptolomaeus *Hedicke* : ptholomeus *P,BL* tholomeus *F* ptholomaeus *M* ptolomeus *V* ‖ ex satietate *Bentley* : exsaciatae *P* exsatiatae *BLMV* exsacietate *F*.

« O les plus fidèles, dit-il, les plus pieux de mes concitoyens et de mes amis, je vous ai une durable reconnaissance non seulement à ce titre que, aujourd'hui, vous faites plus de cas de ma vie que de la vôtre, mais parce que vous n'avez pas omis, depuis le début de la guerre, un gage, une preuve de votre dévouement envers moi : si bien qu'il me faut reconnaître que ma vie ne m'a jamais été aussi chère qu'elle ne le devient, dans mon désir de profiter longtemps de vous. Mais l'état d'esprit n'est pas le même chez ceux qui souhaitent mourir pour moi et chez moi, qui, justement, estime que mon seul courage m'a valu cet attachement de votre part[1]. Vous, vous désirez que je vous procure des avantages durables, peut-être même éternels : moi, j'ai pour mesure de moi-même non l'étendue de ma vie, mais celle de ma gloire. J'aurais pu, satisfait des biens de mon père, attendre dans l'inactivité, sans passer les frontières de la Macédoine, une vieillesse obscure et sans gloire, quoique l'indolence non plus ne dispose pas de son destin et qu'une mort prématurée surprenne souvent ceux qui estiment qu'une longue vie est le seul bien. Mais moi, qui dénombre mes victoires et non pas mes années, si je fais un compte exact des dons de la fortune, j'ai vécu longtemps.

« Débutant par la Macédoine, je commande à la Grèce, j'ai soumis la Thrace et l'Illyrie, je donne des ordres

1. « En théorie, ses amis avaient raison quand ils lui firent le reproche d'avoir agi en soldat et non en général, lorsqu'il sauta dans la citadelle. Et pourtant, il n'avait pas tort, le vieux Béotien qui, en apprenant qu'Alexandre s'irritait de ces remarques, lui dit tout franchement, dans son dialecte, que le devoir de l'homme est d'agir et (citant un vers de Sophocle) que quiconque agit doit aussi pâtir. Cet exploit sans exemple d'Alexandre, plus encore que la prise de la ville elle-même, répandit chez ses ennemis une terreur telle que, non seulement les Malliens, mais les Oxydraques aussi, offrirent humblement leur soumission. Ainsi, cet acte tout spontané, sitôt conçu, sitôt exécuté, dans l'ivresse démoniaque du combat, rendit ensuite superflue toute la seconde partie de son plan de campagne si bien combiné, c'est-à-dire le dispensa de refouler les Malliens jusqu'à l'embuscade dressée à l'embouchure de l'Hydraotès : de plus il procura la soumission des Oxydraques sans combat. » U. Wilcken, *loc. cit.*, p. 196.

[16]Grata erat regi pietas amicorum ; itaque, singulos familiarius amplexus considere iubet, altiusque sermone repetito : « [17]Vobis quidem », inquit, « o fidissimi piissimique ciuium atque amicorum, grates ago habeoque non solum *eo* nomine, quod hodie salutem meam uestrae praeponitis, sed quod a primordiis belli nullum erga me beniuolentiae pignus atque indicium omisistis, adeo ut confitendum sit numquam mihi uitam meam fuisse tam caram, quam esse coepit, ut uobis diu frui possim. [18]Ceterum non eadem est cogitatio eorum qui pro me mori optant, et me*a qui* quidem hanc beniuolentiam uestram uirtute meruisse me iudico. Vos enim diuturnum fructum ex me, forsitan etiam perpetuum percipere cupiatis : ego me metior non aetatis spatio, sed gloriae. [19]Licuit paternis opibus contento intra Macedoniae terminos per otium corporis expectare obscuram et ignobilem senectutem, quamquam ne pigri quidem sibi fata disponunt, sed unicum bonum diuturnam uitam existimantes saepe acerba mors occupat. Verum ego, qui non annos meos, sed uictorias numero, si munera fortunae bene conputo diu uixi.

[20]Orsus a Macedonia, imperium Graecia*e* teneo, Thraciam et Illyrios subegi, Triballis Maedisque imperito ; Asiam, qua Hellesponto, qua Rubro mari subluitur, possideo. Iamque haud procul absum fine mundi, quem egressus aliam naturam, alium

17 atque *P,BF*ᶜ*MV* : adque *FL* || eo *Francinus* : meo *codd.* || hodie *P,BFLM* : odie *V* || praeponitis Σ : proponitis *P* || atque *P,BF*ᶜ*L*ᶜ*MV* : adque *FL* || indicium Σ : inditium *P* || omisistis *P,BFLM* : omissistis *V* || confitendum Σ : confidendum *P* || coepit *BLMV* : cepit *P,F* || **18** mori *P,BM* : moria *FV* mori* *L* || optant Σ : aptant *P* || et mea qui quidem *Vogel* : et quidem meam *P* meam et quidem Σ || **19** otium *P,BLM* : ocium *FV* || fata *P,BFLM* : facta *V* || **20** Graeciae *I* : graeciam *codd.* || Thraciam *P,BL*ᶜ*M* : traciam *F* hraciam *LV* || Illyrios *BLMV* : yllyrios *P* illirios *F* || haud *P,BLMV* : aut *F*.

aux Triballes et aux Mèdes ; l'Asie, du côté où la baigne soit l'Hellespont, soit la mer Rouge, est à moi. Désormais, je ne suis pas loin de l'endroit où finit le monde ; j'ai décidé de m'ouvrir, après en être sorti, une nature autre, un monde autre. En une heure de temps, je suis passé de l'Asie aux limites de l'Europe. Vainqueur de ces deux régions après avoir régné pendant neuf ans et vécu pendant vingt-huit, puis-je, à votre avis, m'arrêter dans ma recherche de cette gloire, à laquelle, seule, je me suis voué ? Certes, je ne me déroberai pas, et, partout où je combattrai, je me croirai sur le théâtre du monde. Je donnerai la célébrité à des lieux sans gloire, j'ouvrirai à tous les peuples des terres que la nature tenait en un lointain exil. Disparaître au milieu de ces entreprises, si le destin le veut, c'est pour moi un honneur. La lignée, dont je descends, m'oblige à souhaiter une vie dense, plutôt que longue. Je vous en supplie : songez que nous voici arrivés sur des terres, qui doivent aux mérites d'une femme leur nom illustre. O villes que Sémiramis a fondées ! peuples qu'elle a soumis à son pouvoir ! ampleur des travaux qu'elle a exécutés ! Notre célébrité n'égale pas encore celle d'une femme, et déjà nous avons assez de la gloire ! S'il plaît aux dieux, de plus grandes choses nous attendent ; mais, ce que nous n'avons pas encore abordé, ne sera nôtre que si jamais nous ne jugeons mesquin ce qui comporte une grande gloire. A vous seulement de me garantir contre la trahison intérieure et les complots de mon entourage : intrépide, j'affronterai le risque de la guerre et de Mars. Philippe fut moins en danger à la bataille qu'au théâtre ; il avait évité souvent le bras de l'ennemi : il fut incapable d'échapper à ses proches. Si vous réfléchissez à la fin de bien d'autres rois, vous compterez parmi eux plus de victimes des leurs que de l'ennemi. Mais, puisque je trouve l'occasion de vous révéler un dessein que je médite depuis longtemps, je considérerai comme la récompense suprême de mes

orbem aperire mihi statui. [21]Ex Asia in Europae terminos momento unius horae transiui. Victor utriusque regionis post nonum regni mei, post uicesimum atque octauum annum *uitae* uideorne uobis in excolenda gloria, cui me uni deuoui, posse cessare ? Ego uero non deero et, ubicumque pugnabo, in theatro terrarum orbis esse me credam. [22]Dabo nobilitatem ignobilibus locis, aperiam cunctis gentibus terras, quas natura longe submouerat. In his operibus extingui mihi, si fors ita feret, pulchrum est. Ea stirpe sum genitus, ut multa*m* prius quam longam uitam debeam optare. [23]Obsecro uos, cogitate nos peruenisse in terras, quibus feminae ob uirtutem celeberrimum nomen est. Quas urbes Sam*i*ramis condidit ! quas gentis redegit in potestatem ! quanta opera molita est ! Nondum feminam aequauimus gloria, et iam nos laudis satietas cepit ! [24]Di faueant, maiora adhuc restant ; sed ita nostra erunt, quae nondum adiimus, si nihil paruum duxerimus, in quo magnae gloriae locus est. Vos modo me ab intestina fraude et domesticorum insidiis praestate securum : belli Martisque discrimen inpauidus subibo. [25]Philippus in acie tutior quam in theatro fuit : hostium manus saepe uitauit, suorum effugere non ualuit. Aliorum quoque regum exitus si reputaueritis, plures a suis quam ab hoste interemptos numerabitis. [26]Ceterum, quoniam olim rei agitatae in animo meo nunc promendae occasio

21 horae Σ : ore *P* ‖ atque *P,BF*^{c}*LMV* : adque *F* ‖ annum uitae *Jeep* : annum *codd.* ‖ uni Σ : uno uni *P* ‖ theatro Σ : threatro *P* ‖ **22** pulchrum *BLMV* : pulcrum *P,F* ‖ stirpe *P,BLMV* : styrpe *F* ‖ multam *Froben* : multa *codd.* ‖ **23** Samiramis *Vogel* : sameramis *codd.* ‖ redegit Σ : redigit *P* ‖ satietas *BM* : sacietas *P,FLV* ‖ cepit *P,BLMV* : coepit *F* ‖ **24** adiimus *P* : atigimus *BFLV* attigimus *B*^{c}*F*^{c} *L*^{c}*M* ‖ duxerimus Σ : dixerimus *P* ‖ **25** theatro *BLMV* : threatro *P* teatro *F* ‖ fuit *om.V* ‖ manus Σ : manu *P* ‖ **26** meo *om.F, rest. corr.*

fatigues et de mes travaux si ma mère Olympias, quand elle quittera ce monde, reçoit la consécration de l'immortalité. Ce vœu, si je le puis, je le réaliserai moi-même ; ce vœu, si la destinée me devance, n'oubliez pas, vous, que je vous l'ai confié. » Alors seulement, il renvoya ses Amis ; mais, pendant assez longtemps, il tint là son camp.

VII. Pendant que ces faits se passaient en Inde, les soldats grecs, que le roi venait d'affecter à l'établissement de colonies aux environs de Bactres[1], firent défection, après une sédition qui les avait mis aux prises ; ils en voulaient moins à Alexandre qu'ils ne craignaient une dure punition. En effet, après avoir tué certains de leurs concitoyens, les plus forts envisagèrent de prendre les armes ; et, lorsqu'ils eurent occupé la citadelle de Bactres, que précisément l'on ne gardait pas avec assez de soin, ils avaient amené aussi les Barbares à se joindre à leur insurrection. Le meneur était Athénodore[2], qui s'était même arrogé le titre de roi, par envie moins du pouvoir que de revenir dans sa patrie avec ceux qui reconnaissaient son autorité. Un de ses compatriotes, un nommé Biton[1], qui le haïssait par jalousie, machina un complot contre lui, et le fit tuer par le Bactrien Boxus[2], au cours d'un festin auquel il l'avait invité. Le lendemain, dans l'assemblée réunie, Biton avait convaincu la plupart des soldats qu'Athénodore, sans provocation de sa part, avait préparé un attentat contre lui ; mais les autres soupçonnèrent la déloyauté de Biton ; et peu à peu le soupçon se répandit davantage. Les soldats grecs prennent donc les armes, décidés à tuer Biton s'ils en trouvaient l'occasion, mais les autorités calmèrent la colère de la foule. Arraché, contre sa propre attente, au péril présent, peu de temps après Biton voulut perdre

1. Diodore : οἱ κατὰ τὴν Βακτριανὴν καὶ Σογδιανὴν κατοικισθέντες Ἕλληνες.

2. Inconnu autrement.

oblata est, mihi maximus laborum atque operum meorum erit fructus, si Olympias mater inmortalitati consecretur, quandoque excesserit uita. Hoc, si licuerit, ipse praestabo ; hoc, si me praeceperit fatum, uos mandasse mementote. » Ac tum quidem amicos dimisit ; ceterum per conplures dies ibi statiua habuit.

VII. [1]Haec dum in India geruntur, Graeci milites nuper in colonias a rege deducti *circa* Bactra orta inter ipsos seditione defecerant, non tam Alexandro infensi quam metu supplicii. [2]Quippe, occisis quibusdam popularium, qui ualidiores erant, arma spectare coeperunt et Bactriana arce, quae *casu* neglegentius adseruata erat, occupata Barbaros quoque in societatem defectionis inpulerant. [3]Athenodorus er*at* princeps eorum, qui regis quoque nomen adsumpserat, non tam imperii cupidine quam in patriam reuertendi cu*m* *i*is, qui auctoritatem ipsius sequebantur. [4]Huic Bi*t*on quidam nationis eiusdem, sed ob aemulationem infestus, conparauit insidias, inuitatumque ad epulas per Boxum quendam *Ba*ct*r*ianum in conuiuio occidit. [5]Postero die, contione aduocata Bi*t*o ultro insidiatum sibi Athenodorum plerisque persuaserat ; sed aliis suspecta erat fraus Bi*t*onis ; et paulatim in

VII, 1-11 : Cf. Diod. 17, 99.

atque *P*, *BF̀MV* : adque *L* || inmortalitati Σ : inmortalitate *P* || Hoc, si *P*,*M* : si *BFLV* || mementote Σ : memento *P*, me mementote *Eussner* || dimisit *P*c,Σ : demisit *P*.

VII, **1** colonias *P*,*L*c : colanias Σ || circa Bactra *Loccen* : garabactra *codd.* || defecerant Σ : deficerant *P* || supplicii *om.* *V* || **2** qui *P*,*BMV* : qui**FL* || coeperunt Σ : ceperunt *P* || casu *Vogel*, *edd.* : quasi *codd.*, quasi tuta *Hedicke* || inpulerant *P*,*BFLM*c*V* : intulerant *M* || **3** erat *I* : erant *codd.* || adsumpserat Σ : adsumpserant *P* || cum iis *Alde* : cunctis *codd.* || qui *P*,*BFMV* : quę *L* || **4** Biton *Hedicke* : bicon *codd.* || eiusdem *P* : eius Σ || Bactrianum *Bentley* : macerianum *codd.* || in *om.* *BM* || **5** contione *P*,*BFLM* : concione *V* || Bito *Zumpt* : bico *codd.* || ultro *P*,*BFMV* : ultra *L* || sed *P*,*BFMV* : se *L* || fraus Σ : fraucos *P* || Bitonis *Zumpt* : bicois *P* biconis Σ

ceux qui l'avaient sauvé : sa perfidie fut reconnue, et on l'arrêta, lui et Boxus. On décida l'exécution pure et simple de Boxus ; quant à Biton, il périrait, mais dans les supplices. On approchait de lui les instruments de torture, quand les Grecs, par une raison inconnue, coururent, tels des fous, prendre les armes. Percevant ce bruit, ceux qui avaient reçu l'ordre de torturer Biton, le lâchèrent : car ces cris de rébellion leur faisaient craindre qu'on ne les empêchât de l'exécuter. Lui, nu comme il était, il alla trouver les Grecs ; l'aspect pitoyable du condamné à mort transforma subitement les dispositions des esprits, et voici qu'ils le firent relâcher. Grâcié ainsi pour la deuxième fois, il retourna dans sa patrie, accompagné de tous les autres, qui abandonnèrent les colonies que le roi leur avait attribuées. Cela se passait près de Bactres et de la frontière scythe[1].

Pendant ce temps, le roi reçoit cent députés des deux nations, dont on a parlé ci-dessus[2]. Tous allaient en char ; remarquable était leur taille, brillante leur tenue : habits de lin brochés d'or à ornements de pourpre. Ils racontaient qu'ils lui livraient leurs personnes, leurs villes et leurs champs : « à sa loyauté et à son autorité ils allaient abandonner pour la première fois leur liberté, intacte pendant tant de générations ; les dieux, et non la crainte, leur avaient conseillé de se soumettre, car c'est avec des forces intactes qu'ils acceptaient le joug. » Le roi tint conseil, puis les admit comme vassaux, en les astreignant au tribut que les deux nations payaient aux Arachosiens[3]. De plus, il les imposa de deux mille cinq

1. Ce récit présente de graves divergences avec celui de Diodore.

2. Les Malliens et les Oxydraques. La témérité héroïque d'Alexandre dans la capitale des Malliens avait certainement contribué à cette soumission.

3. Ceci paraît en contradiction avec les renseignements antérieurs : ces deux nations disaient, en effet, « abandonner pour la première fois leur liberté » ; or, le tribut aux Arachosiens est un indice de sujétion.

plures coepit manare suspicio. [6]Itaque Graeci milites arma capiunt occisuri Bi*t*on*em*, si daretur occasio ; ceter*um* principes eorum iram multitudinis mitigauerunt. [7]Praeter spem suam Bi*t*on, praesenti periculo ereptus, paulo post insidiatus auctoribus salutis suae : cuius dolo cognito et ipsum conprehenderunt et Boxum. [8]Ceterum Boxum protinus placuit interfici ; Bi*t*onem etiam per cruciatum necari. Iamque corpori tormenta admouebantur, cum Graeci, incertum ob quam causam, lymphatis similes ad arma discurrunt. [9]Quorum fremitu exaudito, qui torquere Bi*t*onem iussi erant, omisere ueriti, ne id facere tumultuantium uociferatione prohiberentur. [10]Ille, sicut nudatus erat, peruenit ad Graecos, et miserabil*i*s facies supplicio destinati in diuersum animos repente mutauit, dimittique eum iusserunt. [11]Hoc modo poena bis liberatus cum ceteris, qui colonias a rege adtributas reliquerunt, reuertit in patriam. Haec circa Bactra et Scytharum terminos gesta.

[12]Interim regem duarum gentium, de quibus ante dictum est, C legati adeunt. Omnes curru uehebantur eximia magnitudine corporum, decoro habitu : lineae uestes intexto auro purpuraque distinctae. [13]Ei se dedere ipsos, urbes agrosque referebant : per tot aetates inuiolatam libertatem illius primum

VII, 12-26 : Cf. Diod. 17, 100-101.

plures *P*c,Σ : pleres *P* || manare Σ : manere *P* || **6** Bitonem *Zumpt* : bicoani *P* biconi Σ || ceterum *Acidalius* : ceteri *codd.* || **7** Biton *Hedicke* : bicon *codd.* || ereptus *P,B*c*FLMV* : eruptus *B* || insidiatus *codd.* : insidiatur *Prohazel, Büttner*, est insidiatus *Hedicke* || suae *P,BF LV* : suae est *M* || **8** Bitonem *Zumpt* : biconem *codd.* || cruciatum *P,BF MV* : crutiatum *L* || Graeci *P,BFMV* : graeti *L* || lymphatis *codd.* : lymphantis *B*c || similes Σ : similis *P* || **9** Bitonem *Zumpt* : biconem *codd.* || **10** miserabilis *I* : miserabiles *codd.* || supplicio *P,BFMV* : supplitio *L* || dimittique *LM* : dimitique *P,BFV* || **11** poena Σ : pena *P* || bis Σ : bilis *P* || adtributas *P*c, Σ : adtributos *P* || Haec *P,BLMV* : cc *F* || **12** legati Σ : ligati *P* || **13** se dedere Σ : sedere *P*.

cents cavaliers ; les Barbares obéirent sur tous les points. Ensuite, il invita à dîner ambassadeurs et roitelets, et leur fit aménager un festin magnifique. Cent lits d'or étaient dressés à de faibles intervalles ; autour de ces lits, des rideaux étincelant de pourpre et d'or : toute la corruption, due chez les Perses à leur antique somptuosité ou chez les Macédoniens à leur récente transformation, fut étalée par Alexandre au cours de ce festin, où deux nations mêlèrent leurs vices.

Participait au repas l'Athénien Dioxippe[1], pugiliste réputé, bien connu déjà et bien vu du roi à cause de son étonnante supériorité physique[2]. Jaloux et railleurs lui reprochaient — moitié sérieux, moitié plaisantant — d'être une bête luisante de graisse, que l'on traînait sans utilité : « Quand ils allaient, eux, à la bataille, il préparait son ventre à dîner en s'enduisant d'huile. » Au cours du repas, le Macédonien Horratas[3], déjà pris de vin, se mit à lui faire ces mêmes reproches, et il le défia pour le lendemain, s'il était un homme, à un combat à l'épée : le roi enfin serait juge ou de sa propre témérité ou de la lâcheté de Dioxippe. Celui-ci releva la provocation, plein d'un ironique mépris pour cette hâblerie de soldat. Le lendemain, comme ils insistaient encore plus vivement pour se battre, le roi, incapable de les dissuader, les laissa libres d'agir. Une énorme quantité de soldats, dont les Grecs, était pour Dioxippe. Le Macédonien avait pris son équipement réglementaire ; de la main gauche il

1. Vainqueur ἀκονιτί aux Jeux Olympiques, — en 336 vraisemblablement.

2. *Virtutem uirium* : Cf. Cornélius Népos, 8, 1, 4 : *abit res ad uires uirtutemque pugnantium* ; Aulu-Gelle, 3, 1, 13 *neque uirtutis neque uirium.*

3. Diodore l'appelle Κόρραγος ; sans doute un des hétaires d'Alexandre. — P. Perdrizet propose de lire *Corratas* (*Etudes Amphipolitaines*, dans *Bull. Corresp. Hell.*, 1922, p. 50).

fidei dicionique permissuros ; deos sibi deditionis auctores, non metum, quippe intactis uiribus iugum excipere. 14 Rex consilio habito deditos in fidem accepit stipendio, quod Arachosiis utraque natio pensitabat, inposito. Praeterea II milia et D equites imperat ; et omnia oboedienter a Barbaris facta. 15 Inuitatis deinde ad epulas legatis gentium regulisque exornari conuiuium iussit. C aurei lecti modicis interuallis positi erant ; lectis circumdederat aulaea purpura auroque fulgentia, quidquid aut apud Persas uetere luxu, aut apud Macedonas noua inmutatione corruptum erat, confusis utriusque gentis uitiis, in illo conuiuio ostendens.

16 Intererat epulis Dioxippus Atheniensis, pugil nobilis, et ob eximiam uirtutem uirium iam *et regi* pernotus et gratus. Inuidi malignique increpabant per seria et ludum saginati corporis sequi inutilem beluam : cum ipsi proelium inirent, oleo madentem praeparare uentrem epulis. 17 E*a*dem igitur in conuiuio Horratas Macedo iam temulentus exprobrare ei coepit, et postulare ut, si uir esset, postero die secum ferro decerneret : regem tandem uel de sua temeritate, uel de illius ignauia iudicaturum. 18 Et a Dioxippo contemptim militarem eludente ferociam accepta condicio est. Ac postero die rex, cum etiam acrius certamen exposcerent, quia deterrere non poterat,

dicionique P,B^cL : ditionique BFMV || permissuros M : permissoros P permisuros BFLV || **14** natio Σ : nacio P || II milia P : II Σ || **15** gentium P,BF^cLMV : gen B || lectis P,BFLV : lectos B^cM || aulaea BFLV : aula P aulea M || aut P,BLM : haud FV || aut P,BFLM : haud V || uitiis P,BFLM : uiciis V || **16** epulis P^c,Σ : epulas P || Atheniensis P,BFLM : ateniensis V || et regi *Stangl* : a rege *codd.* || gratus P,BFLM : gratur V || praeparare P,BFLM : praeparerit V || **17** Eadem I : eodem *codd.* || ei BLF^cM : regi P egi FV || coepit Σ : cepit P || **18** contemptim P,B^cFLMV : contemtim B || militarem Σ : militare P || eludente *Alde* : eludentem *codd.* || condicio B^c,I : conditio *codd.* || deterrere P,BFLM : deterre V.

tenait un bouclier d'airain et la lance appelée sarisse[1] ; de la droite, une pique[2] ; au côté, son épée : on eût dit qu'il allait affronter plusieurs hommes à la fois. Dioxippe, couronné et brillant d'huile, portait à la main gauche un petit manteau de pourpre, à la droite un fort gourdin noueux. C'est justement ce qui tenait tout le monde en haleine : car s'attaquer nu à un homme en armes paraissait folie, et non pas même témérité. Donc le Macédonien, persuadé qu'il avait moyen de le tuer à distance, lança la pique ; Dioxippe, en infléchissant à peine le corps, l'évita : avant que l'autre eût fait passer sa lance dans la main droite, il bondit, et, de son gourdin, la brisa au milieu. Ayant perdu ses deux armes de jet, le Macédonien était en train de tirer son épée, quand Dioxippe le devança : par une ceinture, puis en passant brusquement sa jambe derrière les siennes, il le précipita sur le sol ; arrachant l'épée de son adversaire étendu, il lui mit le pied sur le cou ; de son gourdin, qu'il brandissait, il s'apprêtait à assommer le vaincu, si le roi ne l'avait empêché. Le résultat de cette exhibition déplut aux Macédoniens, et à Alexandre en particulier, surtout parce que les Barbares y avaient assisté : il redoutait que la raillerie ne dépréciât la bravoure tant vantée des Macédoniens. En conséquence, les envieux trouvèrent l'oreille du roi ouverte à leurs accusations. Et, peu de jours après, au cours d'un repas on s'arrangea pour subtiliser une coupe d'or ; les serviteurs, comme s'ils avaient perdu ce qu'ils avaient fait disparaître, allèrent trouver le roi. Souvent, il y a moins d'assurance dans la rougeur de l'innocence que dans la faute. Dioxippe ne put supporter le faisceau des regards qui le dénonçaient comme le voleur ; il sortit du festin, rédigea une lettre

1. La sarisse des fantassins mesurait environ 6 mètres ; celle des cavaliers était un peu plus courte.

2. *lanceam* : terme assez vague, qui semble désigner une pique moins longue que la sarisse.

destinata exequi passus est. [19]Ingens *uis* militum, inter quos erant Graeci, Dioxippo studebant. Macedo iusta arma sumpserat, aereum cl*y*peum, hastam, quam sarisam uocant, laeua tenens, dextera lanceam gladioque cinctus, uelut cum pluribus simul dimicaturus. [20]Dioxippus oleo nitens et coronatus laeua puniceum amiculum, dextra ualidum nodosumque stipitem praeferebat. Ea ipsa res omnium animos expectatione suspenderat : quippe armato con*g*redi nudum dementia, non temeritas uidebatur. [21]Igitur Macedo, haud dubius eminus interfici posse, lanceam emisit ; quam Dioxippus cum exigua corporis declinatione uitasset, antequam ille hastam transferret in dextram, adsiluit et stipite mediam eam fregit. [22]Amisso utroque telo Macedo gladium coeperat stringere, quem occupatum conplexu pedibus repente subductis Dioxippus arietauit in terram, ereptoque gladio pedem super ceruicem iacenti inposuit, stipitem intentans elisurusque eo uictum, ni prohibitus esset a rege. [23]Tristis spectaculi euentus non Macedonibus modo, sed etiam Alexandro fuit, maxime quia Barbari adfuerant : quippe celebratam Macedonum fortitudinem ad ludibrium recidisse uerebatur. [24]Hinc ad criminationem inuidorum adapertae sunt regis aures. Et post paucos dies inter epulas aureum poculum ex conposito subducitur ;

19 uis *Jeep* : hic *codd.* || Graeci *codd.* : graeci qui *B*c || studebant *P,BFLV* : studebant. Conuenerat multitudo *M* || aereum *BFLV* : hereum *P* haereum *M* || clipeum *I,B*c : clypeum *codd.* || uelut *P,B*c*FLMV* : uelud *B* || cum pluribus Σ : compluribus *P* || **20** oleo *P*c,Σ : olen *P* || ipsa *om.P, rest. corr.* || congredi *I,B*c : concredi *codd.* || **21** declinatione *P,BFMV* : declynatione *L* || **22** Amisso Σ : amiso *P* || Macedo *P,BFLM* : maceddo *V* || quem *codd.* : cum *Bentley* || subductis *P,BFLM* : subductus *V* || **23** quia *P,BFLM* : qui ad *V* || fortitudinem *P*c,Σ : fortunem *P* || **24** regis aures *P* : ares regis *B* aures regis *B*c*FLMV*

destinée au roi, et se suicida avec son épée. Sa mort peina fort le roi, qui l'interpréta comme un témoignage de protestation, et non de remords, surtout après que l'excès de joie des envieux eût révélé l'inexactitude du reproche[1].

VIII. Les députés indiens, qu'on avait renvoyés chez eux, reviennent peu de jours après, avec des cadeaux : il s'agissait de trois cents chevaux, mille trente chars menés par un attelage de quatre chevaux, un bon nombre de vêtements de lin, mille boucliers indiens, cent talents de fer épuré, des lions d'une rare grandeur et des tigres, — les deux sortes de fauves étant dressées et apprivoisées —, sans compter des peaux de lézards géants et des écailles de tortues. Ensuite le roi ordonne à Cratère de mener les troupes sans trop s'écarter du fleuve[2], qu'il allait, lui, parcourir en bateau ; il embarque son escorte habituelle et, en descendant le fleuve, atteint le territoire des Malliens[3]. De là, il parvint chez les Sabarques[4], puissante nation de l'Inde, qui obéissait à un gouvernement populaire et non monarchique. Ils avaient une infanterie de soixante mille hommes et une cavalerie de six mille ; à la suite de ces troupes, venaient cinq cents chars. Ils s'étaient donné trois généraux, qu'illustraient leurs mérites guerriers. Mais ceux qui étaient dans les champs tout près du fleuve (car les bourgs abondaient, en particulier sur la rive) n'eurent pas plus tôt vu le

1. Le récit est raconté aussi par Diodore ; mais, chez celui-ci, il a moins de vie et de pittoresque que chez Quinte-Curce : l'historien latin, en effet, affectionne ces courtes scènes, prétextes à des réflexions moralisantes, et qui le reposent de la narration des faits historiques ; il y trouve, en outre, l'occasion de montrer ses dons d'observation et son goût pour la psychologie.

2. Sans doute l'Acésinès.

3. Quinte-Curce semble placer les *Malli* au Sud par rapport aux Sudraques, mentionnés en 9, 4, 26 ; Arrien situe les deux peuples dans la position inverse.

4. Diodore parle des Σαϭϐαστάς.

ministrique, quasi amisissent quod amouerant, regem adeunt. [25]Saepe minus est constantiae in rubore, quam in culpa. Coniectum oculorum, quibus ut fur destinabatur, Dioxippus ferre non potuit ; et cum excessisset conuiuio, litteris conscriptis, quae regi redderentur, ferro se interemit. [26]Grauiter mortem eius tulit rex existimans indignationis esse, non paenitentiae testem, utique postquam falso insimulatum eum nimium inuidorum gaudium ostendit.

VIII. [1]Indorum legati dimissi domos paucis post diebus cum donis reuertuntur : CCC erant equites, MXXX currus, quos quadriiugi equi ducebant, lineae uestis aliquantum, mille scuta Indica et ferri candidi talenta C leonesque rarae magnitudinis et tigres, [2]utrumque animal ad mansuetudinem domitum ; lacertarum quoque ingentium pelles et dorsa testudinum. [3]Cratero deinde imperat rex, haud procul amne, per quem erat ipse nauigaturus, copias duceret ; eos autem, qui comitari eum solebant, inponit in naues, et in fines Mal*lo*rum secundo amne deuehitur. [4]Inde Sabarcas adiit, ualidam Indiae gentem, quae populi, non regum imperio regebatur. *LX* milia peditum habebant, equitum VI milia ; has copias currus D sequebantur. III duces spectatos uirtute bellica elegerant. [5]At, qui in agris erant proximi

VIII, 1-16 : Cf. Diod. 17, 102-103.

amouerant *P,BFLM* : ammouerant *V* || **25** rubore Σ : robore *P* || ut *P,BF*ᶜ*LMV* : et *F* || excessisset *P,BLMV* : excessiset *F* || **26** paenitentiae *P,BFLM* : potentiae *V*.

VIII, **1** post *om.B, rest. corr.* || **2** utrumque *P,B*ᶜ*FLMV* : utrimque *B* || **3** amne *P,BLMV* : amme *F* || nauigaturus Σ : nauigiaturos *P* || Mallorum *Lauer* : malliorum *codd.* || **4** populi *P*ᶜ,Σ : poli *P* || LX milia *Freinsheim* : VI milia *codd.* || VI milia *P* : VI Σ || bellica *P,B*ᶜ*FLMV* : belliaca *B* || elegerant *P,BFLM* : legerant *V* || **5** qui *P,B*ᶜ*FLMV* : que *B*.

fleuve entièrement couvert par les navires — aussi loin que les regards portaient — ainsi que les armes éclatantes de tant de soldats, qu'affolés par la nouveauté du spectacle ils crurent à l'arrivée d'une armée de dieux et d'un second Liber le Vénérable, nom illustre en ces pays. Et les cris des soldats, et le battement des rames, avec les diverses exhortations que se lançaient les marins, assourdissaient leurs oreilles terrorisées. Sans exception, ils courent vers ceux qui étaient sous les armes, leur crient qu'ils sont fous et qu'ils vont se battre contre des dieux : « il était impossible de dénombrer les navires qui portaient ces héros invincibles. » Et ils répandirent dans leur propre armée un tel effroi qu'on envoya une députation chargée de la capitulation.

Leur soumission acceptée, il atteignit, trois jours après, d'autres nations. Celles-ci n'eurent pas plus de cœur que les autres. Aussi, après avoir fondé là-bas une ville, qu'il fit appeler Alexandrie[1], entra-t-il dans le territoire de ceux qu'on appelle les Musicains[2]. Là, il eut à connaître de l'affaire Térioltès[3] : ce satrape avait pour accusateurs les Parapamisades, qu'Alexandre l'avait chargé de gouverner ; ayant la preuve de ses exactions et de ses brimades multiples, il le fit exécuter. Oxyartès, préteur de Bactriane, outre son acquittement, dut à l'amour[4] l'octroi d'un gouvernement plus étendu. Ensuite, les Musicains furent soumis, et leur ville fut occupée. Puis, on parvint chez les Prestes[5], qui sont aussi un peuple de l'Inde. Porticanus, leur roi[6], s'était enfermé dans une ville forte avec des troupes indigènes importantes.

1. Il n'est pas possible d'identifier cette ville avec précision.

2. Les Mûhikas.

3. Appelé par Arrien Τυρίεσπις (4, 22, 5). Iranien ou, peut-être, Perse, il avait succédé à Προέξης comme satrape du pays des Parapamisades.

4. Il était père de Roxane.

5. Peuplade inconnue, que l'on situe parfois dans la région de Shikarsur.

6. Appelé par Arrien 'Οξυκανός.

flumini, — frequentes autem uicos, maxime in ripa, habebant, — ut uidere totum amnem, qua prospici poterat, nauigiis constratum et tot militum arma fulgentia, territi noua facie deorum exercitum et alium Liberum Patrem, celebre in illis gentibus nomen, aduentare credebant. [6]Hinc militum clamor, hinc remorum pulsus uariaeque nautarum uoces hortantium pauidas aures inpleuerant. [7]Ergo uniuersi ad eos, qui in armis erant, currunt furere clamitantes et cum dis proelium inituros : nauigia non posse numerari, quae inuictos uiros ueherent. Tantumque in exercitum suorum intulere terroris, ut legatos mitterent gentem dedituros.

[8]His in fidem acceptis ad alias deinde gentes quarto die peruenit. Nihilo plus animi his fuit quam ceteris fuerat. Itaque oppido ibi condito quod Alexandream appellari iusserat, fines eorum qui Musicani appellantur intrauit. [9]Hic de Teriolte satrape, quem *P*ara*p*amisadis praefecerat, isdem arguentibus cognouit ; multaque auare ac superbe fecisse conuictum interfici iussit. [10]Ox*y*artes, praetor Bactrianorum, non absolutus modo, sed etiam iure amoris amplioris imperii donatus est finibus. Musicanis deinde in dicionem redactis, urbi eorum *praesid*ium inposuit. [11]Inde Praestos, et ipsam Indiae gentem, peruentum est. Porticanus rex erat, qui se munitae urbi cum magna manu popularium incluserat. Hanc Alexan-

maxime P^c,Σ : proxime *P* ‖ habebant *P,BFMV* : halebant *L* ‖ qua *P,BFLM* : quasi *V* ‖ facie *P,BFMV* : fatie *L* ‖ 7 furere *P, BFLM*^{c}*V* : fuere *M* ‖ et *om.B, eras. in L* ‖ mitterent *P,BFMV* : miterent *L* ‖ 8 deinde *P,BFLM* : deinde inde *V* ‖ 9 Parapamisadis *Vogel* : caracamisadis [— ssadis *F* ; ara — *M*] *P,BFLM*^{c}*V*, parapanisadis *Hedicke* ‖ 10 Oxyartes *A de* : oxartes *codd.* ‖ sed *P,BFMV* : set *L* ‖ dicionem *P* : ditionem Σ ‖ praesidium *Froben* : imperium *codd.* ‖ 11 Praestos et ipsam *codd.* : per siluas ad asperam *Hedicke* ‖ Indiae gentem Σ : indigentem *P* ‖ Porticanus P^c,Σ : portica porticanus *P*.

Deux jours après le début du siège, Alexandre enleva la ville. Réfugié dans la citadelle, Porticanus envoya au roi des ambassadeurs pour négocier la capitulation ; mais, avant qu'Alexandre les eût reçus, deux tours s'étaient effondrées avec un bruit terrible ; traversant les décombres, les Macédoniens firent irruption dans la citadelle : elle fut prise, et Porticanus, qui résistait avec quelques hommes, fut tué. Une fois la citadelle démolie et tous les prisonniers vendus, Alexandre pénétra dans le royaume de Sambus[1] ; après la reddition de nombreuses places, il prit la ville la plus puissante du pays grâce à une mine. Celle-ci parut une sorte de prodige aux Barbares, dépourvus de technique militaire : presque en pleine ville, des gens armés sortaient du sol, sans qu'il y ait eu trace auparavant d'une fosse creusée en profondeur. Clitarque soutient que quatre-vingt mille Indiens furent massacrés dans cette région, et que de nombreux prisonniers furent vendus à l'encan.

De nouveau, les Musicains firent défection. Pithon[2] fut chargé de la répression ; il prit le chef de la nation, celui même qui avait provoqué la rébellion et le conduisit au roi. Après l'avoir fait crucifier, Alexandre retourna au fleuve où, sur son ordre, la flotte l'attendait. Trois jours après, en suivant le courant, il parvint à une place qui était dans le royaume de Sambus. Sambus venait de se soumettre ; mais les habitants, ne reconnaissant pas son autorité, avaient fermé les portes. Dans son mépris pour leur faible nombre, Alexandre fit approcher cinq cents Agriens des murailles, avec ordre de reculer insensiblement pour tirer hors des murs un ennemi, qui les suivrait sans faute s'il se figurait qu'ils fuyaient. Exécutant ces ordres, les Agriens harcèlent l'ennemi, puis,

1. Son nom est transmis de différentes façons par les historiens anciens ; mais il doit être identifié au prince indien Sambhu. Sa politique de concessions à Alexandre s'explique en grande partie par son hostilité à Musicanos.

2. Fils d'Agénor. Déjà préposé à la satrapie du pays des Sogdes.

der tertio die, quam coeperat obsidere, expugnauit. [12]Et Porticanus, cum in arcem confugisset, legatos de condicione deditionis misit ad regem ; sed, antequam adirent eum, duae turres cum ingenti fragore prociderant, per quarum ruinas Macedones euasere in arcem ; qua capta Porticanus cum paucis repugnans occiditur. [13]Diruta igitur arce et omnibus captiuis uenundatis, Sambi regis fines ingressus est ; multisque oppidis in fidem acceptis ualidissimam gentis urbem cuniculo *ce*pit. [14]Barbaris simile monstri uisum est rudibus militarium operum : quippe in media ferme urbe armati terra existebant, nullo suffossi specus ante uestigio facto. [15]*LXXX milia* Indorum in ea regione caesa Clitarc*h*us est auctor multosque captiuos sub corona uenisse.

[16]Rursus Musicani defecerunt ; ad quos opprimendos missus est P*ith*on, qui captum principem gentis eundemque defectionis auctorem adduxit ad regem. Quo Alexander in crucem sublato rursus amnem, in quo classem expectare se iusserat, repetit. [17]Quarto deinde die, secundo amne peruenit ad oppidum, quod in regn*o* erat Sam*b*i. Nuper se ille dediderat ; sed oppidani detrectabant imperium et clauserant portas. [18]Quorum paucitate contempta rex D Agrianos moenia subire iussit et sensim recedentes elicere extra muros hostem, secuturum profecto, si

VIII, 17-28 : Cf. Diod. 17, 102 ; Arr. 6, 16.

coeperat Σ : caeperat *P* ‖ 12 confugisset Σ : comfugisset *P* ‖ condicione *I* : conditione *codd.* ‖ 13 cepit B^c,*I* : coepit *codd.* ‖ 14 existebant *P* : existebat Σ ‖ suffossi *M* : suffosi *P*,*BFLV* ‖ 15 LXXX milia *Rader* : DCCC *P* DCCC Σ ‖ Clitarchus B^c,*I* : clitharcus *P* clitarcus Σ ‖ sub *P*, *BF*L^c*MV* : su *L* ‖ 16 Pithon *Froben* : phyton *codd.* ‖ amnem *P*,*BFLM* : abnem *V* ‖ 17 regno *ego* : regnum *codd.*, regno imo *Jeep*, regno ultimo *Vogel* ‖ Sambi *I* : sami *codd.* ‖ detrectabant Σ : detractabant *P* ‖ clauserant *P*,*BLMV* : clauserat *F*.

soudain, tournent le dos. Les Barbares les poursuivent en se dispersant, et tombent sur d'autres soldats, parmi lesquels était le roi en personne. Le combat reprit donc : des trois mille Barbares, il y eut six cents morts et mille prisonniers ; tous les autres s'enfermèrent dans les murs de la ville. Mais la joie première de la victoire ne fut pas confirmée par la suite ; en effet, les Barbares avaient empoisonné leurs épées : aussi les blessés mouraient-ils aussitôt, et les médecins étaient incapables de trouver la cause de ces morts foudroyantes, les plaies, même superficielles, étant incurables. Les Barbares avaient espéré surprendre le roi imprudent et téméraire ; mais, bien qu'il eût été un des plus hardis à se battre, le hasard voulut qu'il s'en tirât indemne. Les inquiétudes du roi allaient surtout à Ptolémée, qui avait eu l'épaule gauche touchée, à vrai dire en surface, mais qui courait des risques plus graves que sa blessure même. Ptolémée lui était apparenté par le sang, et certains lui donnaient Philippe pour père[1] : du moins était-il fils d'une de ses concubines[2]. Garde du corps et audacieux guerrier, encore plus grand et plus célèbre dans les arts de la paix que dans ceux de la guerre, menant le train modeste d'un simple citoyen, libéral entre tous, facile à aborder, Ptolémée n'avait rien emprunté au faste de la cour. C'est pourquoi l'on pouvait se demander s'il était plus cher au roi ou à ses compatriotes. Du moins connut-il alors, pour la première fois, les dispositions de ses compagnons envers lui, si bien qu'à l'occasion de ce danger les Macédoniens semblent lui avoir prédit le destin auquel, plus tard, il s'éleva : car ils s'inquiétèrent pour Ptolémée aussi vivement que le roi. Celui-ci veillait au chevet de Ptolémée ; mais la bataille et l'inquiétude l'avaient

1. Ces bruits furent répandus, après la mort d'Alexandre, par la propagande de l'astucieux Lagide. Tout le passage semble inspiré par quelque historien de Ptolémée.

2. Inexact.

fugere eos crederet. [19]Agriani, sicut imperatum erat, lacessito hoste subito terga uerterunt. Quos barbari effuse sequentes in alios, inter quos ipse rex erat, incidunt. Renouato ergo proelio, ex III milibus barbarorum DC caesi sunt, M capti, ceteri moenibus urbis inclusi. [20]Sed non, ut prima specie laeta uictoria, ita euentu quoque fuit ; quippe Barbari ueneno tinxerant gladios : itaque s*au*cii subinde expirabant, nec causa tam strenuae mortis excogitari poterat a medicis, cum etiam leues plagae insanabiles essent. [21]Barbari autem sperauerant incautum et temerarium regem excipi posse, et forte inter promptissimos dimicans intactus euaserat. [22]Praecipue Ptolom*a*eus, laeuo humero leuiter quidem saucius, sed maiore periculo quam uulnere adfectus, regis sollicitudinem in se conuerterat. Sanguine coniunctus erat, et quidam Philippo genitum esse credebant : certe pelice eius ortum constabat. [23]Idem corporis custos promptissimusque bellator et pacis artibus quam militiae maior et clarior, modico ciuilique cultu, liberalis inprimis adituque facili nihil ex fastu regiae adsumpserat. [24]Ob haec, regi an popularibus carior esset, dubitari poterat. Tum certe primum expertus suorum animos, adeo ut fortunam, in quam postea ascendit, in illo periculo Macedones ominati esse uideantur : [25]quippe non leuior illis Ptolom*a*ei fuit cura, quam reg*i*. Qui et proelio et sollicitudine fatigatus cum Pto-

19 hoste *P,B*c*FLMV* : hosto *B* || barbarorum *P,B*c*FLMV* : barbarum *B* || **20** tinxerant *BFLM* : tincxerant *P,V* || saucii *M*c*,I* : socii *codd.* || essent *P,BFLMV*c : erant *V* || **21** intactus *P,B*c*FLMV* : tactus *B* || **22** Ptolomaeus *Hedicke* : ptholomeus *P,FLM* ptolomeus *BV* || saucius *P,BFMV* : sautius *F* || regis Σ : regi *P* || Philippo *P,BM* : phylippo *FLV* || constabat *codd.* : esse constabat *I, Pichon* || **23** pacis Σ : paucis *P* || **24** carior *P,BFLV*c : clarior *MV* || adeo *P*c,Σ : ateo *P* || **25** Ptolomaei *Hedicke* : ptholomei [pto — *V*] *codd.* || regi *Freinsheim* : regis *codd.* || Ptolomaeo *Hedicke* : ptholomeo [pto — *V*] *codd.*

épuisé ; alors, il fit apporter un lit pour son repos personnel. Dès qu'il y eut pris place, aussitôt il sombra dans le sommeil. A son réveil, il raconta qu'il avait vu, en songe, lui apparaître un dragon, tenant dans sa gueule une herbe qu'il lui avait indiquée comme un contrepoison ; Alexandre se rappelait même la couleur de l'herbe et affirmait qu'il la reconnaîtrait si on la trouvait. On la découvrit par la suite, car nombreux furent ceux qui la recherchèrent en même temps ; il l'appliqua sur la plaie ; la douleur cessa immédiatement, et, en peu de temps, la cicatrice aussi se ferma. Aussitôt après l'échec de leurs espérances premières, les Barbares livrèrent leurs personnes et leur ville. De là, on parvint dans le pays voisin, à Patalie[1]. Le roi, Moeris[2], abandonnant sa ville, s'était réfugié dans les montagnes. Alexandre prend donc possession de la place, et ravage les champs. On en tira un abondant butin en petit et gros bétail, et l'on découvrit de grosses quantités de blé. Ensuite, prenant des guides familiarisés avec le fleuve, il en descendit le cours jusqu'à une île, qui s'élevait à peu près au milieu de son lit.

IX. Obligé de s'arrêter là assez longtemps, parce que les guides, insuffisamment surveillés, avaient disparu, il en fit rechercher d'autres : on n'en trouva point ; alors, son désir inflexible de voir l'Océan[3] et d'atteindre le terme du monde l'amena à se passer de guides compétents et à risquer, sur un fleuve inconnu, son existence et la vie de tant d'héroïques soldats. Ils naviguaient donc, sans rien savoir des étendues qu'ils traversaient : la distance qu'il y avait de là à la mer, les nations qui habitaient la contrée, la douceur du fleuve à son embouchure, sa

1. Ville située à la pointe du delta de l'Indus ; peut-être la moderne Haïderabad.

2. Seul Quinte-Curce mentionne le nom de ce prince.

3. Ce fut, en effet, chez Alexandre un désir passionné : car l'Océan représentait pour lui la limite du monde.

lom*a*eo adsideret, lectum, in quo ipse adquiesceret, iussit inferri. [26]In quem ut se recepit, protinus altior insecutus est somnus. Ex quo excitatus, per quietem uidisse se exponit speciem draconis oblatam herbam ferentis ore, quam ueneni remedium esse monstrasset ; [27]colorem quoque herbae referebat agniturum, si quis repperisset, adfirmans. Inuentam deinde, — quippe a multis simul erat requisita, — uulneri inposuit ; protinusque dolore finito intra breue spatium cicatrix quoque obducta est. [28]Barbaros ut prima spes fefellerat, se ipsos urbemque dediderunt. Hinc in proximam gentem Pataliam peruentum est. Rex erat Moeris, qui urbe deserta in montes profugerat. [29]Itaque Alexander oppido potitur agrosque populatur. Magnae inde praedae actae sunt pecorum armentorumque, magna uis reperta frumenti. [30]Ducibus deinde sumptis amnis peritis, defluxit ad insulam medio ferme alueo enatam.

IX. [1]Ibi diutius subsistere coactus, quia duces socordius adseruati profugerant, misit qui conquirerent alios ; nec repertis peruicax cupido uisendi Oceanum adeundique terminos mundi sine regionis peritis flumini ignoto caput suum totque fortissimorum uirorum salutem permittere *conpulit*. [2]Nauigabant ergo omnium, per quae ferebantur, ignari : quantum inde abesset mare, quae gentes colerent, quam placidum amnis os, quam patiens longarum

VIII, 29-30 : Cf. Arr. 6, 17-18.
IX : Cf. Arr. 6, 18-19.

inferri *P*^{c},Σ : id ferri *P* || **26** recepit Σ : recipit *P* || insecutus Σ : insequutus *P* || per Σ : *p* *P̄* || **27** uulneri imposuit : *in P post* adfirmans *colloc.* || spatium *BFLM̄* : spacium *P,V* || **28** fefellerat *P,BFL*^{c}*MV* : fefelleret *L* || Moeris *P,BFLM* : meris *V* || **29** potitur Σ : petitur *P*.

IX, **1** diutius *P,BFLM* : diucius *V* || profugerant *P,BF*^{c}*LMV* : profugerat *F* || conpulit *adi. Vogel, edd.* || **2** patiens *P,BFLM* : paciens *V*

capacité à porter les navires longs, on n'en préjugeait que par d'incertaines approximations. Leur témérité n'avait pour réconfort que la constance de leur bonheur. On s'était avancé de quatre cents stades, quand les pilotes signalent au roi qu'ils reconnaissent le vent de mer, et qu'à leur avis l'Océan n'était pas loin. Joyeux, il encouragea les rameurs à pousser sur les rames : « Ils approchaient du terme de leurs fatigues, qu'ils souhaitaient de tous leurs vœux[1]. Désormais, rien ne manquait à leur gloire ; sans risquer le moindre combat ni verser leur sang, ils s'emparaient de l'univers. La nature même ne pouvait s'avancer au delà ; sous peu, ils verraient ce que seuls connaissaient les immortels. » Néanmoins, il débarqua sur la rive quelques soldats chargés de découvrir les paysans disséminés ; il espérait qu'ils le renseigneraient avec plus de précision. En inspectant les cabanes, on finit par en découvrir qui se cachaient. Interrogés sur la distance qui les séparaient de la mer, ils répondirent n'avoir jamais entendu parler de la mer : mais, en deux jours, on pouvait parvenir à une eau amère, qui gâchait l'eau douce. On comprit qu'ils désignaient ainsi la mer, eux qui n'en connaissaient pas la nature. D'où, chez les marins, une ardeur intense à ramer ; et, de jour en jour, plus l'espérance se rapprochait, plus l'enthousiasme des esprits augmentait. Le troisième jour, la mer venait se mêler au fleuve, et la marée, encore faible, mélangeait les eaux d'origines diverses. Puis ils se portèrent vers une autre île, placée au milieu du fleuve, et ils y abordèrent avec un peu plus de lenteur, parce que la marée, fouettant les navires, les gênait pour avancer. Puis ils se disséminent pour chercher des approvisionnements, sans s'inquiéter du malheur qui surprit leur ignorance.

Il était à peu près trois heures quand, selon une alter-

1. Cf. Sén. Rh., *Suas.*, 1, 2 [Pompéius Silo] : *Venit ille dies, Alexander, exoptatus tuis, quo tibi opera deessent.*

nauium esset, anceps et caeca aestimatio augurabatur. Vnum erat temeritatis solacium perpetua felicitas. [3]Iam CCCC stadia processerant, cum gubernatores agnoscere ipsos auram maris et haud procul uideri sibi Oceanum abesse indicant regi. [4]Laetus ille hortari nauticos coepit incumberent remis : adesse finem laboris omni*bus* uotis expetitum. Iam nihil gloriae deesse ; nihil obstare uirtuti, sine ullo Mar*t*is discrimine, sine sanguine orbem terrae ab illis capi. Ne naturam quidem longius posse procedere, breui incognita, nisi inmortalibus, esse uisuros. [5]Paucos tamen nauigio emisit in ripam, qui agrestes uagos exciperent, e quibus certiora nosci posse sperabat. Illi scrutat*i* omnia tuguria tandem latentes repperere. [6]Qui interrogati, quam procul abessent mari, responderunt nullum ipsos mare ne fama quidem accepisse ; ceterum tertio die perueniri posse ad aquam amaram, quae corrumperet dulcem. Intellectum est mare destinari ab ignaris naturae eius. [7]Itaque ingenti alacritate nautici remigant ; et proximo quoque die, quo propius spes admouebatur, crescebat ardor animorum. Tertio iam die mixtum flumini subibat mare leni adhuc aestu confundente dispares undas. [8]Tum aliam insulam medio amni sitam euecti paulo le*nt*ius, quia cursus aestu reuerberabatur, adplicant classem ; et ad commeatus petendos discurrunt, securi casus eius, qui superuenit ignaris.

aestimatio *P,BF*^{c}*LMV* : aestimato *F* || solacium *P,BF* : solatium *LMV* || 3 Iam *P*^{c},Σ : cum *P* || stadia *P,BFL*^{c}*MV* : stada *L* || 4 omnibus *I* : omnis *codd.* || Martis *I* : maris Σ || orbem *codd.* : oram *Eberhard, Hedicke* || Ne *P,BFLV* : nec *M* || 5 certiora *P,BFLM* : cerciora *V* || sperabat Σ : sperabant *P* || scrutati *Vindelin* : scrutata *codd.* || repperere *P,BLMV* : reppere *F* || 6 abessent mari *P* : abesset mare Σ || 7 remigant Σ : remicant *P* || 8 lentius *Acidalius* : leuius *codd.* || reuerberabatur *B*^{c} (*sec. man.*) : reuerebrabatur *P* reuereberabatur *P*^{c} reuerebatur *B* reuerabatur *B*^{c} (*prim. man.*) *FLMV* || commeatus Σ : commeatos *P*.

nance régulière, l'Océan, grossissant, commença à se porter en avant et à refouler le fleuve. Celui-ci, d'abord arrêté, puis repoussé avec plus de violence, refluait en sens contraire, et sa puissance dépassait celle des torrents qui dévalent en pente raide. Dans l'ensemble, ils ne connaissaient pas la nature des flots, et ils se croyaient en présence de prodiges, de manifestations de la colère divine. A plusieurs reprises la mer s'enfla et descendit recouvrir les plaines naguère à sec. Alors, voyant les embarcations soulevées et toute la flotte dispersée, les hommes, qui avaient été débarqués, tremblants et stupéfaits devant ce fléau inattendu, accourent de toutes parts vers les navires[1]. Mais, dans l'affolement, la hâte même est un retard : les uns mettaient en branle les navires à la perche ; les autres avaient pris place, et par là ils empêchaient d'adapter les rames ; certains, pressés de prendre le large, n'attendaient pas ceux qui devaient être avec eux, et manœuvraient sans fermeté leurs embarcations, déséquilibrées et qu'ils n'avaient pas en main ; d'autres navires débordaient de gens qui s'y ruaient inconsidérément : qu'il y eût beaucoup de monde ou peu, la rapidité des manœuvres subissait un retard égal. Des cris : ici pour ordonner d'attendre, ailleurs d'avancer ; et ces voix diverses de gens, qui n'allaient jamais dans un seul et même sens, ajoutaient à l'impossibilité de voir celle d'entendre. Les pilotes même n'étaient d'aucune utilité : ou le remue-ménage empêchait de percevoir leur voix, ou l'affolement et le désordre, de leur obéir. Les navires entraient donc en collision, les rames étaient balayées par les chocs, les uns avec leur bâtiment malmenaient celui d'autrui. On eût dit non pas la flotte d'une armée unique, mais une bataille navale entre deux

1. « Les formidables effets de la marée indienne, quand le souffle de la mousson lutte en ces parages contre l'énorme volume d'eau roulé par le Sindh, a de quoi stupéfier les terriens de la Grèce du Nord. » Radet, *Alexandre le Grand*, p. 315.

[9]Tertia ferme hora erat, cum stata uice Oceanus exaestuans inuehi coepit et retro flumen urgere. Quod primo coercitum, deinde uehementius pulsum maiore impetu aduersum agebatur, quam torrentia praecipiti alueo incurrunt. [10]Ignota uulgo freti natura erat, monstraque et irae deum indicia cernere uidebantur. Identidem intumescere mare, et in campos paulo ante siccos descendere superfusum. [11]Iamque leuatis nauigiis et tota classe dispersa, qui expositi erant, undique ad naues trepidi et inprouiso malo attoniti recurrunt. [12]Sed in tumultu festinatio quoque tarda est : *hi* contis nauigia pellebant ; *hi*, dum remos aptari prohibebant, consederant ; [13]quidam enauigare properantes, sed non expectatis qui simul esse debebant, clauda et inhabilia nauigia languide moliebantur ; aliae nauium inconsulte ruentes non receperant : pariterque et multitudo et paucitas festinantes morabatur. [14]Clamor hinc expectare, hinc ire iubentium, dissonaeque uoces nusquam idem atque unum tendentium non oculorum modo usum, sed etiam aurium abstulerant. [15]Ne in gubernatoribus quidem quicquam opis erat, quorum nec exaudiri uox a tumultuantibus poterat, nec imperium a territis inconpositisque seruari. [16]Ergo conlidi inter se naues abstergerique inuicem remi, et alii aliorum nauigia urgere coepe-

9 stata *codd.* : statuta *M*^{c} ‖ coepit Σ : cepit *P* ‖ **10** descendere *I* : discendere *P,BF*^{c}*LMV* discedere *F* ‖ **12** hi *Lauer* : II *codd.* ‖ nauigia pellebant *P,L*^{o}*V* : nauigiappellebant *BL* nauigia appellebant *FM* ‖ hi *Lauer* : II *codd.* ‖ prohibebant *codd.* : probant *Vogel*, probabant *Hedicke* ‖ **13** enauigare Σ : enauigaret *P* ‖ sed *codd.* : *secl. Vogel* ‖ non *om.P* ‖ clauda *P,BFLM* : et clauda *V* ‖ inhabilia Σ : inabilia *P* ‖ languide Σ : de anguide *P* ‖ non *codd.* : *secl. Hedicke* ‖ **14** nusquam *P* : numquam Σ ‖ atque *P,BFMV* : adque *L* ‖ **15** Ne *P,BFMV* : nec *L* ‖ nec *P,B*^{c} : ne Σ ‖ a tumultuantibus Σ : tumultuantibus *P* ‖ a territis Σ : atterritis *P* ‖ **16** abstergerique *P,BFLM* : abstergique *V* ‖ coeperunt Σ : ceperunt *P*.

escadres. Les proues donnaient dans les poupes ; on était heurté par derrière, après avoir bousculé les autres par devant ; on se disputait, et la colère en arrivait aux coups. Déjà la marée avait inondé toutes les plaines aux alentours du fleuve, sauf des hauteurs qui émergeaient, tels des îlots, et que, dans leur affolement, la plupart des soldats, laissant les bateaux, s'étaient empressés de gagner à la nage. La flotte, dispersée, se trouvait soit en eau profonde, où autrefois des vallées s'étaient creusées, soit prise à des bas-fonds, selon les inégalités de niveau du terrain occupé par les ondes — quand, tout à coup, ils sont pénétrés d'une terreur nouvelle, qui dépassait la première. La mer se mit à refluer : ses ondes, dans une course puissante, retrouvaient leur domaine marin ; elle libérait des terres submergées peu auparavant sous des eaux profondes. Les navires, laissés à sec, tombent sur la proue ou se couchent sur le côté. Les plaines étaient jonchées de bagages, d'armes, de monceaux de planches arrachées et de rames. Les soldats n'osaient ni descendre à terre, ni demeurer sur les bateaux: ils s'attendaient continuellement à des éventualités plus cruelles que pour le présent. Ce qu'ils enduraient, à peine croyaient-ils le voir de leurs yeux : un naufrage à sec, la mer dans un fleuve. Ils n'avaient pas fini de souffrir : car, ignorant que la marée ne tarderait pas à ramener la mer, qui soulèverait les navires, ils se prédisaient la famine et le pire. De plus, les flots avaient déposé des bêtes, qui erraient, effroyables.

Déjà la nuit venait, et même le roi, désespérant du salut, était en proie au chagrin ; néanmoins les soucis, loin d'écraser son âme invincible, ne l'empêchent pas de demeurer toute la nuit à observer, et d'envoyer vers l'embouchure du fleuve des éclaireurs montés, chargés de devancer la mer quand ils en remarqueraient un nouveau bouillonnement. De plus, il fait réparer les bâtiments détériorés, redresser ceux que les flots avaient

runt. Crederes non unius exercitus classem uehi, sed duorum nauale inisse certamen. [17]Incutiebantur puppibus prorae, premebantur a sequentibus qui antecedentes turbauerant; iurgantium ira perueniebat etiam ad manus. [18]Iamque aestus totos circa flumen campos inundauerat tumulis dumtaxat eminentibus uelut insulis paruis, in quos plerique trepidi omissis nauigiis enare properant. [19]Dispersa classis partim in praealta aqua stabat, qua subsederant ualles, partim in uado haereb*at*, utcumque inaequale terrae fastigium occupauerant undae, cum subito nouus et pristino maior terror incutitur. [20]Reciprocari coepit mare, magno tractu aquis in suum fretum recurrentibus, reddebatque terras paulo ante profundo salo mersas. Igitur destituta nauigia alia praecipitantur in proras, alia in latera procumbunt. Strati erant campi sarcinis, armis, auulsarum tabularum remorumque fragmentis. [21]Miles nec egredi in terram, nec in nau*e* subsistere audebat identidem praesentibus grauiora, quae sequerentur, expectans. Vix, quae perp*e*tiebantur, uidere ipsos credebant, in sicco naufragia, in amni mare. [22]Nec fin*i*s malorum: quippe aestum paulo post mare relaturum, quo nauigia adleuarentur, ignari famem et ultima sibimet ominabantur. Beluae quoque fluctibus destitutae terribiles uagabantur.

[23]Iamque nox adpetebat, et regem quoque despe-

non Σ : ne *P* ‖ 17 Incutiebantur *P,BLM* : incuciebantur *FV* ‖ 19 aqua *P,B*[c] : inqua Σ ‖ qua Σ : quas *P* ‖ qua — ualles *codd.* : *secl. Damste* ‖ haerebat *I* : haerebant *codd.* ‖ 20 reddebatque Σ : reddebantque *P* ‖ praecipitantur *P,BFMV* : praetipitantur *L* ‖ procumbunt *P,BF*[c]*LMV* : procumbant *F* ‖ 21 naue *Scheffer* : naues *codd.* ‖ identidem Σ : identidem idem *P* ‖ perpetiebantur *L*[c] : pertiebantur *P,BFL* perpatiebantur *M* perciebantur *V* ‖ 22 finis *Lauer* : fines *codd.* ‖ adleuarentur *P* : adleuerentur Σ ‖ 23 et regem *om.P, rest. corr.*

couchés, avec ordre d'être prêts et attentifs quand la mer recommencerait à inonder les campagnes. Toute cette nuit se passa en veilles et en recommandations : et bientôt, ce fut le retour fébrile des cavaliers qui, dans une course folle, revenaient avec la marée derrière eux. Celle-ci se mit d'abord à lever les embarcations, que ses eaux, d'une douce pression, prenaient par en dessous ; puis, quand les plaines entières furent inondées, elle mit aussi la flotte en branle. L'écho des manifestations, par lesquelles soldats et marins célébraient, dans une joie sans mesure, leur sauvetage inespéré, résonnait par les côtes et les berges. Ils se demandaient avec étonnement d'où cette mer était subitement revenue, immense ; où elle s'était retirée, la veille, et quelle était la nature de cet élément, tantôt incohérent, tantôt soumis aux ordres du temps. D'après ce qui s'était passé, le roi conjectura que le moment fixé pour la marée suivait le lever du soleil ; il décida de la devancer, et, en pleine nuit, il descendit le cours du fleuve avec des vaisseaux peu nombreux. Il dépassa l'embouchure et s'avança de quatre cents stades dans la mer : enfin il réalisait son vœu ; il sacrifia aux dieux tutélaires et de cette mer et de ces régions[1], puis il revint vers sa flotte.

X. Celle-ci prit ensuite le fleuve à contre-courant et, le lendemain, mouilla non loin d'un lac salé : l'ignorance de cette particularité trompa beaucoup de soldats, qui s'étaient baignés sans réfléchir ; car la gale s'attaqua à eux, et la contagion étendit à d'autres la maladie. L'huile servit de remède. Puis Alexandre envoya Léonnatus en avant-garde pour forer des puits sur le parcours qu'il comptait faire suivre, en terre ferme, à son armée : en effet, la région manquait d'eau ; lui, il s'arrête avec les troupes, et attend la saison du printemps. Pendant ce

1. Par ces sacrifices, Alexandre marque qu'il a atteint la limite extrême de son expédition.

ratio salutis aegritudine adfecerat ; non tamen inuictum animum curae obruunt, quin tota nocte persederet in speculis equitesque praemitteret ad os amnis, ut, cum mare rursus exaestuare sensissent, praecederent. [24]Nauigia quoque et lacerata refici et euersa fluctibus erigi iubet paratosque esse et intentos, cum rursus mare terras inundasset. [25]Tota ea nocte inter uigilias adhortationesque consumpta, celeriter et equites ingenti cursu refugere, et secutus est aestus. Qui primo aquis leni tractu subeuntibus coepit leuare nauigia ; mox, totis campis inund*ati*s etiam inpulit classem. [26]Plaususque militum, nauticorum insperatam salutem immodico celebrantium gaudio litoribus ripisque resonabat. Vnde tantum redisset subito mare, quo pridie refugisset, quaenam esset eiusdem elementi natura modo discors, modo imperio temporum obnoxia, mirabundi requirebant. [27]Rex cum ex eo, quod acciderat, coniectaret post solis ortum statum tempus ess*e*, media nocte, ut aestum occuparet, cum paucis nauigiis secundo amne defluxit. Euectusque os eius CCCC stadia processit in mare, tandem uoti sui compos ; praesidibusque et maris et locorum dis sacrificio facto ad classem rediit.

X. [1]Hinc aduersum flumen subit classis, et altero die adpulsa est haud procul lacu salso, cuius incognita natura plerosque decepit temere ingressos

X, 1-3 : Cf. Diod. 17, 104-105 ; Plut. Alex. 66 ; Arr. 6, 21.

aegritudine *P,*B^c*M* : aegretudine *BFLV* || persederet *P* : persideret Σ || exaestuare Σ : extuare *P* || **25** ea *om.V, rest. corr.* || aquis P^c,Σ : equis *P* || leuare Σ : lauare *P* || inundatis *Hedicke* : inundantes *codd.* || **26** celebrantium Σ : celebrancium *P* || elementi B^c : mentis *codd.* || **27** statum *codd.* : statutum M^c || esse, media *Froben* : esset media *P* esse et media Σ || praesidibusque *P,BFLM* : praesidiusque *V*.

X, 1 haud Σ : haut *P* || lacu *P,BFLM* : laccu *V*.

temps, il fonda aussi de nombreuses villes[1]. Il donna ordre à Néarque[2] et à Onésicrite[3], marins d'expérience, de mener sur l'Océan le meilleur de la flotte, et, s'avançant aussi loin que la prudence le permettrait, de reconnaître la nature de cette mer : ils remonteraient le même fleuve ou bien l'Euphrate, quand ils voudraient revenir vers lui.

Et déjà l'hiver se calmait ; après avoir brûlé les navires, qui paraissaient inutiles, Alexandre conduisait ses troupes par voie de terre. En neuf étapes, on parvint dans la contrée des Arabites[4], puis, en autant de jours, dans celle des Cédrosiens[5]. Ce peuple indépendant réunit une assemblée, puis capitula : capitulation après laquelle on ne les imposa qu'en ravitaillement. Quatre jours après, Alexandre parvint à un fleuve, que les indigènes appellent Arabus[6]. Un pays désert et dépourvu d'eau lui succéda ; après l'avoir traversé, il passe chez les Horites[7] : là, il remit à Héphestion le gros de l'armée, et il partagea avec Ptolémée et Léonnatus les troupes légères. Trois armées à la fois dévastaient l'Inde[8] ; on rapporta un butin considérable ; Ptolémée faisait flamber la région

1. Justin ne parle que d'une ville. Arrien signale la fortification de Pattala.

2. Fils d'Androtimos, et originaire de Lato, en Crète ; son père avait émigré à Amphipolis, et c'est ainsi qu'il était devenu sujet de Philippe. Satrape de Lycie en 334/333. Amiral de premier ordre, il s'inspira du périple qu'avait accompli Scylax de Caryanda, sur l'ordre de Darius Ier. Son voyage révèle d'admirables qualités de courage et d'intelligence.

3. Fils de Philiskos, qui fut l'instituteur d'Alexandre. Expert dans les choses de la mer, il conduisit le navire royal sur l'Hydaspe et l'Indus. A Pattala, il fut nommé ἀρχικυβερνήτης, sous les ordres du ναύαρχος Néarque. Il écrivit une histoire d'Alexandre fort tendancieuse, sous le titre : Πῶς Ἀλέξανδρος ἤχθη.

4. A l'est de l'Arabis.

5. Populations de l'actuel Beloutchistan, contrée désertique et torride.

6. Arabah.

7. Capitale : Rhambacia.

8. Les Anciens rangeaient les Arabites et les Horites parmi les Indi.

aquam ; quippe scabies corpora inuasit, et contagium morbi etiam in alios uulgatum est. [2]Oleum remedio fuit. Leonnato deinde praemisso ut puteos foderet, qua terrestri itinere ducturus exercitum uidebatur, — quippe sicca erat regio, — ipse cum copiis subsistit uernum tempus expectans. [3]Interim et urbes plerasque condidit. Nearcho atque Onesicrito, nauticae rei peritis, imperauit ut ualidissimas nauium deducerent in Oceanum progressique, quoad tuto possent, naturam maris noscerent : uel eodem amne, uel Euphrate subire eos posse, cum reuerti ad se uellent.

[4]Iamque mitigata hieme et nauibus, quae inutiles uidebantur, crematis terra ducebat exercitum. [5]Nonis castris in regione*m* A*rab*iton, inde totidem diebus in Cedrosiorum peruentum est. Liber hic populus concilio habito dedidit se ; nec quicquam deditis praeter commeatus imperatum est. [6]Quinto hinc die uenit ad flumen ; *Arab*um incolae appellant. Regio deserta et aquarum inops excipit ; quam emensus in *H*oritas transit : ibi maiorem exercitus partem *H*eph*a*estioni tradidit, leuem armaturam cum Ptolom*a*eo Leonnatoque partitus est. [7]Tria simul agmina populabantur Indos, magnaeque praedae actae sunt ; maritimos Ptolom*a*eus, ceteros ipse rex et ab alia parte Leonnatus urebant. In hac quoque regione

X, 4-17 : Cf. Diod. 17, 104-105 ; Plut. Alex. 66 ; Arr. 6, 21-26.

quippe *P,BLMV* : quppe *F* || 2 uernum B^c : uerni *codd.* || 3 plerasque *P,*B^c*FLMV* : plerosque *B* || Euphrate Σ : euphraten *P* || 4 hieme Σ : ieme *P* || 5 regionem *I* : regione *codd.* || Arabiton *Bentley* : aboriton *codd.* || habito Σ : abito *P* || dedidit P^c,Σ : dedit *P* || nec *P,BLMV* : ne *F* || 6 Arabum *Alde* : barbarum *codd.* || inops Σ : inobs *P* || Horitas *Froben* : noritas *codd.* || Hephaestioni *Cospus* : ephestioni *codd.* || Ptolomaeo *Hedicke* : ptholomeo *P,BLM* tholomeo *F* ptolomeo *V* || 7 populabantur *P,*B^c*FLMV* : pepulabantur *B* || Ptolomaeus *Hedicke* : ptholomeus *P,BFLM* ptolomeus *V* || Leonnatus *P,BLMV* : leonnatos *F*.

côtière, et le roi le reste du pays, et Léonnatus son secteur. Là aussi, Alexandre fonda une ville[1], et on y déporta des Arachosiens. De là, il arriva dans le pays des Indiens maritimes[2]. Ils s'étendent sur une vaste contrée désertique, et aucun rapport commercial ne les met en contact même avec leurs plus proches voisins. La solitude a rendu sauvages ces esprits déjà rudes par nature ; leurs ongles poussent sans qu'ils les taillent, leurs cheveux, hirsutes, ne sont jamais tondus ; les matériaux de leurs cabanes sont les coquillages et autres rebuts de la mer. Couverts de peaux de bêtes, ils se nourrissent de poissons durcis au soleil, et même de la chair des bêtes plus importantes, que le flot a rejetées.

Une fois leurs approvisionnements épuisés, les Macédoniens souffrirent donc de la disette et, pour finir, de la famine ; partout, ils arrachaient les racines des palmiers, seul arbre qui pousse là-bas. Mais, quand cette nourriture leur fit défaut elle aussi, ils entreprirent de massacrer leurs bêtes de trait et n'épargnèrent pas même leurs chevaux ; et alors, dans l'incapacité de faire transporter les bagages, ils mirent le feu aux dépouilles de l'ennemi, pour lesquelles ils avaient sillonné l'Extrême-Orient. Puis, à la famine succéda la peste ; car les aliments malsains, dont le goût les surprenait, auxquels s'ajoutaient la fatigue du trajet et les souffrances morales, avaient provoqué des épidémies : nul moyen ni de demeurer ni d'avancer sans catastrophe ; demeuraient-ils ? la faim les accablait ; avançaient-ils ? c'était une recrudescence de peste. Les plaines étaient donc jonchées de semi-vivants plus encore que de cadavres ; même les malades légers étaient incapables de suivre : car l'armée marchait rapidement, chaque individu estimant que ses chances de salut augmentaient pour autant qu'il gagnait

1. Alexandrea Oriton.
2. Les Ichtyophages.

urbem condidit, deductique sunt in eam Arachosii. [8]Hinc peruenit ad maritimos Indos. Desertam uastamque regionem late tenent, ac ne cum finitissimis quidem ullo commercii iure miscentur. [9]Ipsa solitudo natura quoque inmitia efferauit ingenia ; prominent ungues numquam recisi, comae hirsutae et intonsae sunt ; [10]tuguria conchis et ceteris purgamentis maris instruunt. Ferarum pellibus tecti, piscibus sole duratis et maiorum quoque beluarum, quas fluctus eiecit, carne uescuntur.

[11]Consumptis igitur alimentis, Macedones primo inopiam, deinde ad ultimum famem sentire coeperunt, radices palmarum, — namque sola ea arbor gignitur, — ubique rimantes. [12]Sed, cum haec quoque alimenta defecerant, iumenta caedere adgressi ne equis quidem abstinebant ; et cum deessent, quae sarcinas ueherent, spolia de hostibus, propter quae ultima Orientis peragrauerant, cremabant incendio. [13]Famem deinde pestilentia secuta est ; quippe insalubrium ciborum noui suci, ad hoc itineris labor et aegritudo animi uulgauerant morbos : et nec manere sine clade nec progredi poterant ; manentes fames, progressos acrior pestilentia urguebat. [14]Ergo strati erant campi paene pluribus semiuiuis, quam cadaueribus ; ac ne leuius quidem aegri sequi poterant : quippe agmen raptim agebatur tantum singulis ad spem salutis ipsos proficere credentibus, quantum itineris festinando praeciperent. [15]Igitur, qui defe-

in eam *Froben* : inam *codd.* || 8 tenent *BF*ᶜ*LMV* : tent *P* tentent *F* || 9 inmitia *P,BLMV* : inmicia *F* || recisi *P*ᶜ,Σ : reciso *P* || 10 conchis Σ : concis *P* || 12 cum *codd.* : iam *Stangl* || iumenta *codd.* : cum iumenta *Stangl* || 13 noui *codd.* : noxii *Cornelissen* || hoc itineris *P,BFL*ᶜ*MV* : hoctineris *L* || manentes *P,B*ᶜ*FLMV* : manantes *B* || urguebat *P* : urgebat Σ || 14 semiuiuis *P*ᶜ,Σ : simuiuis *P* || ne *om.P, rest. corr.* || leuius Σ : leuior *P* || quantum *P,BF*ᶜ*LMV* : quantam *F*.

du terrain par sa célérité. Ceux qui lâchaient, suppliaient donc les autres, connus ou inconnus, de les relever ; mais il n'y avait pas de transports pour les emmener, les hommes valides avaient peine à porter leurs armes et, de plus, ils avaient sous les yeux l'image du malheur qui les menaçait eux aussi. C'est pourquoi, malgré l'insistance des appels, ils n'avaient pas le courage de tourner la tête vers leurs compagnons : la pitié s'était muée en appréhension. Les autres, abandonnés, invoquaient en pleurant le témoignage des dieux et la communauté de culte ainsi que l'assistance du roi ; et comme ils rebattaient sans résultat des oreilles de sourds, le désespoir les amenait à la rage, et ils leur souhaitaient une fin comme la leur et des amis, des camarades semblables à eux. Le roi, que la douleur et la honte rendaient doublement anxieux, vu que c'était lui la cause d'un pareil désastre, envoya au satrape des Parthes, Phrataphernès, l'ordre de lui faire parvenir à dos de chameaux des vivres cuits, et il informa de sa détresse d'autres préfets des régions voisines. Ils agirent sans retard. De la sorte, triomphant au moins de la famine, il atteignit enfin avec son armée le pays de Cédrosie. Le sol de cette région produit de tout : Alexandre y fixa son campement, afin que le repos, succédant à l'épreuve, rétablît ses soldats. Là une lettre de Léonnatus lui apprit qu'il était sorti à sa gloire d'une rencontre avec huit mille fantassins et quatre cents cavaliers horites. Cratère aussi le fit avertir qu'il avait réduit à néant les préparatifs insurrectionnels de deux nobles Perses, Ozinès[1] et Zariaspès[1], maintenant en prison.

Ayant mis à la tête de la région Sibyrtius[2] — car l'ancien préfet Ménon venait de mourir de maladie, — Alexandre s'avança vers la Carmanie. Le satrape du

1. Inconnus autrement.

2. Macédonien de grande famille. Il garda sa satrapie jusqu'en 316 environ, et participa aux luttes des diadoques.

cerant, notos ignotosque, ut adleuarentur, orabant; sed nec iumenta erant, quibus excipi possent, et miles uix arma portabat, inminentisque et ips*is* facies mali ante oculos erat. Ergo, saepius reuocati ne respicere quidem suos sustinebant misericordia in formidinem uersa. [16]Illi relicti deos testes et sacra communia regisque inplorabant opem; cumque frustra surdas aures fatigarent, in rabiem desperatione uersi parem suo exitum similesque ipsis amicos et contubernales precabantur. [17]Rex, dolore simul ac pudore anxius, quia causa tantae cladis ipse esset, *ad Ph*ra*ta*p*h*ernen, Parthy*ae*orum satrapen, misit, qui iuberet camelis cocta cibaria adferri; aliosque finitimarum regionum praefectos certiores necessitatis suae fecit. [18]Nec cessatum est ab his. Itaque, fame dumtaxat uindicatus, exercitus tandem in Cedrosiae fines perducitur. Omnium rerum sol*o* fertilis regio est, in qua statiua habuit, ut uexatos milites quiete firmaret. [19]Hic Leonnati litteras accepit conflixisse ipsum cum VIII milibus peditum et CCCC equitibus *H*oritarum prospero euentu. A Cratero quoque nuntius uenit Ozinen et Zariaspen, nobilis Persas, defectionem molientes oppressos a se in uinculis esse.

[20]Praeposito igitur regioni Sib*y*rtio, — namque

X, 18-21 : Cf. Diod. 17, 105; Plut. Alex. 66-67; Arr. 6, 27.

15 notos *P,B*^{c}*FLMV* : natos *B* || et *om.P* || portabat *P,BF*^{c}*LM* : portabant *F* portaba*t *V* || ipsis *Froben* : ipsius *codd.* || **16** cumque *P*^{c},Σ : cum *P* || surdas Σ : surdes *P* || desperatione *P,BFMV* : disperatione *L* || exitum Σ : exitu *P* || **17** anxius *P,BFLM* : ancxius *V* || quia *P,BFLM* : qua *V* || ad Phrataphernen *Alde* : affrapernen *codd.* || Parthyaeorum *Zumpt* : parthynorum [parthi — *V*] *codd.* || satrapen *BFL*^{c}*MV* : satrapam *P,L* || adferri *P* : adferre Σ || aliosque *P* : alios Σ || **18** tandem Σ : tam *P* || solo fertilis *Dosson* : sola fertilis *codd.*, solo fertili *Acidalius*, copia fertilis *Vogel* || **19** cccc *P* : ccc Σ || Horitarum *Froben* : noritarum *P* moritarum Σ || Cratero *P,BL*^{c}*MV* : cratere *FL* || nuntius *P,BFL* : nuncius *MV* || **20** regioni Sibyrtio *Freinsheim* : regionis iburtio *P, BFLM* regionis iburcio *V*

pays était Astaspès[1], suspect de menées révolutionnaires pendant le séjour du roi dans l'Inde. Quand Astarpès se présenta, Alexandre, cachant son ressentiment, lui parla avec amabilité, et lui conserva ses titres, tant que dura son enquête sur les faits dénoncés. Puis, comme les préfets, selon ses ordres, lui avaient envoyé une quantité considérable de chevaux et de bêtes de trait venant de tout le pays, qu'ils commandaient, il rendit des attelages à qui en manquait. On renouvela aussi les armes, pour leur rendre leur luxe antérieur, car l'on n'était pas loin de la Perse, région pacifiée et, de plus, opulente. Alors, comme nous l'avons dit ci-dessus, dans son désir de rivaliser avec le Vénérable Liber non seulement pour la gloire qu'il avait rapportée de ces pays, mais aussi pour sa légende, Alexandre prit la décision d'imiter le « triomphe » du dieu, soit que celui-ci en ait été l'initiateur, soit que ce fût là divertissement de bacchants[2] : ses pensées dépassaient les grandeurs humaines. Il fit joncher de fleurs et de couronnes les villages par lesquels on passait, disposer, sur le seuil des maisons, des cratères remplis de vin, et d'autres récipients d'une taille considérable, et ensuite orner de tentures blanches ou d'étoffe précieuse des voitures couvertes, capables de contenir plusieurs soldats. Allaient tout d'abord les Amis et la cohorte royale, parés de fleurs et de couronnes variées ; là retentissaient les airs de la flûte, ici les sons de la lyre. Et de même, sur des voitures ornées selon les ressources de chacun, venaient les troupes en liesse, avec les plus luxueuses de leurs armes, qu'elles laissaient pendre. Alexandre et ses convives allaient sur un char lourd de cratères d'or et de coupes immenses du même

1. Satrape perse, qu'Alexandre avait vraisemblablement maintenu dans ses fonctions. — L'arrivée à Poura, en Carmanie, marque la fin de l'épuisante marche à travers la Gédrosie.

2. Cf. Piganiol, *Les Dionysies d'Alexandre*, dans *Mélanges Radet*, p. 290.

Menon, praefectus eius, nuper interierat morbo, — in Carmaniam ipse processit. [21]As*tas*p*e*s erat satrapes gentis, suspectus res nouare uoluisse, dum in India rex est. Quem occurrentem dissimulata ira comiter adlocutus, dum exploraret quae delata erant, in eodem honore habuit. [22]Cum inde praefecti, sicut imperatum erat, equorum iumentorum*que* iugalium uim ingentem ex omni, quae sub imperio er*at*, regione misissent, quibus deerant inpedimenta restituit. [23]Arma quoque ad pristinum refecta sunt cultum, quippe haud procul a Perside aberant non pacata modo, sed etiam opulenta. [24]Igitur, ut supra dictum est, aemulatus Patris Liberi non gloriam solum, quam ex illis gentibus deportauerat, sed etiam famam, siue illud triumphus fuit ab eo primum institutus, siue bacchantium lusus, statuit imitari animo super humanum fastigium elato. [25]Vicos, per quos iter erat, floribus coronisque sterni iubet, liminibus aedium creterras uino repletas et alia eximiae magnitudinis uasa disponi, uehicula deinde constrata, ut plures capere milites possent, in tabernaculorum modum ornari, alia candidis uelis, alia ueste pretiosa. [26]Primi ibant amici et cohors regia uariis redimita floribus coronisque, — alibi t*i*bicinum cantus, ali*b*i lyrae sonus audiebatur, — item, uehiculis pro copia

X, 22-30 : Cf. Diod. 17, 106 ; Plut. Alex. 67 ; Arr. 6, 27-28.

Menon *P* : moenon Σ ‖ **21** Astaspes *Fuhr* : aspastis *codd.* ‖ satrapes *B*ᶜ : satrapas *codd.* ‖ est *codd.* : esset *B*ᶜ ‖ delata *P,B*ᶜ*FLMV* : deleta *B* ‖ **22** iumentorumque *Lauer* : iumentorum *codd.* ‖ erat *Lauer* : erant *codd.* ‖ **23** haud *BFMV* : haut *P,L* ‖ **24** famam *codd.* : pompam *Meiser* ‖ ab eo *P,BFLM* : habeo *V* ‖ institutus Σ : institus *P* ‖ bacchantium *P,BFL* : bachantium *MV* ‖ super *BFLM* : semper *P* seper *V* ‖ **25** quos Σ : cos *P* ‖ creterras *P,B*ᶜ*FLMV* : crateras *B* ‖ eximiae Σ : eximae *P* ‖ plures *P*ᶜ,Σ : pleres *P* ‖ modum *P*ᶜ,Σ : modo *P* ‖ pretiosa *P,BFL* : preciosa *M* praeciosa *V* ‖ **26** tibicinum *Freinsheim* : tubicinum *codd.* ‖ alibi *B*ᶜ : alii *codd.* ‖ lyrae *P,BLM* : lirae *FV*.

métal. Telle fut, pendant sept jours, la marche de cette bacchanale militaire, proie immédiate, si les vaincus avaient eu un peu de cœur, au moins en face de fêtards. Oui, mille hommes — mais des hommes, et qui fussent sobres — auraient pu s'emparer, pendant son propre triomphe, d'une troupe appesantie par une noce de sept jours. Mais la fortune, qui fixe aux choses leur réputation et leur valeur, transforma aussi en prouesse cette turpitude de soldats ; et les générations d'alors et la postérité ensuite admirèrent cette marche d'hommes ivres à travers des nations encore mal soumises, pendant que les Barbares prenaient pour confiance ce qui était témérité[1]. Mais le bourreau clôturait le cortège ; ainsi, le satrape Astaspès, dont on a parlé ci-dessus, fut mis à mort : tant il est vrai que la cruauté met peu d'obstacle à la débauche, et la débauche à la cruauté !

1. L'authenticité de l'épisode est discutable. Il se peut que Clitarque et, après lui, Quinte-Curce aient déformé le caractère des actes, par lesquels l'armée manifesta sa joie d'avoir échappé à l'enfer de la Gédrosie. Cependant, le caractère dionysiaque de la fête répond bien au désir d'Alexandre de s'assimiler à un dieu, dont il prétendait continuer les exploits, et d'obtenir ainsi, de son vivant, l'immortalité.

cuiusque adornatis comi*s*sabundus exercitus armis, quae maxime decora erant, circumpendentibus. Ipsum conuiuasque currus uehebat, creterris aureis eiusdemque materiae ingentibus poculis praegrauis. 27 Hoc modo per dies VII bacchabundum agmen incessit, parta praeda, si quid uictis saltem aduersus comis*s*antes animi fuisset. Mille, hercule, uiri modo et sobrii VII dierum crapula graues in suo triumpho capere potuerunt. 28 Sed fortuna, quae rebus famam pretiumque constituit, hoc quoque militiae probrum uertit in gloriam ; et praesens aetas et posteritas deinde mirata est per gentes nondum satis domitas incessisse temulentos Barbaris, quod temeritas erat, fiduciam esse credentibus. 29 Hunc apparatum carnifex sequebatur ; quippe satrapes As*tas*p*e*s, de quo ante dictum est, interfici iussus est : adeo nec luxuriae quicquam crudelitas, nec crudelitati luxuria obstat.

comissabundus *Zumpt* : comisabundus [come — *M*] *codd.* || circumpendentibus *P,BLMV* : circumpetentibus *F* || ingentibus *P*c,Σ : ingentis *P* || **27** parta *codd.* : parata *Palmer, edd.* || comissantes *Zumpt* : comisantes [come — *M*] *codd.* || **28** pretiumque *BFLV* : praeciumque *P* preciumque *M* || probrum Σ : probum *P* || temulentos *P,BLMV* : temulendos *F* || **29** satrapes *P*c,Σ : satrapa *P* || Astaspes *Fuhr* : apastris *P,BFLV* aspastris *B*c*M* || **30** adeo *codd.* : adeo us *P*c || obstat *codd.* : obstaret *P*c || Q̄ CVRTI RVFI HISTORIARV̄ LIB̄ VIIII EXPL̄C INCIPIT LIBER DECIMVS *P* || Q· CVRTI RVFI LIB· VIIII EXPLICIT. INCIPIT. X· FELICIT' *B* || EXPLICIT Q CVRTI RVFI HISTORIARVM INCIPIT LIB̄ X *F* || EXPLIC· Q· CVRTI RVFI HISTORIARVM· INCIPIT LIBER X' *L* || FINIT LIBER OCTAV· INCIPIT LIBER NONVS QVINTI CVRTII *M* || CVRTI RVFI HISTORIARVM· EXPLICIT· LIBER NONVS· INCIPIT EIVSDEM LIBER DECIMVS *V*·

LIVRE X

LIVRE X

I. Vers le même moment[1], se présentent Cléandre et Sitalcès[2], avec Héracon[3] et Agathon, qui, sur l'ordre du roi, avaient tué Parménion[4]. Ils avaient derrière eux cinq mille fantassins et mille cavaliers, mais aussi des accusateurs venus de la province dont ils avaient eu la direction ; et tant de crimes commis par eux n'avaient pas une compensation suffisante dans l'exécution d'un meurtre fort apprécié du roi. En effet, après la mise à sac de tout ce qui est profane, ils n'avaient pas reculé devant ce qui est sacré : des jeunes filles et des femmes du premier rang[5], victimes de leurs outrages, pleuraient la souillure de leur personne. Leur cupidité et leurs débauches avaient fait haïr des Barbares le nom macédonien. Mais tous étaient dépassés par le déchaînement de Cléandre, qui, après l'avoir violée, avait donné une jeune

1. Toujours, ces formules imprécises !

2. Prince thrace, qui avait suivi Alexandre dès le début de la campagne, et qui avait participé, entre autres, aux batailles d'Issos et de Gaugamèle.

3. Officier macédonien de l'armée de Parménion.

4. Quinte-Curce n'a pas parlé d'une participation d'Héracon ou d'Agathon au meurtre de Parménion.

5. Pline le J. et Tacite emploient l'expression *principes familiae* à propos des princesses de la famille impériale.

LIBER X

I. [1]Isdem fere diebus, Cleander et Sitalces et cum Agathone Heracon superueniunt, qui Parmenionem iussu regis occiderant. V milia peditum cum equitibus M, [2]sed et accusatores eos e prouincia, cui praefuerant, sequebantur ; nec tot facinora, quot admiserant, conpensare poterat caedis perquam gratae regi ministeri*um*. [3]Quippe, cum omnia profana spoliassent, n*e* sacris quidem abstinuerant : uirginesque et principes feminarum stupra perpessae corporum ludibria deflebant. [4]Inuisum Macedonum nomen auaritia eorum ac libido Barbaris fecerat. [5]Inter omnes tamen eminebat Cleandri furor, qui nobilem uirginem constupratam seruo suo pelicem dederat. [6]Plerique amicorum Alexandri non tam criminum, quae palam obiciebantur, atrocitatem quam memoriam occisi per illos Parmenionis, quod tacitum prodesse reis apud regem poterat, intuebantur, laeti

I, 1-9 : Cf. Plut. Alex. 68 ; Arr. 6, 27.

I, 1 Isdem Σ : hisdem *P* ‖ Parmenionem *P,F* : parmoenionem *BLMV* ‖ **2** sed et Σ : sed *P* ‖ accusatores Σ : adcusatores *P* ‖ prouincia *MV* : prouintia *P,BFL* ‖ quot *B*c*M* : quod *P,BFLV* ‖ ministerium *I* : ministerio *codd.* ‖ **3** ne *I* : nec *codd.* ‖ **4** auaritia *B* : auaricia *P,FLMV* ‖ **6** Parmenionis *P* : parmoenionis Σ ‖ reis Σ : regis *P*.

noble pour concubine à l'un de ses esclaves. En général, les Amis d'Alexandre considéraient moins l'atrocité des crimes, sur lesquels s'appuyait l'accusation, que le souvenir de Parménion assassiné par eux — crime qui pouvait secrètement servir les accusés dans l'esprit du roi ; ils se félicitaient de voir que la colère d'Alexandre retombait sur les instruments de cette colère et que toute puissance, obtenue par le crime, est éphémère. Mis au courant de l'affaire, le roi fit savoir que l'accusation avait oublié un grief, le plus grave pourtant : avoir désespéré de son salut ; en effet, ils n'auraient pas osé de tels crimes, s'ils avaient souhaité ou cru qu'il reviendrait de l'Inde sain et sauf. Il fit donc incarcérer les accusés et, par ailleurs, exécuter six cents des soldats qui avaient servi d'instruments à leur cruauté. Le même jour, on supplicia également les responsables du soulèvement de la Perse, amenés par Cratère[1].

Peu de temps après, se présentèrent Néarque et Onésicrite[2], qu'il avait chargés d'avancer plus loin dans l'Océan. Ils apportaient, avec quelques renseignements de seconde main, des observations directes : « En contrebas de l'embouchure du fleuve, il y avait une île, où l'or abondait, mais dépourvue de chevaux ; ils s'étaient rendu compte qu'on achetait ceux-ci un talent chacun à ceux qui couraient le risque de les transporter du continent par bateaux. La mer était pleine de monstres, qu'apportait le flux de la marée, et qui égalaient, pour la taille, de grands vaisseaux ; effrayés par une musique épouvantable, ils n'avaient pas suivi la flotte, et, dans le fracas de l'onde, ils avaient plongé sous les eaux, tels des navires qui sombrent ». Pour tout le reste, on s'était fié à la parole des indigènes : « Entre autres renseignements,

1. Cf. ci-dessus : 9, 10, 19.

2. La jonction se fit à l'intérieur des terres, peut-être à Kahnu, à l'angle S.-O. du Djirouft.

reccidisse iram in irae ministros, nec ullam potentiam scelere quaesitam cuiquam esse diuturnam. [7]Rex cognita causa pronuntiauit ab accusatoribus unum, et id maximum, crimen esse praeteritum, desperationem salutis suae ; numquam enim talia ausuros, qui ipsum ex India sospitem aut optassent reuerti aut credidissent reuersurum. [8]Igitur hos quidem uinxit, DC autem militum, qui saeuitiae eorum ministri fuerant, interfici iussit. [9]Eodem die sumptum est supplicium de iis quoque, quos auctores defectionis Persarum Craterus adduxerat.

[10]Haud multo post Nearchus et Onesicritus, quos longius in Oceanum procedere iusserat, superueniunt. Nuntiabant autem quaedam audita, alia conperta : [11]insulam ostio amni*s* subiectam auro abundare, inopem equorum esse ; singulos eos conpererant ab iis, qui ex continenti traicere auderent, singulis talentis emi. Plenum esse beluarum mare, [12]aestu secundo eas *fer*ri, magnarum nauium corpora aequantes ; truci cantu deterritas sequi classem cum magno aequoris strepitu uelut demersa nauigia subisse aquas. [13]Cetera incolis crediderant, inter quae Rubrum mare non a colore undarum, ut plerique crederent, sed ab Erythro rege appellari. [14]Esse haud procul a conti-

I, 10-16 : Cf. Diod. 17, 107 ; Plut. Alex. 68 ; Arr. 6, 28.

reccidisse *BF*ᶜ*LV* : recidisse *P,FM* || in irae Σ : inire *P* || **7** salutis *P,BFMV* : salustis *L* || ausuros Σ : ausuras *P* || **8** uinxit Σ : uincxit *P* || **9** supplicium *om.M, rest. corr.* || iis *BFLV* : is *P* his *M* || **10** Haud Σ : haut *P* || Nuntiabant *P,BL* : nunciabant *FMV* || **11** amnis *Vogel, edd.* : amni *codd.* || subiectam *codd.* : obiectam *Scheffer* || abundare *M* : habundare *P,BFLV* || conpererant *P,LV* : conparerant *B* conpeperant *F om.M* || iis *P,B*ᶜ : hiis *BFLV* his *M* || traicere Σ : traicerent *P* || **12** ferri *I* : fieri *codd.* || strepitu Σ : trepitu *P* || uelut *codd.* : uelud *P*ᶜ || **13** crediderant *P*ᶜ,Σ : credideraent *P* || inter quae — crederent *om.P* || colore *P,B*ᶜ*F*ᶜ*L*ᶜ*MV* : colere *BFL* || ab Σ : hab *P* || Erythro *P* : erithro Σ || appellari *P,BFLM* : apellari *V* || **14** haud Σ : aut *P*.

la mer Rouge était ainsi nommée non pas, selon l'opinion ordinaire, d'après la teinte de ses ondes, mais d'après le roi Erythrus. Non loin du continent, se trouvait une île plantée d'abondantes palmeraies : vers le milieu de cette forêt, s'élevait une colonne, en souvenir du roi Erythrus, gravée en lettres du pays ». Les explorateurs ajoutaient que des vaisseaux, transportant des vivandiers et des marchands, et dont les pilotes subissaient l'attirance de l'or, avaient atteint l'île, mais qu'ils ne les avaient ensuite jamais revus. Le roi, enflammé du désir de savoir davantage, leur ordonne de naviguer encore le long de la côte, jusqu'à ce qu'ils aient abordé à l'embouchure de l'Euphrate[1] ; de là, à contre-courant, ils remonteraient le fleuve jusqu'à Babylone. Pour lui, dont les projets étaient sans limite, il avait décidé, après la soumission complète de tout le pays marin en direction de l'Orient, de passer de Syrie en Afrique, par haine contre Carthage[2], puis, après avoir sillonné les déserts de Numidie, de diriger sa course vers Gadès (c'est là qu'ordinairement on plaçait les colonnes d'Hercule), puis d'atteindre les Espagnes, dont le nom Hibérie, en grec, vient du fleuve de l'Ebre ; de longer les Alpes et la côte italienne, d'où l'on gagne rapidement l'Epire[3]. Il commanda donc aux préteurs de Mésopotamie d'utiliser les bois qu'ils abattraient sur le Liban et transporteraient à Thapsaque de Syrie, pour bâtir les carènes de sept cents navires, tous de sept rangs de rames, qu'ils mèneraient à Babylone. Ordre fut donné aux rois de Chypre de fournir de l'airain, de l'étoupe, ainsi que des voiles. Telles étaient les occupa-

1. En fait, Alexandre ne voulait pas exposer une fois encore Néarque, un des plus chers des hétaires. Mais l'amiral insista pour achever, par le périple du golfe Persique, le périple de l'Océan Indien.

2. Carthage avait soutenu la résistance de Tyr.

3. Le rêve de monarchie universelle était réalisé vers l'Est ; Alexandre songe à se retourner vers l'Ouest, où l'appelle encore le souvenir d'Hercule. Le projet, que prête ici Quinte-Curce à Alexandre, est tout à fait vraisemblable.

nenti insulam palm*e*tis fre*qu*entibus consitam, et in medio fere nemore columnam eminere, Erythri regis monumentum, litteris gentis eius scriptam. 15 Adiciebant nauigia, quae lixas mercatoresque uexissent, famam auri secutis gubernatoribus, in insulam esse transmiss*a*, nec deinde ab iis postea uisa. 16 Rex cognoscendi plura cupidine accensus rursus eos terram legere iubet, donec ad Euphratis *os* adpellerent classem ; inde aduerso amne Babylona subituros. 17 Ipse animo infinita conplexus statuerat omni ad Orientem maritima regione perdomita ex Syria petere Africam, Carthagini infensus, inde Numidiae solitudinibus peragratis cursum Gadis dirigere, — ibi namque columnas Herculis esse fama uulgauerat, — 18 Hispanias deinde, quas Hiberiam Graeci a flumine Hibero uocabant, adire et praeteruehi Alpes Italiaeque oram, unde in Epirum breuis cursus est. 19 Igitur Mesopotamiae praetoribus imperauit [ut] materia in Libano monte caesa deuectaque ad urbem Syriae Thapsa*cum* *sept*ingentaru*m* carinas nauium ponere, *septem*remis omnes esse deducique Bab*y*lona. Cypriorum regibus imperatum, ut aes stup*p*amque et uela praeberent. 20 Haec agenti *P*ori et Taxilis regum

I, 17-21 : Cf. Diod. 18, 4 ; Plut. Alex. 68 ; Arr. 7, 1.

palmetis *Modius* : palmitis *P* palmis Σ ‖ frequentibus *I* : frementibus *codd.* ‖ Erythri *Alde* : erythi *P* erithri Σ ‖ monumentum Σ : monimentum *P* ‖ litteris *P,BLMV* : littoris *F* ‖ **15** transmissa *Lauer* : transmissam *codd.* ‖ uisa *P* : uisam Σ ‖ **16** Euphratis os *Acidalius* : eufratis *P* euphratis Σ ‖ aduerso P^c,*BFL*^{c}*MV* : aduersi *P* aduers* *L* ‖ Babylona *BM* : babilona *P,FLV* ‖ **17** infinita P^c,Σ : infinito *P* ‖ ex Syria petere *BFL*^{c}*MV* : exiri adpetere *P* ex yrapeterae *L* ‖ Carthagini *P* : chartagini Σ ‖ **18** praeteruehi Σ : praeteruei *P* ‖ Italiaeque *BFMV* : atalieque *P* ital*ique *L* ‖ **19** ut *secl.* *Froben* ‖ Libano *P,BLM* : libatio *FV* ‖ Syriae Σ : siriae *P* ‖ Thapsacum septingentarum *Zumpt* : thapsagas et ingentarumque *codd.* ‖ septemremis *Hedicke* : VII remis *codd.* ‖ Babylona *Modius* : babylonam *P* babillonam P^c babyloniam Σ ‖ stuppamque *I* : stupamque *codd.* ‖ **20** Pori *I* : phori *codd.* ‖ Taxilis *P,BLMV* : taxillis *F*.

tions d'Alexandre, lorsqu'on lui remet des lettres, où les rois Porus et Taxile l'informaient qu'Abisarès était mort de maladie et Philippe, son préfet, des suites d'une blessure, dont les auteurs avaient succombé. Il remplaça donc Philippe par le général des Thraces Eudémon[1], et attribua le royaume d'Abisarès à son fils.

On arriva ensuite à Parsagades : il s'agit d'un état perse, qui avait pour satrape Orsinès[2], que sa noblesse et sa fortune plaçaient au-dessus de tous les Barbares. Il descendait de l'ancien roi de Perse Cyrus ; ses biens, il les tenait de l'héritage de ses aïeux, et il les avait, de son côté, augmentés durant un long exercice du pouvoir. Il se présenta au roi avec toutes sortes de cadeaux, destinés non seulement à lui, mais à ses Amis. Il emmenait avec lui des troupeaux dressés de chevaux, des chars à ornements d'or et d'argent, un mobilier de prix et des gemmes de valeur, de lourds vases d'or massif, ainsi que des étoffes de pourpre, trois mille talents d'argent monnayé. Néanmoins, l'amabilité du Barbare lui valut la mort : car, tandis qu'il avait fait sa cour à tous les Amis du roi avec des cadeaux qui dépassaient leurs propres désirs, il ne rendit aucun hommage à l'eunuque Bagoas[3], qui s'était attaché Alexandre en se livrant à lui. Certains l'avertirent que Bagoas était tout à fait cher à Alexandre ; Orsinès répondit qu'il faisait sa cour aux Amis du roi, mais non à ses garces, et qu'en Perse on n'avait pas l'habitude de considérer comme des mâles ceux que leur turpitude transformait en femmes. L'autre en fut informé, et utilisa pour la perte d'un homme de grande famille, et par ailleurs

1. Après la mort d'Alexandre, il fut exécuté sur ordre d'Antigone.

2. Cf. 4, 12, 8.

3. Le nom de Bagoas était usuel pour les eunuques. — L'interprétation curtienne de l'épisode d'Orsinès paraît suspecte ; Arrien affirme qu'Orsinès était coupable (6, 30, 1).

litterae traduntur, Abisaren morbo, Philippum, praefectum ipsius, ex uulnere interisse, oppressosque qui uulnerassent eum. [21]Igitur Philippo substituit E*u*daemonem, — dux erat Thracum, — Abi*sa*ris regnum filio eius attribuit.

[22]Ventum est deinde P*a*rsaga*da* : Persica est gens, cuius satrapes Orsines erat, nobilitate ac diuitiis inter omnes Barbaros eminens. [23]Genus ducebat a Cyro, quondam rege Persarum ; opes et a maioribus traditas habebat, et ipse longa imperii possessione cumulauerat. [24]Is regi cum omnis generis donis, non ipsi modo ea, sed etiam amicis eius daturus, occurrit. Equorum domiti greges sequebantur currusque argento et auro adornati, pretiosa supellex et nobiles gemmae, aurea magni ponderis uasa uestesque purpureae et signati argenti talentum III milia. [25]Ceterum tanta benignitas Barbaro causa mortis fuit : nam cum omnes amicos regis donis super ipsorum uota coluisset, Bagoae spadoni, qui Alexandrum obsequio corporis deuinxerat sibi, nullum honorem habuit. [26]Admonitusque a quibusdam *per*quam Alexandro cordi esse, respondit amicos regis, non scorta se colere, nec moris esse Persis mares ducere, qui stupro effeminarentur. [27]His auditis, spado

I, 22-42 : Cf. Plut. Alex. 67-69 ; Arr. 6, 29-30.

Philippum *P,L* : phylippum *BFMV* || 21 Philippo *P,BFLM* : phylippo *V* || Eudaemonem *Froben* : eodemonem *P,V* eodaemonem *BFLM* || Thracum *B*c*M* : tractum *P* tracum *BFLV* || Abisaris *Freinsheim* : abissaris [abi*saris *L*] *codd.* || 22 Parsagada *Vogel* : persagara *codd.* || diuitiis *P,BLMV* : diuiciis *F* || 23 a *om.B, rest. corr.* || ipse Σ : ipsa *P* || 24 regi Σ : re *P* (*ut uid.*) || generis *P*c,Σ : gentis *P* || ipsi *B*c*M* : ipso *P,BFLV* || supellex Σ : suppellex *P* || uestesque Σ : uestisque *P* || talentum *P* : talenta Σ || 25 III — tanta *om. B, rest. corr. qui, pro* III, *scripsit* IIII || fuit *om.M, rest. corr.* || deuinxerat *B*c*M* : deuixerat *codd.* || 26 perquam *ego* : aequa *P* equam Σ, Bagoam *Jeep* || scorta Σ : scortas *P* || effeminarentur *P,BFLM* : efeminarentur *V*.

innocent, une autorité acquise par l'infamie et le déshonneur. En effet, il munit d'accusations injustifiées les plus vils des compatriotes d'Orsinès, en les avertissant de ne formuler ces griefs que sur son ordre personnel. Entre temps, toutes les fois qu'il n'y avait pas de témoin, il rebattait les oreilles du roi trop crédule, et il dissimulait le mobile de son ressentiment pour accroître le poids de l'accusation. Non encore suspect, Orsinès était déjà moins estimé. En secret on le tenait en effet pour accusé, lui qui ignorait le danger latent ; et le plus méprisable des prostitués, perfide avec constance même au cours de ses turpitudes et de ses complaisances déshonorantes, profitait de l'ardent amour du roi à son égard pour, chaque fois, accuser Orsinès tantôt de cupidité et quelquefois encore de menées séditieuses. Ces mensonges étaient déjà mûrs pour perdre un innocent, et c'était l'heure du destin, dont l'arrêt est inévitable. Il se trouva qu'Alexandre fit ouvrir la tombe de Cyrus où était enseveli le cadavre, auquel il voulait offrir un sacrifice expiatoire. Il avait cru qu'elle regorgeait d'or et d'argent cachés ; car on se l'imaginait communément en Perse ; mais, à part son bouclier réduit en poussière, deux arcs scythes et un cimeterre, il ne découvrit rien. Néanmoins, après y avoir placé une couronne d'or, il enveloppa avec le manteau, dont il se servait, lui, d'ordinaire, le cercueil où gisait le cadavre, s'étonnant que la sépulture d'un roi d'une pareille illustration et nanti de pareilles richesses n'eût pas été plus somptueuse que pour un plébéien quelconque[1]. Tout près de lui était l'eunuque, qui le regarda et lui dit : « Pourquoi s'étonner que les tombeaux des rois soient vides, puisque les demeures des satrapes sont incapables de contenir l'or qu'on en a retiré ? En ce qui me concerne, je n'avais pas vu personnellement cette tombe avant aujour-

1. Aristobule, qui fut chargé de la réfection du tombeau, en a laissé une description précise.

potentiam flagitio et dedecore quaesitam in caput nobilissimi et insontis exercuit. Namque gentis eiusdem leuissimos falsis criminibus adstruxit, monitos tum demum ea deferre, cum ipse iussisset. [28]Interim, quotiens sine arbitris erat, credulas regis aures inplebat, dissimulans causam irae, quo grauior criminantis auctoritas esset. [29]Nondum suspectus erat Orsines, iam tamen uilior. Reus enim in secreto agebatur latentis periculi ignarus, et inportunissimum scortum, ne in stupro quidem et dedecoris patientia fraudis oblitum, quotiens amorem regis in se accenderat, Orsinen modo auaritiae, interdum etiam defectionis arguebat. [30]Iam matura erant in perniciem innocentis mendacia, et fatum, cuius ineuitabilis sors est, adpetebat. Forte enim sepulchrum Cyri Alexander iussit aperiri, in quo erat conditum eius corpus, cui dare uolebat inferias. [31]Auro argentoque condit*is* repletum esse crediderat, quippe ita fama Persae uulgauerant ; sed praeter clipeum eius putrem et arcus duos Scythicos et acinacem nihil repperit. [32]Ceterum, corona aurea inposita amiculo, cui adsueuerat ipse, solium, in quo corpus iacebat, uelauit miratus tanti nominis regem, tantis praeditum opibus, haud pretiosius sepultum esse, quam si fuisset e plebe. Proximus erat lateri spado, qui regem intuens : [33]« Quid mirum », inquit, « est inania sepulchra esse regum, cum satraparum domus aurum inde egestum

27 caput *P,BFLM* : capud *V* || falsis Σ : falsi *P* || monitos tum *P,BFLM* : monito fictum *V* || 28 quotiens *P,BM* : quociens *FLV* || 29 patientia Σ : pacientia *P* || quotiens *BFL*ᶜ*MV* : quociens *P,L* || 30 mendacia *P, BFM* : mendatia *LV* || 31 conditis *ego* : conditum *codd.*, conditorium *Heinsius* || clipeum *M* : clypeum *P,BFL* clyppeum *V* || Scythicos *P,BLM* : schythicos *F* scithicos *V* || repperit *P,BFLM* : reperit *V* || 32 solium *BF*ᶜ*LMV* : solio *P* solum *F* || praeditum *P,B*ᶜ*FLMV* : paeditum *B* || pretiosius *BFLV* : preciosius *P,M* || 33 inquit *P* : inquid Σ || inde Σ : ind*e *P*.

d'hui, mais je tiens de Darius qu'en même temps que Cyrus on y a enfoui trois mille talents. De là cette amabilité à ton égard : en t'octroyant ce qu'il ne pouvait conserver impunément, Orsinès a voulu en outre obtenir ta reconnaissance ». Il avait déjà excité la colère dans l'âme du roi, quand surviennent les gens qu'il avait chargés de coopérer à l'affaire. D'un côté Bagoas, de l'autre ses créatures assourdissent Alexandre de leurs accusations injustifiées. Avant de soupçonner une accusation contre lui, Orsinès fut mis en prison. Non satisfait du supplice d'un innocent, l'eunuque porta la main sur l'agonisant. Orsinès le regarda : « On m'avait appris, dit-il, qu'autrefois des femmes avaient régné sur l'Asie ; mais voici qui est nouveau : le règne d'un castrat ! » Telle fut la fin du plus noble des Perses, et qui était non seulement innocent, mais aussi d'une rare générosité envers le roi.

A la même date, on exécute Phradatès[1], soupçonné d'avoir intrigué en vue du trône. Alexandre se laissait entraîner aux exécutions immédiates, et de même à croire au pire. Vraiment, la réussite a le pouvoir de transformer le naturel, et il est rare qu'on se garde assez de sa propre prospérité. Or le même homme, peu auparavant, ne s'était pas résolu à condamner Alexandre Lynceste, malgré les accusations de deux témoins ; il avait même permis contre sa volonté propre l'acquittement d'accusés de moindre importance, parce qu'aux autres ils paraissaient innocents ; à des ennemis vaincus il avait rendu leurs royaumes. Mais, à la fin, il dégénéra si pleinement par rapport à lui-même que lui, le maître autrefois de ses passions, il distribuait les royaumes ou enlevait la vie selon les lubies d'un prostitué[2].

1. Cf. 8, 3, 17.

2. Toujours le thème de la dégénérescence d'Alexandre, au contact de l'Orient. Quinte-Curce ne l'a pas inventé, mais il a su l'exploiter avec habileté.

capere non possint ? [34]Quod ad me attinet, ipse hoc bustum antea non uideram, sed ex Dareo ita accepi, III milia talentum condita esse cum Cyro. [35]Hinc illa benignitas in te, ut, quod inpune habere non poterat Orsines, donando etiam gratiam iniret. » [36]Concitauerat iam animum in iram, cum hi, quibus negotium idem dederat, superueniunt : hinc Bagoas, hinc ab eo subornati falsis criminibus occupant aures. [37]Antequam accusari se suspicaretur Orsines, in uincula est traditus. Non contentus supplicio insontis spado ipse morituro manum iniecit. Quem Orsines intuens : « Audieram », inquit, « in Asia olim regnasse feminas ; hoc vero nouum est, regnare castratum ! » [38]Hic fuit exitus nobilissimi Persarum, nec insontis modo, sed eximiae quoque benignitatis in regem.

[39]Eodem tempore Phradates regnum adfectasse suspectus occiditur. Coeperat esse praeceps ad repraesentanda supplicia, *it*em ad deteriora credenda. [40]Scilicet res secundae ualent commutare naturam, et raro quisquam erga bona sua satis cautus est. Idem enim paulo ante L*y*ncestem Alexandrum delatum a duobus indicibus damnare non sustinuerat, [41]humiliores quoque reos contra suam uoluntatem, quia ceteris uidebantur insontes, passus absolui ; hostibus uictis regna red*did*erat. [42]Ad ultimum t*am* e*x*

34 accepi Σ : accipi *P* ‖ talentum P^c,Σ : talenta *P* ‖ **35** inpune P^c,Σ : inpuiae *P* ‖ **36** hi *FM* : hii *P,BLV* ‖ idem *codd.* : pridem *Damste* ‖ ab eo *P,BLMV* : habeo *F* ‖ **37** uincula Σ : uinculo *P* ‖ Non *P,BFLM* : nam *V* ‖ supplicio *P,*BL^cM : subplicio *FL* suplicio *V* ‖ inquit *P,BFM* : inquid *LV* ‖ regnasse *P,BFLM* : regnase *V* ‖ **38** benignitatis *P,*B^cM^c : benignitas Σ ‖ **39** Coeperat *P,BF* : caeperat *LV* ceperat *M* ‖ supplicia *BFLM* : subplicia *P,V* ‖ item *I* : idem *codd.* ‖ ad deteriora Σ : adeteriora *P* ‖ **40** Scilicet Σ : sicilicet *P* si scilicet P^c ‖ Lyncestem *I* : lincestem [— en *V*] *codd.* ‖ a *om.F, rest. corr.* ‖ **41** absolui *P* : adsolui Σ ‖ regna reddiderat *Freinsheim* : regnare duxerat *codd.*, reddiderat aut auxerat *Vogel* ‖ **42** tam ex toto *ego* : traiectum *codd.*

Vers la même époque, il reçoit de Côènos[1] une lettre sur les événements survenus en Europe et en Asie, pendant que, de son côté, il soumettait l'Inde. Au cours d'une expédition contre les Gètes, le préfet de Thrace Zopyrion[2] avait été anéanti avec son armée entière à la suite de tempêtes et de tornades arrivées brusquement. A l'annonce de ce désastre, Seuthès[3] avait poussé à la défection les Odryses, ses compatriotes. La Thrace était à peu près perdue ; pas même la Grèce...

II. Donc, avec trente navires, ils[4] laissent derrière eux Sunium (c'est un promontoire du pays attique), d'où ils avaient décidé d'atteindre le port d'Athènes. A cette nouvelle, le roi, irrité au même degré contre Harpale et contre les Athéniens, ordonne de préparer la flotte, dans l'intention de gagner Athènes sans attendre. Il réfléchissait en secret à ce projet, quand on lui remet une lettre : « Harpale, à la vérité, avait pénétré dans Athènes ; en les achetant, il s'était concilié les sympathies des dirigeants[5] ; puis, à la suite d'une assemblée du peuple, on lui avait ordonné de sortir de la ville : il s'était rendu auprès des troupes grecques ; elles l'avaient arrêté, et à l'instigation d'un de ses amis on l'avait tué par trai-

1. Certains éditeurs ont considéré *a Coeno* comme une interpolation, sous prétexte que la mort de Côènos a été signalée en 9, 3, 20 ; mais c'est là, je crois, vouloir corriger Quinte-Curce même.

2. Noble macédonien. Les débuts de son expédition avaient été heureux : il poussa jusqu'au Borysthène et assiégea Olbia. Quinte-Curce fait erreur sur la date de l'expédition, qui fut contemporaine de la révolte d'Agis.

3. Le prince des Odryses suivait depuis longtemps une politique antimacédonienne. Mais il attendit l'échec de Zopyrion pour prendre nettement position.

4. Le sujet de *transmittunt* est « Harpale et ses amis », dont Quinte-Curce avait, de toute évidence, signalé les malversations dans la partie du texte, qui a disparu entre *quidem* (10, 1, 45) et *igitur* (10, 2, 1).

5. Harpale avait dépensé 700 talents pour se concilier les principaux hommes politiques d'Athènes. Démosthène fut compromis dans l'affaire.

t*oto* ab semet ipso degenerauit, ut in*uicti* quondam aduersus libidinem animi arbitrio scorti aliis regna daret, aliis adimeret uitam.

[43]Isdem fere diebus litteras a Coeno accipit de rebus in Europa et Asia gestis, dum ipse Indiam subegit. [44]Zopyrio, Thraciae praepositus, cum expeditionem in G*et*as faceret, tempestatibus procellisque subito coortis, cum toto exercitu oppressus erat. [45]Qua cognita clade, Seuthes Odr*y*sas, populares suos, ad defectionem conpulerat. Amissa promemodum Thracia, ne Graecia quidem. . . . .

II. [1]Igitur XXX nauibus Sunium transmittunt, — promuntorium est Atticae terrae, — unde portum urbis petere decreuerant. [2]His cognitis rex Harpalo Atheniensibusque iuxta infestus classem parari iubet, Athenas protinus petiturus. [3]Quod consilium clam agitant*i* litterae redduntur : Harpalum intrasse quidem Athenas, pecunia conciliasse sibi principum animos ; mox concilio plebis habito iussum urbe excedere, ad Graecos milites peruenisse, quibus interceptum [trucidatum] *amico* quodam auctore interemp-

II, 1-7 : Cf. Diod. 17, 108-109.

inuicti *Hedicke* : in *codd.* ‖ quondam *P* : quodam *B* quoddam *B*[c]*FL MV* ‖ **43** Isdem Σ : iisdem *P* ‖ a Coeno *P* : aceno Σ ‖ accipit *P,FLV* : accepit *BM* ‖ gestis Σ : iestis *P* ‖ Indiam Σ : indigam *P* ‖ **44** Zopyrio *I* : zopirio *P,BFLM* zophyrio *V* ‖ Thraciae *P*[c]*,BFL* : tracae *P* tratiae *MV* ‖ Getas *Vindelin* : gestas *codd.* ‖ coortis Σ : cohortis *P* ‖ **45** Odrysas *Froben* : odrisas *codd.* ‖ Thracia *BLM* : tracia *P,F* tratia *V* ‖ Graecia *P,BFLM* : gretia *V* ‖ *Post* quidem, *plura desunt* ; *in* Σ *in marg. add.* hic desunt duae lineae.

II, **1** promuntorium Σ : promutorium *P* ‖ Atticae *P,BFLM* : aticae *V* ‖ **2** rex *P*[c],Σ : ex *P* ‖ Harpalo *P* : arpalo Σ ‖ **3** clam agitanti *I* : clam agitant *P* cum clam agitat Σ ‖ Harpalum *P* : arpalum Σ ‖ principum *P,BFL*[c]*MV* : printipium *L* ‖ animos *P*[c],Σ : amos *P* ‖ trucidatum *secl. ego* ‖ amico *Hedicke* : a *codd.* ‖ auctore *codd.* : Thibrone *Vogel* ‖ interemptum *codd.* : *secl. Vogel.*

trise. » Ces bonnes nouvelles le firent renoncer au projet de passer en Europe ; mais il commanda à toutes les cités de Grèce de recevoir les exilés qu'elles avaient bannis, sauf ceux qui avaient versé le sang de leurs concitoyens[1]. N'osant pas enfreindre cet ordre, bien qu'ils vissent là une première atteinte à leur législation, les Grecs restituèrent aussi aux condamnés ce qui subsistait de leurs biens. Seuls[2] les Athéniens, champions non seulement de leur propre cause, mais de celle de tout le monde, jugeaient intolérables cette tourbe de partis[3] et d'hommes, car ils avaient l'habitude de se conformer non à l'autorité d'un roi, mais aux lois et coutumes des aïeux. Ils interdirent donc aux exilés leur territoire, prêts à tout endurer plutôt que d'admettre ces gens, autrefois le déchet de la ville, et maintenant celui de l'exil.

Alexandre renvoya dans leur patrie les plus âgés des soldats[4], puis il ordonna de choisir treize mille fantassins et deux mille cavaliers pour les maintenir en Asie : il estimait que cette faible armée lui assurait la tranquillité de l'Asie[5], parce qu'il avait installé ses garnisons sur divers points, et qu'il avait rempli les villes de fondation récente avec des colons qui ne songeaient qu'à se rétablir. Mais, avant de trier ceux qu'il garderait, il demanda à tous les soldats d'avouer leurs dettes. Il

1. Les ἐναγεῖς (ἱερόσυλοι καὶ φονεῖς).

2. Non : les Étoliens eurent la même réaction.

3. Quinte-Curce emploie l'expression *ordines* ; il songe évidemment à la lutte des ordres à Rome, et aux classes sociales qui, de son temps encore, y étaient nettement distinctes. Le mot *ordines* ne répond à rien dans la politique athénienne du temps d'Alexandre ; nous l'avons traduit par « partis ».

4. Dix mille hommes, d'après Diodore.

5. Sa politique perse lui donne de plus en plus le prestige d'un successeur légal des Achéménides, auprès des populations de leur empire. Les foyers de rébellion restent très circonscrits.

tum per insidias. [4]His laetus, in Europam traiciendi consilium *o*misit ; sed exules praeter eos, qui ciuili sanguine aspersi erant, recipi ab omnibus Graecorum ciuitatibus, quis pulsi erant, iussit. [5]Et Graeci haud ausi imperium aspernari, quamquam sol*uen*darum legum id principium esse censebant, bona quoque quae extarent restituere damnatis. [6]Soli Athenienses, non su*i* modo, sed etiam public*i* uindices, colluuionem ordin*um* hominumqu*e* aegre ferebant non regio imperio, sed legibus moribusque patriis regi adsueti. [7]Prohibuere igitur exules finibus omnia potius toleraturi, quam purgamenta quondam urbis suae, tunc etiam exilii admitterent.

[8]Alexander senioribus militum in patriam remissis XIII milia peditum et II milia equitum, quae in Asia retineret, eligi iussit existimans modico exercitu continere posse Asiam, quia pluribus locis praesidia disposuisset nuperque conditas urbes colonis replesset, res renouare cupientibus. [9]Ceterum, priusquam excerneret quos erat retenturus, edixit ut omnes milites aes alienum profiterentur. Graue plerisque esse conpererat ; et quamquam ipsorum luxu contractum erat, dissoluere tamen ipse decreuerat. [10]Illi temptari ipsos rati, quo facilius ab integris sumptuosos discerneret, prolatando aliquantum extraxerant

II, 8-11 : Cf. Diod. 17, 109 ; Plut. Alex. 70 ; Arr. 7, 5.

4 His *P,BFMV* : hiis *L* || omisit *I* : emisit *codd.* || 5 soluendarum *I* : solidarum *codd.* || damnatis *P,BFLM* : dampnatis *V* || 6 sui *Jeep* : suo *codd.* || publici *Vogel* : publice *codd.*, Graeciae *Hedicke* || ordinum *Zumpt* : ordinem *codd.* || hominumque *Jeep* : hominum quia [hominem *F*] *codd.* || 7 exilii *P,BFMV* : exilia *L* || 8 eligi Σ : elegi *P* || quia *P*c,Σ : qui *P* || urbes Σ : urbes quas *P* || replesset *P,B*c*FLMV* : repulisset *B* || 9 priusquam Σ : priusqua *P* || excerneret *P,F*c : secerneret *BFL*c*MV* se excerneret *L* || plerisque Σ : plerique *P*.

s'était rendu compte que la plupart en avaient de lourdes, et bien qu'ils les eussent contractées par pur esprit de jouissance, il était résolu à les en libérer. Eux, qui voyaient là une tentative pour distinguer plus facilement la prodigalité de l'économie, ils avaient, à force de tarder, gagné un temps sérieux. Bien certain que la honte, et non l'insubordination, les empêchait d'avouer leurs dettes, le roi ordonna d'installer des tables dans tout le camp et d'y mettre en évidence dix mille talents. Alors seulement, l'aveu se fit sans réticences, et de tant d'argent il ne resta plus que cent trente talents. Oui vraiment, cette armée, victorieuse de tant de nations si riches, revint d'Asie avec plus de victoires que de butin. Mais, dès qu'on sut que les uns étaient renvoyés chez eux et les autres maintenus, les soldats estimèrent qu'Alexandre établirait pour toujours en Asie le siège de son royaume ; désemparés et oublieux de la discipline militaire, ils remplissent le camp de paroles séditieuses[1], puis ils abordèrent le roi avec plus d'insolence que précédemment : ils se mirent à lui réclamer, tous à la fois, leur congé, soulignant les cicatrices, qui les défiguraient, et la blancheur de leurs têtes. Ni les reproches des préfets ni le respect du roi ne les impressionnaient ; leurs cris de révolte, leur brutalité de soldats retenaient Alexandre qui voulait parler, et ils ne se gênaient pas pour déclarer qu'ils ne bougeraient de là que pour rentrer[2]. Enfin, le silence se fit : ils le croyaient, en effet, ébranlé, plutôt qu'ils ne pouvaient l'être eux-mêmes ; et ils attendaient ce qu'il allait leur dire.

Lui : « Quel est le sens, dit-il, de cette émeute soudaine,

1. En fait, l'armée est aigrie par les mesures que vient de prendre Alexandre, afin d'incorporer à ses troupes l'élite des jeunes hommes de la Perse. — La sédition eut lieu à Opis, au nord de Babylone.

2. Tite-Live, 44, 26, 11 : *nusquam inde Gallos longius uestigium moturos.*

temporis. Et rex satis gnarus professioni aeris pudorem, non contumaciam obstare, mensas totis castris poni iussit, et X milia talentum proferri. [11]Tum demum *cum* fide facta professio est. Nec amplius ex tanta pecunia quam C et XXX talenta superfuere. Adeo ille exercitus tot diuitissimarum gentium uictor plus tamen uictoriae quam praedae deportauit ex Asia. [12]Ceterum, ut cognitum est alios remitti domos, alios retineri, perpetuam eum regni sedem in Asi*a* habiturum rati uaecordes et disciplinae militaris inmemores seditiosis uocibus castra conplent, regemque ferocius quam alias adorti omnes simul missionem postulare coeperunt, deformia ora cicatricibus cani*t*iemque capitum ostentantes. [13]Nec aut pr*ae*fectorum castigatione aut uerecundia regis deterrit*i* tumultuoso clamore et militari uiolentia uolentem loqui inhibebant, palam professi nusquam inde nisi in patriam uestigium esse moturos. [14]Tandem silentio facto, magis quia motum esse credebant quam quia ipsi moueri poterant, quidnam acturus esset, expectabant.

[15]Ille : « Quid haec », inquit, « repens consternatio et tam procax atque effusa licentia denuntiat ? Eloqui metuo ; palam certe rupistis imperium, et precario rex sum, cui non adloquendi, non noscendi monen-

II, 12-30 : Cf. Plut. Alex. 71 ; Arr. 7, 9-11.

10 satis *om.V, rest. corr.* ‖ gnarus *LM* : ignarus *P,BFV* ‖ professioni *BLM* : professionis *P* professioni* *FV* ‖ contumaciam *BLMV* : totumaciam *P* contumantiam *F* ‖ [poni *BFLMV*
11 cum fide *Jeep* : fide Σ ‖ Adeo *BLMV* : ateo *F* ‖ **12** domos *BF°LMV* : domus *F* ‖ in Asia *I* : in asiam Σ ‖ canitiem *I* : caniciem Σ ‖ **13** praefectorum *I* : profectorum *codd.* ‖ deterriti *Lauer* : deterritum Σ ‖ tumultuoso *BF°L°MV* : tumultuosa *FL* ‖ **14** acturus *BF°LMV* : acturos *F* ‖ **15** Quid *B°FLMV* : qui *B* ‖ inquit *BFMV* : inquid *L* ‖ atque *BFMV* : adque *L*.

de cette anarchie si insolente et débridée? J'hésite à le dire ; oui, vous avez ouvertement brisé mon autorité, et je suis un roi précaire, à qui vous n'avez laissé ni le droit de vous parler, ni celui de connaître vos sentiments et de vous avertir, non plus que celui de vous regarder. Alors que j'ai pris la décision de renvoyer les uns dans leur patrie et d'y transporter peu après les autres avec moi, je vois ceux qui vont s'en aller hurler aussi fort que ceux avec qui j'ai décidé de suivre les premiers partis. Qu'est-ce à dire ? Malgré la différence de situation, tous crient pareillement. Je serais heureux de savoir quels sont ceux qui se plaignent de moi : ceux que je renvoie ? ou ceux que je garde ? » On eût dit un cri jailli d'une seule bouche, tant l'assemblée entière répondit avec ensemble qu'ils se plaignaient tous.

Alors, lui : « Non, par Hercule, dit-il, on ne me persuadera jamais que, si vous vous plaignez tous à la fois, c'est pour le motif que vous prenez pour prétexte ; car il ne vaut pas pour la plus grande partie des troupes, vu que j'ai renvoyé plus de gens que je ne veux en garder. Sans doute, il y a là-dessous un mal plus profond, qui détourne tout le monde de moi. Quand, en effet, une armée tout entière a-t-elle abandonné son roi ? Les esclaves mêmes ne fuient pas en masse leurs maîtres, mais ils ont quelque pudeur à les délaisser, quand tous les autres les abandonnent. Mais moi, oubliant une émeute si délirante, je m'efforce d'administrer des remèdes à des incurables. Tout l'espoir que j'avais conçu de vous, oui, par Hercule, je le condamne ! J'ai pris la décision de vous traiter non comme mes soldats, car vous ne l'êtes plus, mais comme les plus ingrats des manœuvres. Le bonheur, dans lequel vous baignez, est l'origine de votre folie : vous avez oublié l'état dont j'ai eu la bonté de vous tirer ; vous méritez, par Hercule, d'y rester toute votre vie, puisqu'il vous est plus facile de maîtriser l'adversité que le bonheur. Voilà-t-il pas que, peu aupara-

dique aut intuendi uos ius reliquistis. [16]Equidem cum alios dimittere in patriam, alios mecum paulo post deportare statuer*i*m, tam illos adclamantes uideo, qui abituri sunt, quam hos cum quibus praemissos subsequi statui. [17]Quid hoc est rei ? dispari in causa idem omnium clamor est ! Peruelim scire utrum qui d*is*-*ced*unt, an qui retinentur de me querantur. » [18]Crederes uno ore omnes sustulisse clamorem, ita pariter ex tota contione responsum est omnes queri.

[19]Tum ille : « Non hercule », inquit, « potest fieri ut adducar querendi simul omnibus hanc causam esse, quam ostenditis, in qua maior pars exercitus non est, utpote cum plures dimiserim quam retenturus sum. [20]Subest nimirum altius malum, quod omnes auertit a me. Quando enim regem uniuersus deseruit exercitus ? Ne serui quidem uno grege profugiunt dominos ; sed e*st* quid*am* in illis pudor a ceteris destitutos relinquendi. [21]Verum ego tam furiosae consternationis oblitus remedia insanabilibus conor adhibere. Omnem, hercule, spem, quam ex uobis conceperam, damno ! nec ut cum militibus meis, — iam enim esse desistis, — sed ut cum ingratissimis op*eris* agere decreui. [22]Secundis rebus, quae circumfluunt uos, insanire coepistis, obliti status eius quem beneficio exuistis meo, — digni, hercule, qui in eodem consenescatis, quoniam facilius est uobis aduersam quam

16 statuerim *Froben* : statuerem *codd.* || abituri *BLMV* : habituri *F* || quam *BFLM* : quas *V* || cum quibus *BFLM* : quibus *V* || **17** Peruelim *BFL^c^MV* : peruelum *L* || discedunt *Lauer* : descendunt Σ || **18** omnes *om.B, rest. corr.* || **19** inquit *BFMV* : inquid *L* || adducar *B^c^FLMV* : adducatur *B* || simul *BFL^c^MV* : sumul *L* || dimiserim *BFL^c^MV* : dimiserem *L* || **20** sed est quidam *Froben* : sedem quidem Σ || destitutos *BFL^c^MV* : destitutas *L* || **21** consternationis *BFMV* : consternacionis *L* || hercule *BFMV* : ercule *L* || enim *om.L, rest. corr.* || operis *Ruben* : oportet *P,BFLV* utoportet *B^c^M* || **22** status *BFL^c^MV* : statutus *L*.

vant tributaires des Illyriens et des Perses[1], ils dédaignent l'Asie et les dépouilles de tant de nations ! Eux qui, naguère, sous Philippe, étaient à demi nus, ils méprisent les manteaux de pourpre ; leurs yeux ne peuvent supporter l'or et l'argent : oui, ils regrettent la vaisselle de bois et les boucliers en osier tressé et la rouille de leurs épées. Tel était le brillant niveau de votre vie, quand vous m'êtes arrivés ; j'ajoute cinq cents talents de dette publique, quand tout le trésor royal ne dépassait pas soixante talents ; c'est là dessus que je devais asseoir de si grands travaux : j'y ai pourtant édifié (soit dit avec la permission des dieux) l'empire de la plus grande partie du monde. Etes-vous dégoûtés de l'Asie, qui, par la gloire de vos exploits, vous a égalés aux dieux ? Vous vous hâtez d'aller en Europe, délaissant votre roi, alors que la majorité d'entre vous n'aurait pas eu d'argent de route, si je ne vous avais libérés de vos dettes — bien entendu malgré le butin d'Asie. Et c'est sans honte que, vous promenant le ventre plein des dépouilles des nations vaincues, vous voulez revoir femmes et enfants, auxquels peu, parmi vous, sont capables de montrer les bénéfices de la victoire. Car tous les autres, spéculant sur vos désirs, vous avez mis en gage même vos armes. Fameux soldats, vraiment, et qui me manqueront, collés à leurs maîtresses ! De si grands biens, il ne leur reste que ce qui amène à les dépenser. Eh bien, si vous me fuyez, que la route vous soit large ouverte ! Sortez de là, et plus vite ! C'est moi qui, avec les Perses, protégerai vos talons. Je ne retiens personne : débarrassez mes yeux, vous les plus ingrats des civils. Parents et enfants seront heureux de vous accueillir, à ce retour sans votre roi ; ils iront au-devant de déserteurs et de transfuges. Votre

1. Au temps du roi Amyntas, les Macédoniens payaient tribut aux Illyriens, et ils avaient reconnu la suzeraineté du roi de Perse Darius Hystaspis ; Mardonius les avait obligés à reconnaître de nouveau la domination perse, avant l'expédition de Xerxès.

secundam regere fortunam. [23]En tandem Ill*y*riorum paulo ante et Persarum tributariis Asia et tot gentium spolia fastidio sunt ! Modo sub Philippo seminudis amicula ex purpura sordent ; aurum et argentum oculi ferre non possunt : lignea enim uasa desiderant et ex cratibus scuta rubiginemque gladiorum. [24]Hoc cultu nitentes uos accepi, et D talenta aeris alieni, cum omnis regia supellex *esset* haud amplius quam LX talent*a*, *tant*orum mox operum fundamenta : quibus tamen, — absit inuidia, — imperium maximae terrarum partis inposui. [25]Asiaene pertaesum est, quae uos gloria rerum gestarum dis pares fecit ? In Europam ire properatis rege deserto, cum pluribus uestrum defuturum uiaticum fuerit, ni aes alienum luissem, nempe in Asiatica praeda. [26]Nec pudet profundo uentre deuictarum gentium spolia circumferentes reuerti uelle ad liberos coniugesque, quibus pauci praemia uictoriae potestis ostendere. Nam ceterorum, dum etiam spei uestrae obuiam istis, arma quoque pignori sunt. [27]Bonis uero militibus cariturus sum, pelicum suarum concubinis ! quibus hoc solum ex tantis opibus superest, in quod inpenditur. Proinde fugientibus me pateant limites ! facessite hinc ocius ! ego cum Persis abeuntium terga tutabor. Neminem teneo : liberate oculos meos, ingratissimi ciues. [28]Laeti uos excipient parentes liberique sine uestro rege redeuntes ; obuiam ibunt desertoribus trans-

23 Illyriorum *Alde* : illiriorum *codd.* || gentium *BLMV* : gencium *F* || seminudis $BFL^{c}MV$: seminudus *L* || **24** supellex *BFLM* : suppellex *V* || esset haud *Hedicke* : haud Σ || talenta, tantorum mox *ego* : talentorum mox *BFLV* talentorum sit mox $B^{c}M$, talenta meorum mox *Hedicke*, talenta ualeret tantorum *Walter* || **25** fuerit *om. V* || luissem $BFL^{c}MV$: luissum *L* || **26** deuictarum $B^{c}FLMV$: deuectarum *B* || gentium *BLMV* : gencium *F* || uelle $BF^{c}LMV$: uellet *F* || **27** ocius $B^{c}V$: otius *BFLM* || abeuntium *BLMV* : abeuncium *F*.

fuite, par Hercule, sera pour moi un triomphe, et, partout où je serai, je tirerai de vous un châtiment, par les honneurs et la préférence accordés à ceux avec qui vous me laissez. Bientôt vous saurez ce que vaut une armée sans son roi, et ce que je représente, à moi seul. » Puis, les dents serrées, il sauta du haut du terre-plein, et se précipita au beau milieu de la troupe en armes ; il avait aussi noté les plus farouches protestataires : il les empoigne un par un, et, sans qu'ils osassent se débattre, il en remit treize sous la surveillance des gardes du corps.

III. Qui aurait cru qu'une peur soudaine eût paralysé une assemblée naguère déchaînée, même quand elle vit traîner au supplice des gens qui n'étaient pas plus coupables que les autres ? Ce fut l'épouvante, due soit à la vénération pour un titre que les peuples soumis à des rois vénèrent à l'égal des dieux[1], soit à celle qui s'attachait à sa personne, soit à l'assurance d'un homme si énergique dans l'exercice de son pouvoir : en tout cas, ils donnèrent l'exemple d'une rare résignation, et le supplice de leurs camarades, dont ils apprirent dans la soirée l'exécution, les laissa si froids que chacun d'eux s'appliqua à se conduire avec plus d'obéissance et de respect. Effectivement, comme le lendemain ils n'avaient pu avoir accès auprès d'Alexandre, — car seuls les soldats asiatiques étaient admis, — ils remplirent le camp entier d'un cri lugubre, proclamant leur résolution de mourir tout de suite, si le roi continuait à leur en vouloir. Mais lui, inflexible en toutes ses résolutions, il fait convoquer l'assemblée des soldats étrangers[2], tout en maintenant les troupes de Macédoine à l'intérieur du camp. Lorsqu'ils

1. Cf. Tac., *Ann.*, 16, 31 : *nulla mihi principis mentio nisi inter numina fuit.*

2. Il s'agit des Perses et des Mèdes.

fugisque. [29]Triumphabo, mehercule, de fuga uestra et, ubicumque ero, expetam poenas hos, cum quibus me relinquitis, colendo praeferendoque uobis. Iam autem scietis et quantum sine rege ualeat exercitus et quid opis in me uno sit. » [30]Desiluit deinde frendens de tribunali, et in medium armatorum agmen se inmisit ; notatos quoque, qui ferocissime oblocuti erant, singulos manu corripit, nec ausos repugnare xIII adseruandos custodibus corporis tradidit.

III. [1]Quis crederet saeuam paulo ante contionem obtorpuisse subito metu, [2]et cum ad supplicium uideret trahi nihil*o* ausos grauiora quam ceteros ? [3]Siue nominis, quod gentes, quae *sunt* sub regibus, inter deos colunt, siue propria ipsius ueneratio, siue fiducia tanta ui exercentis imperium conterruit eos : [4]singulare certe ediderunt patientiae exemplum, adeoque non sunt accensi supplicio commilitonum, cum sub noctem interfectos esse cognossent, ut nihil omiserint quod singuli magis oboedienter et pie facerent. [5]Nam, cum postero die prohibiti aditu uenissent Asiaticis modo militibus admissis, lugubrem totis castris edidere clamorem, denuntiantes protinus *se*se morituros, si rex perseueraret irasci. [6]At ille peruicacis ad omnia, quae agitasset, animi peregrinorum militum contionem aduocari iubet, Macedonibus intra castra cohibitis. Et cum frequentes cois-

III-IV : Cf. Plut. Alex. 71 ; Arr. 7, 11.

29 de fuga *BFMV* : dega *L* ‖ 30 notatos *BFLM* : notaos *V* ‖ corripit *codd.* : corripuit *Lauer*, *edd.*

III, 1 crederet *BFLM* : credidit *V* ‖ contionem *BLMV* : concionem *L* ‖ 2 nihilo *Acidalius* : nihil Σ ‖ 3 sunt sub *ego* : sub Σ ‖ regibus *codd.* : regibus uiuunt, reges *Stangl*, regibus sunt *edd.* ‖ fiducia *BLM* : fidutia *FV* ‖ 4 patientiae *BLMV* : pacientiae *F* ‖ 5 uenissent Σ : fuissent *Bentley*, regis essent *Foss*, abissent *Stangl*, *Büttner* ‖ denuntiantes *BL*^{c}*V* : denunciantes *FL* denuntiantes se [— ciantes *M*] *B*^{c}*M* ‖ sese *Hedicke*, *Menge-Fried* : esse Σ.

se furent rassemblés en grand nombre, aidé d'un interprète il leur tint ce discours :

« Quand je passais d'Europe en Asie, j'espérais adjoindre à mon empire beaucoup de nations illustres et une quantité considérable de gens. Je n'ai pas été déçu d'avoir cru, sur ce point, la renommée. Mais, en plus de tout cela, j'ai fait l'expérience du courage de ces hommes, de leur fidélité invincible envers leurs rois. J'avais cru que le luxe entraînait tout et que, vu l'excès de la prospérité, tout sombrait dans les voluptés. Mais, par Hercule, votre résistance morale et physique vous fait supporter avec tout autant d'énergie les charges du service militaire ; de plus, si courageux que vous soyez, autant que le courage vous révérez la loyauté. C'est la première fois que je le proclame, mais il y a longtemps que je le sais. En conséquence, j'ai fait parmi vous une levée de jeunes hommes, et je vous ai incorporés parmi mes soldats. Vous avez la même tenue, les mêmes armes. Mais votre obéissance et votre sens de la hiérarchie dépassent de beaucoup ceux des autres. Je me suis donc uni, moi, par les liens du mariage, à la fille d'un Perse, Oxyartès, et n'ai pas dédaigné de reconnaître les fils d'une captive. Puis, tout aussitôt, désireux d'accroître le nombre de mes rejetons, j'ai pris pour épouse la fille de Darius[1], et j'ai incité les plus proches de mes amis à avoir des enfants avec les captives : j'ai voulu, par cette alliance sainte, abolir toute différence entre vaincu et vainqueur. Per-

1. En février 324, à Suse, Alexandre avait épousé l'aînée des filles de Darius, Statira, pendant qu'Héphestion épousait la cadette Drypétis. Les principaux des gardes du corps se mariaient en même temps avec des jeunes filles de l'aristocratie perse ou mède. Ces unions symbolisaient la fusion, voulue par l'idéalisme généreux et l'esprit politique d'Alexandre, entre l'Occident grec et les races de l'Orient dont le passé avait le plus de prestige. Cette politique de mariages entre Orientales et Macédoniens fut continuée, après la mort d'Alexandre, par Ptolémée et, bien davantage, par Séleucus : cf. W. Tarn, *Queen Ptolemais and Apama*, dans *The Class. Quarterly*, 1929, p. 138 sq.

sent, adhibito interprete talem orationem habuit :

« [7]Cum ex Europa traicerem in Asiam multas nobiles gentes, magnam uim hominum imperio meo me additurum esse sperabam. Nec deceptus sum quod de his credidi famae. [8]Sed ad illa hoc quoque accessit, quod uideo fortes uiros erga reges suos pietatis inuictae. [9]Luxu omnia fluere credideram et nimia felicitate mergi in uoluptates. At, hercules, munia militiae hoc animorum corporumque robor*e* aeque inpigre toleratis ; et cum fortes uiri sitis, non fortitudinem magis quam fidem colitis. [10]Hoc ego [non] nunc primum profiteor, sed olim scio. Itaque et dilectum e uobis iuniorum habui, et uos meorum militum corpori inmiscui. Idem habitus, eadem arma sunt uobis. Obsequium uero et patientia imperii longe praestantior est quam ceteris. [11]Ergo ipse Ox*yar*tis Persae filiam mecum in matrimonio iunxi non dedignatus ex captiua liberos tollere. [12]Mox deinde cum stirpem generis mei latius propagare cuperem, uxorem Darei filiam duxi, proximisque amicorum auctor fui ex captiuis generandi liberos, ut hoc sacro foedere omne discrimen uicti et uictoris excluderem. [13]Proinde genitos esse uos mihi, non ascitos milites credite. Asiae et Europae unum atque idem regnum est. Macedonum uobis arma do. Inueteraui peregrinam nouitatem ; et ciues mei estis et milites. [14]Omnia eundem ducunt colorem. Nec Persis Macedonum more*m*

7 ex *om.F, rest. corr.* || additurum BF^cLMV : adituram *F* || **9** fluere BFL^cMV : fuere *L* || militiae BL^cMV : miliciae *FL* || robore *Francinus* : robor [robur M^c] Σ || fortes $BFLM^cV$: fortis *M* || **10** ego *M* : ergo *BFLV* || nunc *edd.* : non nunc *codd.* || patientia *BLMV* : pacientia *F* || praestantior est B^cM : praestantiore *BLMV* praetantiore *F* || **11** Oxyartis *Alde* : oxiratis *codd.* || in Σ : *secl. Hedicke* || iunxi *BFLM* : iuncxi *V* || **12** fui BF^cL^cMV : fuit *F* fut *L* || **13** atque *BFMV* : adque *L* || **14** ducunt B^cFLMV : dicunt *B* || morem *Vindelin* : more Σ.

suadez-vous donc que vous êtes mes soldats par la naissance, non par l'enrôlement. Asie et Europe ne forment qu'un seul et même royaume. Je vous octroie les armes des Macédoniens ; j'ai donné un passé à votre nouveauté d'étrangers ; vous êtes mes concitoyens, mes soldats. Tout revêt une teinte identique. Il n'est inconvenant ni pour les Perses de calquer les coutumes des Macédoniens, ni pour les Macédoniens d'imiter les Perses. Il faut que la loi soit la même pour ceux qui ont à vivre sous le même roi[1]... »

IV. « Jusques à quand, dit-il, obéiras-tu à ton ressentiment, qui se traduit même par des supplices — des supplices empruntés à l'étranger ? Tes soldats, tes concitoyens, sans que leur cause soit instruite et sous la conduite, hélas ! de ceux qu'ils ont fait prisonniers, on les traîne au châtiment. Si tu juges qu'ils ont mérité la mort, au moins change les exécuteurs. » C'est l'amitié, s'il avait pu endurer la vérité, qui donnait ce conseil à Alexandre ; mais de la colère il était passé à la rage. Et de nouveau — car ceux qui avaient reçu son ordre avaient marqué une hésitation — il ordonna de jeter les coupables au fleuve avec leurs chaînes. Même ce supplice ne provoqua pas de soulèvement chez les soldats. Car ils se rendent par manipules auprès de ses généraux et de ses Amis, pour demander qu'il fît exécuter tous ceux qui, à son avis, portaient encore la souillure de la faute passée : ils s'offraient à sa colère ; qu'il massacrât...[2].

V. Sa vue leur tirait des larmes, et les soldats donnaient l'impression de regarder non plus le roi, mais ses funé-

1. Lacune. Après avoir rapporté la fin du discours d'Alexandre, Quinte-Curce contait l'exécution de quelques soldats macédoniens séditieux. Au chapitre IV, l'un d'eux s'adresse au roi.

2. Lacune, sans doute fort longue : Quinte-Curce devait raconter la réconciliation d'Alexandre et de ses troupes, la mort d'Héphestion, l'entrée à Babylone et le début de la maladie du roi.

adumbrare, nec Macedonibus Persas imitari indecorum. Eiusdem iuris esse debent qui sub eodem rege uicturi sunt. ». . . . .

IV. [1]« Quousque », inquit, « animo tuo etiam per supplicia et quidem externi moris *obs*equeris ? Milites tui, ciues tui incognita causa a ! captiuis suis ducentibus trahuntur ad poenam ? Si mortem meruisse i*u*dicas, saltem ministros supplicii muta. » [2]Amico animo, si ueri patiens fuisset, admonebatur ; sed in rabiem ira peruenerat. Itaque rursus, — nam parumper quibus imperatum erat dubitauerant, — mergi in amnem, sicut uincti erant, iussit. [3]Nec hoc quidem supplicium seditionem militum mouit. Namque copiarum duces atque amicos eius manipuli adeunt petentes, ut, si quos adhuc pristina noxa iudicaret esse con*ta*ctos, iuberet interfici : offerre se corpora ira*e* ; *t*rucidaret. . . . .

V. [1]Intuentibus lacrimae orbortae praebuere speciem iam non regem, sed funus eius uisentis exercitus. [2]Maeror tamen circumstantium lectum eminebat ; quos ut rex aspexit : « Inuenietis », inquit, « cum excessero, dignum talibus uiris regem ? » [3]Incredibile

V, 1-6 : Cf. Plut. Alex. 76 ; Arr. 7, 26.

Post uicturi sunt, *plura desunt* ; *in BL in marg.* hinc deest, *in M* hic desunt plura.

IV, 1 quidem *BFLM* : quidam *V* || obsequeris *Giunta* : exequeris Σ || a Σ, *Walter* : et *Stangl, Büttner* || poenam *BM* : paenam *FLV* || iudicas *I* : indicas Σ || 2 patiens *BFL*c*MV* : paciens *L* || uincti *BFLM* : uinti *V* || 3 seditionem *BFL*c*MV* : sedicionem *L* || contactos *I* : contractos Σ || irae : trucidaret *Modius* : ira retrucidaret Σ || *Post* trucidaret *plura desunt* ; *in B L*c *in marg.* hinc deest, *quod in BLV legitur in uersu* ; *in M in marg.* hic deest.

V, 1 obortae *BFMV* : obhortae *L* || 2 lectum *BF*c*L*c*MV* : luctum *FL* || rex aspexit *B*c*M* : rex pexit *B* respexit *FLV*.

railles. Cependant, ceux qui entouraient le lit trahissaient leur chagrin ; dès que le roi les eut remarqués : « Trouverez-vous, dit-il, quand je vous aurai quittés, un roi digne de pareils hommes ? » Qu'on le dise ou qu'on l'entende, le fait est incroyable : l'attitude qu'il avait choisie au moment de recevoir les soldats, il la conserva pendant tout le temps que mit l'armée entière pour lui rendre ce suprême hommage ; et une fois cette foule congédiée, comme libéré de toute dette envers la vie, il retomba, harassé. Il fit approcher davantage ses Amis, car la voix aussi avait commencé à lui manquer ; et il enleva de son doigt sa bague, qu'il remit à Perdiccas, en ajoutant la recommandation de faire porter son corps près de Jupiter Hammon. Et ils lui demandèrent à qui il laissait la royauté : il répondit qu'il la laissait à qui en était le plus digne, mais qu'il prévoyait déjà que cette rivalité lui vaudrait de beaux jeux funèbres. De nouveau, Perdiccas l'interrogea sur la date qu'il choisissait pour qu'on lui rendît les honneurs divins ; il répondit qu'il choisissait le moment où eux-mêmes seraient heureux. Ce fut la dernière parole du roi, et, peu après, il s'éteint[1].

Tout d'abord, le palais entier retentissait de gémissements et de sanglots ; puis, comme en un désert de solitude, tout se tut, figé dans un silence lugubre : la douleur se mettait à réfléchir sur ce qui allait arriver. Les pages, habitués à la garde de sa personne, étaient

1. Au matin du 28 daisios (13 juin 323). La relation de Quinte-Curce offre de nombreux points de contact avec celle de Justin : *Quarto die, Alexander indubitatam mortem sentiens, agnoscere se fatum domus maiorum suorum ait, nam plerosque Aeacidarum intra XXX annum defunctos. Tumultuantes deinde milites insidiisque perire regem suspicantes ipse sedauit eosque omnes, cum prolatus in editissimum urbis locum esset, ad conspectum suum admisit osculandamque dexteram suam flentibus porrexit. Cum lacrimarent omnes, ipse non sine lacrimis tantum, uerum sine ullo tristioris mentis argumento fuit, ut quosdam impatientius dolentes consolatus sit, quibusdam mandata ad parentes eorum dederit ; adeo sicuti in hostem, ita et in mortem inuictus animus fuit* (12, 15, 1 sq).

dictu audituque, in eodem habitu corporis, in quem se conposuerat, cum admissurus milites esset, durasse, donec a toto exercitu illud ultimum persalutatus est ; dimissoque uulgo, uelut omni uitae debito liberatus fatigata membra reiecit. [4] Propiusque adire iussis amicis, — nam et uox deficere iam coeperat, — detractum anulum digito Perdiccae tradidit adiectis mandatis, ut corpus suum ad Hammonem ferri iuberent. [5] Quaerentibusque his cui relinqueret regnum, respond*it* ei qui esset optimus, ceterum prouide*re* iam se ob id certamen magnos funebres ludos parari sibi. [6] Rursus Perdicca interrogante quando caelestes honores haberi sibi uellet, dixit tum uelle, cum ipsi felices essent. Suprema haec uox fuit regis, et paulo post extinguitur.

[7] Ac primo ploratu lamentisque et planctibus tota regia personabat ; mox, uelut in uasta solitudine omnia tristi silentio muta torpebant, ad cogitationes quid deinde futurum esset dolore conuerso. [8] Nobiles pueri custodiae corporis eius adsueti nec doloris magnitudinem ca*pe*re, nec se ipsos intra uestibulum regiae tenere potuerunt ; uagique et furentibus similes tantam urbem luctu ac maerore conpleuerant nullis questibus omissis, quos in tali casu dolor suggerit. [9] Ergo, qui extra regiam adstiterant, Macedones

3 auditque *BLMV* : auditoque *F* ‖ admissurus *B* : amissurus *B*ᶜ*FL MV* ‖ dimissoque *BLMV* : dimisoque *F* ‖ uelut *BF*ᶜ*LM* : uelud *FV* ‖ omni *FLV* : omne *BM* ‖ **4** Propiusque *BLMV* : propriusque *F* ‖ deficere *B*ᶜ*L*ᶜ*MV*ᶜ : decipere *BF* deficere decipere *L* *om.V* ‖ coeperat *BFM* : ceperat *LV* ‖ Hammonem *B*ᶜ*M* : ammonem *BFLV* ‖ **5** respondit *B*ᶜ : respondet Σ ‖ prouidere *Modius* : prouide Σ ‖ parari *BF LM* : parare *V* ‖ **8** capere nec se *Freinsheim* : canecse *BL* carere nec se *B*ᶜ carere nece *F* carere nesce *F*ᶜ nacere *L*ᶜ carere nec se *M* carere *V* ‖

[Intra *P,BFLMV*

tantam *codd.* : totam *B*ᶜ ‖ maerore Σ : memore *P* ‖ quos Σ : cos *P* ‖ in tali *P,B*ᶜ*F*ᶜ*LMV* : itali *B* in itali *F* ‖ **9** adstiterant *BF*ᶜ*LMV* : adsisterant *P* adstiterunt *F*.

incapables de maîtriser l'immensité de leur peine, ni de se tenir à l'intérieur du vestibule ; errants et pareils à des forcenés, ils remplissaient une si grande ville de leur deuil et de leur chagrin, sans négliger aucune des plaintes que la douleur suggère dans un tel malheur. D'où l'arrivée précipitée de ceux qui avaient stationné hors du palais, tant Macédoniens que Barbares ; et, dans la communauté de la peine, on ne pouvait distinguer les vaincus des vainqueurs. Les Perses rappelaient le maître si juste et si doux ; les Macédoniens, le roi parfait et si courageux : il naissait une sorte de rivalité dans la douleur[1]. Outre la voix de l'affliction, celle de l'indignation se faisait entendre : « C'était la jalousie des dieux qui l'avait enlevé à l'humanité, en pleine force et dans la fleur de sa vie et de son destin. » Sa vigueur, son expression quand il entraînait les soldats au combat, assiégeait les villes, escaladait les murailles ou récompensait le courage devant l'armée réunie, tout cela se présentait aux yeux. Alors, les Macédoniens se repentaient de lui avoir dénié les honneurs divins, et ils avouaient leur impiété et leur ingratitude pour avoir frustré ses oreilles d'un titre dû. Et, après être restés longtemps soit à vénérer leur roi soit à le regretter, leur pitié se reporta sur eux-mêmes. Partis de Macédoine, ils se rendaient compte de leur abandon, au delà de l'Euphrate, au milieu d'ennemis qui méprisaient une domination récente : « En l'absence d'un indiscutable héritier du roi, en l'absence d'un héritier du royaume, chacun tirerait à soi les forces publiques ». Les guerres civiles qui ont suivi, on les pressentait à la réflexion : « une seconde fois, il leur faudrait verser leur sang, non pour avoir l'Asie, mais pour avoir un roi ; des blessures nouvelles rouvriraient les cicatrices anciennes ; vieux, fatigués, eux qui

1. N'est-ce pas le plus bel hommage rendu à la mémoire d'Alexandre ?

pariter Barbarique, concurrunt ; nec poterant uicti a uictoribus in communi dolore discerni. Persae iustissimum ac mitissimum dominum, Macedones optimum ac fortissimum regem inuocantes certamen quoddam maeroris edebant. [10]Nec maestorum solum, sed etiam indignantium uoces exaudiebantur, tam uiridem et in flore aetatis fortunaeque inuidia deum ereptum esse rebus humanis. Vigor eius et uultus educentis in proelium milites, obsidentis urbes, euadentis in muros, fortes uiros pro contione donantis occurrebant oculis. [11]Tum Macedones diuinos honores negasse ei paenitebat, inpiosque et ingratos fuisse se confitebantur, quod aures eius debita appellatione fraudassent. Et cum diu nunc in ueneratione, nunc in desiderio regis haesissent, in ipsos uersa miseratio est. [12]Macedonia profecti ultra Euphraten *in* mediis hostibus nouum imperium aspernantibus destitutos se esse cernebant : sine certo regis herede, sine herede regni publicas uires ad se quemque tracturum. [13]Bella deinde ciuilia, quae secuta sunt, mentibus augurabantur : iterum non de regno Asiae, sed de rege ipsis sanguinem esse fundendum ; nouis uulneribus ueteres rumpendas cicatrices ; [14]senes, debiles, modo petita missione a iusto rege, nunc morituros

V, 7-18 : Diod. 17, 117 ; Plut. Alex. 76 ; Arr. 7, 26.

optimum Σ : optissimum *P* ‖ maeroris Σ : nemoris *P* ‖ **10** uiridem P^c,Σ : uicidem *P* ‖ inuidia *P,BLMV* : inuidi *F* ‖ eius *codd.* : oris *Cornelissen* ‖ ereptum *BFLM* : erepta *P* creptam *V* ‖ euadentis *BFMV* : euadentes *P* euadent*s *L* ‖ muros Σ : mures *P* ‖ uiros pro *P,*B^c*FLMV* : uiros uiros *B* ‖ contione *P,BFLM* : concione *V* ‖ donantis *P* : donatis Σ ‖ **11** paenitebat *P* : paenitebant Σ ‖ ingratos *P,B*F^c*LMV* : ingratosque *F* ‖ appellatione Σ : apellatione *P* ‖ haesissent *P,BFLM* : esissent *V* ‖ **12** in mediis *Zumpt* : mediis *codd.* ‖ destitutos B^c*M* : distitutos *P, BFLV* ‖ sine herede regni *codd.* : *secl. Zumpt, Mützell, Damste,* sine sede regni *Cornelissen* ‖ **13** ciuilia *P* : ciuili Σ ‖ ipsis *P,BFLM* : ipsi *V* ‖ rumpendas Σ : rumpandas *P* ‖ **14** a iusto B^c*M* : iusto *codd.*

venaient de demander leur congé à leur roi légitime, ils allaient maintenant mourir pour assurer la tyrannie peut-être de quelque satellite inconnu ».

Comme ils roulaient ces pensées, la nuit survint et augmenta leur terreur. Les soldats veillaient, sous les armes. Les Babyloniens, soit du haut des murailles, soit chacun du faîte de sa maison, regardaient au loin, avec l'idée que ce qu'ils verraient les renseignerait mieux. Personne n'osait allumer les flambeaux ; et, comme la vue ne servait plus, l'oreille était à l'affût des bruits et des voix ; bien souvent, effrayés de craintes injustifiées, le long des ruelles obscures ils se heurtaient les uns aux autres, tour à tour suspects et inquiets. Les Perses s'étaient rasé les cheveux selon leur coutume, et, en vêtements de deuil, avec leurs femmes et leurs enfants, ils pleuraient en lui non un vainqueur et naguère encore un ennemi, mais le roi le plus légitime de leur pays, et leur regret était véritable. Habitués à vivre en monarchie, ils reconnaissaient que nul autre n'avait été plus digne de les gouverner. Le deuil n'était pas enfermé dans les murs de la ville ; mais dans la région attenante, ensuite dans une notable partie de l'Asie en deçà de l'Euphrate, la nouvelle d'un si grand malheur s'était répandue. Vite, elle parvint jusqu'à la mère de Darius. Lacérant donc la robe dont elle était revêtue, elle se mit en deuil, et, s'arrachant les cheveux, se jeta à terre. Elle avait auprès d'elle l'une de ses deux petites-filles, en deuil de son mari Héphestion, qu'elle venait de perdre ; à celle-ci l'affliction générale rappelait des raisons personnelles de souffrir. Mais Sisigambis avait à supporter les maux de tous les siens ; elle pleurait et sur elle-même et sur ses petites-filles. Son malheur récent avait aussi réveillé le passé. On eût dit qu'elle venait de perdre Darius, et que la malheureuse avait deux fils également à conduire au tombeau. Elle pleurait à la fois les morts et les vivants : « Qui, en effet, s'occuperait des jeunes femmes ? Qui serait

pro potentia forsitan satellitis alicuius ignobilis. [15]Has cogitationes uoluentibus nox superuenit terroremque auxit. Milites in armis uigilabant. Babylonii alius e muris, alius culmine sui quisque tecti prospectabant, quasi certiora uisuri. [16]Nec quisquam lumina audebat accendere ; et, quia oculorum cessabat usus, fremitus uocesque auribus captabant ; ac plerumque, uano metu territi per obscuras semitas alius alii occursantes inuicem suspecti ac solliciti ferebantur. [17]Persae comis s*uo* more detonsis in lugubri ueste cum coniugibus ac liberis, non ut uictorem et modo [ut] hostem, sed ut gentis suae iustissimum regem uero desiderio lugebant. Ac sueti sub rege uiuere non alium, qui imperaret ipsis, digniorem fuisse confitebantur. [18]Nec muris urbis luctus continebatur ; sed proximam regionem ab ea, deinde magnam partem Asiae cis Euphraten tanti mali fama peruaserat. [19]Ad Darei quoque matrem celeriter perlata est. Abscissa ergo ueste, quam induta erat, lugubrem sumpsit laceratisque crinibus humi corpus abiecit. [20]Adsidebat ei altera ex ne*pt*ibus nuper amissum *H*eph*ae*stionem, cui nupserat, lugens propriasque causas doloris in communi maestitia retractab*at*. [21]Sed omnium suorum mala Sisigambis una capiebat ; illa suam, illa neptium uicem flebat. Recens dolor etiam praeterita reuocauerat. Crederes modo amissum

V, 19-25 : Cf. Diod. 17, 118.

15 uoluentibus *P,BLMV* : uolentibus *F* || Babylonii *BFLM* : babilonii *P* babillonii *V* || quisque Σ : quis *P* || certiora *P,BFL*^c^*M* : cerciora *LV* || **16** usus Σ : usu *P* || plerumque *P* : plerumque quae Σ || **17** comis suo *Palmer* : commisso *codd.* || cum coniugibus *P* : coniugibus Σ || ut *del. Vindelin* || ac sueti *P,B* : assueti *B*^c^*FLMV* || **18** Euphraten *P,BLMV* : eufraten *F* || **19** Abscissa Σ : abscisa *P* || quam *P* : qua Σ || **20** neptibus *Lauer* : nepotibus *codd.* || Hephaestionem *Cospus* : ephestionem *codd.* || maestitia *P,BFL* : mesticia *MV* || retractabat *Freinsheim* : retractabant *codd.* || **21** Sisigambis Σ : sisimgambis *P*.

un autre Alexandre ? C'était pour elles une seconde captivité, une seconde dépossession de la royauté ; elles avaient trouvé quelqu'un pour les protéger, une fois Darius mort : elles ne trouveraient assurément personne, après Alexandre, pour leur octroyer un regard ». En même temps, lui revenaient à l'esprit ses quatre-vingts frères assassinés le même jour par Ochus[1], le plus barbare des rois, et le massacre de tant de fils complété par celui du père ; sur les sept enfants qu'elle avait mis au monde, il n'en restait qu'un ; même pour Darius, une brève prospérité avait seulement permis une disparition plus cruelle. A la fin, elle succomba à la douleur ; tête voilée, après avoir écarté sa petite-fille et son petit-fils tombés à ses genoux, elle renonça également à la nourriture et à la lumière. Cinq jours après avoir pris la décision de mourir, elle s'éteignit. C'est, à coup sûr, une forte preuve de la bienveillance d'Alexandre à son égard et de sa justice envers tous les prisonniers, que la mort d'une femme qui, bien qu'elle eût supporté de vivre après Darius, rougit de survivre à Alexandre.

Et, par Hercule, à juger le roi sans parti-pris, il est évident que ses qualités proviennent de sa nature, et ses vices, ou de sa fortune ou de son âge. Une incroyable force d'âme, une endurance presque excessive à la peine, un courage qui le distingua non seulement entre les rois, mais entre ceux même dont ce fut la seule vertu, une libéralité qui souvent l'amenait à octroyer plus qu'on ne demande aux dieux, la clémence envers les vaincus : tant de royaumes ou rendus à ceux qui les avaient perdus sous ses coups, ou accordés en dons ! un mépris constant de la mort, dont la crainte glace les autres, un désir de gloire et de louange, qui dépassait la mesure, mais admissible vu sa jeunesse et un si haut destin ; en outre, sa piété envers père et mère : car il avait décidé de placer

1. Artaxerxes Ochus, roi de 359 à 338. Cf. Val. Max, 9, 2 ext., et Justin 10, 3, 1.

Dareum, et pariter miserae duorum filiorum exequias esse ducendas. Flebat simul mortuos uiuosque : [22]quem enim puellarum acturum esse curam ? quem alium futurum esse Alexandrum ? iterum esse se captas, iterum exc*i*disse regnum ; qui mortuo Dareo ipsas tueretur, repperisse ; qui post Alexandrum respiceret, utique non reperturas. [23]Subibat inter haec animum LXXX fratres suos eodem die ab Ocho, saeuissimo regum, trucidatos adiectumque stragi tot filiorum patrem ; e septem liberis, quos genuisset ipsa, unum superesse ; ipsum Dareum floruisse paulisper, ut crudelius posset extingui. [24]Ad ultimum dolori succubuit, obuolutoque capite accidentes genibus suis neptem nepotemque auersata cibo pariter abstinuit et luce. Quinto, postquam mori statuerat, die extincta est. [25]Magnum profecto Alexandri indulgentiae in eam iustitiaeque in omnes captiuos documentum est mors huius, quae, cum sustinuisset post Dareum uiuere, Alexandro esse superstes erubuit.

[26]Et, hercule, iuste aestimantibus regem liquet bona naturae eius fuisse, uitia uel fortunae uel aetatis. [27]Vis incredibilis animi ; laboris patientia propemodum nimia ; fortitudo non inter reges modo excellens, sed inter illos quoque, quorum haec sola uirtus fuit ; [28]liberalitas saepe maiora tribuentis, quam a dis petuntur ; clementia in deuictos ; tot regna aut reddita, quibus ea dempserat bello, aut

22 quem *P* : quam Σ ‖ excidisse B^c : excedisse *codd.* ‖ regnum *P* : regno P^c,Σ ‖ ipsas tueretur Σ : ipse stuperetur *P* ‖ post *P* : plus Σ ‖ **24** succubuit *FMV* : subcubuit *P,BL* ‖ accidentes *P,BFLV* : accidentis *M* assidentes M^c ‖ nepotemque *P*,B^c*FLMV* : neptemque *B* ‖ **25** Alexandri *P* : alexandro Σ ‖ iustitiaeque *P,BF* : iusticiaeque *LMV* ‖ **27** patientia L^c*FM* : pacientia *P,BLV* ‖ **28** aut Σ : haud *P* ‖ ea dempserat *M* : eadem erat *P* eademserat *BFLV*, ademerat *Bentley*.

Olympias au nombre des Immortels, et il avait vengé Philippe ; puis sa bienveillance pour presque tous ses amis, ses bons sentiments envers ses soldats, une lucidité égale à sa grandeur d'âme, et une habileté comme on en est difficilement susceptible à son âge, de la modération dans des passions immodérées, la pratique de l'amour limitée au désir naturel, et seules les voluptés permises : c'étaient là assurément ses qualités personnelles. Voici la part du destin : s'égaler aux dieux et revendiquer les honneurs du ciel, croire aux oracles qui l'y incitaient, et s'irriter avec une violence injustifiable contre ceux qui refusaient de l'adorer, changer son costume pour la tenue étrangère, emprunter aux peuples soumis leurs mœurs, qu'il avait méprisées avant la victoire. Car l'emportement et la passion du vin, puisque sa jeunesse les avait irrités, sa vieillesse aurait pu les adoucir. Il faut pourtant avouer que, s'il dut extrêmement à ses mérites, il a dû davantage à la fortune, dont, seul de tous les humains, il a été le maître. Que de fois l'a-t-elle enlevé à la mort ! Que de fois, quand sa témérité l'entraînait aux dangers, l'a-t-elle protégé avec un bonheur constant ! A sa vie, elle a fixé le même terme qu'à sa gloire. Les destins ont attendu qu'après avoir dompté l'Orient et abordé l'Océan, il réalisât tout ce qu'admet la condition humaine. Tel est le roi, le général à qui l'on cherchait un successeur ; mais la charge était trop forte pour les épaules d'un seul !

Aussi, son nom seul et la renommée de ses actes dispersèrent-ils, à travers presque toute la terre, rois et royaumes ; et l'on tint pour très glorieux ceux qui, même pour une bien faible part, furent liés à un si grand destin[1].

1. Morceau à effet, d'une belle venue, mais où l'admiration qu'inspire le héros à l'écrivain est limitée par l'adoption du point de vue moralisant des Cyniques et des Stoïciens (antithèse *uirtus* — *fortuna*), et par une compréhension insuffisante du génie *politique* d'Alexandre. L'ensemble est très supérieur à la conclusion de Justin (12, 16) :

dono data ; [29]mortis, cuius metus ceteros exanimat, perpetua contemptio ; gloriae laudisque ut iusto maior cupido, ita ut iuueni et in tantis *sa*ne *re*mittenda rebus ; [30]iam pietas erga parentes, quorum Olympiada inmortalitati consecrare decreuerat, Philippum ultus erat ; [31]iam in omnes fere amicos benignitas, erga milites beniuolentia, consilium par magnitudini animi et, quantam uix poterat aetas eius capere, sollertia ; [32]modu*s* inmodicarum cupiditatum ; Veneris intra naturale desiderium usus, nec ulla nisi ex permisso uoluptas, ingen*ii* profecto dotes erant. [33]Illa fortunae : dis aequare se et caelestes honores accersere ; et talia suadentibus oraculis credere, et dedignantibus uenerari ipsum uehementius quam par esset irasci ; in externum habitum mutare corporis cultum ; imitari deuictarum gentium mores, qu*o*s ante uictoriam spreuerat. [34]Nam iracundiam et cupidinem uini, sicuti iuuenta inritauerat, ita senectus mitigare potuisset. [35]Fatendum est tamen, cum plurimum uirtuti debuerit, plus debuisse fortunae, quam solus omnium mortalium in potestate habuit. Quotiens illum a morte reuocauit ! quotiens temere in pericula uectum perpetua felicitate protexit ! [36]Vitae

V, 26-37 : Cf. Arr. 7, 28-30.

29 metus *P,BFLM* : detus *V* || contemptio *BLMV* : contentio *P,F* || ut iuueni *codd.* : in iuuene *Jeep* || sane remittenda *Lindgren* : nec amittenda *codd.*, neglegenda *Hedicke* || **30** Olympiada $B^{c}M$: olimpiada *P,BFLV* || inmortalitati Σ : inmortalitate *P* || consecrare decreuerat *P,BLMV* : consecrauerat *F* || ultus $P,BF^{c}LMV$: uultus *F* || sollertia $FL^{c}V$: solertia *P* sollertiam *B* sollercia *L* sollerciam *M* || **32** modus *Lauer* : modum *codd.* || ingenii *Acidalius* : ingentes *codd.*, *Stangl* || profecto Σ : praefecto *P* || erant Σ : erat *P*, erant naturae *Stangl.* || **33** dis aequare P^{c},Σ : dis aeaequare *P* || dedignantibus *P,BFMV* : declinantibus *L* || uenerari Σ : uaenerari *P* || mutare $P^{c},BFL^{c}MV$: matare *P* mitare *L* || imitari P^{c},Σ : himitari *P* || quos *I* : quas *codd.* || **34** uini sicuti *P,BLMV* : uinis ecuti *F* || ita $P,B^{c}FLMV$: ut a *B* || **35** debuisse Σ : debuisset *P* || quotiens *P,BFMV* : quociens *L* || illum $P,BF^{c}LMV$: temere *F*.

VI. Or donc, — pour reprendre le cours de mon récit, — à Babylone, les gardes du corps convoquèrent au palais royal les premiers des Amis et les chefs des troupes. Les soldats les suivirent en foule, désireux de savoir à qui passerait la Fortune d'Alexandre. Bien des généraux, à qui la masse des simples soldats barrait la route, ne pouvaient pénétrer dans le palais, malgré le héraut qui empêchait d'entrer quiconque n'était pas appelé nominalement. Mais son instabilité rendait l'autorité méprisable. Et ce fut d'abord un renouvellement de plaintes violentes et de pleurs ; ensuite, l'attente de l'avenir refoula les larmes et créa le silence. Alors, sur le siège royal exposé à la vue de tous et où se trouvaient le diadème et le vêtement d'Alexandre avec ses armes, sur ce siège, Perdiccas déposa encore l'anneau, que, la veille, le roi lui avait remis. A cette vue, tous recommencèrent à pleurer, et le deuil redoubla. Et Perdiccas : « Pour ma part, dit-il, cet anneau par lequel il cachetait d'ordinaire ce qui faisait la force de son trône et de son autorité, bien qu'il me l'ait donné personnellement, je vous le rends. Par ailleurs, quoique la colère des dieux ne puisse pas trouver un malheur égal à celui qui nous a atteints, il est cependant permis de penser, quand on examine l'ampleur de ses exploits, que ce grand homme a été seulement prêté

Decessit Alexander mensem unum et annos tres et XXX natus, uir supra humanam potentiam magnitudine animi praeditus. Qua nocte eum mater Olympias concepit, uisa per quietem est cum ingenti serpente uolutari, nec decepta somnio est, nam profecto maius humana mortalitate opus utero tulit ; quam cum Aecidarum gens ab ultima saeculorum memoria et regna patris, fratris, mariti ac deinceps maiorum omnium inlustrauerunt, nullius tamen nomine quam filii clarior est. Prodigia magnitudinis eius ipso ortu nonnulla apparuere. Nam ea die, qua natus est, duae aquilae tota die perpetes supra culmen domus patris eius sederunt, omen duplicis imperii, Europae Asiaeque, praeferentes... Accepto deinde imperio, regem se terrarum omnium ac mundi appellari iussit, tantamque fiduciam sui militibus fecit ut, illo praesente, nullius hostis arma nec inermes timuerint. Itaque cum nullo hostium umquam congressus est, quem non uicerit, nullam urbem obsedit, quam non expugnauerit, nullam gentem adiit, quam non calcauerit. Victus denique ad postremum est non uirtute hostili, sed insidiis suorum ac fraude ciuili.

quoque finem eundem illi, quem gloriae, statuit. Expectauere eum fata, dum Oriente perdomito aditoque Oceano quidquid mortalitas capiebat inpleret. [37]Huic regi ducique successor quaerebatur; sed maior moles erat, quam ut unus subire eam posset. Itaque nomen quoque eius et fama rerum in totum propemodum orbem reges ac regna diffudit; clarissimique sunt habiti, qui etiam minimae parti tantae fortunae adhaeserunt.

VI. [1]Ceterum Babylone, — inde enim deuertit oratio, — corporis eius custodes in regiam principes amicorum ducesque copiarum aduocauere. Secuta est militum turba cupientium scire, in quem Alexandri Fortuna esset transitura. [2]Multi duces frequentia militum exclusi regiam intrare non poterant, cum praeco exceptis, qui nominatim citarentur, adire prohiberet. Sed precarium spernebatur imperium. [3]*Ac* primum eiulatus ingens ploratusque renouatus est, deinde futuri expectatio inhibitis lacrimis silentium fecit. [4]Tunc Perdicca regia sella in conspectum uolgi data, in qua diadema uestisque Alexandri cum armis erant, anulum sibi pridie traditum a rege in eadem sede posuit. Quorum aspectu rursus obortae omnibus lacrimae integrauere luctum. [5]Et Perdicca : « Ego quidem », inquit, « anulum, quo ille regni atque imperii uires obsignare erat solitus, traditum ab ipso

VI : Cf. Diod. 18, 2; Arr. Succ. Alex. 1.

36 Oriente Σ : moriente *P* || Oceano Σ : aceano *P* || **37** unus Σ : unius *P* || adhaeserunt Σ : adeserunt *P*.

VI, **1** Babylone *B*c*M* : babilone *P,F* babillone *P*c,*BLV* || aduocauere *P*c,Σ : aduocare *P* || transitura *P,BFMV* : trasitura *L* || **2** adire *P*c,Σ : adhire *P* || prohiberet *P*c,*BFLV* : proiberet *P* prohibet *M* || **3** Ac primum *Lauer* : ad primum *codd.* || **4** conspectum *P,BFMV* : conspectu *L* || sede Σ : sedem *P* || **5** imperii *P,BFMV* : imperio *L*.

par les dieux à l'humanité à la condition de le rappeler sans tarder à ses origines, dès l'accomplissement de sa mission humaine. Donc, puisqu'il ne nous reste de lui que ce qui n'a jamais part à l'immortalité, rendons, le plus tôt possible, à son corps et à son nom les honneurs légitimes, sans oublier dans quelle ville et parmi quels gens nous sommes, ni de quel protecteur, de quel roi nous voici frustrés. Il faut aviser, camarades, et réfléchir aux moyens de conserver, parmi ceux sur qui nous l'avons obtenue, la victoire que nous tenons. Un chef est nécessaire : un ou davantage ? Cela dépend de vous. Ce qu'il faut que vous sachiez, c'est qu'une masse de soldats sans général est un corps sans vie. Voici six mois que Roxane est enceinte. Nous souhaitons qu'elle accouche d'un fils qui, avec l'assentiment des dieux, aura le trône, quand il sera grand. En attendant, choisissez ceux que vous voulez voir à votre tête ». Ainsi parla Perdiccas.

Alors Néarque dit que nul ne pouvait s'étonner que seuls fussent aptes à la dignité royale le sang et la descendance d'Alexandre : « Mais attendre un roi encore à naître et en négliger un qui existait déjà, cela ne convenait ni à l'état d'esprit des Macédoniens ni au moment actuel. Il existait un fils du roi et de Barsine[1] : à lui revenait le diadème ». Ces paroles n'avaient l'adhésion de personne. Aussi les soldats ne cessaient-ils de faire du bruit en heurtant, selon la coutume de chez eux, les lances contre les boucliers, et l'on ne se trouvait pas loin d'une émeute, car Néarque défendait son avis avec trop d'âpreté. Alors Ptolémée : « Assurément, dit-il, c'est là un rejeton qui mérite de commander à un peuple de Macédoniens[2], un fils de Roxane ou de Barsine, captif

1. Autrefois épouse de Memnon, elle donna un fils à Alexandre, Hercule, en 328 environ.

2. L'on est loin de l'idéal de fusion des races, symbolisé par les fêtes nuptiales de Suse.

mihi, reddo uobis. [6]Ceterum, quamquam nulla clades huic, qua adfecti sumus, par ab iratis dis excogitari potest, tamen magnitudinem rerum quas egit intuentibus credere licet, tantum uirum deos adcommodasse rebus humanis, quarum sorte conpleta cito repeterent eum suae stirpi. [7]Proinde, quoniam nihil aliud ex eo superest, quam quod semper ab inmortalitate seducitur, corpori nominique quam primum iusta soluamus haud obliti in qua urbe, inter quos simus, quali praeside ac rege spoliati. [8]Tractandum est, commilitones, cogitandumque ut uictoriam partam inter hos, de quibus parta est, obtinere possimus. Capite opus est : hocine uno an pluribus, in uestra potestate est. Illud scire debetis, militarem sine duce turbam corpus esse sine spiritu ? [9]Sextus mensis est, in quo Roxane praegnans est. Optamus ut marem enitatur, cuius regnum dis adprobantibus futurum, quandoque adoleuerit. Interim, a quibus regi uelitis, destinate. » Haec Perdicca.

[10]Tum Nearchus Alexandri modo sanguinem ac stirpem regiae maiestati conuenire neminem ait posse mirari ; [11]ceterum, expectari nondum ortum regem et, qui iam sit, praeteriri, nec animis Macedonum conuenire, nec tempori rerum. Esse a Barsine filium regis : huic diadema dandum. [12] Nulli placebat oratio. Itaque suo more hastis scuta quatientes obstrepere perseuerabant, iamque prope ad seditio-

7 ex *om. L, rest. corr.* || inmortalitate Σ : imortalitate *P* || nominique *codd.* : numinique *Gleye* || **8** commilitones *M* : comilitones *P,BFLV* || cogitandumque B^c*M* : cogitantumque *P,BFL* cogitatumque *V* || hocine uno an *codd.* : hocne uno an M^c, hoc nominare *Bentley* || pluribus *M* : *om. P,BFLV* || **9** mensis *P,BLM* : mensi*s *F* mensus *V* || praegnans Σ : praegna *P* || quibus *I* : quibusque *P,FLMV* quibus**B* || **10** mirari *codd.* : infitiari *Bentley* || **11** ortum *P*,B^c*FLMV* : hortum *B* || praeteriri *P,BFLM* : praeteriti *V* || **12** hastis *P,B*L^c*MV* : astis *F* hestis *L* || quatientes *BF*L^c*MV* : quacientes *P,L*

plus qu'à moitié, dont l'Europe se refusera à prononcer même le nom. Si nous avons vaincu les Perses, c'est donc pour que nous soyons les esclaves de leurs descendants ? Or cela, les rois légitimes, Darius et Xerxès, y ont prétendu sans résultat, malgré leurs bataillons innombrables et leurs flottes énormes. Je propose que, plaçant le trône d'Alexandre dans le palais, ses conseillers ordinaires se réunissent toutes les fois qu'une délibération en commun sera nécessaire, et que l'on s'en tienne à la décision de la majorité ; que les généraux et les préfets des troupes obéissent au dit conseil ! » Ptolémée recevait quelques adhésions, et moins que lui, Perdiccas. Alors Aristonus commença par dire qu'Alexandre, consulté sur le choix de son successeur, avait voulu qu'on choisît le meilleur : « Or, de lui-même, il avait jugé que le meilleur était Perdiccas, puisqu'il lui avait remis son anneau : en effet Perdiccas ne s'était pas trouvé seul au chevet du mourant ; du regard, celui-ci avait fait le tour de ses Amis, et, sur le nombre, il avait choisi celui à qui remettre l'anneau. Donc il optait pour qu'on déférât le pouvoir suprême à Perdiccas ». On ne douta pas de l'excellence de son opinion[1]. Aussi, à l'unanimité, invitait-on Perdiccas à s'avancer et à passer l'anneau du roi.

Il hésitait, pris entre le désir et la modestie, et il croyait que, plus il mettrait de mesure à rechercher ce qu'il attendait, plus on insisterait pour le lui offrir. Il tergiversa donc et, longtemps incertain sur la conduite à tenir, il finit par se retirer ; il s'installa derrière ceux qui se trouvaient assis le plus près de lui[2]. Mais l'un

1. Il semble bien qu'Aristonus interprétait exactement le geste et la pensée d'Alexandre.

2. Tous les Mss. donnent *sederant*. La correction de Kinch, adoptée par Hedicke : *sedi erant*, ne s'impose pas. Perdiccas est au premier rang : au lieu d'avancer, et d'oser, il se retire (*recessit*), et il va se placer derrière ceux qui étaient assis tout près de lui (*proximi*) au moment où il hésitait.

nem peruenerant, Nearcho peruicacius tuente sententiam. [13]Tum Ptolom*a*eus : « Digna prorsus est soboles », inquit, « quae Macedonum imperet genti, Roxanes uel Barsinae filius, cuius nomen quoque Europam dicere pigebit, maiore ex parte captiui ! [14]Est cur Persas uicerimus, ut stirpi eorum seruiamus ? quod iusti illi reges, Dareius et Xerxes, tot milium agminibus tantisque classibus nequiquam petiuerunt. [15]Mea sententia haec est, ut sede Alexandri in regia posita, qui consiliis eius adhibebantur, coeant, quotiens in commune consulto opus fuerit, eoque, quod maior pars eorum decreuerit, stetur ; duces praefectique copiarum his pareant. » [16]Ptolom*a*eo quidam, pauciores Perdiccae adsentiebantur. Tum Aristonus orsus est dicere Alexandrum consultum, cui relinqueret regnum, uoluisse optimum deligi : iudicatum autem ab ipso optimum Perdiccam, cui anulum tradidisset : [17]neque enim unum eum adsedisse morienti, sed circumferent*em* oculos ex turba amicorum delegisse cui traderet. Placere igitur summam imperii ad Perdiccam deferri. [18]Nec dubitare quin uera censeret. Itaque uniuersi procedere in medium Perdiccam et regis anulum tollere iubebant.

Haerebat inter cupiditatem pudoremque et, quo

peruicacius *I* : peruicatius *P,M* peruiacius *BFL* peruiatius *V* || sententiam Σ : sententia *P* || **13** Ptolomaeus *Hedicke* : ptholomeus *P,BM* tolomeus *F* ptolomeus *LV* || Roxanes *P,BFLV* : roxanis B^cM || Barsinae *BFLM* : barsine *P,V*, barsines *Modius* || maiore *P,BFMV* : magore *L* || **14** Xerxes *B* : exerses *P,V* xerses B^cLM *xerses *F* || **15** haec *om.M*, *rest. corr.* || in regia posita Σ : ut regia aposita *P* || adhibebantur $BFLM^cV$: adhibeantur *P,M* || decreuerit P^c,Σ : decreuerant *P* || **16** Ptolomaeo *Hedicke* : ptholomeo *P,BFLM* ptolomeo *V* || adsentiebantur P^c,Σ : adsenteebantur *P* (*ut uid.*) || relinqueret BFL^cMV : reliqueret *P,L* || deligi Σ : diligi *P* || ipso Σ : ipsa *P* || anulum P,BFL^c *MV* : annulum *L* || **17** circumferentem *Giunta* : circumferenti *codd.* || delegisse Σ : deligisse *P* || Perdiccam *P,BFMV* : perdicam *L* || **18** dubitare *P,BFLV* : dubitauere B^cM || iubebant P,BF^cLMV : iuuebant *F* || pudoremque P,B^cFLMV : podoremque *B*.

des généraux, Méléagre[1], encouragé dans des sentiments qu'avaient fortifiés les hésitations de Perdiccas, dit : « Puissent les dieux écarter la Fortune d'Alexandre et la grandeur d'une pareille royauté de ces épaules-là : quelle chute ! Mais les hommes, au moins, ne le permettront pas. Je ne dis rien de ceux qui ont plus de noblesse que celui-ci, il s'agit seulement des gens de cœur, sans l'assentiment de qui rien ne doit se supporter. En fait, il n'y a pas de différence que vous ayez pour roi le fils de Roxane, le jour où il sera né, ou Perdiccas, puisque c'est celui-ci qui, sous prétexte de régence, mettra la main sur la royauté. Aussi n'admet-il pour roi que celui qui n'est pas encore né et, au milieu de la hâte générale, hâte justifiée et même nécessaire, il est le seul à attendre que les mois se soient écoulés, et déjà il devine que c'est un mâle qui a été conçu. Douteriez-vous qu'il ne soit prêt, au besoin, à en substituer un ? Si, par ma foi, Alexandre nous l'avait laissé comme roi à sa place, c'est là le seul de ses ordres auquel je conseillerais de désobéir. Pourquoi donc ne courez-vous pas au pillage des trésors ? Car ces biens royaux, le peuple, de toutes façons, en hérite ». Après ces paroles, Méléagre bondit, passant au milieu des soldats ; et ceux qui lui avaient fait place quand il s'en allait, le suivaient aussi vers le butin offert.

VII. Déjà les soldats entouraient Méléagre en un groupe compact : l'assemblée allait vers la sédition et l'émeute, quand un individu de la plus basse plèbe, inconnu de la plupart des Macédoniens, prit la parole : « A quoi bon les armes et la guerre civile, puisque vous possédez le roi que vous cherchez ? C'est Arrhidée[2],

1. Méléagre représente ici les pézhétaires macédoniens, hostiles aux hipparques.

2. Fils de Philippe et de la Thessalienne Philinna, né en 358 environ. On le disait faible d'esprit. Alexandre le garda dans son entourage et le traita bien. Par la suite, Olympias le fit tuer.

modestius quod expectabat adpeteret, peruicacius oblaturos esse credebat. [19]Itaque cunctatus diuque, quid ageret, incertus ad ultimum tamen recessit, et post eos, qui sederant proximi, constitit. [20]At Meleager, unus e ducibus, confirmato animo quem Perdiccae cunctatio erexerat : « Nec di sierint », inquit, « ut Alexandri Fortuna tantique regni fastigium in istos humeros ruat. Homines certe non ferent. Nihil dico de nobilioribus quam hic est, sed de uiris tantum, quibus inuitis nihil perpeti necesse est. [21]Nec uero interest, Roxan*es* filium, quandoque genitus erit, an Perdiccan regem habeatis, cum iste sub tutelae specie regnum occupaturus sit. Itaque nemo ei rex placet, nisi qui nondum natus est ; et in tanta omnium festinatione non iusta modo, sed etiam necessaria exactos menses solus expectat, et iam diuinat marem esse conceptum. Quem uos dubitetis paratum esse uel subdere ? [22]Si, me Dius Fidius, Alexander hunc nobis regem pro se reliquisset, id solum ex his, quae imperasset, non faciendum esse censerem. [23]Quin igitur ad diripiendos thesauros discurritis ? harum enim opum regiarum utique populus est heres. » [24]Haec elocutus per medios armatos erupit, et, qui abeunti uiam dederant, ipsum ad pronunti*ata*m praedam sequebantur.

VII. [1]Iamque armatorum circa Meleagrum frequens globus erat : in seditionem ac discordiam uersa

modestius Σ : modoestius *P* || adpeteret Σ : atpeteret *P* || peruicacius *BFL* : peruicatius *P,MV* || **20** At Σ : ad *P* || erexerat *P*,B^c*FL MV* : exerat *B* || inquit *P,BFMV* : inquid *L* || **21** Roxanes *Froben* : hroxanis *P,FLV* roxanis *BM* || Perdiccan *BM* : perdican *P,FLV* || specie *P,BLMV* : spetie *F* || solus Σ : solos *P* || dubitetis *P,BFLV* : dubitatis B^c*M* || **22** pro se *om.P* || reliquisset P^c,*B*F^c*LMV* : relequisset *P* reliquissed *F* || **24** elocutus *P*,B^c*FLMV* : locutus *B* || medios P^c,Σ : medius *P* || pronuntiatam *Freinsheim* : praenuntiantem *codd.*

fils de Philippe, frère d'Alexandre naguère votre roi, auquel il était tout à l'heure associé pour le culte et les rites religieux, et maintenant son seul héritier : or vous l'oubliez ! En quoi le mérite-t-il ? Qu'a-t-il fait pour qu'on le frustre ainsi d'un droit reconnu par tous les peuples[1] ? Si vous cherchez un second Alexandre, jamais vous ne le découvrirez ; si vous cherchez le plus proche de lui, celui-ci est le seul[2] ». A ces mots, l'assemblée observa d'abord le silence, comme sur un commandement, puis les soldats s'écrient, dans un même mouvement, qu'il faut appeler Arrhidée, et qu'ils ont mérité la mort, ceux qui ont tenu l'assemblée sans lui. Alors Pithon, tout en larmes[3], commence par dire que, maintenant surtout, Alexandre est à plaindre d'être frustré de la jouissance et de la présence de si bons citoyens et soldats : « n'ayant d'yeux que pour le nom et le souvenir de leur roi, ils étaient aveugles pour tout le reste ». Sans aucun doute, il visait le jeune homme à qui l'on destinait la royauté ; ces reproches valurent plutôt la haine à Python que le mépris à Arrhidée : car, par la compassion, on s'achemine aussi vers la bienveillance. Ils prouvent, par leurs acclamations opiniâtres, qu'ils ne supporteront pour roi que celui que sa naissance promettait à ce destin, et ils font appeler Arrhidée. Méléagre, qui a pour Perdiccas une haine partagée[4], le conduit vivement au palais, et les soldats le saluent du titre de roi, sous le nom de Philippe.

Cependant, si telle était la voix du peuple, autre

1. Allusion au droit de l'hérédité (*ius hereditatis*), dont la notion s'intègre de plus en plus à la conception du principat romain. En mettant au monde Britannicus le 12 février 41, Messaline avait donné l'espoir que le trône serait occupé par voie de succession légitime.

2. *Sententia.*

3. Cf. Luc., *Somn.* 4 : δακρύων τούς ὀφθαλμοὺς ὑπόπλεως.

4. *Infestus inuisusque :* expression chère à Tite-Live.

contio, cum quidam plerisque Macedonum ignotus ex infima plebe : « [2]Quid opus est », inquit, « armis ciuilique bello habentibus regem, quem quaeritis ? Arr*hida*eus, Philippo genitus, Alexandri paulo ante regis frater, sacrorum caerimoniarumque consors modo, nunc solus heres, praeteritur a uobis. Quo suo merito ? quidue fecit cur etiam gentium communi iure fraudetur ? Si Alexandro similem quaeritis, numquam reperietis ; si proximum, hic solus est. » [3]His auditis contio primo silentium, uelut iussa, habuit : conclamant deinde pariter, Ar*rhida*eum uoca*nd*um esse, mortemque meritos, qui contionem sine eo habuissent. [4]Tum *Pith*on plenus lacrimarum orditur dicere, nunc uel maxime miserabilem esse Alexandrum, qui tam bonorum ciuium militumque fructu et praesentia fraudatus esset : nomen enim memoriamque regis sui tantum intuentes ad cetera caligare eos, [5]haud ambigue *in* iuuenem, cui regnum destinabatur, in*f*ens*us* ; probra, quae obiecerat, magis ipsi odium quam Ar*rhida*eo contemptum attulerunt : quippe dum miserentur, etiam fauere coeperunt. [6]Igitur non alium regem se quam eum, qui ad hanc spem genitus esset, passuros pertinaci adclamatione

VII : Diod. 18, 2 ; Arr. Succ. Alex. 2.

VII, 1 contio *codd.* : contione *Vindelin, edd.* || infima *P,B*c*FL*c*MV* : infama *B* infirma *L* || inquit *P,BFMV* : inquid *L* || **2** Arrhidaeus *Zumpt* : arrithdeus *P* arithdeus Σ || suo merito *P* : merito suo Σ || cur *P,BFLM* : qur *V* || communi *P,BLMV* : communii *F* || reperietis Σ : repperietis *P* || **3** contio *P,BFLM* : concio *M* || uelut Σ : uelud *P* || conclamant Σ : condamnant *P* || Arrhidaeum *Zumpt* : aritdeum *P* arithdeum *BFLM* eritdeum *V* || uocandum *Alde* : uocatum *codd.* || contionem *P,BFLM* : concionem *V* || **4** Pithon *Froben* : phiton *codd.* || fructu *BM* : fructum *P,FLV* || **5** in iuuenem *edd.* : iuuenem *codd.* || destinabatur Σ : distinabatur *P* || infensus *ego* : inpense *codd.*, impugnans, sed *Damste* || Arrhidaeo *Zumpt* : arithdeo *codd.* || coeperunt Σ : ceperunt *P* || **6** regem *P* : *om.*Σ || passuros *P* : parsuros Σ || pertinaci Σ : pertinatia et *P*.

était l'avis des grands[1]. Parmi eux, Pithon se mit à exécuter un plan de Perdiccas ; il désigne comme tuteurs du futur fils de Roxane Perdiccas et Léonnatus, qui étaient d'origine royale[2]. Il ajouta que les affaires d'Europe seraient gérées par Cratère et Antipater. Alors on força chacun à jurer qu'il obéirait au roi dont Alexandre était le père. Méléagre qui, effrayé non sans motif par la peur du supplice, s'était retiré à l'écart avec les siens, de nouveau, traînant Philippe avec lui, bondit dans le palais ; il criait que la vigueur de son âge justifiait l'espérance que le nouveau roi venait de faire naître : « ils n'avaient qu'à essayer d'un rejeton de Philippe, fils et frère de deux rois, et à en croire de préférence eux-mêmes ». Aucune mer profonde, aucune onde vaste et orageuse ne soulèvent des flots aussi puissants que les remous de la multitude, surtout dans les excès d'une liberté neuve et éphémère. Un petit nombre donnait l'empire à Perdiccas, qu'on venait de choisir, et la majorité le donnait à Philippe, qu'on avait dédaigné. Vouloir, ne pas vouloir, ils ne pouvaient longtemps ni l'un ni l'autre, et ils avaient regret tantôt d'une décision, tantôt de leur regret même. Néanmoins, à la fin, la faveur pencha pour la branche royale. Arrhidée était sorti de l'assemblée, effrayé par le prestige des chefs ; et, malgré son départ, la sympathie des soldats s'était tue plutôt qu'affaiblie. Aussi, une fois rappelé, est-il revêtu du vêtement de son frère, celui-là même qu'on avait déposé sur le trône. Méléagre passe sa cuirasse et prend ses armes : le voici protecteur du nouveau roi ; la phalange le suit, heurtant les boucliers avec les lances,

1. La phrase souligne bien l'antagonisme de la masse (les fantassins), qui veut un prince macédonien, et des hipparques, mieux pénétrés de la pensée d'Alexandre, et qui optent pour le fils de Roxane.

2. Perdiccas était de la famille des princes d'Orestis, apparentée à la maison royale de Macédoine. Léonnatus se rattachait aussi aux rois de Macédoine par la mère de Philippe.

declarant, uocarique Ar*rhida*eum iubent. [7]Quem Meleager infestus inuisusque Perdiccae strenue perducit in regiam, et milites Philippum consalutatum regem appellant.

[8]Ceterum haec uulgi erat uox, principum alia sententia. E quibus *Pith*on consilium Perdiccae exequi coepit, tutoresque destinat filio ex Roxane futuro Perdiccam et Leonnatum, stirpe regia genitos. [9]Adiecit ut in Europa Craterus et Antipater res administrarent. Tum iusiurandum a singulis exactum, futuros in potestate regis geniti Alexandro. [10]Meleager, — haud iniuria metu supplicii territus, cum *su*is secesserat, — rursus Philippum trahens secum inrupit regiam clamitans suffragari *sp*ei de nouo rege paulo ante conceptae robur aetatis : experirentur modo stirpem Philippi, et filium ac fratrem regum duorum ; sibimet ipsis potissimum crederent. [11]Nullum profundum mare, nullum uastum fretum et procellosum tantos ciet fluctus quantos multitudo motus habet, utique *s*i noua et breui duratura libertate luxuria*t*. [12]Pauci Perdiccae modo electo, plures

Arrhidaeum *Zumpt* : aritdeum *P,FL* arithdeum *BMV* || iubent Σ : iubeent *P* || 7 Perdiccae *P,BLMV* : perdicae *F* || strenue *F*c*M* : strennue *P,BFLV* || Philippum *P,L*c*MV* : philiphum *BL* phylippum *F* || consalutatum *P,BM* : consaluatum *F* consalut*tum *L* consaluattum *V* || regem *om.V*, *rest. corr.* || 8 principum *P,L MV* : princip*um *B* principium *F* || Pithon *Froben* : phiton *codd.* || Perdiccae *BLMV* : perdicae *P,F* || tutoresque *P,BF*c *LMV* : tatoresque *F* || ex *om.F* || Perdiccam *P, BFMV* : perdicam *L* || stirpe *P,BLMV* : styrpe *F* || genitos *BFLV* : genitus *P* genito *M* || 9 potestate *BFMV* : potestatem *P,L* || 10 haud *P,BF*c*LMV* : haut *F* || iniuria *P,BFL*c*MV* : iniuriam *L* || suis *Giunta* : his *codd.* || Philippum *P,BLMV* : phillipum *F* || suffragari *M* : subfragari *P,BFL* suffragare *V* || spei *Hedicke* : rei publicae *codd.* || conceptae *P,F*c*LMV* : concepto *BF* || robur Σ : robor *P* || stirpem *P,BLM* : styrpem *FV* || Philippi *P,BLMV* : phylippi *F* || duorum *P*c,Σ : suorum *P* || 11 si *Giunta* : ipsi *P* etsi Σ || duratura *P,BLMV* : duratura tura *F* || luxuriat *Lauer* : luxuria *codd.* || 12 Perdiccae *P,BLMV* : perdicae *F* || electo *BFLM* : electe *P* electa *V*.

disposée à se baigner dans le sang de ceux qui, sans y avoir le moindre titre, avaient aspiré à la royauté. Ils se réjouissaient de ce que les forces de l'Empire demeureraient dans la même maison et la même famille : la branche royale saurait s'assurer l'empire, son héritage ; ils avaient l'habitude d'honorer et de vénérer le titre même de roi, et nul ne pouvait y prétendre, s'il n'était né pour régner.

Effrayé, Perdiccas fait donc verrouiller la salle où gisait le corps d'Alexandre. Il y avait avec lui six cents hommes connus pour leur courage ; Ptolémée aussi s'était joint à lui, de même que la cohorte royale des pages. Mais tant de milliers d'hommes en armes fracassèrent sans difficulté les barrages. Le roi aussi avait fait irruption dans la salle, entouré par une foule de satellites ; en tête de ceux-ci : Méléagre. Aussitôt, Perdiccas furieux rappelle à lui quiconque avait l'intention de protéger le corps d'Alexandre ; mais les soldats, qui étaient entrés de force, lançaient de loin leurs traits sur lui. Beaucoup furent blessés, quand enfin les vétérans, ôtant leurs casques pour être reconnus plus facilement, se mirent à prier Perdiccas et ses compagnons de cesser le combat et de céder au roi et à la majorité. Le premier, Perdiccas déposa les armes ; puis les autres l'imitèrent. Ensuite, comme Méléagre les invitait à rester auprès du corps d'Alexandre, ils estimèrent qu'on cherchait un moyen pour les surprendre et, par un côté opposé du palais, ils prennent dans leur fuite la direction de l'Euphrate. La cavalerie[1], formée des jeunes gens des plus grandes familles, suivait en nombre Perdiccas et Léonnatus, décidée à sortir de la ville et à camper dans les plaines. Mais Perdiccas ne désespérait pas d'être suivi aussi par l'infanterie ; c'est pourquoi, afin de

1. En réalité, il ne s'agit que des ἱππεῖς ἑταῖροι.

Philippo, quem *spre*uerant, imperium dabant. Nec uelle nec nolle quicquam diu poterant, paenitebatque modo consilii, modo paenitentiae ipsius. Ad ultimum tamen in stirpem regiam inclinauere studiis. [13]Cesserat ex contione Arrhid*ae*us, principum auctoritate conterritus ; et, abeunte illo, conticuerat magis quam elanguerat militaris fauor. Itaque reuocatus uestem fratris, eam ipsam, quae in sella posita fuerat, induitur. [14]Et Meleager thorace sumpto capit arma, noui regis satelles ; sequitur phalanx, hastis clipeos quatiens, expletura se sanguine illorum, qui adfectauerant nihil ad ipsos pertinens regnum. [15]In eadem domo familiaque imperii uires remansuras esse gaudebant : hereditarium imperium stirpem regiam uindicaturam ; adsuetos esse nomen ipsum colere uenerarique, nec quemquam id capere, nisi genitum ut regnaret.

[16]Igitur Perdicca territus conclaue, in quo Alexandri corpus iacebat, obser*a*ri iubet. DC cum ipso erant spectatae uirtutis ; Ptolom*ae*us quoque se adiunxerat ei puerorumque regia cohors. [17]Ceterum haud difficulter a tot milibus armatorum claustra perfracta sunt. Et rex quoque inruperat stipatus satellitum turba, quorum princeps Meleager. [18]Iratusque Per-

Philippo *P,BLMV* : phylippo *F* || quem spreuerant *Acidalius* : quem sperauerant *codd.* || stirpem *P,BLMV* : styrpem *F* || **13** contione *P,BFLM* : concione *V* || Arrhidaeus *Zumpt* : arrhideus *P* arithdeus Σ || illo Σ : ille *P* || elanguerat *P* : languerat Σ || induitur Σ : induitus *P* || **14** thorace *P*c,Σ : thrace *P* || phalanx *P,BFLM* : phalancx *V* || clipeos *B*c*M* : clypeos *P,BFLV* || expletura Σ : expleturas *P* || **15** eadem *P,BFL*c*MV* : eodem *L* || hereditarium *P,BFLM* : hereditario *V* || stirpem *P,BLMV* : styrpem *F* || **16** conclaue *P,FLV* : conclauem *BM* || obserari *Palmer* : obseruari *codd.* || Ptolomaeus *Hedicke* : ptholomeus *P,BF*c*LM* ptolomeus *FV* || adiunxerat *P,BF LM* : adiuncxerat *V* || cohors *P,BFLM* : choors *V* || **17** haud Σ : aut *P* || a tot *P,BFLM* : ad tot *V* || stipatus Σ : stipatos *P* || satellitum Σ : satellicum *P*.

ne pas avoir l'air, en emmenant les cavaliers, d'avoir rompu avec le reste de l'armée, il reste dans la ville.

VIII. Sans trêve, Méléagre conseillait au roi de consolider son droit à l'empire par la mort de Perdiccas ; si l'on ne devançait pas cette âme effrénée, il tenterait une révolution : « il se rappelait sa conduite envers le roi ; or personne n'est bien fidèle à celui qu'on redoute[1] ». Le roi laissait faire, plutôt qu'il n'approuvait. Aussi Méléagre tint-il ce silence pour un ordre, et fit convoquer Perdiccas au nom du roi, en prescrivant de le tuer s'il hésitait à venir. Dès qu'il fut informé de l'arrivée des gardes, Perdiccas s'entoura en tout de seize pages de la cohorte royale, et se tint sur le seuil de sa maison ; puis il s'en prit aux gardes, les traitant, à plusieurs reprises, d'esclaves de Méléagre : l'énergie de son âme et de son visage les épouvanta au point qu'ils s'enfuirent à peu près affolés. Perdiccas ordonna aux pages de monter à cheval, et, accompagné de quelques amis, il alla trouver Léonnatus afin de rejeter, sûr d'un appui plus stable, toute violence éventuelle. Le lendemain, les Macédoniens trouvèrent indigne que Perdiccas eût failli périr et décidèrent d'aller punir par les armes la témé-

1. Au récit alerte et vivant, il convient d'opposer la froide narration de Justin (13, 3, 1) : *cum equites quoque idem fecissent, pedites, indignati nullas sibi consiliorum partes relictas, Arridaeum, Alexandri fratrem, regem appellant satellitesque illi ex tribu sua legunt et nomine Philippi patris uocari iubent. Quae cum nuntiata equitibus essent, legatos ad mitigandos eorum animos duos ex proceribus, Attalum et Meleagrum, mittunt, qui potentiam ex uulgi adulatione quaerentes, omissa legatione, militibus consentiunt. Statim et seditio creuit, ubi caput et consilium habere coepit. Tum ad delendum equitatum cuncti in regiam armati inrumpunt ; quo cognito equites trepidi ab urbe discedunt castrisque positis et ipsi pedites terrere coeperunt. Sed nec procerum inter se odia cessabant. Attalus ad interficiendum Perdiccam ducem partis alterius mittit ; ad quem armatum et ultro prouocantem cum accedere percussores ausi non fuissent, tanta constantia Perdiccae fuit, ut ultro ad pedites ueniret et in contionem uocatos edoceret quod facinus molirentur.*

dicca hos, qui Alexandri corpus tueri uellent, seuocat ; se*d* qui inruperant, eminus tela in ipsum iaciebant. Multisque uulneratis tandem seniores, demptis galeis quo facilius nosci possent, precari eos, qui cum Perdicca erant, coepere, ut absisterent bello regique et pluribus cederent. [19]Primus Perdicca arma deposuit ; ceterique idem fecere. Meleagro deinde suadente ne a corpore Alexandri discederent, insidiis locum quaeri rati diuersa regiae parte ad Euphraten fugam intendunt. [20]Equitatus, qui ex nobilissimis iuuenum constabat, Perdiccam et Leonnatum frequens sequebatur, placebatque excedere urbe et tendere in campis. [21]Sed Perdicca ne pedites quidem secuturos ipsum desperabat ; itaque, ne abducendo equites abrupisse a cetero exercitu uideretur, in urbe subsistit.

VIII. [1]At Meleager regem monere non destitit ius imperii Perdiccae morte sanciendum esse ; n*i* occupetur inpotens animus, res nouat*u*rum : meminisse eum quid de rege meruisset, neminem autem ei satis fidum esse quem metuat. [2]Rex patiebatur magis, quam adsentiebatur. Itaque Meleager silentium pro imperio habuit, misitque regis nomine, qui Perdiccam accerserent ; isdem mandatum ut occiderent, si uenire dubitaret. [3]Perdicca nuntiato satellitum

18 hos *BFLMV*^{c} : hoc *P* os *V* ‖ sed, qui *M*^{c},*I* : sequi qui *P* sequi Σ ‖ iaciebant *BFL*^{c}*M* : iacebant *P* ia*ebant *L* iacibant *V* ‖ demptis Σ : dentis *P* ‖ eos, qui *V* : qui Σ ‖ coepere *BFLM* : cepere *P*,*V* ‖ **19** Perdicca Σ : perdica *P* ‖ fecere *P*^{c},Σ : facere *P* ‖ Meleagro *P*,*BFLM* : meleagrum *V* ‖ ne *P*,*BFLM* : me *V* ‖ discederent Σ : descenderent *P* ‖ **20** Perdiccam *P*,*BFL*^{c}*MV* : perdicam*L* ‖ **21** Perdicca *P*,*BFL*^{c}*MV* : perdica *L* ‖ pedites Σ : petitas *P* ‖ abducendo *BFL*^{c}*MV* : adducendo *P* haucendo *L*.

VIII, **1** At *BFLM* : ad *P*,*V* ‖ monere *BL*^{c}*MV* : munere *P*,*FL* ‖ imperii *P* : imperium Σ ‖ sanciendum *P*,*BFMV* : santiendum *L* ‖ ni *Modius* : ne *codd.* ‖ nouaturum *Modius* : nouatorum *codd.* ‖ quid *P*,*BLMV* : qui *F* ‖ quem Σ : quam *P* ‖ **2** patiebatur *BFMV* : paciebatur *P*,*L* ‖ misitque Σ : misit *P* ‖ qui *om.P* ‖ dubitaret *P*,*BFLMV*^{c} : dubitarent *V* ‖ **3** nuntiato *BFLV* : nunciato *P*,*M*.

rité de Méléagre. ***Celui-ci, qui avait prévu la sédition, demanda au roi, quand il l'eut abordé, s'il n'avait pas donné personnellement l'ordre d'arrêter Perdiccas. L'autre répondit que oui, mais sur l'instigation de Méléagre : « d'ailleurs ils n'avaient pas à s'agiter, car Perdiccas était vivant ». La séance terminée, Méléagre était épouvanté, surtout par la défection de la cavalerie, et il ne savait que décider, car le danger, qu'il venait de susciter à son ennemi, était retombé sur lui-même ; aussi perdit-il près de trois jours à rouler des projets sans s'y tenir. A la vérité, le palais présentait son aspect antérieur : les ambassadeurs étaient reçus par le roi, les chefs des troupes étaient là, gardes et soldats remplissaient le vestibule. Mais une immense affliction, toute spontanée, traduisait un désespoir absolu ; vu la suspicion réciproque, on n'osait ni s'aborder d'un peu près ni parler entre soi, chacun roulant en lui-même ses pensées secrètes ; et, par comparaison, le nouveau roi suscitait le regret du roi disparu. Ils demandaient Celui dont ils avaient suivi et les ordres et les auspices : où était-il ? ils étaient abandonnés au milieu de nations hostiles et rebelles, qui se vengeraient de tant de désastres subis, quand l'occasion leur serait offerte. Telles étaient les pensées qui les rongeaient, quand on annonce que les cavaliers, qui obéissaient à Perdiccas, tenaient les plaines aux alentours de Babylone, et avaient bloqué le blé qu'on transportait à la ville. Ce fut d'abord la disette, ensuite un début de famine, et ceux qui étaient dans la ville estimaient qu'on devait ou se réconcilier avec Perdiccas ou se battre.

Le hasard avait voulu que ceux de la campagne, par crainte de voir leurs fermes et leurs bourgs ravagés, se réfugiassent dans la ville, et les citadins, devant l'insuffisance du ravitaillement, dans la campagne, chaque catégorie jugeant la résidence de l'autre plus sûre que la sienne. Les Macédoniens, qui craignaient un soulève-

aduentu sedecim omnino pueris regiae cohortis comitatus in limine domus suae constitit ; castigatosque et Meleagri mancipia identidem appellans sic animi uultusque constantia terruit, ut uix mentis compotes fugerint. [4]Perdicca puer*o*s equos iussit conscendere, et cum paucis amicorum ad Leonnatum peruenit, iam firmiore praesidio uim propulsaturus, si quis inferret. [5]Postera die indigna res Macedonibus uidebatur Perdiccam ad mortis periculum adductum, et Meleagri temeritatem armis ultum ire decreuerant. ***[6]Atque ille seditione prouisa, cum regem adisset, interrogare eum coepit, an Perdiccam conprehendi ipse iussisset. Ille Meleagri instinctu se iussisse respondit : ceterum non debere tumultuari eos, Perdiccam enim uiuere. [7]Igitur, contione dimissa Meleager equitum maxime defectione perterritus inopsque consilii, — quippe in ipsum periculum recciderat, quod inimico paulo ante intenderat, — triduum fere consumpsit incerta consilia uoluendo. [8]Et pristina quidem regiae species manebat ; nam et legati gentium regem adibant, et copiarum duces aderant, et uestibulum satellites armatique conpleuerant. [9]Sed ingens sua sponte maestitia ultimae desperationis index erat ; suspectique inuicem non adire propius, non conloqui audebant secreta*s* cogitatione*s* intra se quoque uoluente, et ex conparatione regis

VIII : Cf. Diod. 18, 2 ; Arr. Succ. Alex. 3.

mancipia *P,BFMV* : mantipia *L* || constantia Σ : constatia *P* || 4 pueros *B*ᶜ: pueris *codd.* || cum Σ : con *P* || firmiore *BF*ᶜ*L*ᶜ*MV* : firmiora *P,FL* || 5 decreuerant Σ : decreuerat *P* || 6 *Ante* atque *quaedam excidisse recte suspicatur Hedicke* || 7 contione *P,BFLM* : concione *V* || perterritus Σ : perterritur *P* || inopsque *BLMV* : inobsque *P,F* || recciderat *P,FLV* : reciderat *BM* || paulo *P,BFMV* : pauloo *L* || uoluendo Σ : uolueldo *P* || 8 species *P,BLMV* : speties *F* || adibant *P,B*ᶜ*FLMV* : adhibant *B* || 9 secretas cogitationes *Giunta* : secretae cogitationis *codd.* || uoluente *P* : uoluentes Σ.

ment de leur part, vont en masse au palais et exposent leur avis personnel. Ils optaient pour l'envoi d'une députation aux cavaliers, afin de terminer le désaccord et de déposer les armes. Le roi délègue donc Pasas de Thessalie, Amissus[1] de Mégalopolis et Périlaüs[2]. Ils firent connaître ce dont le roi les avait chargés, mais ils rapportèrent en retour que les cavaliers ne déposeraient les armes que si le roi leur livrait d'abord les responsables du différend. Devant cette réponse, les soldats prennent spontanément leurs armes ; ce vacarme tire Philippe de son palais : « Point n'est besoin de révolte, dit-il ; car les bénéfices de ceux qui se seront battus, ceux qui n'auront pas bougé mettront la main dessus. En même temps rappelez-vous que vous êtes en conflit avec des concitoyens : leur couper tout de suite l'espoir de rentrer en grâce, c'est se précipiter vers une guerre civile. Une seconde députation les adoucirait peut-être : essayons. Et, à mon avis, pour rendre les honneurs funèbres au roi, qui n'a pas encore sa sépulture, tous ne feront qu'un. Pour ma part j'aime mieux remettre mon pouvoir que l'exercer dans le sang de mes concitoyens ; et, s'il n'y a pas d'autre espoir de concorde, je vous en prie et supplie : choisissez quelqu'un qui vaille mieux que moi. » Puis, les larmes aux yeux, il enlève de sa tête le diadème ; le tenant de sa main droite il l'offrait, pour que le reçût quiconque s'en reconnaîtrait plus digne. L'extrême modération de ces paroles suscita une immense espérance d'un caractère que l'éclat du frère avait, jusqu'à ce jour, effacé. A l'unanimité, l'on insista donc pour qu'il consentît à réaliser ce qu'il avait projeté. De nouveau il délègue les mêmes hommes pour demander que Méléagre soit accepté, avec les deux autres, comme général. On n'eut pas de peine à l'obtenir : car Perdiccas

1. Inconnus tous deux autrement.
2. Appelé aussi Πέριγλος. Un des hétaires.

noui desiderium excitabatur amissi. [10]Vbi ille esset, cuius imperium, cuius auspicium secuti erant, requirebant : destitutos se inter infestas indomitasque gentes, expetituras tot suarum cladium poenas, quandoque oblata esset occasio. [11]His cogitationibus animos exedebant, cum adnuntiatur equites, qui sub Perdicca essent, occupatis circa Babylona campis frumentum, quod in urbem uehebatur, retinuisse. [12]Itaque inopia primum, deinde fames esse coepit, et, qui in urbe erant, aut reconciliandam cum Perdicca gratiam, aut armis certandum esse censebant.

[13]Forte ita acciderat ut, qui in agris erant, populationem uillarum uicorumque ueriti confugerent in urbem, oppidani, cum ipsos alimenta deficerent, [urbe] *in agros*, et utrique generi tutior aliena sedes quam sua uideretur. [14]Quorum consternationem Macedones ueriti in regiam coeunt, quaeque ipsorum sententia esset, exponunt. Placebat autem legatos *ad* equites mitti [et] de finienda discordia armisque ponendis. [15]Igitur a rege legatur Pasas Thessalus et Amissus Megalopolitanus et Perilaus. Qui, cum mandata regis edidissent, non aliter posituros arma equites, quam si rex discordiae auctores dedidisset, tulere responsum. [16]*H*is renuntiatis sua sponte milites arma capiunt ; quorum tumultu e regia Philippus

10 ille *om.P, rest. corr.* || expetituras *P* : expectaturos Σ || **11** Perdicca *P,BFL^cM* : perdica *LV* || essent *P,BFLM^cV* : erant *M* || Babylona *F* : babillona *P,L* babyllona *B* babyloniam *B^c* babylonae *M* babillonia *V* || quod Σ : quo *P* || **12** erant, aut Σ : erant, haut *P* || **13** [urbe] in agros *ego* : urbe *codd.*, urbe excederent *Hedicke, edd.* || **14** ad equites *Lauer* : et equites *codd.* || et *del. Vindelin* || de *om. L* || [gitur *BFLMV*

15 Thessalus *B^cM* : tessalus *BFLV* || Megalopolitanus *Alde* : megalipolitanus Σ || edidissent *B^cFLMV* : edissent *B* || **16** His *Lauer* : iis *BF* is *LMV* || renuntiatis *BFLM* : renuntiantis *V* || tumultu e *I* : tumultua e *BFL^cM* tumulta e *L* tumultu a *V* || Philippus *BMV* : phylippus *FL*.

désirait dissocier Méléagre du roi, et il estimait qu'il ne serait pas de taille, seul contre deux. Aussi Perdiccas, précédant les escadrons de sa cavalerie, alla-t-il au devant de Méléagre, qui sortait à sa rencontre avec la phalange. Les deux armées échangèrent le salut et fusionnèrent ; pour toujours, pensait-on, la concorde et la paix étaient établies.

IX. Mais déjà les destins approchaient, pour les Macédoniens, l'heure des guerres civiles, car la royauté ne se partage pas[1], et plus d'un l'ambitionnait. Ce fut donc d'abord un heurt de forces, puis leur dispersion[2] ; et comme le corps de l'État avait à supporter plus de têtes qu'il n'en admettait, les autres membres commencèrent à languir ; et quand plusieurs voulurent soutenir un empire qui, sous un seul maître, aurait pu tenir debout, il s'effondra. En conséquence, c'est à bon droit et avec raison que le peuple romain avoue qu'il doit son salut à son prince, astre nouveau, lumière de la nuit qui

1. Vieille formule rhétorique, que l'on retrouve avec quelques variantes chez Lucain et chez Stace.

2. Le développement, qui commence ici, constitue le seul texte, que l'on puisse utiliser pour fixer la date à laquelle vécut Quinte-Curce : quel est donc l'Empereur qui, après une nuit pathétique, prit le pouvoir et épargna à Rome les guerres civiles ? Les hypothèses sont nombreuses (Cf. H. Bardon, *Quinte-Curce*, dans *Et. Class.*, 1947, p. 4 sq.), et certains ont opté pour Caligula, d'autres pour Hadrien ou pour Vespasien. En réalité, le texte de notre historien caractérise bien l'accession de Claude à l'Empire. Dans la nuit du 24 au 25 janvier 41, le Sénat tenta de rétablir la liberté passée, mais il finit par reconnaître Claude comme empereur : Rome eut alors l'impression qu'après avoir risqué un renouveau de guerres civiles elle allait retrouver la tranquillité. La phrase *non ergo reuirescit solum sed etiam floret imperium* exprime une rancœur justifiée contre le règne de Caligula : sans doute celui-ci est-il visé par l'expression *caliganti reddidit mundo*, où Schulten a vu avec raison un jeu de mots. Autre témoignage en faveur de cette datation : il y a de fréquentes coïncidences entre notre historien et Sénèque le Philosophe : il n'est guère vraisemblable que Quinte-Curce ait recueilli chez celui-ci des traits épars afin de les regrouper ensuite dans son histoire ; en revanche, il est normal que Sénèque ait cherché dans Quinte-Curce des exemples à utiliser pour ses développements moralisants. Or Sénèque mourut en 65.

excitus : « Nihil », inquit, « seditione est opus ; nam inter se certantium praemia, qui quieuerint occupabunt. [17]Simul mementote rem esse cum ciuibus, quibus spem gratiae cito abrumpere ad bellum ciuile properantium est. [18]Altera legatione an mitigari possint experiamur. Et credo nondum regis corpore sepulto ad praestanda ei iusta omnis esse coituros. [19]Quod ad me attinet, reddere hoc imperium malo quam exercere ciuium sanguine ; et, si nulla alia concordiae spes est, oro quaesoque, eligite potiorem. » [20]Obortis deinde lacrimis diadema detrahit capiti dexteram, qua id tenebat, protendens, ut, si quis se digniorem profiteretur, acciperet. [21]Ingentem spem indolis ante eum diem fratris claritate suppressae *t*am *mo*derata excitauit oratio. Itaque cuncti instare coeperunt, ut quae agitasset exequi uellet. [22]Eosdem rursus legat petitur*o*s, ut Meleagrum tertium ducem acciperent. Haud aegre id inpetratum est : nam et abducere Meleagrum Perdicca a rege cupiebat et unum duobus inparem futurum esse censebat. [23]Igitur, Meleagro cum phalange obuiam egresso Perdicca equitum turmas antecedens occurrit. Vtrumque agmen mutua salutatione facta coit, in perpetuum, ut arbitrabantur, concordia et pace firmata.

IX. [1]Sed iam fatis admouebantur Macedonum genti bella ciuilia ; nam et insociabile est regnum, et

inquit *BFLM* : inquid *V* || quieuerint *BFMV* : quieuenerint *L* || **17** cum *om.F, rest. corr.* || ciuibus *B*^c^*FLMV* : ciuilibus *B* || **19** si nulla *B*^c^*FLMV* : sine ulla *B* || concordiae *BFMV* : concordi *L* || **20** Obortis *BFLM* : obhortis *V* || **21** tam moderata *Hedicke* : et amoderata *codd.* || **22** petituros *Lauer* : petiturus Σ || tertium *BFMV* : tercium *L* ||
[id *S,BFLMV*
23 egresso *S*^c^,Σ : regresso *S* || occurrit *S,BF*^c^*LMV* : occurit *F* || arbitrabantur *S,BF*^c^*LMV* : arbitrantur *F*.

IX, **1** fatis *S*^c^,Σ : fatas *S* || bella *S,BFMV* : bela *L* || ciuilia *S*^c^,Σ : ciuila *S*.

faillit être notre dernière. C'est lui, par Hercule, et non le soleil, dont l'aurore restitua le jour au monde enténébré, tandis que, sans leur tête, les membres en discorde frissonnaient. Que de torches il éteignit alors ! que d'épées il fit rentrer ! quel orage il a dispersé par un beau temps soudain ![1] L'empire donc ne reverdit pas seulement : il fleurit. Sauf jalousie des dieux, au règne qui dure actuellement, succèdera, sinon pour toujours, du moins pour longtemps, la postérité de la même maison[2].

Mais, pour en revenir à la narration des faits, dont la contemplation de la félicité générale[3] m'avait détourné, Perdiccas plaçait son unique espérance de salut dans la mort de Méléagre : « cet homme à la fois vain et faux et qui ne tarderait pas à faire une révolution, lui, Perdiccas qu'il haïssait au plus haut degré, il devait le devancer ». Mais, dans sa profonde dissimulation, il cachait son plan, afin d'écraser l'autre inopinément. Il suborna donc en secret certains soldats des troupes qui lui obéissaient : ils devaient se plaindre ouvertement, sans qu'il fût censé le savoir, de ce que Méléagre était égalé[4] à Perdiccas. Leurs paroles sont rapportées à Méléagre : dans une colère folle, il expose à Perdiccas ce qu'il avait appris. L'autre, comme épouvanté par ce fait nouveau, exprime son étonnement, ses doléances, et lui fit l'impression d'être aux regrets. Pour finir, il donne son accord à

1. Vraisemblablement allusion à la nuit du 24 au 25 janvier 41.

2. Allusion probable à la naissance de Britannicus, le 12 février 41.

3. Il y a des accents analogues de reconnaissance et d'affection chez Virgile ou Horace, pour Auguste. Quinte-Curce ne dépasse pas le degré d'enthousiasme admis dans ce genre de manifestations. Quand on compare son texte à ce qu'écrivirent Stace ou Martial — voire Lucain au début de la *Pharsale* —, on le trouve d'une très réelle modération.

4. Cf. 10, 8, 22.

a pluribus expetebatur. [2]Primum ergo conlisere uires ; deinde disperserunt ; et cum pluribus corpus, quam capiebat, onerassent, cetera membra deficere coeperunt ; quodque imperium sub uno stare potuisset, dum a pluribus sustinetur, ruit. [3]Proinde iure meritoque populus Romanus salutem se principi suo debere profitetur, qui noctis, quam paene supremam habuimus, nouum sidus inluxit. [4]Huius, hercule, non solis ortus lucem caliganti reddidit mundo, cum sine suo capite discordia membra trepidarent. [5]Quot ille tum extinxit faces ! quot condidit gladios ! quantam tempestatem subita serenitate discussit ! Non ergo reuirescit solum, sed etiam floret imperium. [6]Absit modo inuidia, excipiet huius saeculi tempora eiusdem domus, utinam perpetua, certe diuturna posteritas.

[7]Ceterum, ut ad ordinem, a quo me contemplatio publicae felicitatis auerterat, redeam, Perdicca unicam spem salutis suae in Meleagri morte *r*eponebat : uanum eundem et infidum celeriterque res nouaturum et sibi maxime infestum occupandum esse. [8]Sed al*t*a dissimulatione consilium premebat, ut opprimeret incautum. Ergo clam quosdam ex copiis, quibus praeerat, subornauit ut, quasi ignoraret ipse, *con*quererentur palam Meleagrum

IX, 7-21 : Cf. Diod. 18, 4 ; Arr. Succ. Alex. 4.

expetebatur Σ : expetabatur *S* || **2** capiebat *S* : capiebant Σ || onerassent Σ : oneransent *S* || membra Σ : menbra *S* || dum Σ : et dum *S* || **3** qui *S* : cui Σ || **4** membra Σ : menbra *S* || **5** Quot *S,BFLM* : quod *V* || extinxit *S,BFLM* : extincxit *V* || faces Σ : facies *S* || quot *S,BFLM* : quod *V* || **6** perpetua *S,BFLM* : perpecua *V* || **7** contemplatio *S,BFLM* : contemplacio *V* || auerterat *S,BF*[c]*LMV* : auerte *F* || Perdicca *S,BMV* : perdica *FL* || reponebat *Heinsius* : deponebat *codd.* || **8** alta *Giunta* : alia *codd.* || conquererentur *I* : quaequererentur [quaequae — *M*] *S,BFM* quaquererentur *L* quiquererentur *V*.

l'arrestation des responsables de propos aussi séditieux. Méléagre remercie, embrasse Perdiccas, dont il exalte la loyauté à son égard et les bons sentiments. Puis ils se mettent à réfléchir en commun sur les moyens de supprimer les coupables. On décide une lustration de l'armée, conforme à la tradition ; la discorde passée semblait un motif plausible. Les rois de Macédoine avaient coutume de faire la lustration de l'armée en jetant les entrailles d'une chienne déchiquetée au bout de la plaine où l'on menait l'armée, à droite et à gauche[1] ; les soldats se tenaient tous dans l'intervalle : ici les cavaliers, là la phalange.

Aussi, le jour fixé pour la cérémonie, le roi, avec la cavalerie et les éléphants, avait-il pris position face à l'infanterie, que commandait Méléagre[2]. Tout à coup, le corps des cavaliers s'ébranla ; les fantassins, pris d'une peur subite (car leur récente discorde ne leur faisait rien présager de pacifique), se demandèrent un instant s'ils ne replieraient pas leurs forces dans la ville : le terrain plat avantageait la cavalerie. Mais, par crainte de condamner trop vite la loyauté de leurs camarades, ils ne bougèrent pas, se tenant prêts à la lutte si on les attaquait. Les deux armées allaient se rencontrer, et les deux lignes n'étaient séparées que par un court intervalle ; alors le roi, avec un escadron, chevaucha vers l'infanterie et, tandis qu'il aurait dû les couvrir, incité par Perdiccas il exigea, pour les faire exécuter, les responsables de la sédition ; en cas de refus, il menaçait de

1. Cf. Tite-Live, 40, 6, 1.

2. La narration qui suit est bien supérieure à celle d'Arrien et à celle de Justin, que voici : *Tum Perdicca infensus seditionis auctoribus repente ignaro collega lustrationem castrorum propter mortem regis in posterum edicit. Postquam armatum exercitum in campo constituit consentientibus uniuersis euocatos, dum transit, de singulis manipulis seditiosos supplicio tradi occulte iubet.*

aequatum esse Perdiccae. [9]Quorum sermone Meleager ad se relato furens ira Perdiccae, quae conperisset, exponit. Ille uelut noua re exterritus admirari, queri dolentisque speciem ostentare ei coepit. Ad ultimum, conuenit ut conprehenderentur tam seditiosae uocis auctores. [10]Agit Meleager gratias, amplexusque Perdiccam fidem eius in se ac beniuolentiam conlaudat. [11]Tum communi consilio rationem opprimendi noxios ineunt. Placet exercitum patrio more lustrari, et probabilis causa uidebatur praeterita discordia. [12]Macedonum reges ita lustrare soliti erant milites, ut discissae canis uiscera ultimo in campo, in quem deduceretur exercitus, ab utraque abicerent parte, intra id spatium armati omnes starent, hinc equites, illinc phalanx.

[13]Itaque eo die, qu*em* huic sacro destinauerant, rex cum equitibus elephantisque constiterat contra pedites, quis Meleager praeerat. [14]Iam equestre agmen mouebatur, et pedites subita formidine ob recentem discordiam haud sane pacati quicquam expectantes, parumper addubitauere an in urbem subducerent copias : quippe pro equitibus planities erat. [15]Ceterum, ueriti ne temere commilitonum fidem damnarent, substitere praeparatis ad dimicandum animis, si quis uim inferret. Iam agmina coibant, paruumque interuallum erat quod aciem utramque diuideret :

9 uelut *S,BFM* : uelud *LV* ‖ queri Σ : que se *S* ‖ speciem *S,BFMV* : spetiem *L* ‖ uocis *S,BLMV* : uoces *F* ‖ **10** ac *S,BFLM* : ad *V* ‖ **11** opprimendi *S,B*c : opprimendae Σ ‖ Placet Σ : placeat *S* ‖ **12** discissae *S,B*c*FLMV* : discessae *B* ‖ uiscera *S,B*c*FLMV* : suis cera *B* ‖ ultimo *om.S* ‖ phalanx *S,BFL*c*M* : phanx *L* phalancx *V* ‖ **13** quem *I* : quae *codd.* ‖ elephantisque *S,BFMV* : elefantisque *L* ‖ constiterat *S*c,Σ : constiterant *S* ‖ **14** formidine *S,B*c*FL*c*M* : formine *BLV* ‖ pacati *S,FLV* : peccati *BM* ‖ quioquam *S,BFLM* : quiquam *V* ‖ planities *S* : planicies Σ ‖ **15** temere *S,BF*c*LVM* : timere *F* ‖ damnarent *S,BFLM* : dampnarent *V* ‖ ad *S,BFLM* : a *V* ‖ coibant *S,BFMV* : quoibant *L*.

lâcher sur eux tous les escadrons, avec les éléphants. Ce coup inattendu paralysa l'infanterie. Méléagre même ne savait davantage que décider et que penser ; en l'occurrence, le plus sûr semblait être d'attendre plutôt que de risquer. Alors, dès qu'il les voit paralysés et en son pouvoir, Perdiccas fait mettre à part environ trois cents hommes qui avaient suivi Méléagre déchaîné à sa sortie de la première assemblée tenue après la mort d'Alexandre ; à la vue de l'armée entière, il les livre aux éléphants ; les bêtes les broyèrent tous sous leurs pieds, sans que Philippe l'empêchât — ou l'autorisât : il était clair qu'il ne revendiquerait la responsabilité que de ce qui tournerait favorablement. Tels furent pour les Macédoniens le présage et le début des guerres civiles. Méléagre comprit trop tard la déloyauté de Perdiccas ; même alors, vu que l'on ne s'en prenait pas à sa personne, il se tint calme à son rang. Mais bientôt il renonça à tout espoir de salut, lorsqu'il vit ses ennemis abuser, pour le perdre, du nom de celui qui lui devait le trône : il cherche un asile dans un temple ; même la sainteté du lieu ne le défend pas, et on le tue.

X. Perdiccas conduisit l'armée à l'intérieur de la ville et tint un conseil des principaux personnages[1] ; on y décida le partage de l'empire, selon ces modalités : le roi, assurément, conservait la souveraineté, et Ptolémée était satrape d'Égypte et des nations africaines vassales. Léomédon[2] obtint la Syrie avec la Phénicie ; à Philotas échut la Cilicie ; Antigone fut préposé à la Lycie, à la Pamphylie ainsi qu'à la grande Phrygie ; Cassandre[3]

1. Il s'agit des principaux Amis.

2. Λαομεδών, fils de Larichos de Mitylène. Dès le début de la campagne, il fut mis à la tête des Perses incorporés dans l'armée. En 326, il avait été triérarque dans la flotte de l'Hydaspe.

3. Fils d'Antipater. Il s'était heurté violemment à Alexandre, à propos de la proskynèse.

[16]itaque rex cum una ala obequitare peditibus coepit, discordiae auctores, quos tueri ipse debebat, instinctu Perdiccae ad supplicia deposcens ; minabaturque omnes turmas cum elephantis inducturum se in recusantes. [17]Stupebant inprouiso malo pedites ; nec plus in ipso Meleagro erat aut consilii aut animi : tutissimum ex praesentibus uidebatur expectare potius quam mouere fortunam. [18]Tum Perdicca, ut torpentes et obnoxios uidit, CCC fere, qui Meleagrum erumpentem ex contione, quae prima habita est post mortem Alexandri, secuti erant, a ceteris discretos elephantis in conspectu totius exercitus obicit ; omnesque beluarum pedibus obtriti sunt, nec prohibente Philippo, nec auctore : [19]adparebatque id modo pro suo uindicaturum, quod adprobasset euentus. Hoc bellorum ciuilium Macedonibus et omen et principium fuit. [20]Meleager, sero intellecta fraude Perdiccae, tum quidem, quia ipsius corpori uis non adferebatur, in agmine quietus stetit. [21]*Sed* mox, damnata spe salutis, cum eius nomine, quem ipse fecerat regem, in perniciem suam abutentis uideret inimicos, confugit in templum, ac ne loci quidem religione defensus occiditur.

X. [1]Perdicca perducto in urbem exercitu consilium principum uirorum habuit, in quo imperium ita

16 cum una *S,BFLMV*ᶜ : cummune *V* || obequitare *S,BFL*ᶜ*MV* : abequitare *L* || minabaturque *S,BLMV* : manabaturque*F* || se in recusantes *B*ᶜ : sin recusantes *S* se in recuntes *B* se in recutes *FL* se irrecunsantes *M* sine recutes *V* || **17** aut animi Σ : amni *S* || **18** ccc *codd.* : xxx *Bentley, Hedicke* || contione *S,BFLM* : concione *V* || nec auctore *S,BFLM*ᶜ*V* : auctore *M* || **19** quod *S* : quo Σ || principium *S,BFMV* : printipium *L* || **21** Sed *Hedicke* : et *codd.* || nomine *S*ᶜ,Σ : anomine *S* || perniciem Σ : pernitiem *S* || abutentis *S,BFLM* : abeucentis *V* || religione *S,FL*ᶜ*M* : relegione *BLV* || defensus *S*ᶜ,Σ : defensios *S*.

X, 1 principum *S,BLMV* : principium *F*.

fut envoyé en Carie, Ménandre[1] en Lydie. La petite Phrygie, qui touche à l'Hellespont, fut la province octroyée à Léonnatus. La Cappadoce, avec la Paphlagonie, passa à Eumène, à charge de défendre la région jusqu'à Trébizonde[2] et de combattre Ariarathès[3], qui était le seul rebelle ; Pithon fut préposé à la Médie, Lysimaque à la Thrace et aux peuples du Pont situés en face de la Thrace. Quant aux gouverneurs de l'Inde, comme à ceux de la Bactriane, de la Sogdiane et de tous les autres riverains de l'Océan et de la mer Rouge, on décida de confirmer leurs pouvoirs sur leurs provinces respectives ; Perdiccas, lui, restait avec le roi, et commandait les troupes, qui suivaient le roi. On a cru parfois que le testament d'Alexandre comportait la répartition des provinces, mais nous avons la certitude que cette opinion, malgré l'autorité de la tradition, est sans fondement[4]. A vrai dire, une fois l'empire fractionné[5], ils avaient solidement assis, à ce qu'il semblait, chacun leur puissance, — s'il existait jamais un terme au déchaînement des pas-

1. Noble macédonien, qui avait succédé à Asander comme satrape de Lydie.

2. Ville du Pont.

3. Prince de la Cappadoce du Nord. Alexandre n'avait pas traversé ses États durant son expédition, et le prince avait maintenu son indépendance.

4. Affirmation catégorique, mais qui se passe trop aisément de preuves. *Comperio* implique la certitude, issue de l'examen critique des sources.

5. Au moment où se divise à jamais l'Empire qu'Alexandre avait rêvé universel, il est bon de reproduire le jugement que P. Jouguet (*Trois Etudes sur l'Hellénisme*, p. 47) porte sur lui : « Un Empire universel composé de peuples disparates, gouverné par un souverain inspiré d'une conception tout à fait nouvelle du monde et de l'humanité, comme par le sentiment de sa propre divinité et qui cherche à harmoniser les parties diverses du monde sur lequel il règne par une politique de fusion des peuples, dont les plus nobles, grâce aux institutions de la cité, seront poussés au niveau le plus élevé de la civilisation hellénique. Monarchie divine, union de peuples divers, prépondérance de la civilisation hellénique... »

diuidi placuit, ut rex quidem summam eius obtineret, satrapes Ptolom*ae*us Aegypti *esset* et Africae gentium, quae in dicione erant. [2]Leomedonti Syria cum Phoenice data est; Philotae Cilicia destinata; L*y*ciam cum Pamph*y*lia et maiore *Phrygi*a obtinere iussus Antigonus; in Cariam Cassander, Menander in Lydiam missi. Phrygiam minorem Hellesponto adiunctam Leonnati prouinciam esse iusserunt. [3]Cappadocia Eumeni cum Paphlagonia cessit: praeceptum est, ut regionem eam usque ad Trape*z*unta defenderet, bellum cum *Ari*arat*h*e gereret: solus hic detrectabat imperium; [4]*Pith*on Mediam, L*ysi*machus Thraciam adpositasque Thraciae Ponticas gentes obtinere iussi. Qui Indiae, quique Bactris et Sogdianis ceterisque aut Oceani aut Rubri maris accolis praeerant, quibus quisque finibus habuisset, imperium obtinerent, decretum est; Perdicca ut cum rege esset copiisque praeesset, quae regem sequebantur. [5]Credidere quidam testamento Alexandri distributas esse prouincias; sed famam eius rei, quamquam ab auctoribus tradita est, uanam fuisse conperimus. [6]Et quidem suas quisque opes diuisis

X, 1-8 : Cf. Diod. 18, 3; Arr. Succ. Alex. 5-6.

Ptolomaeus *Hedicke* : ptolomeus *S,V* ptholomeus *BFLMV*c || esset et *Vogel* : et *codd.* || dicione *B*c*MV* : ditione *S,BFL* || 2 Syria Σ : siria *S* || Phoenice *B*c*M* : phenice *BFLV* || Philotae *S,BFV* : phylotae *LM* || destinata Σ : destinata est *S* || Lyciam *I* : liciam *codd.* || Pamphylia *Froben* : pamphilia [pham — *F*]*codd.* || Phrygia *I* : frigiae *S* frigia *S*c,Σ || Antigonus *S,M* : antogonus *BFLV* || Menander Σ : manander *S* minander *S*c || Lydiam *S* : lidiam Σ || Phrygiam *V* : phrigiam *S,BFLM* || prouinciam *BFMV* : prouintiam *S,L* || 3 Cappadocia *BFM* : capadotia *S* cappadotia *LV* || eam usque *S,B*c*FLMV* : eamque *B* || Trapezunta *Alde* : trapeiunta *BFL* trapeiuncta *B*c*MV* || Ariarathe *Zumpt* : araba *S* arbate *BM* harbate *FLV* || gereret Σ : tegeret *S* || detrectabat *B*c*M* : detractabat *S,BFLV* || 4 Pithon *Froben* : phiton *codd.* || Lysimachus *Froben* : leomachus *S* leonmachus Σ || Thraciam *S*c*,BFV* : traciam *S,LM* || Thraciae *S,BF* : traciae *LMV* || maris *S,BFMV* : magis *L* || imperium *S* : imperii Σ imperii et ius *B*c || 5 prouincias *BMV* : prouintias *S,FL* || rei *om.M, rest. corr.*

sions. En effet, eux qui, peu auparavant, n'étaient que les subordonnés du roi, sous l'apparence d'une délégation de pouvoirs ils avaient mis la main tous sur des royaumes énormes, et les causes de conflit étaient supprimées, puisque tous étaient de la même nation et que chacun était séparé des autres par les frontières de ses États. Mais il était difficile que leur suffît ce que leur avait offert l'occasion ; on méprise ses débuts, quand on espère davantage. Aussi estimaient-ils l'accroissement de leurs royaumes plus commode que n'avait été leur acquisition.

Depuis six jours, le corps d'Alexandre gisait dans son sarcophage ; le souci universel de constituer le régime politique avait détourné les esprits d'un devoir si solennel. Nulle part ne règne de chaleur plus ardente qu'en Mésopotamie : à tel point que la plupart des êtres vivants, qu'elle surprend en rase campagne, périssent, tant l'ardeur du soleil et du ciel consume tout comme le feu. Les sources sont rares et, en même temps, la ruse des habitant les tient cachées : ils ont toute latitude de s'en servir, mais les étrangers les ignorent. Je reproduis une tradition plutôt qu'une conviction : quand enfin les Amis eurent le temps de s'occuper du corps, ceux qui entrèrent le virent intact, sans aucune décomposition, sans même la moindre lividité. Cette fraîcheur, qui résulte du souffle vital, n'avait pas encore abandonné ses traits. Aussi les Égyptiens et les Chaldéens, chargés d'embaumer le corps selon l'habitude de chez eux, n'osèrent-ils d'abord approcher leurs mains de ce mort qui semblait respirer. Ensuite, après avoir prié que le ciel et les hommes permissent à des mortels de toucher un dieu, ils nettoyèrent le corps ; le sarcophage d'or fut rempli de parfums, et sur la tête d'Alexandre l'on déposa les insignes de sa fortune. En général[1] on crut à

1. Arrien et, à sa suite, les historiens modernes n'admettent pas une hypothèse que les complots antérieurs ne rendent pourtant pas invraisemblable.

imperii partibus, *ut uidebatur*, ipsi fundauerant, si umquam aduersus inmodicas cupiditates terminus staret. [7]Quippe paulo ante regis ministri specie imperii alieni procurandi singuli ingentia inuaserant regna sublatis certaminum causis, cum et omnes eiusdem gentis essent, et a ceteris sui quisque imperii regione discreti. [8]Sed difficile erat eo contentos esse, quod obtulerat occasio : quippe sordent prima quaeque, cum maiora sperantur. Itaque omnibus expeditius uidebatur augere regna, quam fuisset accipere.

[9]Septimus dies erat, ex quo corpus regis iacebat in solio, curis omnium ad formandum publicum statum a tam sollemni munere auersis. [10]Et non alias quam Mesopotamiae regione feruidior aestus existit, adeo ut pleraque animalia, quae in nudo solo deprehendit, extinguat : tantus est uapor solis et caeli, quo cuncta uelut igne torrentur ! [11]Fontes aquarum et rari sunt, et incolentium fraude celantur : ipsis usus patet ; ignotus est aduenis. Traditum magis quam creditum refer*o* : [12]ut tandem curare corpus exanimum amicis uacauit, nulla tabe, ne minimo quidem liuore corruptum uidere qui intrauerant. Vigor quoque, qui constat ex spiritu, nondum destituerat uultum. [13]Itaque Aegyptii Chaldaeique iussi corpus

6 ut uidebatur, ipsi *ego* : tuebantur ipsi *S,BFLV* tuebantur quas ipsi *M*, ut uidebantur sibi *Hedicke* ‖ cupiditates *S,BLMV* : cupiditatesque *F* ‖ **7** regis *S,BFL^c^MV* : reigis *L* ‖ specie Σ : speciem *S* ‖ **8** prima *codd.* : optima *Cornelissen* ‖ fuisset *S,BFL^c^MV* : fuissent *L* ‖ **9** iacebat *S,BFL^c^M^c^V* : gacebat *L om.M* ‖ sollemni [— enni *M*] *S,BFLM* : sollempni *V* ‖ **10** alias *S* : aliis Σ ‖ regione *S* : regioni Σ ‖ deprehendit Σ : deprendit *S* ‖ **11** celantur *S^c^*,Σ : colantur *S* ‖ ipsis usus *S,BLMV* : ipsi suus *F* ‖ ipsis — aduenis *codd.* : *secl. Castiglioni* ‖ refero *Vogel* : refert *codd.* ‖ traditum — refero *om.M, secl. B^c^* ‖ **12** uacauit *S,BFLM* : uacuauit *V* ‖ liuore *S,BFLM* : librore *V* ‖ ex *om.L, rest. corr.* ‖ nondum *S* : non Σ.

un assassinat par le poison : un de ceux qui le servirent — un fils d'Antipater, nommé Iollas[1] — le lui aurait donné sur l'ordre de son père. Toujours est-il que souvent l'on avait entendu Alexandre dire qu'Antipater ambitionnait l'élévation royale[2] : « trop grand pour la puissance et le titre de préfet, sa victoire sur Sparte l'avait gonflé, et il affirmait ne devoir qu'à lui seul tout ce qu'Alexandre lui avait donné ». On croyait même que Cratère, avec le concours de vétérans, avait été envoyé pour le tuer. D'autre part la Macédoine produit un poison dont l'action est telle qu'il mord même le fer ; il est certain que seule la corne de bête de somme résiste au liquide. On appelle Styx la source d'où sort ce poison mortel. C'est lui que Cassandre aurait apporté et remis à son frère Iollas, qui l'aurait mélangé à la dernière boisson du roi. Que l'on crût ou non à ces bruits, la toute-puissance de ceux, que la rumeur avait éclaboussés, les éteignit bientôt[3]. En effet Antipater se précipita sur le trône de Macédoine et sur la Grèce aussi[4]. Il eut pour successeur son fils[5], après l'assassinat de tous ceux qui pouvaient toucher à Alexandre, même par une parenté lointaine[6].

1. Arrien le dit οἰνοχόος βασιλικὸς (7, 27, 2).

2. Détail incontrôlable. Il est certain qu'Antipater, le futur vainqueur de la guerre Lamiaque, se sentait le talent d'un grand roi.

3. La thèse de l'empoisonnement, soutenue par Olympias, qui l'utilisa pour satisfaire ses propres haines, est rejetée par les historiens modernes, d'après qui Alexandre, surmené, succomba à la malaria.

4. Allusion à la guerre Lamiaque, suscitée par Athènes qui essaya de briser la domination macédonienne. La révolte fut définitivement matée en 322.

5. Cassandre.

6. Philippe Arrhidée et sa femme Eurydice avaient été tués par Olympias, qui fut exécutée, par ordre de Cassandre, en 316. Cassandre fit empoisonner en 310/309 Roxane et son fils Alexandre. Quant à Hercule, fils d'Alexandre et de Barsine, il fut assassiné en 309 par Polyperchon. L'extinction de la famille d'Alexandre laissa les diadoques aux prises entre eux, sans qu'aucun eût le droit de se poser en successeur légitime du roi. Ce fut une lutte qui dura plus de quarante ans. Elle eut d'abord pour conséquence l'abandon des deux idéals d'Alexandre : la politique de fusion des peuples, et celle de l'impérialisme universel ; mais les Orientaux et les Grecs

suo more curare primo non sunt ausi admouere uelut spiranti manus. Deinde precati, ut ius fasque esset mortalibus attrectare *d*eum, purgauere corpus; repletumque est odoribus aureum solium, et capiti adiecta fortunae eius insignia. [14]Veneno necatum esse credidere plerique : filium Antipatri inter ministros, Iollam nomine, patris iussu dedisse. Saepe certe audita erat uox Alexandri Antipatrum regium adfectare fastigium, maioremque esse praefecti opibus ac titulo Spartanae uictoriae inflatum, omnia a se data adserentem sibi. [15]Credebant etiam Craterum cum ueterum militum manu ad interficiendum eum missum. [16]Vim autem ueneni, quod in Macedonia gignitur, talem esse constat, ut ferrum quoque exurat, ungula*m* iumenti dumtaxat patientem esse constat suci. [17]Stygem appellant fontem, ex quo pestiferum uirus emanat. Hoc per Cassandrum adlatum traditumque fratri Iollae et ab eo supremae regis potioni inditum. [18]Haec, utcumque sunt credita, eorum, quos rumor asperserat, mox potentia extinxit. Regnum enim Macedoniae Antipater et Graeciam quoque inuasit. [19]Suboles deinde excepit interfectis omnibus, quicumque Alexandrum etiam longinqua cognatione contigerant.

13 uelut *S,BFMV* : uelud *L* || esset *S* : esse Σ || deum *Rader* : eum *codd* [purgauere *S,BFLM*

14 Veneno *S* : uenenum Σ || esse *S,BM* : esse dixerunt *B*ᶜ*L*, ? *F* || Antipatri Σ : amatri *S* || adfectare *S,BFLM*ᶜ : affectasse *M* || Spartanae [spartha — *M*] uictoriae Σ : spartana uictoria *S* || 15 Credebant *S*ᶜ,Σ : credebat *S* || 16 ueneni *S*ᶜ,Σ : ueneneni *S* || ungulam *I* : ungula *codd.* || patientem *S,BFM* : pacientem *L* || [esse *S,BFM*

17 suci. Stygem *S* : sucystigem Σ || Cassandrum Σ : casandrum *S* || [fratri *S,BM*

a uerbo fratri, *nihil in F legitur, columna auolsa, nisi* memor *uocis* memoriae || supremae Σ : suppremae *S* || 19 contigerant *S* : contingerant *BM*.

Par ailleurs son corps fut transféré par Ptolémée, qui avait eu l'Égypte en partage, à Memphis, et, de là, peu d'années après, à Alexandrie[1] ; toutes sortes d'honneurs sont rendus à sa mémoire et à son nom.

n'en étaient pas moins en contact, et Rome reprit le rêve politique de domination mondiale. Les rivalités des diadoques se terminèrent avec l'établissement de trois grandes monarchies : l'Egypte qui revint aux Ptolémées, l'Asie aux Séleucides, la Macédoine aux Antigone. Quinte-Curce arrête son *Histoire d'Alexandre* au moment, où l'intérêt porté à son héros risquerait de se perdre sur les figures moins prestigieuses, quoique étonnantes, de ses successeurs.

1. Alexandre avait désiré être enterré au sanctuaire d'Hammon.

20 Ceterum corpus eius a Ptolom*ae*o, cui Aegyptus cesserat, Memphim et inde paucis post annis Alexandream translatum est, omnisque memoriae ac nomini honos habetur.

X, 20 : Cf. Diod. 18, 28.

20 Ptolomaeo *Hedicke* : ptolomeo *S* ptholomeo *BM* || Alexandream *BM* : alexandriam *S* || Q· CVRTI RVFI HYSTORIARVM MAGNI MACEDONIS ALEXANDRI· LIBER· X· EXPLICIT *S* || Q· CVRTI RVFI HISTORIARV̄ ALEXANDRI MAGNI MACEDONIS LIBER· X· EXPLICITVS' FELICITER' *B* || Q· CVRTI RVFI HISTORIARVM ALEXANDRI MAGNI MACEDONIS LIBER DECIM̄ FELICIT̄ E̅X̅PL AMEN *F* || QVINTI CVRTII RVFI HYSTORIARVM ALEXANDRI MAGNI REGIS MACEDONVM LIBER NONVS EXPLICIT *M*.

INDEX DES NOMS PROPRES (1)

(1) Les chiffres romains renvoient aux divers livres ; ils ne sont répétés qu'en cas de changement de livre. Le premier des chiffres arabes, pour chaque référence indique le chapitre, et le second, le paragraphe.

Ce volume,
le cent vingtième
de la série latine
de la Collection des Universités de France,
publié aux Éditions Les Belles Lettres,
a été achevé d'imprimer
en avril 2012
sur presse rotative numérique
de Jouve
11, bd de Sébastopol, 75001 Paris

N° d'édition : 7418
Dépôt légal : mai 2012

Imprimé en France